변동과 전환

張光烈 춤비평집

변동과 전환

W미디어

변동과 전환: 춤비평으로 보는 한국의 춤

지은이 _장광열 ●**펴낸이** _박영발 ●**펴낸곳** _W미디어 ●**등록** _제2005-000030호
1쇄발행 _2014년 12월 15일 ●**주소** _서울 양천구 목동서로 77 현대월드타워 1905호 ●**전화** _02-6678-0708 / 02-3674-3310
●e-메일 _wmedia@naver.com/ ipapi@daum.net

ISBN_ 978-89-91761-79-7 03680 ●값 24,000원

'2013년 예술연구서적발간지원사업' 선정
서울문화재단의 지원를 받아 발간하는 Color Book 시리즈 - 예술온실 / Silver Book

변동과 전환

| 차례 |

첫 비평집을 발간하면서

무용을 전공했던 두 분 누님 덕분에 일찍부터 공연장을 드나들었던 나는, 고교시절 YMCA 활동을 통해 봉산탈춤을 배우게 됐고, 이를 계기로 우리 장단과 전통춤에 대해 조금이나마 눈을 뜨게 됐다. 공연 보는 것을 즐기고, 직접 우리 춤을 추어보게 되면서 1974년 장충동으로 이전한 국립극장은 어느새 나의 사랑방이 되었다.

국립교향악단 국립극단 국립무용단과 국립발레단 국립창극단 국립합창단 등 국립극장 산하단체의 공연은 거의 빠짐없이 보았다. 당시에는 3백원 하던 학생석 입장권을 사면 일반석의 제일 좋은 자리에서도 얼마든지 볼 수 있었다.

학교 교지에 감상문을 쓰는 등 공연을 보고 난 후 기록하는데 재미를 느끼기 시작했고, 공연예술에 대한 이러한 관심은 대학 진학 후에도 이어져 학보사의 공연 감상문 코너는 언제나 내 차지였다. 국립무용단의 무용극 〈무녀도〉를 보고 인터미션 때 설레는 마음으로 안무자인 국수호 선생과 짧은 대화를 나누었던 기억도 아직도 생생히 남아 있다.

전방 사단에서의 군 복무 때도 나는 틈만 나면 공연예술 관련 잡지와 전문서적을 탐독했다. 복학 후 대학의 학술 대상을 받은 논문도 오페라 공연 몇 개를 모아 분석한 것이었다. 1984년 가을 졸업도 하기 전에 나는 견습 기자로 공연예술 전문지 월간 '객석' 과 인연을 맺게 됐다. 예술 공연을 무료로 실컷 볼 수 있게 됐고, 전문 평론가들의 비평문을 내가 본 공연과 자연스럽게 비교해 볼 수도 있었다.

공연예술 전문지란 매체의 특성 때문에 공연 리뷰 기사를 쓰거나 예술가들과의 인터뷰를 위해서는 사전에 해당 분야에 대해 공부를 게을리 하지 않을 수 없었고, 공연예술 전 장르에 걸쳐 자연스럽게 현장 경험도 쌓게 되었다. 연극·양악·국악 담당 기자를 거쳐 1987년 무용 담당 기자가 됐고, 이후 '객석'을 그만두던 1999년 7월까지 13년 동안 무용계 현장에 있었다.

1999년 1월 월간 무용 전문지인 '춤' 지의 추천으로 '춤' 지 1월호에 무용 공연평을 게재하면서 무용평론가로 등단했고, 1999년 6월 5일 한국춤평론가회의 회원으로 영입되었다.

그 전에도 내 이름 뒤에는 무용평론가란 타이틀이 붙은 적은 여러 번 있었다. 그러나 그것은 내가 원했던 것은 아니었다. 방송국에서 필요에 의해, 일간지나 타 잡지사에서 필요에 의해 그들 스스로가 붙인 것이었다.

결국 나에게 무용평론가로서 공식적인 명칭을 붙여 준 것은 '춤' 지였다고 할 수 있다. 무용을 하는 누이들 때문에 생긴 어린 시절부터의 호기심과 학창 시절의 글쓰기 작업, 그리고 대학 졸업 후의 전문 기자 생활이 결국 나를 평론가의 길로 들어서게 한 셈이다. 우여곡절 끝에 2010년 한국춤비평가협회가 발족되었고 지금은 이 단체에서 발간하는 〈춤웹진〉을 중심으로 여러 매체에 춤과 관련된 글을 쓰고 있다.

나는 무용 작품을 볼 때 안무가에 의해 창조된 새로운 움직임, 무용수들의 테크닉(움직임의 특질 포함), 작품을 풀어나가는 아이디어, 작품 속에 담긴 메시지, 음악·조명·의상·무대미술 등과의 조화, 그리고 전체적인 앙상블 등을 중점적으로 본다.

무용은 인체를 매개로 하는 예술인만큼 무용수들의 기량과 안무가들에 의해 새롭게 창안된 움직임은 중요할 수밖에 없다. 여기에 예술가들의 생명이라고 할 수 있는 창조 정신, 작품을 통해 전하고자 하는 내용이 무엇인가에 대한 안무가의 작가정신도 소홀히 할 수 없는 것들이다. 그리고 무용예술 역시 극장 예술의 한 부류란 점을 감안, 무대세트나 의상·조명·음악 등과의 조화를 통한 전체적인 작품의 완성도는 중요한 비평의 대상이다.

평문을 쓸 때에는 문제점을 지적하고 가급적이면 그에 대한 대안을 제시하려 한다. 무엇이 좋고, 어떤 것이 나쁜 가에 대한 구체적인 내용을 기술하려고 노력한다. 이는 아마도 나 자신의 무용 평문에 대한 훈련이 저널리스트적인 시각에서 지속되어 왔기 때문일 것이다.

공식 석상에서 또는 사석에서 우리나라에서 무용평론가는 어떻게 되는가? 라는 질문을 자주 받았다. 그때마다 나는 3년 동안은 열심히 무용 공연을 보러 다니고, 3년 동안은 열심히 평문을 써 보고 그 다음에 무용평론가란 타이틀에 대해 생각해 보라는 말을 했었다.

무용 공연장에 3년 정도 열심히 다니다보면 개개 안무가들의 작업 경향을 알 수 있게 되고, 무용계의 전반적인 흐름을 파악할 수 있다. 여기에 3년 동안의 습작 과정을 통해 기성 평론가들이 본 작품에 대한 해석을 자신의 것과 비교해 볼 수 있는 작업이 가능해지며, 또 작품을 꿰뚫어 보는 통찰력도 생겨날 수 있기 때문이다. 그 다음 단계로 무용평론 공모에 응시하거나 전문지를 통한 기고 활동 등을 통해 추천 평론가로 등용하는 수순을 밟아나갈 수 있을 것이다.

그러나 어떤 제도이든지 그 과정 보다 중요한 것은 내용이다. 내가 몸담았던 '객석' 예술평론상의 경우 각 장르별로 합동 심사를 하다보면 자신의 분야에 대한 심사위원들의 애정이 지나치게 넘쳐난 나머지 함량 미달의 작품에도 손을 들어주게 되는 예도 있었다. 또 객관적으로 인정할 만한 심의 요건과 기준을 갖추지 못한 채 요식 행위를 거쳐 평론가 등단을 부추기는 특정한 매체도 있다.

공연예술 전문지인 '객석'에서는 해당 분야에 대한 전문적인 과정을 체계적으로 공부한 교수급 이론가들이라도 '객석'에 3년 이상의 꾸준한 집필 경력과 그 글의 내용 등을 검증하는 등 적어도 10년 이상 해당 분야에서 활동한 경력이나 그 활동 내용 등을 간접적인 잣대로 삼고 평론가 추천을 시도했던 적도 있었다.

나는 언세가 문예진흥원에서 발간하는 '문예연감' 무용평론 부문 글에서 대학 무용과를 중심으로 한 아카데미즘의 울타리 안에서의 공연과 직업무용단과 전문 무용단 체제를 갖춘 단체들의 공연에 대한 차별화된 비평 작업의 필요성을 제기했었다. 또 국제적인 무용시장에서의 경쟁력 등 보다 거시적인 관점에서의 비평의 필요성에 대해서도 언급했다.

내가 보는 우리나라 무용평론계의 가장 큰 문제점은 비평작업에서의 객관성 부족과 저널리즘과 크리티시즘의 건강하지 못한 관계설정이다. 객관성의 부재는 최근 무용평론가들의 양적 증가와 관련, 작품에 대한 평가의 편차가 더욱 커지고 있는 데서도 드러난다.

비평작업에 있어 객관성 부족의 요인으로는 평론가들 자신이 기획공연의 책임자이거나 제작자인 경우가 있고, 평론가들과 무용가들이 같은 단체(대학 무용과 포함)에 소속되어 있는 경우도 적지 않으며, 또 무용 매체의 발행을 책임지고 있는 사례가 많은 데서도 기인한다. 또 무용을 전공한 무용평론가들의 경우는 학연이나 스승과 제자 사이의 인간관계도 객관적인 비평 활동의 어려움으로 작용한다. 특히 젊은 무용평론가들에게는 대학 강사나 전임 교원 등 이후의 진로 문제 등이 그들의 비평작업을 자유롭지 못하게 만들기도 한다.

저널리즘과 크리티시즘의 관계 설정은 객관적인 비평 작업 외에도 평문의 질적인 문제와도 직결된다는 점에서 중요하다. 저널리즘과 크리티시즘의 바람직한 관계는 흔히 견제와 밀월로 요약된다. 그러나 우리나라 일부 무용 매체와 평론가의 관계는 견제보다는 밀월 관계가 앞서고 있다. 저널리즘에 의해 크리티시즘이 장악 당하고 있는 예가 많다는 것이다. 한국의 춤비평을 제대로 활성화시키기 위한 선결과제는 저널리즘과 크리티시즘의 건강한 관계를 회복하는 것이다.

한국의 무용계는 무용평론가들에게 비평 작업 못지않게 무용계를 대변해 공공 정책기관에 대한 압력집단으로서의 기능까지도 요구한다. 자문위원, 심의위원, 운영위원, 심사위원 등의 직책을 달고 각종 회의에 참여하는 무용평론가들은 해당 분야에 대해 정확한 판단과 자문을 해줄 수 있는 전문성을 갖추는 데도 소홀해서는 안 된다.

'객석'에 무용 관련 글을 쓰기 시작한 시점부터 따져보니 어언 30년이 되었다. 그동안 춤 비평집을 내라는 선배 평론가들의 권유를 받았지만 많이 망설렸다. 비평문이라고 내놓을 만한 양질의 평문도 없었지만, 한 권의 책으로 묶기에는 스스로 부끄러웠다.

마침 서울문화재단에서 비평가들의 저술을 위한 지원제도가 있는 것을 알게 되었고, 리뷰가 되었든 시평이 되었든 30년 동안의 한국 무용계를 바라본 시선을 나름대로 기록해 두는 것도 의미가 있다는 생각에 용기를 내었다.

무용수와 안무가에 대한 글이나 새로운 무용예술 정책을 제안한 글, 해외 무용계의 현장을 기록한 글도 적지 않게 썼다. 관련 글들 중 꼭 남기고 싶은 것들도 있다. 다음에 기회가 되면 한 권의 책으로 엮고 싶다.

치열한 자신과의 싸움을 이겨내며 창작 작업을 해 온, 그리고 지금도 하고 있는 무용가들에게 감사드린다.

집필실에서 장광열

1

리뷰

물을 동반한 메인 디쉬, 그 강렬한 맛깔

빼어났다.

거대한 바위, 폭포수 같은 비와 빗소리와 빛이 만들어내는 신비로움, 일상적인 움직임과 조합된 댄서들의 춤, 잔잔한 때론 격정적인 음악들, 그리고 작품 전편을 아우르는 바로 우리, 인간들의 이야기. 피나 바우쉬의 〈Full Moon〉(3월 28-31일 LG아트센터, 평자 29일 관람)은 밤 하늘 보름달의 만개한 달빛만큼이나 황홀함을 선사했다.

2012년 빔 밴더스의 3D 영화 〈피나〉에서 보았던 영상미를 통한 감동은 공연예술, 무대예술의 생생함, 생동감 앞에서는 그야말로 조족지혈(鳥足之血)이었다.

스산한 조명 아래로 흘러내리는 비와 빗소리는 어느 순간 마치 높은 곳에서 아래로 떨어지는 폭포수처럼 보였다. 그 운치는 관객들의 마음을 움켜잡기에 충분했다. 거기에 다양한 움직임 언어를 묘사하는 여자 무용수의 이야기는 마치 비오는 날 친구의 조근거리는 수다를 듣는 것과 같이 친밀감이 있었다.

빗속에 놓여있는 거대한 검은 바위, 그 주변을 무용수들이 음악과 더불어 질주하는, 첨벙대는, 때론 빗속을 유영하는, 물을 바위에 내동댕이쳐서 만들어내는 물보라의 환상은 인간의 몸을 극장예술의 여러 요소와 접합시킨 안무자의 빼어난 감각이 빛을 발한 순간들이었다. 이들 씬은 춤 작품이 빚어낸 명장면으로, 작품 〈Full Moon〉을 상징하는 산물로 오래 기억될 것이다.

1부 마지막에, 무대를 비워두고 바위 위로 떨어지는 비를 보여주는 텅 빈 무대와 빗소리가 주는 시청각적 여운은 안무자가 만든 기막힌 타이밍의 예술이었다. 1부에서 붉은색 옷으로 치장한 여인의, 나즈막한 대사를 곁들인 작은 움직임과 일상적 행위들, 2부에서 나이든 한 남성이 바위 위에 올라 등을 보인 채 두 팔을 벌리고 좌우로 천천히 움직이는 장면은 안무자 피나가 만들어내는 지극히 인간적인, 따뜻한 휴머니티가 전해지는 장면들이었다.

반복은 피나의 중요한 안무방법이다. 동작이나 행위를 2-3번 반복하게 함으로써 작품의 이미지를 기억이란 창고에 저장하게 한다. 1부에 보았던 이미지들이 2부에 반복해서 나오기도 하지만, 2부 마지막에 파노라마처럼 전체의 이미지를 보여주는 장면은 춤을 더욱 강하게 아로새기는, 또 하나의 빼어난 대목이었다.

똑같은 이미지를 요약하여 보여주었지만, 같은 무대상황이 아니라 주제음악인 "Lilies Of The Valley"가 크게 울려 퍼지는 가운데 물보라가 치는 무대에서 쏜살같이 달려와 이루어지는 이 파노라마는 2시간이 넘는 긴 시간을 불식시켰다. 이 시원하고 기분 좋은 마지막 절정, 그 절정의 강렬함을 위하여 피나는 어쩌면 2부 처음에 좀 지루하다 싶을 정도로 느리고 여유있게 무대를 끌고 갔는지도 모른다.

　20세기 전체의 역사를 포괄해 현대무용의 역사를 되돌아 볼 때 현대 무용이 가장 폭발성을 가지게 된 요인은 인체의 이미지, 인체의 개념에 대한 정의를 재정립함으로써 가능했다. 21세기를 주도하고 있는 이즈음의 무용가들은 인체 자체에 대한 실험에서부터 다른 예술장르와의 접목, 과학 기술, 자연 현상, 그리고 일상생활과의 접목 등 다양한 매체와 다양한 요소들과의 상호작용을 주고받고 있다. 20세기 말부터 보여진 이 같은 작업들은 분명 '실험'이었고, 새로운 시도였다. 그리고 지금도 이 같은 실험은 계속되고 있다.

　오늘날 샤샤 발츠, 빔 반데키부스, 시디 라르비 셰르카위, 요아임 쉴로머의 작업들은 '댄스 시어터'가 아닌 새로운 단어들로 규정되고 있다. 무용이 주가 되는 크로스오버를 넘어 해체와 융합을 통한 전혀 새로운 양식의 공연들을 보여주고 있기 때문이다. 그러나 이들의 이 같은 새로운 토탈 아트 작업은 안무가들만이 아닌 여러 예술가들과의 공동 작업의 산물이란 점에 주목할 필요가 있다.

　피나 역시 뛰어난 스태프들과의 협력을 통해 그가 추구하는 댄스 씨어터(Dance Theater) 작업들을 완성해 낸다. 〈Full Moon〉에서 피나의 오랜 파트너 무대 디자이너 피터 합스트(Peter Pabst)의 사실적이면서도 뛰어난 조형미의 무대미술, 조명감독 페르난도 제이콥(Fernando Jacob)의 쏟아지는 비, 뿌려지는 비를 향한 환상적인 빛의 조합은 피나의 여타 작품과의 차별성을 살려내는데 크게 기여했다.

　아쉬움도 있었다. 피나는 움직임 언어를 독특하게 만들고는 있으나 모든 무용수가 거의 비슷한 움직임을 구사하고 있었던 점이 그것이다. 〈Full Moon〉에는 몇 개의 메인 디쉬가 있었고, 몇 개의 버려도 되는 이미지들 그리고 몇 개의 지루하지만 기대를 더 모으는 이미지들이 혼재했다. 모든 반찬이 맛있다고 가장 훌륭한 저녁은 아니다. 메인 디쉬가 인상적이면 그 하나 만으로도 기억에 남는 식사가 된다.

인간의 감성을 자유자재로 밀고 당기면서 현장 공연에서만 느낄 수 있는 촉각적 감각을 가동시킨 점은 공연예술의 백미였다. 그런 연금술사 같은 피나 바우쉬의 마술을 〈Full Moon〉에서 보았다.

몸으로 표현할 수 있는 춤 공연은 이제 한계에 온 것인가? 기계적인 테크닉에서 동물에 가까운 테크닉까지 인간의 몸으로 만들 수 있는 모든 움직임을 만들어 본 안무가들은 이제 조금은 지쳐있는 것일까?

안무의 거장으로 불리는 피나 바우쉬가 8년 전 2006년에 만든 작품 〈Full Moon〉을 보면서 평자로서 가진 또 다른 의문이다.

기본을 놓친 실험

춤 작품을 평가하는 요소들은 수없이 많다. 시간 공간 에너지 의상 음악 무대 무용수 등 많은 것들을 안무가는 결정하고 선택하고 버리고 조합해야 한다.

오늘날 공연예술 작품은 협업으로 이루어지는 경우가 대부분이다. 춤역시 예외가 아니다. 의상·조명 디자이너와 음악가, 그리고 무대미술가의 도움을 받아야 한다. 그러나 그 전체적인 조율은 안무가의 몫이다. 작품에 대한 정확한 안무가의 컨셉트가 정립되어 있지 않으면 협업자들에게 끌려 다닐 수도 있기 때문에 안무가의 판단은 작품의 기준을 잡는데 매우 중요하다. 많은 작가들과의 협업인 경우 안무가의 정확한 결정은 작품의 승패를 가리는데 절대적인 영향을 미친다.

국립무용단의 〈토너먼트〉는 두 명의 안무가(윤성주, 안성수)에게 한 개의 작품을 함께 만들라고 주문했다. 오래 동안 호흡을 맞추어 온, 서로에 대해잘 아는 안무가들이라 하더라도 둘이 한 목소리를 내는 것은 결코 쉬운 작업이 아니다. 국립무용단은 춤 작업에서 가장 중요한 안무가에 대한 선택에서부터 어설픈 모험을 감행했다. 그리고 그 선택은 흥행을 내세운 실험을 위해 가장 기본이 되는 춤이 상실된, 미완성의 절름발이 작품을 남겼다.

〈토너먼트〉(9월 17-20일 국립극장해오름극장, 평자 17일 관람)는 과잉의 연속이었다. 모든 것들이 한꺼번에 들어와 있고, 가장 기본적인 것들이 정리되지 않은 채 무대를 난무했다.

전통과 현대라는 컨셉트에서 비롯된 의상(디자인 정민선)과 음악(음악감독 박재록, 국악구성 류인상)은 춤과 유기적으로 화합하지 못했다. 한국춤 전공 안무자가 만든 춤이 나오면 북장단이 음악으로 깔리고, 현대춤 전공 안무자가 만든 춤이 나오면 바이올린 음악이 나오게 되는 구도를 여러번 반복하는 시도는 무용수들의 몸과 표정을 오히려 경직시켰다.

몸을 매개로 하는 춤 공연은 스토리를 그대로 드러내기는 어렵지만 이미지들의 연결로 드라마를 의미하게 하기 때문에 그 자체도 어렵게 느껴질 수도 있다. 대본(정구호)이 있다고 하더라도 관객들에게 비쳐진 〈토너먼트〉는 스토리를 배제한 테크니컬 한 것을 요구하는 작품이었다.

안무가들로서는 무용수들의 움직임에 집중할 수밖에 없었을 것이다. 그러나 안타깝게도 안무가들이 몸짓 언어를 차용하려고 애쓴 것에 비해 객석에서는 온 힘을 다해 춤추는 무용수들의 춤이 제대로 보여지지 않았다. 바닥으로 투사된 장기와 체스 등 다소 현란한 영상과 의상의 잘못된 만남도 여기에 일조했다.

춤은 몸 언어로도 그 아름다움이 충분히 전달될 수 있다. 〈토너먼트〉는 현대를 표현하기 위하여 과잉되고 화려하게 치장한 의상과 전통을 표현하기 위한 정체불명의 의상이 무용수들의 움직임을 방해했다. 그리고 그 화려한 의상마저도 현란한 영상으로 인해 묻혀버렸다.

화려한 의상과 현란한 영상, 그리고 과다하게 반복되는 음악으로 인해 결국 몸짓은 온데간데없고 관객들은 무대의 억지를 참아내며 불편하게 객석을 차지하고 있어야 했다.

춤 공연에서는 안무의 중요한 요소인 시간, 공간, 에너지의 변화 중 어떤 것 하나 만이라도 집중하여 작품을 만든다면 기본적으로 볼거리가 된다. 움직임의 느리고 빠른 정도 또는 멈추거나 움직이는 사이를 적절하게 안배해도 관객들의 시선은 그쪽으로 가게 된다.

그러나 〈토너먼트〉에서는 시종일관 음악의 빠르기에 몸짓을 맞추다보니 음악과 거의 똑같은 빠르기로 춤을 추게 되어 지루함은 배가되고 불편함은 극에 달했다. 쉼 없이 음악이 나오는 것도 관객을 혼란스럽게 하는데 그 음악에 춤까지 멈추지 않고 추게 되니 그 상황을 지켜보는 것은 시간이 지날수록 고통이었다.

예술에서 공간감은 중요한 작품의 핵심이다. 영화의 줌인과 줌 아웃, 가까이서 찍은 사진과 멀리서 찍은 사진이 상당히 다른 뉘앙스와 감정을 전달하는 것과 같은 논리이다. 〈토너먼트〉에서는 거의 무용수들이 줌인 된 상황, 즉 한 사람에게 집중하거나 한 무리에게 집중하게 하는 상황이 연출되지 않았다. 솔로 춤의 경우 조명으로 줌인시켜 주었다면 댄서들의 존재감이 살아나면서 드라마도 자연스럽게 살아났을 것이다.

강한 에너지와 부드러운 에너지는 결국 감정의 기복을 의미한다. 감정이 배제된 무용수들을 만들어 낸 것은 〈토너먼트〉의 가장 큰 실수이다. 오늘날 '감성'은 전 세계적으로 예술의 지향점이다. 기계적이고 테크니컬한 예술은 이미 그 추동성을 잃었으며 외국의 수많은 예술작품들은 감성을 어떻게 표현할지에 대해 고민 중이다. 관객들의 환호를 받는 컨템포러리 댄스 역시 크게 다르지 않다.

국립극장이 내세운 "판타지를 소재로 두 안무가의 서로 다른 스타일의 춤의 대결 형식", 두 안무가가 내세운 "16명 무용수 개개인의 독창성과 기량이 드러나도록 하는데 중점 두었다" "한국무용의 동작소가 접목된 현대무용을 보여주고자 한다"는 작업방향은 결국 가장 기본이 되는 '춤'의 부실로 결정적인 타격을 받았다.

흥행성도 좋고 대중성도 좋고 새로운 실험도 좋지만, 분명한 것은 국립무용단의 그것은 완성도 높은 예술작품을 통해서 이루어져야 한다는 것이다. 준비되지 않은, 서로 간에 융합되지 못하는 제작진의 미진한 소통과 국립극장의 어설픈 실험은 이제는 그 방향 설정을 달리해야 할 때이다.

움직임·텍스트·소리의 융합

〈다이얼로그 & 사운드〉란 작품 제목에서도 느껴지듯 공연(1월 8-9일 아르코예술극장 대극장, 평자 9일 관람)은 어느 일면 기존의 정형화된 양식에서 다소 벗어나 있다. 현대무용을 전공한 대부분의 컨템포러리 댄스 안무가들의 작업에서 보여지는 움직임의 배합(무브먼트의 완급 조절과 댄서들의 춤을 돋보이게 하기 위한 테크닉적인 동작 구사) 스타일과는 상당 부문 다르기 때문이다.

안무가 정지윤은 8명 댄서들의 움직임보다는 그들의 인성(人聲)과 스크린에 투사된 텍스트, 그리고 이동하는 오브제(사각형의 테이블 등)에 더 많이 의존해 관객들과 소통했다. 그 때문인지 작품은 전체적으로 절제되어 있다. 무용수들의 동선을 최소화한 안무가의 움직임 조합은 시작부터 꽤 오랜 시간 지속시켜온 지체(肢體)의 템포와 강도가 언제 무너질까 하는 관객들의 기대를 철저히 무시했다.

무대 전면 호리존트를 베니어 판으로 막은 벽과 적게는 한 개에서 많게는 일곱 개까지 무대를 점하는 사각형 테이블은 시각적 이미지, 댄서들에 의한 조형적인 이미지 구축에 적지 않은 영향을 미쳤고, 여기에 안무가는 댄서들의 몸과 사운드 그리고 텍스트를 기묘하게 배합시켰다.

사운드는 무용수들의 인성(人聲) 외에도 라디오의 실황 방송, 시계 벨소리, 소형 확성기, 그리고 악기(기타) 소리도 가세했다. 안무가는 의자를 만들기 위해 못질하는 망치 소리, 댄서들이 자신들의 몸을 때릴 때 옷의 재질에 따라, 신체의 부위에 따라 각기 다르게 울리는 소리까지도 사운드의 영역에 포함시켰다. 인성(人聲)을 사용할 때도 안무가는 하나의 상황(남녀 댄서의 연습과정)을 설정, 서로 간에 다투는 과정에서 생기는 고성과 말을 주고받는 과정에서 생겨나는 우연성까지도 음미하도록 만들었다.

작품 전편을 통해 안무가의 감각이 빛난 접점은 인성(人聲)에서의 속도감과 톤, 그리고 문자로 벽에 투사될 때의 그것과 절묘하게 맞물리는 타이밍이다. 댄서들이 한 구절씩 내뱉는 텍스트를 같은 속도로 화면에 글자로 투사하는 방식, 들릴듯 말듯한 크기의 사운드를 유지하며 글자를 통해 선명성을 부각시키는 상대적인 상승효과는, 시청각적인 교감을 동시에 노린 의도된 연출이었다.

공연 내내 지나치게 절제된 분위기는 중반을 넘어 선 시점이 되면서, 막힌 벽의 한쪽이 서서히 열리면서 그 사이로 들어오는 또 다른 빛의 투사로 인해 변환되었고, 안무가가 점한 타이밍과 빛의 조도가 만들어내는 밀도는 그 여운이 만만치 않게 진했다.

반면에 살아있는 금붕어가 유영하는 투명한 어항, 흰색의 작은 변기, 빨간 권투장갑, 여성의 발을 정성껏 씻겨주고 머리를 감겨주는 남성, 물이 가득 담긴 물 컵을 여성의 등에 올려놓고 등을 숙인 채 이동시키는 설정은 지나치게 작위적이었다. 이같은 다분히 보여주기 식의 나열은 움직임 플러스 사운드 & 다이올로그의 교합이 가져다 주는 분명한 컨셉트의 여운을 반감시키는 요인이 되었다.

너무 많은 장면 설정과 사운드 & 다이올로그를 무용수들을 통해 구현 내 내는 과정에서 가장 중요했던 댄서들의 역량과 앙상블의 부족 역시 작품의 완성도를 저해시킨 요인이었다.

DV8의 안무가 로이드 뉴슨은 〈Can We Talk About This?〉에서 텍스트와 움직임의 절묘한 결합을 통해 관객들과 성공적으로 소통했다. 공연내 내 엄청난 양의 텍스트를 직접 무용수들의 입을 통해 토해냈다. 무용수들이 내뱉은 대사는 그대로 음악이 되고 무용수들은 그 리듬에 맞추어 자신들의 몸을 거침없이 내맡겼다.

정지윤의 이번 작업에서도 어느 일면 로이드 뉴슨의 이 같은 컨셉트가 읽혀졌다. 이 두 작품이 관객과의 소통과 예술적인 교감에서 차이가 있다면, 정지윤의 경우 서로 유기적으로 결합되지 못하는 장면과 내밀함이 결여된 댄서들이었다.

다음 공연에서 몸과 사운드, 텍스트를 하나의 사이클로 체화할 수 있는 댄서들의 밀도 있는 앙상블이 더해진다면 이번 작품은 그동안 안무가 정지윤이 추구했던 씨어터 댄스적인 흐름에 중요한 전환점을 가져다 줄 수 있는 의미있는 작업으로 남을 수 있을 것이다.

'National' 의 작업은
세계 춤 시장에서 논의될 수 있어야

컨템포러리 댄스 작품에서 관객들이 안무가의 의도를 온전히 이해하기란 쉽지 않다. 무대 위에서 표출되는 여러 가지 장면들, 안무가가 펼쳐놓은 각각의 이미지들은, 공연의 중반을 넘어서고 난 시점에 조합해보더라도 그것이 무엇을 말하고자 했던 것인지, 지금 무엇을 말하고자 하는 것인지 좀처럼, 선명하게 각인되지 않는다. 홍승엽이 안무한 국립현대무용단의 신작 〈개와 그림자〉(6월 28-30일 CJ 토월극장, 평자 30일 관람) 역시 예외가 아니다.

안무가 시디 라르비 셰르카위가 레 발레 세 드 라 베와 함께 만든 〈믿음〉은 미국에서 일어난 9·11 테러를 소재로 한 것이다. 전 세계에서 벌어지고 있는 테러의 잔혹성을 고발하고 테러의 위험에 직면한 현실을 각인시킨다. 이 작품에서처럼 실제로 벌어진 어떤 역사적인 사건을 소재로 춤으로 만든 경우 관객들은 안무자의 분명한 메시지를 읽어내는 데 별 어려움이 없다.

샤샤 발츠가 안무한 〈Körper〉는 제목 그대로 인간의 몸을 소재로 한 작품이다. 이 작품은 무용수들의 몸, 인간의 신체를 매개로 엮어낸 안무가의 기발한 상상력이 탄성을 자아낼 정도로 관객들을 감동시킨다. 음향적인 효과를 음악으로 확장시키고 건축과의 융합을 통해 만들어내는 공간의 활용은 무용예술이 앞으로 얼마나 더 확장 할 수 있는지를 보여준다. 이런 류의 작품은 안무가가 말하고자 하는 메시지가 무엇인지 고민할 필요 없이 그저 무대 위에서 펼쳐지는 것들을 즐기기만 해도 흥미롭다.

〈개와 그림자〉는 후자에 가깝다. 13명 댄서들의 움직임은 무대 전면을 가득 채운 2천개가 넘는 작은 박스로 꾸며진 엄진선의 무대미술과 맞물려 70분 동안 이어진다.

안무자가 펼쳐놓은 이미지들은 적지 않았다. 댄서들이 보여주는 움직임의 조합은 어느 부분에서는 안무가 홍승엽 특유의 감각적인 에스프리도 만날 수 있었다. 그러나 그 이미지들은 그리 새롭지는 않았다. 안무가에 의해 만들어진 움직임의 조합도 홍승엽의 전작에서 보았던 것과 별반 달라 보이지 않았다.

부서진 무대세트로 인한 공간의 변화, 바닥에 흐트러진 무대 세트의 파편들을 제거하는 무브먼트와 연결된 댄서들의 동선, 공중을 떠 다니는 깃털, 빨간색 구두, 밀가루를 연상시키는 백색의 분말들, 검정색 널빤지들, 보통 사람 신장 두배 크기로 변신한, 폭이 넓은 치마를 착용한 댄서와 그 치마의 활용법 등등--- 그것들은 여타의 춤 작품 속에서 우리가 익히 보아왔던 이미지들이었다.

개개 댄서들의 특성을 살려내는, 인간의 신체를 매개로 하는 고유의 예술적 특성을 움직임을 통해 음미하지 못한 것 또한 아쉬웠다.

엄진선의 무대미술은 탁월했다. 2012년 두 명의 안무가 이브기와 그레

벤과의 작업 〈소셜 스킨〉에서 보여준 수백 벌의 의상을 조합했던 것 못지 않게 〈개와 그림자〉에서 수천개의 박스를 조합한 그의 디자인 감각은 국제 무대에서도 경쟁할 수 있을 만큼 손색이 없다.

관객들이 컨템포러리 댄스를 통해 안무가에게 기대하는 것은 궁극적으로는 새로운 예술작업이다. 새로운 컨셉트, 작품을 풀어내는 새로운 아이디어, 그리고 차별화 된 움직임의 조합이 그 핵심일 수 있다.

스토리텔링을 전제로 한 대본 없이 60분 이상 길이의 괜찮은 컨템포러리 댄스 작품을 만들어내기란 그리 쉽지 않다. 이를 위해서는 스태프들과의 협업작업이 무엇보다 중요하다. 유럽의 유명 안무가들이 음악, 조명, 의상, 무대미술, 영상 파트 스태프들과의 긴밀한 소통과 그들의 아이디어를 조합하려 노력하는 것 역시 이와 무관하지 않다. 〈개와 그림자〉에서는 엄진선의 무대미술을 제외하고는 안무가와의 소통을 통한 제대로 된 스태프들간의 매치업을 확인하기는 어려웠다.

국립현대무용단의 지난 3년은 예술감독 홍승엽의 작업(신작과 기존 작품)과 외국 안무가들에 의한 두 개의 작품, 국내 안무가에 의해 만들어진 소품 제작으로 요약된다. 작품들마다 편차가 있었으나 후반부로 갈수록 작품의 질이나 운영 면에서 조금씩 나아지는 모습을 보게 된 것은 초대 예술감독의 공으로 돌릴 수 있다.

관객들이 국립현대무용단에 기대하는 것은 일정 수의 무용수들과 제작 예산이 확보되어 있는 만큼 개인 안무가들이나 소규모의 전문 단체들의 작업에서는 기대하기 힘든, 안무가와 스태프들 간의 긴밀한 협력에 의한, 예술성 높은 작품의 제작이다. 그리고 그 결과물들은 세계 춤 시장에서 하나의 상품으로서 당당히 경쟁할 수 있어야 한다.

　궁극적으로 국립무용단의 공연 작품들은 서울 뿐 아니라 지역의 관객들, 더 나아가 세계 여러 나라의 관객들과 함께 공유할 수 있어야 한다. 따라서 국립현대무용단의 레퍼토리들은 일정한 질이 담보되어야 하고 최신 경향의 세계적인 춤 작업의 흐름 속에서 함께 논의될 수 있어야 한다.

　기획 단계에서부터 기획 제작 유통의 모든 과정을 연계할 수 있는 전문 프로듀서를 활용하는 것도 하나의 방안이 될 수 있을 것이다.

예술성과 대중성 사이에서

2013년에도 어김없이 서울국제공연예술제(SPAF)와 서울세계무용축제 (SIDance)가 비슷한 시기에 열렸고, 해외 무용단들의 작품이 주목을 끌었다. 서울국제공연예술제는 예년에 비해 해외 초청 무용단의 작품이 대폭 줄었 지만, 질적인 면에서는 뛰어난 작품들이 선보였다. 반면에 서울세계무용축 제는 해외 여러 나라의 작품을 초청, 비교해 보는 재미기 있었지만, 작품의 질적 수준은 상대적으로 떨어졌다.

프랑스 라시드 우람단 안무의 〈Sfumato〉

신선했다. 최근 세계 무용계의 흐름을 주도하는 텍스트와 움직임이 섞 여 있었고 작품 속에 담겨진 안무가의 메시지가 전해주는 진동도 느껴졌다. 더욱 인상적이었던 것은 작품을 풀어가는 형식에서의 새로움이었다.

댄서들의 움직임은 넘쳐나지 않고 절제되어 있었고, 그것을 조합하는 방식은 현실성과 추상성의 넘나듦과 어느 일면 시적이면서도 선명한 이미 지의 결합이었다.

감상의 키워드는 물과 숲 그리고 사랑으로 요약된다. 작품 제작의 텍스트로 사용된 작가 소니아 시암브레토(sonia chiambretto)의 글에는 '타이가' (La Taiga: 시베리아 지방에 발달하는 습원과 침엽수림의 삼림지대)가 계속 등장한다. 베트남 여행 중 수몰위기에 빠진 난민들을 만난 인상을 춤으로 풀어낸 안무가 라시드 우람단은 70분 동안 뿌연 안개와 쏟아지는 비, 그리고 인간을 등장시켜 마치 숲속에서는 만나는 신기루 같은 무대와 사랑을 그려냈다.

쏟아지는 비를 맞으며 놓여 있는 블랙 피아노와 화이트 건반의 시각적 대비, 피아노의 강한 타건과 무대 위로 떨어지는 폭우가 만들어내는 소리의 충돌은 그 자체로 관객들의 감성을 강하게 자극했다.

끊임없이 돌고 도는 여성 무용수. 그 사이를 파고드는 스모그는 폭풍 때의 무거운 먹구름의 기운을, 나레이션은 여자의 불안한 심리 상태를 표현했다. 장대 비 속에서 처절하게 춤을 추는 남녀 무용수 또한 침몰해가는 사랑을 위태롭게 표현했다.

무대 위의 분위기와는 판이한, 노래하는 탭댄서의 등장은 역설적이었다. "singing in the rain" 의 경쾌하고 즐거운 멜로디의 노래와 춤이 슬프게 느껴지는 것은 지쳐가는 심신을 달래려는 인간의 양면처럼 보여졌기 때문일지도 모른다.

프랑스에서 새로운 춤(new dance)을 이끄는 안무가로 평가받는 라시드 우람단의 〈스푸마토〉(10월 12-13일, 아르코예술극장대극장)는 이른바 '다큐- 픽션 댄스' (docu-fiction dance)의 전형을 보여주었다.

실제 이야기를 기반으로 작품을 만들고, 사실과 픽션을 엮어서 구체적인 이미지와 함께 추상적이고 시적으로 풀어낸 〈스푸마토〉는 색을 미묘하게 변화시켜 윤곽선을 지움으로써 안개가 낀 것과 같은 효과를 만들어내는 르네상스 시대의 회화기법 스푸마토(sfumato)처럼 정형화된 기법을 탈피한 새로운 춤 작업의 한 단면을 보여주었다.

다만 움직임과 이미지 사이의 간극은 좀더 조정될 필요가 있었다. 여러 가지가 너무 펼쳐져 보임으로써 다소 산만하게 느껴지는 것들을 처리할 수 있다면 예술적 감흥 또한 더욱 강렬해질 것이다.

드와이트 로든 & 주재만의 안무 작품 Complexions Comtemporary Ballet

미국의 컴플렉션스 컨템포러리 발레(Complexions Comtemporary Ballet)는 예술성과 대중성을 담아낸 레퍼토리를 고루 보유하고 있는 단체이다. 또한 다국적 댄서들이 만들어내는 발레와 재즈, 현대무용이 융합된 움직임은 때로는 신체적인 아름다움으로 때로는 역동적인 에너지로 분출된다.

고양문화재단과 SIDance가 함께 마련한 이번 내한공연(10월 12-13일 고양 아람누리극장. 평자 13일 관람)에서도 이 같은 단체의 특성을 반영한 작품들을 선보였다.

드와이트 로든이 안무한 30분 전후의 〈목성의 달빛〉과 〈상승〉(Rise)은 같은 안무가의 작품이라도 대조적이다. 라흐마니노프의 피아노 곡을 사용한 〈목성의 달빛〉이 훤칠한 체격의 남녀 무용수들이 전해주는 지체의 앙상블, 움직임의 조합, 그로 인한 조형적인 아름다움으로 인해 몸을 매개로 하는 무용예술의 매력을 만끽하게 해준 작품이라면, U2의 록 음악을 사용한 〈상승〉은 현란한 조명과 컬러풀한 의상에 빠른 템포의 연속된 움직임이 무대를 휘어잡는다.

〈회상〉(Recur)은 한국 출신 안무가 주재만의 2013년 신작이다. 클래식에서부터 현대음악에 이르는 다양한 작곡가의 음악이 사용되고, 하체보다는 댄서들의 상체의 움직임에 초점을 둔 움직임 구성이나 전체가 아닌 무대를 분할해 부분적으로 활용하는 것 등 다양한 안무를 시도했으나 완성된 작품이 아닌 Work Process 형태로 선보인 작업 때문인지 완벽한 앙상블을 구축하지는 못했다.

주재만의 안무 작업은 예술감독인 드와이트 로든과는 다르게 훨씬 다양한 요소들을 결합시키고 있다는 점에서 향후 또 다른 안무 스타일의 구축에 대한 기대를 갖게 했다.

SPAF와 SIDance 모두 10년을 훨씬 넘은 연륜을 갖고 있는 만큼 해외 단체의 선정에서 보다 더 신중을 기할 필요가 있다. 다양성 못지 않게 중요한 것은 최신 경향의 흐름을 소개하는 것과 함께 완성도 높은 작품을 선정하는 일일 것이다.

중앙 정부의 지원을 받는 만큼 세계적인 수준의 작품을 볼 기회를 갖도록 하고 서울 뿐 아니라 지역에 있는 관객들에게도 감상의 기회를 균등하게 보전해주는 공공성의 측면 또한 소홀히 해서는 안 될 것이다.

공공극장 기획, 빈약한 춤과 예술적 교감

〈4色여정〉(1월 4-5일 예술의전당 오페라하우스, 평자 4일 관람)은 예술의전당이 직접 기획하고 제작한 춤 창작품이란 점에서 2012년 새해 벽두부터 화제가 됐다. 국내 스타급 무용수 4명을 전면에 내세운 점, 영상과 무대미술 등 비주얼적인 요소를 더하고 라이브 연주를 곁들인 창작음악의 사용, 클래식 한류를 표방한 점 등도 주목의 대상이었다.

"Endless Voyage" 란 부제를 사용하면서 "항해" 의 이미지와 연계시킨 이 작품은 전체적으로 너무 고요했다. 거센 파도도, 세찬 비바람도, 배의 요동도 거의 없었다. 더러 멋있는 풍광과 매혹적인 자연의 소리가 들리곤 했지만, 항해를 통해 기대하는 미지의 세계에 대한 새로움, 예기치 않은 짜릿함은 없었다.

조명 의상 무대미술 음악 움직임과 융합된, 극장예술 작품으로서 〈4色여정〉은 전체적으로 간결하고 차분했다. 항해의 이미지를 연계한 정면의 뱃머리와 무대 좌우 돛대 형상의 무대미술과 블루와 화이트 조명의 대비, 부분적으로 임팩트를 준 영상이 만들어낸 회화적 이미지, 움직이는 지체의 조형적 아름다움은 시각적 볼거리를 만들어 냈다. 동서양, 현과 보컬이 조우한 선율도 가슴을 파고들었다.

문제는 그런 예술적 교감이 지나치게 짧고, 간헐적이고, 하나의 흐름 속에 용해되지 못하고, 산만하고 밋밋하게 분산된 데 있다.

안무자에 의한 움직임 조합은 70분 동안 6개 장면의 각기 다른 정감을 표출하기에는 부족했다. 새로운 움직임을 만들고 그것을 조합해 댄서들의 몸을 통해 표출시키는 질적인 면에서 안무자는 부분적으로 반짝이는 감각을 보여주긴 했지만, 춤이 중심이 된 작품이란 점에서 보면 기대치에 못미쳤다.

군무진들의 움직임은 유사한 스타일의 반복과 앙상블에서 아쉬움을 남겼다. 황혜민과 엄재용의 파트너십은 뛰어났지만, 갈라 공연이 아닌 만큼 발레 2인무의 정형화 된 스타일에서 더 탈피했어야 했다. 김주원의 솔로춤은 외로움과 절절함으로 윤이 났지만, 이정윤과 만나면서 그 빛이 오히려 바래버렸다. 4장 가면이 등장하는 군무 장면과 에필로그에서 4명 무용수와 군무의 배합은 구성과 질 모두에서 빈약했고, 결국 전체적인 작품의 완성도에 치명타가 되었다.

해금, 가야금, 바이올린과 첼로, 여기에 성악과 피아노가 더해진 라이브 연주는 악기 배합을 통해 각기 다른 분위기로 조율하려한 작곡자(김태근)의 의도가 읽혀졌지만, 시종 영화의 배경음악과 같은 톤으로 일관되면서 결국 안무자에 의한 다양한 움직임의 융합에도 나쁜 영향을 미쳤다

제작진들은 프롤로그와 에필로그를 포함 모두 6개의 장에 기쁨과 슬픔, 사랑, 미움과 욕망 등을 담아내려 했고, 그 중심에 7명의 군무진과 4명의 댄서들을 배치했다. 인간의 원초적 감정을 소재로 한 작품은 쉬운 선택

같지만, 그 작업은 가장 어려울 수 있다. 관객들의 삶의 궤적이 다 다르고 감성적으로 그것과 만나는 방식 역시 저마다 같을 수 없기 때문이다.

안무가(이정윤)와 연출가(김명곤)는 "항해—삶" 이라는 컨셉트에 지나치게 함몰되어 버렸다. 그 보다는 4명 스타급 무용수를 포함한 춤 그 자체에 더 많은 공을 들였어야 했다.

〈4色여정〉은 예술의전당에서 제작한 공연, 스타급 무용수들의 면면 때문에 높아진 관객들의 기대를 충족시켜주기에는 함량 미달이었지만, 대관 위주로 운영되는 공공 극장의 문제점을 타파하는 노력이란 점에서 충분히 박수를 받을 만하다.

다만, 순수예술의 한류는 전통적이고 한국적인 것만을 지향하고 고집해서 달성될 수 있는 것이 아니다. 한국의 아티스트와 스태프진들이 만든 가장 보편적인 양식의 공연을 따르더라도, 예술적인 완성도만 높다면, 상품으로서의 경쟁력도 생기고 한류또한 자연스럽게 형성될 수 있다.

춤 예술, 어디까지 진화하나

이제 막 일등급으로 떠오른 안무가(호페쉬 쉑터)는 앞으로의 가능성에 대한 신뢰를, 이미 세계 정상급으로 명성을 얻은 안무가(로이드 뉴슨)는 왜 그에게 그 같은 평가가 내려졌는가를 실증해준 무대였다. 주목받고 있는 두 명 영국 안무가들의 잇따른 신작 내한공연은 그들의 명성만큼이나 빼어났다.

음악, 조명, 텍스트에 의한 움직임 조합과 거침없는 메시지

안무가 호페쉬 쉑터가 선보인 두 개 작품(3월 22-23일 LG아트센터, 필자 23일 관람)은 조명과 음악, 그리고 몸의 조합을 통한 시청각적 이미지의 발현으로 요약된다. 〈반란〉에서는 강한 비트의 음악과 폭발적인 무용수들의 에너지가, 〈당신들의 방〉에서는 조명을 이용한 순간적인 장면 전환과 감성을 자극하는 음악, 그리고 독특한 공간 분할이 압권이다.

〈반란〉에서 7명 무용수들의 현란한 움직임에서 뿜어져 나오는 넘치는 에너지는, 빛과 함께 맞물리면서 만들어지는 순간적인 정지 동작에서 빚어지는 시각적 조형미에서, 정점으로 치닫는다. 〈반란〉에서 안무가 오하드 나하린의 색채를 읽었다면, 〈당신들의 방〉에서 호페쉬 쉑터는 독특한 음악적 감성으로 자신만의 색깔을 보다 더 분명히 드러낸다. 그러나 두 작품 모두에서 순간순간 보여지는 허전함은 극장예술 작품으로서의 보다 더 세밀한 조합을 필요로 한다.

뒤이은 DV8 내한 공연(4월 6-8일 LG아트센터, 평자 8일 관람)은 호페쉬 쉑터의 작업보다 더욱 치밀하고 놀라웠다. 〈Can We Talk About This?〉에서 로이드 뉴슨은 텍스트와 움직임의 절묘한 결합, 공격적이란 표현이 과하지 않을 만큼 직접적인 소통으로 관객들을 자극했다. 엄청난 양의 텍스트를 움직임과 함께, 때론 독백으로, 때론 논쟁으로 쏟아내는 댄서들은 계획된 안무가의 컨셉트를 완벽하게 소화해냈다.

안무가는 무용수들의 입을 통해 단어에 내포된 의미, 템포, 소리의 고저 등 치밀한 바이브레이션을 통해 그것 자체를 음악으로 치환했다. 무용수들이 내뱉은 대사는 그대로 음악이 되고 무용수들은 그 리듬에 맞추어 자신들의 몸을 거침없이 내맡겼다.

이같은 시도는 곧 새로운 움직임의 창출로 이어지고, 안무자는 그런 움직임들을 위해 특정한 프레임을 설정하고 있었다. 안무자는 미끄러지기, 점프하기, 거꾸로 서기 등 연속된 동작과 손가락 등 무용수들 몸의 작은 부위를, 때로는 하체의 움직임을, 때론 상체의 움직임을 중심으로 그것들을 기막히게 조합시킨다.

간헐적으로 영상이 사용될 때도 있었지만, 안무가는 무대 중앙에 3개의 벽과 무대 밖에서 안으로 들어오는 측면의 출입문, 그리고 테이블과 의자를 사용해 시각적인 변화를 꾀하고 있다. 로이드 뉴슨의 안무가로서의 특별한 감각은 이들을 움직임을 변용시키는 접점으로 활용한다는 것이다. 무용수들의 움직임이 무대미술과 접촉되는 순간, 시각적인 효과는 아주 분명하게 달라지고 있었다.

안무가는 적지 않은 텍스트를 통해 아프가니스탄 탈레반 정권, 다문화, 다인종으로 야기된 문제들, 이슬람 문화 모독 사건으로 죽임을 당한 네덜란드 영화감독의 이야기를 담아낸다. 이 같은 텍스트들은 댄서들의 인성(人聲)에 의한 리듬감과 만나면서 작품은 한편의 다큐멘타리 처럼 관객들의 가슴을 파고든다.

안무가가 작품을 통해 말하고자 하는 메시지는 폭력과 전쟁이 난무하는 세계에 대한 준엄한 경고이다. DV8이 평가받고 있는 이유는 그들의 작업이 무용예술의 영역을 더 넓게 확장시키고 있기 때문이다. 그들은 댄서들에 의해 텍스트로 말해지는 무용을 시도하고 동성애, 종교적인 문제 등 다루기 어려운 소재들을 전면에 부각시키기도 한다.

DV8이 확장하고 있는 무용예술의 진화는 도대체 어디까지 계속될 것인가? 〈이것 얘기좀 하면 안될까요?〉는 한 작가의 역사 인식에서 탄생된, 뛰어난 예술적 보고서이다.

국립발레단 & 황병기 음악 〈아름다운 조우〉

발레와 전통 현악기가 만난 양질의 서비스

직업 발레단이 어떤 종류의 레퍼토리를 보유하고 있느냐는 발레단의 경쟁력을 좌우할 만큼 중요하다. 〈백조의 호수〉 전막을 온전히 발레단 자체의 프로덕션으로 공연할 수 있느냐 없느냐 하는 것은 그대로 그 발레단의 위상을 가늠하는 잣대가 된다.

볼쇼이발레단이 보유한 유리 그리가로비치의 〈스파르타쿠스〉 전막을 공연할 수 있다는 것은 일정 기량을 갖춘 남성 무용수들을 다수 확보하고 있지 않으면 불가능하고, 따라서 이 작품을 온전히 발레단 자체의 댄서들만으로 공연할 수 있는 발레단은 전 세계를 통틀어서 손으로 꼽을 정도이다.

국립발레단이 한국적 소재 혹은 색채의 창작 발레 작업에 관심을 갖고 이를 실행하는 것은 메이저 발레단으로 도약하기 위한 하나의 과정이란 점에서 의미가 있다. 이런 점에서 국립발레단과 황병기 음악의 만남을 표방한 '아름다운 조우'(9월 27-28일 LG아트센터, 평자 27일 관람)는 우선 기획적인 측면에서 주목할 만했다.

국립발레단이 보여준 그동안의 창작 발레 작업이 대부분 한국적 소재에 초점을 맞춘 대작 위주였다면, 이번 공연은 한 작곡가의 작품과 연계를 시도했다는 점에서 차별성이 있다.

　기획적인 면에서는 이미 예술적으로 인정받은 작품, 한국의 국악기중 대표적인 현악기인 가야금 곡을 택한 점, 그리고 그런 작업을 위해 선정한 안무가들을 국립발레단 내부를 포함 외부에서도 영입하고 그중 한 명은 발레가 아닌 다른 장르의 춤 전공자 중에서 택한 점 등이 눈에 띄었다.

　세 명 안무가들의 작업은 같은 가야금을 주조로 한 음악을 사용했더라도 저마다 빛깔이 다른 황병기의 음악만큼이나 그 맛도 달랐다.

　박일이 안무한 〈미친 나비 날아가다〉는 황병기의 세 개의 곡을 사용, 이를 방랑하는 시인으로 불렸던 김삿갓과 연계시켰다. 그가 남긴 네 편의 시가 작품의 모티브가 되었고, 안무가는 스토리텔링 보다는 김삿갓을 주인공으로 그의 행적(방황)과 그를 둘러싼 주변 인물(기생)과 유유자적의 삶을 무대 위에 표출했다.

　안무가는 작품의 전개과정 보다는 개개 장면에서 춤과 음악의 조합과 볼거리를, 선곡한 세 개의 작품이 담고 있는 주제와 견주어 비교적 정직하게 표출해냈고, 무대미술, 의상, 무용수들의 머리 장식 등 시각적 조화를 염두에 둔 제작진들의 협력 작업이 보는 즐거움을 더했다. 〈차향이제〉의 음악을 사용한, 황병기의 가야금과 여성 창자에 맞춘 남녀 2인무, 조명과 무대미술이 자아내는 배색과 춤과 음악의 조화도 별미였다.

　반면에 인물과 인물들 사이에서, 어떤 상황을 표출하는 장면 설정은 좀더 세밀한 연출이 필요해 보였다. 무용수들이 동심 ─장난기와 놀이성─을 표출하는 장면에서는 연기적인 면에서의 보완과 보다 현실감 있는 설정이 더해졌다면 작품의 완성도가 배가되었을 것이다. 김삿갓(이동훈)과 기생 매화(김리회)의 2인무와 김삿갓의 솔로춤 등이 이야기 전개상 자연스럽게 드러나지 않고 필요에 의해 작위적으로 구성되었다는 인식이 들게 만든 것이 그런 예이다.

두 번째 작품. 안무가 정혜진이 〈달〉에서 강강술래와 달을 연결시킨 시도는 낯설지 않다. 강강술래가 갖는 원무(圓舞)와 나눔의 이미지, 놀이성을 차용한 것은 한국춤 전공자들이 달을 소재로 한 작업에서 표출했던 것들과 별반 다르지 않았다.

그러나 이것이 발레 메소드에 의해 훈련된 발레 댄서들에 의한 접합, 다른 음악이 아닌 가야금 곡만으로, 무엇보다 황병기의 음악 속에 담겨진 한국적인 미감과의 만남을 통하니 보니 한 동작 한 동작이, 개개 장면의 이미지의 구현이 특별한 감흥으로 다가왔다. 만월에서 반달까지, 변화하는 달의 형상을 영상을 활용, 움직이는 무대미술을 통해 강하게 어필하도록 한 제작진들의 작업도 뛰어났다.

8개의 달과 8명 댄서들의 원무는 발끝으로 표현하는 움직임 조합이 특별했다. 한국춤 전공자들의 사뿐사뿐 디딤새는 발레 댄서들의 토를 이용한 발끝 윤무(輪舞)로 치환되었고, 그 차별화 된 움직임이 주는 감흥은 한국춤의 그것과는 확연히 달랐다. 발레 댄서들의 뽀르 드 브라를 한국 춤에서 보여지는 팔 동작과 연계시켜 감상하는 재미 또한 쏠쏠했다.

강강술래의 지와밟기 놀이를 김지영을 리드 댄서로 구성하면서 8인무를 사선으로 배치하도록 한 대형 변화, 상체를 드러낸 남성 무용수와 한쪽 어깨를 드러낸 여성 댄서를 이용한 에로티시즘, 댕기머리를 통한 한국적 미감의 표출은 독창성과 함께 달을 인간의 사랑과 욕망으로 연계시킨 안무가의 의도가 엿보인 대목이었다.

김지영의 댄서로서의 존재감과 영상을 활용한 한국적 정서의 교합이 주는 특별함의 농도도 상당했다. 김지영의 춤(몸)은 달과 가야금이 갖는 정과 합의 정서를 기막히게 넘나들었다. 그녀의 몸에서 뿜어져 나오는 정중동의 미감, 전통과 현대적인 정서 모두를 아우르는 특별한 질감은 소녀의 감수성에서부터 성숙한 여인의 관능미까지 자유자재로 넘나들었다. 〈침향무〉에서 동서양의 넘나듦, 〈밤의 소리〉에서의 기다림의 음악적 정서를 그녀는 움직임으로 완벽하게 구현해 냈다.

파리 오페라발레단 안무가 니콜라 폴(Nicolas Paul)의 〈Nobady on the road〉(길위에는 아무도 없었다)은 기존 유럽의 안무가들에게서 보여지는 컨템포러리 발레 작업 유형과 별반 다르지 않았다. 음악과 움직임의 조합에 충실하고, 악기 군에 따라 댄서들의 움직임을 차별화 하는 구성은 이 작품에서도 예외가 아니었다.

안무가는 황병기의 〈비단길〉에 담겨진 동과 서의 색채를 현대적인 움직임에 한국적인 쏘스(source)의 접목으로 무대 위에 표출했다. 작품 군데군데에서 한 명의 댄서가 품에 안은 작은 단지(항아리)는 치마 저고리 의상과 함께 이 작품이 여타 컨템포러리 발레와의 차별성을 구현하는 요소들이다.

안무가는 무대를 깊이 있게 활용하면서, 정지된 포즈를 통한 느린 이미지를 작품 곳곳에 배열, 작품의 완급을 조절했다. 첫 장면 항아리를 가슴에 보듬어 안은 여인의 등장은 앞으로 안무자가 풀어낼 작품의 이미지를 한번에 유추하게 했다.

항아리가 남성 무용수에게 전해지는 장면, 벗었다 입었다를 반복하며 의상을 통해 신체를 드러냈다 숨겼다 하는 장면, 천천히 치마 저고리를 접는 동작의 반복, 벗은 의상을 들고 한참동안 서있는 장면 등은 움직임과 음악의 매치만으로 자칫 단조로워질 수 있는 작품에 어떤 의미부여를 하는 설정으로 보여졌다.

치마 저고리를 입은 여성 무용수와 짧은 팬츠를 입은 남성무용수 등 4쌍의 8인무를 구성하면서, 세 쌍과 한 쌍의 움직임을 다르게 배치한 것이나 항아리를 든 여인의 움직임은 정지시킨 채 상대적으로 남성 무용수들은 많은 움직임으로 대비시킨 점 등은 니콜라 폴의 안무가로서의 감각을 엿볼 수 있었던 장면이었다.

이번 공연은 독창적인 컨템포러리 발레 작업을 통한 국립발레단의 경쟁력 있는 레퍼토리 확보란 점에서 일정 소득이 있었다. 작품 〈달〉은 지속적인 보완작업이 뒤 따른다면 독창성과 보편성 모두를 아우르는 레퍼토리로 국제무대에서도 통할 수 있을 것이다.

황병기의 빼어난 음악과 영상, 무대미술, 조명 등 비주얼을 살려낸 스태프들과의 협업, 그리고 중극장 규모의 LG아트센터 무대 공간은 이번 기획 공연의 성과를 상승시키는데 기여했다.

국립발레단의 이번 공연은 한국의 대표적인 작곡가와 연주자의 창작 가야금 곡과 각기 그 교육적 배경이 다른 3명 국내외 안무가가 만난 트리플 빌 (Triple Bill)무대였다. 3개의 소품을 하나의 프로그램으로 엮은 이같은 일종의 패키지 상품은 발레단의 입장에서는 관객들에게 다양한 맛깔의 작품을 서비스 할 수 있고 전막 공연에 소용되는 많은 제작비에 대한 부담도 덜 수 있다는 점에서 매력적이다.

경우에 따라서는 이번에 공연된 작품 중 일부를 다른 발레 레퍼토리와 접합시켜 또 다른 트리플 빌로 구성한다면 '별미의 one night' 프로그램으로 관객들을 위한 양질의 서비스를 제공할 수 있다. 국립발레단으로서는 다양한 계층의 관객들을 향한 공연 프로그램 구성에서 그 만큼 운용의 폭을 넓힐 수 있을 것이다.

쿨베리 발레단 & 마틸드 모니에

크로스오버 춤, 융합의 묘미

안무가들이 위대한 것은 그들에게는 끊임없이 샘솟는 새로운 창조력이 있기 때문이다. '안무가' 란 이름이 붙여진 모든 사람들에게 해당되는 것은 아니지만, 그들의 기발한 상상력은 일반 관객은 물론이고 때론 춤 마니아들과 비평가들까지도 깜짝 놀라게 만든다.

이즈음 들어 유럽을 중심으로 '안무' 란 말 대신 '컨셉트' 란 단어가 자주 사용되고 있다. 이는 유럽의 안무가들이 보여주는 일련의 춤 작업들을 '안무' 라는 단어로는 모두 포괄할 수 없기 때문이다. 안무가는 이제 더 이상 움직임을 창안하고 이를 조합하는 역할에만 머물지 않는다. 작품의 전체적인 프레임이나 아이디어, 그것을 풀어내는 방법적인 것까지 안무가는 더 많은 장르와 소통하면서 더 많은 스태프들과의 긴밀한 협력을 시도하고 있다.

올해 서울국제무용제(SIDance)와 서울국제공연예술제(SPAF)에서는 유럽의 이같은 흐름을 감지할 수 있는 몇 개의 작품을 만날 수 있었다.

SIDance 오프닝 무대를 장식한 쿨베리 발레단의 3개 작품(10월 5-6일 강동아트센터 대극장) 중 두 번째로 선보인 〈40미터 아래〉(안무_알렉산더 에크만)는 빼어났다. 이 작품은 2010년에 무용영화로 제작되었다. 무용수들이 무대에 출연하지 않고 비록 영상으로만 보여지지만 작품의 중심은 댄서들의 움직임이 차지하고 있으므로 실제 공연이 마치 흑백 톤의 필름으로 재생된 듯한 느낌이 들었다.

16명의 댄서들이 만들어내는 앙상블과 배경이 되는 복층 건물의 구조를 활용한 시각적 이미지, 그리고 무엇보다 무용수들의 움직임 개발과 조합이 기막히다. 여기에 댄서들의 표정과 조형성을 극한으로 살려내는 카메라 워크 또한 출중하다.

공연 팸플릿에는 "지하 30미터의 건물에서 무엇인가를 설치하는 사람들"을 소재로 했다고 적혀 있으나 흰색 가운을 입고 빠른 템포의 움직임으로, 폭발적인 에너지를 뿜어내는 군무진들 사이로 등장하는 임산부의 설정 등 그 배경은 오히려 병원을 연상케 했다.

흰색 가운과 검정 바지의 무용수들, 그들이 손수 이동시키는 작은 검정색 테이블이 주는 배색 효과, 인성(人聲), 귀를 때리는 호르라기와 테이블이 부디치면서 내는 소리까지도 음악의 쏘스로 활용하는 감각, 종반부 기념촬영 장면에서 맞닥뜨리는 클로즈업한 얼굴 형상과 완만한 속도감의 대비까지, 이 작품은 움직이는 몸과 카메라 영상이 융합해 시너지 효과를 획득한 특별한 경험을 선사했다.

반면에 이 작품 전후로 선보인 〈공연중〉(안무_크리스털 파이트)은 무대 뒤와 리허설 현장이 등장하는 비슷한 소재의 작품이 이미 여러 편 선보였던 데다 움직임 조합에서도 별다른 뛰어남을 보여주지 못했고, 〈검정과 꽃〉(안무_요한 잉게르)은 사이사이 코믹적인 요소와 댄서들에 의한 움직임과의 배합을 시도했으나 〈40미터 아래〉가 주는 강한 여운에는 못미쳤다.

SPAF 초청 작품인 〈소아페라〉는 안무가 마틸드 모니에와 시각예술가 도미니크 피가렐라가 컨셉션을 담당했다. 몽펠리아에 베이스를 둔 랑구독-루시옹 국립안무센터를 이끌고 있는 마틸드 모니에는 비누 거품을 무대 위로 끌어와 이를 무용예술과 매치시켰다.

무대(캔버스)에 등장한 비누거품(오브제)은 움직이는 동체인 댄서(붓)들과 만나면서 시각예술과 무용의 만남이란 특별한 경험을 아주 비주얼하게 때론 감성적으로 관객들에게 선사했다.

비누 거품의 특성상 시간의 흐름에 따라 그 형체는 변화될 수밖에 없고 그런 확연한 변화를 안무가는 댄서들의 시종 느린 움직임으로, 시각예술가는 고정된 수직형의 벽(무대 왼쪽과 정면에 설치된 ㄱ자 형태)과 움직이는 사각형 수평 판넬(4명의 댄서들이 거품 사이로 그 판넬의 끝을 잡고 수평으로 이동시킨다)로 대비시켰다.

비누 거품이 전해주는 묘한 질감, 마치 안개 속을 누비는 듯 거품 속을 천천히 배회하는 무용수들, 신비감을 더하는 감미로운 음악, 느린 속도의 움직임이 주도하는 작품의 전체적인 이미지는 인간의 몸을 매개로 하는 무용예술이 갖는 포용성을 한껏 과시했다.

〈40미터 아래〉〈소아페라〉두 작품 모두 건축이 포용하는 직선과 무용이 포용하는 곡선의 미가 묘하게 융합된, 한 편의 잘 만들어진 비주얼 댄스로서 손색이 없다.

SIDance와 SPAF는 모두 적지 않은 국고 지원을 받는, 우리나라를 대표하는 국제적인 축제이다. 서울국제공연예술제의 경우 20일 넘게 계속되고, 무용과 연극의 비중이 절반 정도이긴 하나 무용 공연만으로도 서울세계무용축제와 맞먹는 규모를 보이고 있다.

그럼에도 이 두 축제는 일정 중복으로 인한 비효율성에 대한 공연예술계의 오랜 지적을 아직도 외면하고 있다. 공공기관의 지원을 받는 축제인 만큼 공공성 강화의 차원에서라도 그 개최 시기를 달리하는 특단의 조치가 필요해 보인다.

북유럽의 정취, 순백의 가족발레

기대 이상이었다.

2시간에 이르는 전막 발레가 초연될 경우 제대로 된 골격을 갖추기가 결코 쉽지 않음을 잘 아는 터라 공연 막이 오르기 전까지만 해도 솔직히 작품에 대한 기대는 그리 크지 않았다.

12월 11일 오후 7시 헬싱키 오페라하우스. 객석은 티켓 박스에서 들은 "솔드 아웃" 이란 말을 입증이라도 하듯 극장 안은 단 한곳의 빈 자리도 찾을 수 없었고, 어른들과 어린이들로 이루어진 가족 관객들이 대부분이었다.

〈눈의 여왕〉(The Snow Queeen)이란 제목에서 느껴지듯 공연 내내 무대는 온통 눈으로 가득 찼다. 실제로 내리는 눈, 때론 눈 덮인 풍광, 커다란 고드름, 때론 눈의 여왕이 추는 신비스런 솔로춤과 그의 수하들이 추는 순백의 군무는 관객들의 시선을 무대 위로 쉼 없이 빨아들였다.

핀란드 국립발레단 창단 90주년을 기념해 새로이 제작한 이 작품은 지난달 23일 예술감독 케네스 그레브(Kenneth Greve)의 안무로 첫 공연을 가졌다. 초연된 지 한달도 채 안되었지만 12월 들어 몇 차례의 추가 공연이 편성되더니 내년 1월에는, 이미 일정이 잡힌 오페라 공연을 취소하면서까지 재공연이 잡힐 정도로 그 인기가 대단했다.

　작품은 안데르센 동화를 기반으로 해 만들어졌다. 19세기 헬싱키에 살고 있는 두 아이 Kai와 Kerttu의 스릴 넘치는 모험, 라플랜드 유럽 최북부 지역까지의 여행기를 그린다. 핀란드가 곧 작품의 배경이 되는 셈이다.

　북유럽의 풍광을 연상시키는 무대미술 ―눈 덮힌 지붕, 눈 쌓인 광장과 채소를 담은 이동마차― 등과 영상으로 오버랩 되는 고전적인 건물 양식, 특히 2막에 선보인 커다란 고드름, 얼음기둥은 오페라 공연에서나 볼 수 있는 현대적인 감각의 예술적인 조형미가 그야말로 압권이었다.

　유명 영화음악 작곡가 투오마스 칸텔리넨이 맡은 음악은 현실과 환상의 세계를 넘나들며 때론 노딕(Nordic) 컨추리 고유의 정서를 몇 가지 특별한 이펙트를 포함해 녹여냈다. 실연 음악을 듣지 못한 아쉬움은 있었지만, 핀란드 국립 오페라 오케스트라의 녹음 연주는 귀에 크게 거슬리지 않았다.

　핀란드적인 요소는 에리카 투루넨의 의상과 무대세트와 조명을 함께 맡은 미키 쿤투의 디자인에서도 제대로 반영되고 있었다. 눈의 여왕, 요정 등 특별한 캐릭터들을 시각적으로 확연하게 각인시킨 페카 헬리넨의 분장도 빼어났다.

　안무가 케네스 그레브는 "눈의 여왕은 핀란드 문화와 삶의 방식에 대한 나의 헌사이다" 라고 말했다. 안데르센의 클래식 동화를 작품화 한 이유에 대해 그는 "이 작품 속 신나는 모험들은 단지 아이들을 사로잡을 뿐만 아니라 부모들도 공연 후 거울 앞에 서서 자신을 봤을 때 새로운 시각으로 보게 될것이기 때문이다" 라고 말했다.

　공연의 성공 요인은 이렇듯 핀란드 고유의 정서와 문화, 여기에 두 주인공들을 중심으로 한 흥미로운 스토리텔링, 그리고 현실세계가 아닌 미지의 세계에서 만나는 환상적인 요소들이 적절하게 조화를 이루고 있기 때문이었다.

현실과 환상을 넘나들며 풍성한 볼거리 선사

Kerttu의 생일날. 친구 Kai는 유리조각으로 만든 공을 선물한다. 그 공은 그들이 같이 있을 때만 빛이 난다. 어느날 Kerttu의 할머니가 라플란드에서 오래된 거울을 사오면서 이들의 삶에는 커다란 변화가 생긴다. 눈의 여왕만이 볼 수 있는 마법의 거울이었던 것이다.

눈의 여왕은 자신의 미모를 비추어줄 거울을 잃어버리자 거울을 되찾기 위해 못된 트롤과 심술궂은 요정들을 보낸다. 요정들은 Kerttu의 집에서 거울을 찾았으나 실수로 떨어뜨려 산산조각이 나버린다. 그리고 그 조각들 하나하나는 모두 눈의 여왕의 차디찬 마음을 지니게 된다.

그중 세 개의 조각은 멀리 날아가 발견되지 못한다. 한 조각은 자고 있는 Kai의 눈으로 들어가고, 그는 세상을 바라보는 눈을 바꾸게 된다. 두번째 파편은 Kerttu가 받은 유리공에 들어가고 더 이상 공은 반짝이지 않는다. 마지막 조각은 라플란드의 무녀인 Lapin seita에게 떨어진다. 그녀는 눈의 여왕의 쌍둥이 동생이다. 눈의 여왕은 잃어버린 세 조각의 거울을 찾기 위해 Kai를 눈의 성으로 납치하기로 결심하고, Kai는 거울조각들을 모두 찾아오도록 협박 받는다.

Kerttu는 Kai를 찾기 위한 긴 여행을 떠난다. 도중에 그녀는 새로운 세상의 많은 사람들을 만나게 된다. 마침내 라플란드에 도착한 그녀는 Lapin seita와 그녀의 많은 아이들을 만나게 된다. 그들은 Kerttu를 이상한 나라의 사람들을 만날 수 있도록 초대한다. 이들 모두 눈의 여왕에 대해 두려움을 가지고 있는 것을 알게된 kerttu는 이들과 합심해 Kai를 구하기로 결심한다.

Kai와 Kerttu의 길고 험한 여행은 그들에게 중요한 교훈을 남긴다. 차갑고 나쁜 아름다움은 관용과 열정, 사랑의 가치에 비해 절대 아름답지 않다는 것이다.

작품 전편을 끌어가는 주인공은 Kerttu와 Kai, 그리고 눈의 여왕이다. 이날 공연에서 주인공인 Kerttu는 놀랍게도 우리나라 무용수 하은지가 맡았다. 그녀의 상대 역인 Kai역에는 핀란드 출신의 Poutane Samuli, 그리고 눈의 여왕은 일본인 무용수 Komori Mai가 맡았다. 하은지가 이 발레단의 주역 무용수로 활동하고 있는지는 알았지만 주인공으로 캐스팅된 사실은 알지 못했었다.

클래식 발레와 컨템포러리 발레 모두에 재능을 가진 하은지는 그녀의 명성답게 뛰어난 기량과 연기력을 바탕으로 안정되게 드라마를 이끌어 갔다. 전편에 걸쳐 적지 않은 장면에 줄곧 출연한 그녀는 중요한 배역을 통해 리드 댄서로서의 존재감을 한껏 과시했다.

아쉬움도 없지 않았다. 바로 안무이다. 클래식 발레에서 흔히 보는 움직임 조합이 주를 이루는 주역 무용수들을 중심으로 한 춤 구성은 그런 데로 넘어간다하더라도 디베르티스망으로 처리된 미지의 세계에서 만나는 사람들이 추는 민속적인 색채의 춤은 조악했다. 이는 재공연이 추진되면 안무가가 가장 시급히 보완되어야할 점으로 보였다.

현실과 환상의 세계가 공존하고, 시각적인 호기심을 자극하는 무용수들의 분장과 머리 장식, 핀란드적인 색채를 담아낸 음악과 조명, 그리고 무대미술의 조화는 안무상의 결함에도 불구하고 이 작품을 핀란드적인 독창성과 발레예술 자체가 갖는 보편성과의 조화를 통한 인기레퍼토리로 자리매김한 원동력이 되고 있었다.

기대와 우려 상존하는 첫 출발

기대와 우려. 국립현대무용단(Korea National Contemporary Dance Company) 창단공연(1월 29-30일 토월극장, 평자 28일 시사회 공연 관람)은 안무가의 서로 다른 색깔의 작품을 동시에 감상하는 흥미로움이 있었지만, 댄서들의 앙상블 부재란 프로젝트 무용단 체제가 가질 수 있는 위험성도 함께 보여주었다.

이날 공연은 국립현대무용단 예술감독 홍승엽의 8개 안무 작품 중에서 일부 장면만을 뽑아낸 18개 피스가 1부와 2부로 나누어 선보였다. 댄스씨어터 온을 중심으로 보여준 홍승엽의 안무 특성은 서양춤 특유의 형식미와 분석적인 틀을 지니면서도 동작과 동작 혹은 동작군 사이의 연결지점에서 정형을 빗겨감으로써 흐름의 변화를 유발하는데 있다.

〈달 보는 개〉〈데자뷔〉에서 보여지는 음악과 움직임의 다양한 조합, 〈사이프리카〉〈벽오금학도〉에서의 영상, 무대미술을 활용한 비주얼, 〈빨간 부처〉와 〈아큐〉에서 오브제를 활용한 이미지 변주 등 이날 공연은 다양한 색깔의 작품이 한 무대에서 파노라마처럼 펼쳐졌다.

반면에 그의 대표작 〈달 보는 개〉에서 "차가운 타악기 음과 어렵고 기계적인 안무언어가 무용수들의 우아함과 타고난 유연성과 대립", 〈데자뷔〉(Deja

Vu)에서 "음악과 함께 충분히 춤을 즐기고 빠른 부분만큼 느린 부분에서도 인상적인" 이라는 완판 작품에서 얻었던 호평을 음미할 수는 없었다. 한마디로 같은 작품에서 댄스 씨어어 온의 무용수들이 보여주었던 집중력과 앙상블이 제대로 발현되지 못했다.

작품의 전편을 보여주지 못한 데다 오디션을 통해 선발된 20명의 무용수들이 18개의 에피소드를 잇따라 출연해야 하는 상황에서, 일관된 컨셉트를 따라가면서 표출되어야 할 무용수들의 앙상블과 작품에 대한 '찐한 음미' 의 부재는 어쩌면 당연한 것인지도 모른다.

1부와 2부 사이에 30분간의 인터미션이 있긴 했지만, 다른 안무가들의 서로 상반된 스타일의 작품, 무용수들의 테크닉과 집중력, 그리고 출연자들의 은근한 경쟁까지 가미된 발레 갈라 공연에 익숙한 관객들에게 한 안무가의 작품에서 추출한 18개의 피스는 산만했고, 전체적으로 무거운 톤은 객석의 분위기를 가라 앉혔다. 안무가는 사이사이 작품의 연결고리를 위해 짧은 에피소드를 설정했지만 너무 평이했다.

이번 무대는 향후 국립현대무용단의 향방을 가늠해볼 수 있다는 점에서 공연예술계의 시선이 집중되었다. 창단공연이긴 했지만, 아직 완벽하게 정비되지 않은 체제에서 만들어진 만큼 다음 행보에 대한 더 큰 기대감도 불러일으켰다.

1만원이란 저렴한 티켓 가격, 사전 계획된 공연 티켓이 모두 매진되어 추가 공연을 할 만큼 관객들의 뜨거운 관심을 얻어낸 점 등은 고무적인 현상이다.

그럼에도 다음의 두 가지 사안은 다시 한번 점검이 필요해 보인다.

첫째는, 프로젝트무용단의 앙상블 부재에 대한 우려가 현실로 드러났다는 점이다. 유럽의 직업무용단들이 보여주는 안무가들의 왕성한 수평교류는 무용수들이 어떤 스타일의 움직임도 비교적 무난히 소화해 낼 수 있는 몸이 만들어져 있기에 가능하다. 대부분의 안무가들은 자신의 스타일에 맞는 무용수들을 선발하는 방식을 택한다. 향후 매번 오디션에 의해 선발될 우수한 무용수 자원 확보와 이들을 위한 훈련 코스의 체계적 운영은 프로젝트 무용단의 단점을 극복하는 키가 될 것이다.

다음으로 국립현대무용단은 한국무용, 현대무용, 발레 전공으로 나누어진 대한민국의 독특한 무용교육 체계로부터 벗어나야 한다는 점이다. 엄밀히 말하면, 기존의 국립무용단이나 국립현대무용단은 동일한 선상에서 볼 수 있다. 특히 국제적인 무용계의 시선으로 보면 더욱 그렇다. 한국의 국립무용단이 보여주는 창작 작품의 스타일은 외국에서 보면 하나의 컨템포러리 댄스이다. 다만 그 스타일이 다를 뿐이다. 그런 면에서 보면 역설적으로 국립현대무용단의 창단은 또 하나의 국립 무용단이 만들어진 그 이상의 의미는 없다.

결국은 안무가들의 다른 스타일과 작품의 질이 국립현대무용단의 성장을 좌우할 가능성이 높다. 현대무용의 영역만을 고집하지 않고 컨템포러리 댄스라는 큰 그림으로 운영의 방향을 잡을 때 오히려 국립현대무용단의 차별성은 더욱 살아날 것이다. 국립현대무용단의 영문 표기를 "Korea National Contemporary Dance Company"로 한 것은 이 무용단이 그 향방을 바로 잡고 있음을 보여주는 것이다.

스타를 위한 춤과 음악, 양보다는 질

색달랐다.

국립극장이 기획공연으로 마련한 '이정윤 & Etoile' (4월 9-10일 국립극장 해오름극장, 평자 10일 관람)은 기존 춤계에서 행해졌던 춤 위주의 갈라 공연과 달리 음악과 비주얼을 강조한 편성이 우선 눈에 띄었다.

한 무용수에 포커스를 맞춘 점, 이정윤이 발레가 아닌, 한국춤을 전공하는 남성 무용수란 점도 다른 맛깔의 프로그램을 편성하도록 한 요인이 되었다. 전체적으로 남성 무용수들의 출연이 많았고, 기존 국립무용단의 레퍼토리와 단원들이 여럿 합류한 것도 이와 무관하지 않았다.

모두 12개의 프로그램이 선보인 이날 공연에서 가장 빛난 게스트는 〈심청〉 파드되를 춤춘 황혜민과 엄재용이었다. 유니버설발레단의 두 수석 무용수는 최고의 앙상블을 만들어냈다. 완숙한 기량과 감정의 교감까지 그들이 보여준 파트너십은 뛰어났다. 무용수에 의해 음악과 안무는 더욱 빛났고, 공연의 질도 자연 업그레이드 되었다. 한국의 대표적인 창작 발레인 〈심청〉은 음악과 무대미술 외에도 춤 그 자체로 세계 무대에서 상품으로서의 경쟁력이 있음을 확연하게 보여준 순서였다.

이정윤과 김주원이 함께 춤춘 〈The One〉(안무_이정윤)은 두 남녀 무용수의 사랑이야기로 작은 이야기 구조를 갖고 있지만, 기교적인 움직임보다는 남녀의 감성적인 교감에 더 초점을 맞추고 있다. 한국적인 정중동의 미감이 무용수에 의해 살아난 춤으로, 이날 선보인 이정윤의 몇 개 안무 작품 중 두드러졌으며, 무용수로서 이정윤과 김주원의 존재감을 부각시켰다.

〈Soul, 해바라기〉는 안무가 배정혜가 국립무용단과 함께 만든 작품 중 〈춤, 춘향〉과 더불어 가시적인 성과를 얻어낸 작품이다. 이중 '진도 아리랑' 부문은 동서양을 넘나드는 크로스오버의 묘미가 쏠쏠하다. 독일의 살타 첼로가 한국의 문화를 바탕으로 새롭게 창조한 음악은 이 작품의 상품가치를 높이는데 일조했고, 이정윤의 솔로 춤은 음악과 움직임의 조화로 만만치 않은 여운을 남겼다.

제작진들은 영상과 음악이 결합된 남궁연의 두 개 작품을 시작과 마지막에 배치했다. 〈The Real Fake_ver.2〉는 드럼이 만들어내는 현란감과 속도감으로 갈라 공연에 걸맞는 오프닝을 선사했으나 〈Digital_Choreography〉는 실망스러웠다. 연습 장면을 촬영한 영상은 엉성한 편집으로 오히려 실제 공연의 감동을 떨어뜨렸고, 이는 결국 전체 공연의 갈끔한 마무리를 저해했다.

가수 이상은이 출연한 두 개의 순서 〈해어화〉 & 〈어가야 디어라〉에서는 보다 적극적인 장르간의 넘나듦이 필요해 보였다. 신창호와 이정윤이 새롭게 안무해 올린 남성 무용수들의 군무 작품 〈Social Physics〉와 〈Eternal Dance〉는 대극장 무대에 맞는 컨셉트와 무용수들의 움직임 구성 모두에서 아쉬움을 남겼다.

이번 공연은 여기에 플루트 4중주 연주와 안동 하회별신굿 중에서 놀이적인 요소가 돋보이는 작품의 일부 등이 추가되어 전체적으로 다양한 볼거리를 주는 쪽으로 구성되었다. 제작진들의 이 같은 의욕적인 시도는 그러나 그 다양성 만큼 작품의 질적인 완성도에서는 천차만별이었다.

기획 공연을 통해 스타 시스템을 정착하는 것이 제작 목표 중 하나였다면 많은 것보다는, 질이 뒷받침되는 쪽으로 편성되었더라면, 스타 무용수로서 이정윤의 이미지 역시 더욱 상승했을 것이다.

공연을 보고 난 후 지난해 4월 강수진의 갈라 공연 〈The Ballet〉가 계속 연상되었다. 라흐마니노프의 피아노 곡을 위주로 편성하면서, 피아니스트의 라이브 연주와 무대미술을 활용, 흑과 백의 대비와 춤을 결합시킨 우베 슐츠의 작품을 통해 극장예술로서의 비주얼을 강조했던 그 공연은 정제된 춤과 음악, 그리고 전체적인 이미지의 결합이 압권이었다. 넘쳐나는 것보다 정제된 예술품을 만나게 하는 것, 폭주하는 공연의 홍수 속에 이 보다 더 좋은 관객 서비스는 없을 것이다.

반면에, 이번 공연은 향후 춤 갈라 공연 제작 시 볼거리를 위해 여러 장르를 수용하는 시도가 확대되고, 컨셉트 역시 더욱 다채로워질 가능성을 열어 놓았다.

복합적 캐릭터, 춤과 연기의 절묘한 조합

안무가 이인수는 새로운 움직임의 조합, 소재를 풀어나가고 메시지를 담아내는 방식 면에서, 기존의 국내 안무가들이 보여주는 정형화 된 스타일을 조금씩 비켜갔다.

이인수 안무의 신작 〈벽〉(12월 9-10일 문래예술공장 박스씨어터, 평자 10일 관람)은 작품 전편을 통해 움직임과 움직임 사이에 절묘한 타이밍으로 맞물리는 또 다른 움직임의 조합과 연극적, 퍼포먼스적 구성으로 색다른 재미를 선사했다.

안무자는 두 명의 여성 무용수와 자신을 포함한 5명의 남성 무용수를 등장시켜 그들 각자가 갖고 있는 마음 속의 벽들, 개개의 사연들을 한 편의 드라마처럼 엮어냈다. 친구에게 애인을 빼앗긴 여자, 친구의 애인을 뺏고 싶은 여자 그리고 바람둥이 남자, 우연히 마주친 헤어진 여자 친구에 화난 청년, 수수방관하며 모든 상황을 관조적으로 바라보는 남자, 무용을 공부하기 위해 한국으로 유학 온 외국인 댄서 등등 그들 각자의 사연에 따라 무대는 거리에서 클럽으로, 카페에서 공원으로 시시각각 변화된다.

안무가는 무용수에게 각각의 캐릭터를 부과하고, 그들의 사연을 풀어내는 방법으로 독백, 대사, 연기, 때론 춤을 차용했다. 중심 개릭터들이 그들의 이야기를 전개시키는 과정에서 안무가는 2인무나 솔로, 군무 등 어떤 장면에서는 춤을 통해 어떤 장면에서는 내뱉는 대사에 내재된 단어의 의미를 통해, 어떤 장면에서는 퍼포먼스에 가까운 집단적인 행위 등을 통해 관객들과 소통한다.

이 같은 시도는 올 가을 내한공연을 가진 안무가 콘스탄자 마크라스가 〈메갈로폴리스: 거대한 도시〉에서 보여준 무용—음악—언어—비디오—연기의 혼합을 통해 춤과 연극적 구도가 혼재하면서 강렬한 메시지를 담아내는 구도와 어느 면에서 유사하기도 하다. 〈벽〉에서 이인수가 시도한 팝음악과 가요, 연극과 마임, 힙합 등 다양한 장르의 복합적 연계 시도, 그리고 이를 통해 작품 속에 내재시킨 메시지 등이 그런 예들이다.

안무가는 특유의 접촉에 의한 움직임과 다음 연결 동작사이에 삽입시킨 예기치 않은 정지, 그리고 빠르게 다음 장면으로 연결시키는 과정에서 마임과 춤의 조합 등 템포감과 이미지 조합에서 발군의 감각을 보여준다. 관객들은 50분이 넘게 웃거나 때론 사유하면서 그렇게 정신없이 작품 속에 빠져든다.

무용수들이 군집 대형으로 무대를 채우고, 곧 이어 좌우 벽쪽에 위치한 의자에 홀로 앉도록 하는 장치를 통해 한 공간 안에서 빠른 변환을 시도한 것도 관객들의 몰입을 가능케 한 요인이 되었다. 다만 적지 않은 분량의 무용수들의 독백과 짧은 대사 주고받기, 人聲의 고저나 움직임과의 연계 등은 더 세밀하게 다듬어질 필요가 있다.

출연 무용수들에게 각각의 캐릭터를 설정, 이를 중심으로 작품을 풀어나가며 순도 높은 새로운 움직임의 개발과 여기에 힙합, 아크로바틱한 움직임을 접합시키고, 유머까지 결합, 작은 드라마를 만들어내는 이인수의 안무 스타일은 그의 다른 작품에서도 확연하게 드러난다.

두 남자의 인간관계를 다양한 움직임으로 풀어낸 〈모던 필링〉, 교복 입은 여학생, 철부지 소년, 동네 백수 형 등 어린 시절 동네에서 흔히 볼 수 있는 다양한 인간 군상을 등장시켜 '가상의 공놀이'를 통해 상상과 현실의 세계를 담아낸 〈우리가 잃어버린 것들〉이 그런 예들이다.

이인수는 올해 발표한 두 편의 신작 모두 평균점 이상의 완성도를 보여주었다. 그가 안무한 〈모던 필링〉은 2010년 Kore-A-Moves를 통해 유럽 7개 도시의 유명 춤 전용극장에서 호평을 받았었고, 올해 베이징 국제 발레 & 안무대회에서 1등상을, 전년도에는 독일 노발레 국제안무대회에서 3등상을 수상하기도 했다.

뛰어난 기량의 무용수들을 많이 보유하고 있는데 반해 상대적으로 국제무대에서 경쟁할 만한 유능한 안무가가 부재한 한국 무용계의 고질적인 문제점을 해결할 수 있는 기대주인 이인수의 향후 작업은 이제 더욱 많은 주목을 받게 될 것이다.

지난해 처음 시작된 문래예술공장의 젊은 예술가지원 프로젝트 MAP 역시 지원 방식의 차별성과 함께 전년도 지원 대상 안무가들의 작업에 비해 2011년 더욱 예술적 완성도가 높아진 결과물로 인해 젊은 예술인들을 위한 성공한 지원정책의 모델로 자리 잡을 가능성이 커졌다.

분명한 컨셉트와 치밀하게 계산된 안무

한국 무용계에 오랜만에 완성도 높은 장편이 만들어졌다. 〈제7의 인간〉 (3월 10-11일 LG아트센터, 평자 10일 관람)에서 정영두는 100분 길이의 작품을 끌어 갈 수 있는 안무가로서의 저력을 보여주었다

〈제7의 인간〉 제작진들은 극장예술로서 무용이 가진 특성들을 작품 곳곳에 뿌려놓았다. 움직임·조명·무대미술·의상 등 어느 하나 넘쳐나지 않고 부족하지도 않게 적절하게 편집한 것이 이 작품의 성공 요인이다.

안무가는 프롤로그를 제외한 전체 10개의 장면을 세밀한 구성으로 차별화시켰다. 때로는 시시각각 변하는 움직임으로, 때로는 무용수들의 조형적인 구도로, 때로는 무대미술로, 때로는 음악의 힘을 빌려 조율했다.

무용수의 개성을 살려낸 새로운 움직임 창출은 정영두가 만만치 않은 공력을 가진 안무가임을, 또한 세계 무대에서도 통용될 수 있는 안무가임을 판단하게 해준 잣대였다. 그는 개개의 무용수들이 갖고 있는 움직임의 특징을 솔로와 트리오·듀엣 등에 실어 각기 다르게 변주시켰다. 피아노 음악이 빨라지면서 움직임의 폭도 커지도록 구성한 3인무, 이어지는 2인무에서는 거의 떨어지지 않고 몸을 밀착해 추도록 대비시킨 것 등이 그런 예이다.

열네 명의 무용수들이 만들어내는 군무의 응집력도 출중했다. 무릎을 플로어에 대고 만들어내는 상체의 진동, 유난히 머리를 많이 사용하는 움직임, 가위 형태로 가슴에 두 팔을 모으는 반복되는 동작 등 인상적인 움직임들이 전편을 수놓았다. 춤을 위해 억지로 만든 동작이 아닌 듯 무용수들의 움직임은 그 자체로 편안했다. 안무가는 무용수들의 외모에서 풍기는 이미지, 그리고 체격까지도 고려해 무대 위에 선과 면으로 구획해냈다. 키 작은 무용수와 유난히 몸집이 큰 무용수를 대비시켰고, 샤막을 가운데 두고 전후에 각각 열세 명과 한 명의 무용수를 배열하는 시도 등이 그런 예이다.

무용예술은 다른 어떤 예술 장르보다 공간을 중시한다. 무용수들의 몸은 시각예술에서의 눈, 음악에서의 귀에 해당한다. 안무가는 무대미술과 음악을 활용, 이를 무용수들의 몸과 결합시키며 절묘하게 공간을 분할했다. 무대미술은 비주얼을 넘어 강한 메시지와 상상력을 불어넣었고, 구음에서부터 드보르자크의 피아노, 말러의 교향곡까지 두루 선곡된 음악은 무용수들의 움직임과 절묘하게 맞물렸다.

30개의 얼굴이 담긴 흑백의 사진틀이 상하로 경사지게 배열되는 순간, 이전의 공간은 새롭게 변신했다. 이어 신체 해부도가 무대 왼쪽 상단을 점유할 때 그 공간은 전혀 다르게 구획된다.

여기에 무용수들의 흔들리는 몸에 익숙해져갈 때 무대를 가로지른 인간의 얼굴과 몸은 흡인력이 있었다. 안무자가 작품 속에 담고자 한 메시지가 강렬하게 큰 울림으로 가슴을 때렸다. 다문화 속 다인종, 지구촌 곳곳의 사람들이 담아내는 무수한 삶의 흔적들이 관객들의 상상력 속으로 빨려

들어갔다.

　무음 속에 연속적으로 보여 지는 움직임 뒤에 느닷없이 튀어나오는 짧은 박수 소리, 무음 다음에 강한 사운드의 음악이 이어지도록 한 시도 등은 악기 군에 따라 움직임을 차별화시키는 것과 함께 안무가의 음악적인 감각이 결코 만만치 않음을 보여주는 대목이었다.

　몇몇 공연에서 자주 보던 무용수들이 〈제7의 인간〉에서는 전혀 다른 모습으로 변해 있었다. 집중력에서나 춤의 질에서 그들은 이전의 작품 때와는 분명히 차이를 보였다. 안무가에 따라 다른 모습으로 살아 숨 쉬는 그들의 변신은 춤 공연을 자주 보는 평자에게는 또 다른 즐거움이었다.

　〈제7의 인간〉은 작품의 텍스트가 된 아틸라 요제프의 시에서도 드러나듯 인간을 다루고 있다. 정영두의 작품 전편에 녹아나는 휴머니티는 이번 공연에서도 강한 여운을 남겼고, 따뜻한 휴머니티 뒤에 숨겨진 메시지가 주는 감도는 매우 진했다.

　아쉬움도 있었다. 작품 전편에 걸쳐 정영두 만의 어떤 독특한 스타일이 보다 선명하게 드러나지 못한 점이 그것이다.

　이번 공연은 정영두란 안무가의 존재감을 재확인한 것 외에 극장(LG아트센터)을 통한 지원 제작 시스템이 얼마나 필요한지를 확실하게 보여주었다. 기획에서부터 홍보 마케팅에 이르기까지 하나의 무용작품이 '예술'로서 만개할 수 있었던 데는 이 같은 제작 시스템에 힘입은 바 컸다.

　〈제7의 인간〉은 무용이 예술을 연결시켜주는 예술일 수 있고, 또 그 자체로서 훌륭한 시각예술이라는 것을 여실히 보여주었다.

추상과 은유, 새로운 질감으로 풀어낸 극장예술의 묘미

현대무용의 묘미는 추상성이다. 그래서 춤이 어렵다고들 한다. 그러나 몸 자체가 언어나 의미 대신 기호를 품고 있으니 춤은 어려울 수밖에 없다. 그러나 춤 마니아들은 그런 어려운 기호의 세계를 탐색하기 위해 춤 공연을 즐긴다. 전미숙의 작품은 늘 추상성과 은유가 작품의 중심에 있다. 〈아듀 마이러브〉와 신작 〈아모레 아모레미요〉 (7월 1-3일 아르코예술극장 대극장, 평자 2일 관람) 또한 예외가 아니다.

〈아듀 마이러브〉의 무대 전체는 약간 고리타분한 느낌도 들지만, 안무가에 의해 조율된 추상적 기호는 유머가 더해지면서 활력이 넘친다. 제사상으로 자신의 현재와 미래를 마무리 짓는 위트는 상상력의 백미이다. 대중가요를 사용한 장면은 약간 불균형적인 면이 없지 않았다. 작품이 극도로 추상적이고 어려울 때 그런 위트는 더 현실감이 있겠지만, 의미가 쉽게 다가오는 상황에서 그 같은 시도는 오히려 촌스러울 수 있다.

제사상에 있는 음식을 죄다 던져버리는 그 마음, 그것은 나이의 한계를 넘어 신에 도전하려는 인간의 허세일 수도 있다. 제사상의 의미는 여러 가지로 해석할 수 있지만 안무가는 프로그램에 춤의 죽음을 의미하고 있다고 적고 있다. 나이를 먹는다는 것과 춤을 포기하는 것, 마지막에 오케스트라 피트로 사라지는 붉은 정열은 잔잔한 여운을 남겼다.

신작 〈아모레 아모레미요〉는 60분 길이의 장편이다. 안무가는 상당히 어깨에 힘을 넣고 시작했다. 하얗게 변한 상하수의 윙을 가린, 흰색으로 치장한, 여러 개의 문이 무대를 가득 메운다. 의미의 확장이 충분히 감지되는 무대장치이다.

'들어감' 과 '나옴' 이라는 의미만으로도 충분히 상징성을 가지고 있으나 작품에서는 '들어감' 만 강조하고 있으니 집에서 일어날 수 있는 일에 대한 이야기를 끌고 가려는 듯하다. 수십 개의 흰색 문 사이에 놓인 검정 피아노는 '가정' 을 의미하는 대명사 같다. 이 정도면 설명은 충분하다.

우선 무용수들의 개개인 기량이 뛰어났다. 그들은 LDP 공연에서 보여주던, 스타일화 된 움직임의 패턴으로부터 탈피하고 있었다. 이는 공연이 계속될수록 더욱 빛을 발했고 작품의 완성도에 일등 공신이 되었다.

사기로 만든 찻잔의 달그락거림은 신경질적인 것을 의미하기도 하고 조심성을 의미하기도 한다. 또한 여자의 섬세함이기도 하고, 외로움의 바로미터이기도 하다. 샤샤 발츠가 〈Körper〉에서 수십 개의 접시를 포개면서 내는 사운드, 시각적 이미지를 통해 육체성을 강조한 것과는 다른 발상이다.

찻잔과 길고 하얀 문, 그리고 검정 피아노만으로도 작품은 여성의 고독과 연결될 것이라는 낌새를 준다. 신창호의 솔로 춤이 무엇을 의미하는지 정확히 알 수 없으나 그 자체만으로도 상당히 고혹적이다. 차진엽, 최수진의 몸에서 뿜어져 나오는 움직임의 질감도 작품에 활력소가 된다. 춤이 문제풀이집이 아닐진 데 무용수들의 움직임과 세련된 무대미술만으로도 관객들은 즐겁다.

그럼에도 아쉬움이 있었다. 안무가는 관객이 생각할 수 있도록 길을 만들어 주어야 한다. 때론 그것이 중요한 작품 구성의 포인트가 될 수도 있다. 그 길이 지루함으로 일관된다면 안무가가 관객의 집중을 유도하지 못했다는 의미가 되겠지만, 무조건 빠른 움직임이 재미를 주거나 집중을 줄 수 있다는 생각으로부터도 벗어날 필요가 있다. 〈아모레 아모레미요〉의 중반부는 특별한 의미가 주어지지 않으면서, 반복되는 느낌이 강했다.

그러나 마지막으로 갈수록 긴장감은 짙어졌다. 무대 전체에 버티고 있던 문들이 갑자기 여기저기서 열리기 시작하면서 문밖의 사람들을 문의 안쪽 공간과 연결시킨다. 관계란 늘 해석을 필요로 한다. 관객의 해석이 무한대로 열려있도록 문의 장치는 그 의미가 다의적이다. 마치 문 안의 무대, 즉 마음 속을 들여다보는 듯 하기도 하고, 문 안으로 결코 들어 갈 수 없는 높은 곳에 위치한 이들이 문밖에서 서성거리는 같기도 하다.

이어 피아노는 하나의 매개체가 되어 여자들을 모이게 한다. 피아노 위에 올라가 있는 여자의 넋두리, 혼자 하는 여자의 넋두리는 춤 전체 내용을 정리하면서 춤이 해결할 수 없는 감정의 문제를 건드렸다. 현실과 관객의 상상이 중첩되면서 위트를 선사한 이 장면은 압권이다. 심각하게 자기 이야기를 하다가 '개새끼 떨어질 뻔 했잖아!' 하는 무용수의 위트는 객석을 웃음바다로 몰아넣었다.

춤은 어떻게 보면 단순하다. 알 수 없는 기호들로 들어차 있어도 마지

막에 한 두 마디만 해주면 전체가 정리된다. 여자의 독백이 끝나자 남녀의
애증관계 뒤에 오는 남자의 유혹적인 춤, 몸을 뒤흔들면서 "아모레 아모레
미오" 노래에 맞춰 추는 남성 무용수의 감성은 육감적이다. 혼자 끝없이 춤
을 추는 남자, 거기에는 남자의 고독과 애수가 스며있으며 끝나지 않는 열
정의 긴 회로가 보인다. 〈아모레 아모레미오〉는 그렇게 영원히 여성을 찾아
떠나는 남자의 외로운 사투를 마지막으로 산뜻한 결말을 선사했다.

미셸 누아레 〈드망〉

몸 확장을 통한 새로운 공간 탐구

　새로웠다. 〈드망〉은 벨기에가 왜 신흥 무용 강국으로 떠오르고 있는지, 왜 이 작품이 벨기에 프랑스어 공동체에서 주관하는 비평가상을 수상했는 지 그 이유를 확실히 보여주었다.

　2009년 초연작인 〈드망〉(10월 18-19일 토월극장, 평자 18일 관람)의 차별성은 공 간을 변환시키는 신선함으로 요약된다. 〈드망〉의 매력은 분명 무용이 중심 이 되는 크로스오버 댄스이지만, 'Crossover' 란 양식이 작품 전편을 지배하 지 않는다는 점이다.

　빔 프로젝터를 통한 영상이 무용수의 움직임과 접목되긴 하지만, 정작 고도의 테크놀로지가 결합된 충격적인 장면은 없다. 두 개의 스크린과 비 디오 카메라의 움직임을 이용한 무용수(몸)의 분할이 기술과 접목된 영상의 전부이다. 그럼에도 이 작품은 시종 관객들의 시선을 무대 위에 잡아 놓는 다. 이는 움직이는 오브제를 이용, 공간을 변환시키는 치밀한 조합과 서서 히 드러내는, 작품 속에 숨겨진 작가의 분명한 메시지 때문이다.

　안무가이자 댄서인 미셸 누아레의 몸과 맞물린 움직이는 오브제는 새 로운 공간을 창출하는 핵심 요소이다. 2개의 스크린 중 하나는 길고 낮은 박스 안에서 솟아 오르고, 다른 하나는 고정된 채 위에서 아래로 크기가 조율된다. 이 두 개의 움직이는 스크린은 토월극장의 상하 공간을 변환시키고, 그 위로 실제 물이 흘러내리는 시도는 관객들의 의표를 찌른다.

한 명의 어시스던트가 무대를 가로질러 이동시키는 긴 직사각형의 박스, 호리존트 쪽에 위치한 무대 전체를 뒤 덮을 만한 커다란 벽(Wall), 스테인레스 재질로 만들어진 서로 다른 크기의 몇 개의 테이블은 모두 움직이는 오브제로 활용된다. 크기나 디자인, 질감 등이 모두 다른 이 오브제들은 미셸 누아레의 몸과 만나면서 공간의 변이를 주도한다.

제작진들은 예기치 않은 스크린의 등장을 유도하고, 시작부터 익숙해진 무대 공간을 단숨에 변화시키고, 세트 위에 누운 무용수의 몸 부분 부분을 영상으로 분할해 스크린에 투사, 한 명의 무용수가 3개의 공간에서 춤추는 특별한 장면을 연출해 낸다.

이 같은 시도는 샤샤 발츠 안무의 〈Körper〉에서 무대 가운데를 가로막은 커다란 벽 세트(처음에는 무대 중앙에 위치해 있지만, 중반 이후 이 벽은 단숨에 쓰러지고 경사진 무대로 변환된다)가 공간을 변화시키는 데 활용되고, 시디 라르비 셰르카위 안무의 〈믿음〉에서 고정된 콘크리이트 벽 위에 이층 베란다를 만들어 댄서들과 연주자들의 동선을 통해 공간을 변화시킨 것과는 확실히 다르다.

안무가가 선택한 음악과 이미지의 조합 역시 그 감도가 만만치 않다. 소음과 기계음 등 음향적인 것 까지도 음악으로 활용하는 시도와 장면에 따라 아름다운 선율을 대비적으로 배치한 것 등이 그것이다.

안무가는 적어도 두 개의 채널을 통해 작품 속에 분명한 메시지를 담아낸다. 하나는 영상이었고, 그 콘텐츠는 섬뜩할 정도로 강렬하다. 수많은 군중의 오가는 모습은 움직이는 솔로 댄스와 극명하게 대비된다. 현실 속의, 움직이는 혼자의 동체는 영상 속의 수많은 군중과 묘하게 오버랩 된다.

무표정한 군상들은 이 세상을 바라보는 안무가의 시선이기도 하다. 또 다른 하나는 거의 마지막에 보여 지는 꾸겨진 종이들이 무대 위에 흩어진 장면처리이다. 영상이 디지털의 세계라면 이 장면은 아날로그의 세계이다. 안무가는 여기에 순수한 지체의 움직임을 더해 사회에 대한 자신의 심경을 토로한다.

〈드망〉은 디지털과 아날로그의 묘한 결합과 그를 통한 새로운 공간 창출, 관객의 가슴을 파고드는 잔잔한 메시지를 통해 무용예술의 영역을 또 다르게 확장하고 있다. 1명의 댄서와 1명의 카메라맨, 그리고 4명의 어시스던트가 만들어내는 새로운 실험은 무용예술이 미래에도 끝없이 진화될 수 있음을 분명하게 보여주었다.

이 작품은 지난해 초연되었다. 서울국제공연예술제의 발 빠른 행보는 해외 예술계의 최신 동향을 알 수 있는데 일조했다. 완성도 높은 작품은 공연예술 축제의 이미지와 경쟁력을 확보하는 담보란 점에서, 〈드망〉의 선택은 성공했다.

새로운 캐릭터와 상징, 오리지널 음악과의 조화

밧줄에 발목이 묶인 채 버둥거리는 지젤. 시작부터 주인공의 캐릭터가 심상치 않다. 베레모를 쓰고, 장식이 달린 빨간색 쿠션을 갖고 노는 것이나 긴 다리를 머리 위로 번쩍 치켜 올리고, 갑자기 솟구쳐 오르거나 뒷 걸음 치기 등 그녀의 움직임은 대단히 도발적이다.

무대미술도 눈길을 끈다. 처음엔 황폐한 산의 형상 같았으나 조금 지나자 한 여인이 알몸으로 하늘을 보고 누워있는 것처럼 관능적인 인체의 굴곡이 선명하게 드러난다. 마을 사람들의 등장도 이채롭다. 끝이 뾰족한 큰 칼퀴를 든 그들의 군무는 섬뜩할 정도로 투쟁적이고, 커다란 달걀을 들고 나타나는 표정들은 심각하다. 그들은 한바탕 춤의 퍼레이드를 펼치지만 그 분위기는 흥겨움보다 오히려 긴장감을 불러일으킨다.

지젤을 둘러싼 주요 인물-알브레히트를 중심으로 한 귀족계급과 힐라리온을 중심으로 한 농민들의 대립적인 구도도 읽혀진다. 이는 군무의 동선을 통해 만들어지는 대무(對舞) 구도에서 더욱 확연하게 드러난다. 양쪽의 사이드 막을 사선으로 활용하는 위치 설정과 커다란 계란을 깔고 앉은 귀족들이 마을 사람들의 춤을 대칭적으로 보도록 한 시선 처리 등이 모두 그런 예이다.

마츠 에크 안무의 〈지젤〉은 이렇듯 1막부터 관객들의 상상력을 단숨에 무너뜨린다. 장 꼬랄리와 쥘르 뻬로 안무의 클래식 발레 〈지젤〉에서 만나는 순수한 시골 처녀의 이미지, 마을 사람들의 순박한 모습은 어디에서도 발견되지 않는다.

2막 역시 별반 다르지 않다. 막이 오르면 우선 무대미술부터 한 눈에 들어온다. 코, 손가락, 가슴과 같은 신체의 부위들이 벽 여기저기에 걸려있다. 1막과 같은 톤이지만 추상성이 더욱 강해진 느낌이다.

간호사의 등장, 하얀 시트의 침상, 그 주위를 구르고 흔들며 맴도는 일군의 무리들, 붕대를 맨 지젤의 등장을 통해 관객들은 이 공간이 병원임을 금방 눈치 챈다. 몽환적인 분위기의 환자들, 침대 밑으로 기어들고, 쿠션을 서로 가지려 다투고 그것을 몸 안으로 쑤셔 넣는 행위 등 그들은 정상인의 모습이 아니다. 고전 발레 〈지젤〉에서의 윌리들은 어느새 정신병동에 갇힌 환자들로 돌변해 있다.

리옹 오페라발레단이 내한 공연에서 선보인 마츠 에크 안무의 〈지젤〉(10월 29-30일 성남아트센터 오페라하우스, 평자 29일 관람)은 낭만주의 시대를 대변하는 명작 발레 〈지젤〉이 다른 세계, 다른 공간으로 진화하는 특별한 체험을 안겨주었다.

마츠 에크의 〈지젤〉은 낭만주의 발레에서 보여 지는 환상성은 온데 간데 없고 전체적으로 초현실주의가 지배하는 세계를 터치했다. 작품은 줄곧 무겁고 비극적인 색채로 치달았고, 관객들의 상상력은 황폐해진 현대인들의 우울한 감성과 연결되었다.

잘 알려진 작품을 새롭게 해석하는 작업은 그리 쉬운 것이 아니다. 그것이 명작일 경우는 더욱 그렇다. 클래식 발레 〈지젤〉의 재해석 작업 역시 안무가로서는 원작이 갖는 예술적인 완성도, 무엇보다 관객들에게 강하게 각인된, 드라마 발레가 갖는 주요 등장인물들의 선명한 캐릭터가 주는 선입관을 부수기가 쉽지 않기 때문이다.

그러나 마츠 에크는 이 같은 난제를 극복하고 완성도 높은 재창작을 실현했다. 성공 요인은 드라마 발레의 복잡한 스토리텔링을 단순화 시킨 전개구도, 등장인물들의 캐릭터 변화, 오리지널 발레 음악과 움직임의 매치, 그리고 무대미술과 소품, 의상 등 극장예술의 여러 요소들을 적절하게 조율한 데 있다.

작품 전편을 통해 이 같은 여러 요소들은 시각적으로도, 감성적으로도 상당히 상징적으로 또한 유기적으로 연결되어 있다.

안무가는 주인공 지젤을 집착적인 사랑의 화신으로, 그녀의 약혼녀 힐라리온은 질투와 콤플렉스로, 알브레히트는 주인공 지젤이 마지막까지 사랑하는 인물로 치환했다. 윌리의 여왕 미르타는 정신병동의 수간호사로 냉혹하지만 때론 모성애적인 따뜻한 감성의 소유자로 그려냈다.

안무가는 이들 주요 등장인물들 사이의 관계를 아당의 음악에 실어 원작과는 다른 춤 언어로 조율해냈다. 1막 지젤과 알브레히트의 2인무에서 리프트 된 상태에서 오래 지속되는 춤, 힐라리온이 합류하는 3인무, 그리고 마을 사람들 사이에서 추어지는 2인무 등은 강한 표현력과 함께 치마로 얼굴을 감싸는 행위 등 마임을 활용한 움직임 구성의 차별성이 더욱 확연하게 드러났다.

2막에서 지젤과 알브레히트, 지젤과 힐라리온과의 2인무는 1막과 달리 따뜻하게 느껴졌다. 강한 집착과 무감각적인 사랑, 그리고 질투와 콤플렉스에 둘러싸인 1막의 캐릭터들은 안무가에 의해 용서와 관용이 함께하는 인간적인 인물들로 변환되었다. 알브레히트와 지젤의 2인무, 숲속이 아닌 정신병동을 아라베스크 동작으로 가로지르는 군무, 마지막 알브레히트가 거의 알몸으로 다시 마을에 나타나는 대목은 안무가의 메시지가 함축된 장면으로, 압권이었다.

화제의 작품은 오랜 세월을 지나도 그 광채가 발한다. 마츠 에크의 〈지젤〉도 그런 작품 중 하나였다. 초연된 지 30여년이 다가오지만 작품 곳곳에 안무가의 번뜩이는 재치가 발견된다. 안무가들은 특유의 상상력과 논리적인 사고력을 필요로 한다. 마츠 에크의 고전 재해석 작업에서 보여 지는 새로운 캐릭터 설정과 오브제를 활용한 강한 상징 역시 이와 무관하지 않다.

마츠 에크는 아무리 복잡한 이야기 구조의 작품이라도 이를 단순화, 상징화시키는 것에 능하다. 그의 안무는 복잡하지 않고 명료하다. 조형적인 아름다움에 예기치 않은 반전도 있다. 대머리 백조와 마약 중독자 오로라 공주, 담배 문 카르멘의 캐릭터 등 일련의 작품을 통한 선과 악, 흑과 백의 선명한 대비가 이미 이를 입증했다.

1막에서 둥근 달걀과 뾰족한 칼퀴가 만들어내는 시각적, 조형적인 대비, 쿠션을 이용해 1막에서는 마치 아기를 낳는 듯한 묘사를, 2막에서는 그 쿠션을 환자들이 자신의 환자복 안으로 집어넣는 행위를 통해 가상 임신을 상상하도록 한 시도 등이 그런 예이다.

드라마를 갖고 있는 고전 작품의 재해석 과정에서 주인공의 새로운 성격 창조는 작품의 성패를 크게 좌우한다. 리옹 오페라발레단 무용수들은 전반적으로 안무가의 스타일에 잘 적용되어 있는 듯 보였다.

그러나 첫날 공연 지젤 역을 맡은 Dorothee Delabie의 춤과 연기는 아쉬움을 남겼다. 자신 만의 지젤을 제대로 창조하지 못했고, 1막과 2막의 상반된 감성 표출, 극을 끌어가는 카리스마 등에서도 부족함을 드러냈다.

수년 전 한국을 빛내는 해외무용스타 초청 공연에 초대되었던 한국인 무용수 이소라는 1막에서는 마을 사람들로, 2막에서는 환자로 출연 뛰어난 표현력과 유연성으로 훨씬 더 성숙된 모습을 보여주었다.

박은화 현대춤 Tuning X 〈나무〉

자연의 생명력을 응집하는 몸과 음악

안무가가 자신의 창작 작업에 일관된 제목을 붙이는 것은 그리 흔치 않다. 현대무용가 이정희의 살풀이 연작 시리즈, 중견 안무가 박은화의 Tuning 연작도 그 중 하나이다.

박은화의 Tuning 시리즈 열 번째 작품(12월 16일 김해문화의전당 마루홀)에서 안무자는 나무를 자연과 인간의 중간자로 해석, 일상생활, 그리고 생명과 연계시킨다.

70분 동안 쉴 새 없이 이어지는 신작 〈나무〉는 우선 대극장 공간을 활용하는 안무가의 공력이 곳곳에서 엿보인다. 탄생, 사랑, 다산, 죽음과 부활 등 시어가 갖는 의미들은 춤으로, 음악으로, 무대미술로, 영상으로 연속적으로 중첩된다. 뿌리의 강한 생명력에서부터 물, 비, 바람, 잎들의 에너지 등은 안무자가 만들어 내는 춤 이미지의 원천들이다. 박은화의 일련의 작업에서 보여졌던 생명성, 제의적인 요소, 자연성을 통한 신비주의 등은 이 작품에서도 예외 없이 드러난다.

여기에 움직임의 중심, 안무를 받쳐주는 일등 공신은 단연 음악이다. 라이브로 연주된 임동창의 음악은 이미지 댄스로 풀어낸 안무가의 컨셉트를 보는 극장예술에서, 보고 듣고 느끼는 공연예술로 성공적으로 치환했다. 시시각각 변주되는 피아노의 타건, 그가 직접 연주하는 타악기, 여성 보컬, 인성(人聲)은 절묘하게 몸과 함께 춤춘다.

제작진들이 추구한 나무의 영원성, 나무가 갖는 생명력과 우주와의 조우는 박은화의 솔로 춤 장면에서 만개한다. 그녀의 몸에서 뿜어져 나오는 순간적인 에너지에 반응하는 임동창의 순발력― 시작과 멈춤 그리고 다시 시작점을 포착하는 두 아티스트의 절묘한 타이밍 찾기는 세월을 담아낸 꾼들의, 만만치 않은 공력의 산물이었다. 박은화의 솔로는 압권이었다. 북소리가 들릴 때 긴 나무 가지를 들고 나오는 장면은 어느 일면 제의적이면서 신비롭다. 나무 가지를 천천히 세우고 상체를 뒤로 젖힌 채 허공을 바라보는 정지된 포즈, 몸의 마다마디를 빠르게 터치해 가는 동작, 텅 빈 공간을 가로지르는 나뭇가지에 의한 회무(回舞) 장면은 즉흥성이 강하게 묻어난다. 그 만큼 거스럼이 없고 자연스럽다 .

안무가가 담아내는 자연주의적 신비, 제의성은 소수 댄서들의 춤과 군무를 통해서도 소통한다. 박은화의 안무는 느린 움직임과 2인무, 3인무에서는 접촉에 의한 빠름과 순간적인 멈춤이, 6인무와 12인무로 변환되는 군무에서는 조형적인 미의 구축으로 차별화된다.

막이 오르면서 보여지는 등을 무대 바닥에 밀착한 채 두 팔과 다리를 든 12명 무용수들의 정지된 포즈, 이어지는 쓰러진 고목 위 박은화의 솔로춤, 무대 전면 나무 사이로 붉은 치마를 입은 무용수들의 등장, 한 팔을 수평으로 뻗은 상태에서 6명의 무용수들이 일렬로 굴신을 하면서 전진하는 동작들이 모두 그런 사례들이다.

아쉬운 점도 있었다. 영상의 사용은 특히 조명과의 협업작업이 더 필요해 보였다. 각기 다른 굵기와 선을 가진 나무의 형상화 작업은 보다 더 지적이고 예술적으로 더 도드라져 보였어야 했다. 라이브 연주와 맞물린 즉흥성, 오브제로 활용된 긴 나무가지가 던져주는 자연주의, 그리고 군데군데서 각기 다른 감흥으로 살아 숨쉬는, 박은화의 느린 움직임과 군무에 의한 제의성은 대형무대 작업에서 드러나는 몇 가지 작위적인 설정으로 인한 거슬림에도 불구하고 이 작품의 예술적인 뼈대를 지탱해주는 핵심 요소들이다.

이즈음 들어 확연하게 드러나고 있는 부산 무용계의 진화는 눈여겨 볼 필요가 있다. 춤 전용 극장의 개관과 스튜디오를 중심으로 한 소극장 춤 운동, 일급 스태프들과의 협업에 의한 공연 제작은 질적인 성장을 견인하는 원동력이다. 특정 인맥에 연연하지 않는 젊은 무용수들의 의욕적인 활동도 빼놓을 수 없다. 박은화의 이번 공연은 이 같은 부산 무용계의 새로운 변화, 전문적인 제작 시스템의 정착을 가시적으로 보여준 무대였다.

정동극장 〈안팎의 우리춤〉

에너지와 포만감, 그리고 몇 가지 아쉬움

전통춤을 보는 매력 중 하나는 춤추는 자의 몸에 실린 에너지의 흐름을 음미하는 것이다. 창작을 표방한 춤판과 비교했을 때 전통춤판은 그만큼 부담이 덜하다. 뭔가를 주기 위해 관객을 향해 힘을 준다거나 관객의 관심을 끌기 위해 허튼 짓거리를 하지 않는, 자연스러운 교감이 이루어지는 마당이 바로 전통춤판이다.

그러나 언제부턴가 전통춤판에도 잔뜩 힘이 들어가는 경우가 적지 않게 생겨났다. 진솔한 수련, 오롯이 자신의 춤 매무새를 있는 그대로 보여주는 소박한 판보다는 가진 것 이상으로 지나치게 과시하는 춤판, 외화내빈의 졸속 공연이 판을 어지럽히기도 한다.

원각사 백년 기념 무대를 내세운 〈안팎의 우리춤〉(1월 18-19일 정동극장, 평자 19일 공연 관람)은 우선 전체적으로 이런 과시형의 공연이 아니어서 좋았다. 모든 순서가 그렇지는 않았지만 흥과 멋이 배어있었고, 춤추는 이의 변화무쌍한 에너지가 객석과 교감하는 특별한 순서도 있었다.

한해를 기원하는 덕담으로 시작된 노름마치의 〈비나리〉는 공연의 수위를 무속과 농악을 넘나드는 중간 즈음에 설정했다. 그들의 연희는 걸립

굿의 형식을 따르고 있다. 문굿을 공연장 출입문에서 친 다음 객석을 거쳐 무대로 향하였고 한 바탕 무대를 휘저으면서 마당굿을 한 다음 고사소리 (김주홍)를 불러 관객들에게 덕담을 하는 것으로 판을 열었다.

전통을 보존하고 무대화시키는 작업의 경우 간과하지 말아야 할 것은 현장의 의미를 더듬는 것이다. 역사적으로 전통춤은 마을 사람들이나 민중들에 의해 자연발생적으로 만들어진 민속춤이 있는 반면, 권번에서 숙련된 예인들에 의해 발전된 권번춤 등 다양한 배경 속에서 태생되고 발전되었다.

똑 같은 예인들이지만, 춤을 업으로 삼았던 사람들의 춤과 춤을 휴식이나 여흥으로 즐겼던 사람들의 춤은 다른 관점에서 전승되어야 하는 것도 바로 이 같은 이유 때문이다. 이번 공연의 기획 의도가 〈안퐈〉이란 의미에 주안점을 두었듯 춤 역시 마당에서 추었던 마당춤과 예인들에 의해 방에서 추어졌던 권번 춤이 혼재되어 있었다.

마당춤에는 특별한 형식이 없고 즉흥에 가까우며 흥을 끌어내는 춤이 다반사이다. 농사꾼 이윤석의 〈덧배기춤〉과 하용부의 〈밀양북춤〉이 그랬고 김주홍과 노름마치의 마당춤이 그랬다.

반면, 김운선의 〈도살풀이춤〉은 마당과 방의 중간쯤이랄까 천막을 쳐서 연희를 하던 굿의 형식을 빌어 왔기에 마당춤과 권번무의 중간쯤으로 공간적 구별을 해 볼 수 있을 것이다. 그러나 이 같은 구분은 춤의 형식이나 멋과 맛을 이해하는데 중요한 잣대가 된다. 이번 공연은 무엇보다 〈안과 퐈〉이라는 컨셉트를 내세우면서 춤의 질적 차이를 확연하게 느끼도록 한 것이 눈에 띄었다.

어느 춤판에서 보더라도 이윤석의 춤은 기능적으로 짜여 졌다는 느낌은 없다. 흥에 겨워 덩실거리는 덧배기 식의 춤, 그는 경상도 기질을 그대로 몸에 품고 경상도의 덧배기 춤을 추는 살아있는 마당춤꾼으로 그 자체가 이미 문화재이다. 농사꾼의 우직하고 묵묵한 힘이 몸을 비틀 때 강하게 뻗었다가 원을 그리는 팔의 선을 따라 너울을 그리면서 내려앉는 멋은 오랜 훈련을 통해서 나오기에는 너무나 자연스러운 에너지의 흐름이다. 감정에서 비롯되어 흥으로 저절로 이어져서 흘러나올 때, 에너지는 부드러운 곡선의 너울을 그릴 수 있다. 그런 자연스러움은 에너지의 꺾임과 흘러감이 적당할 때 느껴지는 오묘한 에너지의 잔영으로 인해 더욱 넉넉함을 선사한다.

반면에 공연의 마지막을 장식한 하용부의 북춤은 그런 자연스러움과는 약간 비켜난 그 무엇이 있다. 북을 매고 춤출 때, 북을 힘차게 내리친 다음 팔을 하염없이 들고 서 있을 때 느껴지는, 공간 속 순간적인 멈춤이 주는 여운은 음미할 만했다. 그러나 북을 놓고 즉흥으로 들어가면서, 관객에게 무엇인가를 주려는 힘이 온몸으로 확산되면서부터는 춤보다는 흥겨운 분위기 자체가 판을 주도하기 시작했다.

춤사위와 몸짓을 음미하려는 관객의 눈과 마주칠 때 기 싸움을 하려는 연희자의 눈빛은 세차고 강했다. 공연예술이 발달된 오늘날 공연자를 향한 관객의 집중은 공연의 승패를 가늠할 정도로 중요하다. 그러나 전통 춤마당에서는 옆 사람과 수다를 떨면서 집중을 하지 않아도 흥을 몸으로 느끼는 것이 중요하다. 공연자로서의 하용부는 눈빛에서부터 감히 어느 누구도 근접하기 어려운 귀기에 가까운 카리스마를 느끼게 했다.

마당춤과 권번의 중간쯤에 위치한 김운선의 〈도살풀이〉는 무겁게 내리 누르는 에너지의 흐름이 온몸으로 감지됐다. 에너지는 돌덩이처럼 강했으며 턱턱거리는 꺾임의 육중함은 숙련을 통한 무게감이 느껴졌다. 그러나고 김숙자 선생의 연륜에서 흘러나왔던 여유로운 풀림과 정리된 부드러움은 찾기가 쉽지 않았다. 춤이란 나이 먹음을 통한 삭임(발효)의 과정을 결코간과할 수 없다는 것을 보여준 순서였다.

명무로 이미 명명된 권번 춤의 줄기를 따르는 채상묵과 임이조의 〈승무〉와 〈한량무〉는 갈고 닦고 숙련한 노련함이 구구절절 느껴졌다. 어느 하나흐트러짐이 없는 에너지의 흐름과 다양한 움직임은 춤을 업으로 삼았던 권번 명무들의 예술적 취향을 감지할 수 있었다.

박경랑의 〈영남 교방춤〉과 윤미라의 〈달구벌 입춤〉은 맛깔스러움과 풋풋한 젊음이 있어 나름대로의 묘미를 선사했으나 전승이란 면에서 보면좀 더 깊이 들여다 볼 필요가 있었다. 박경랑의 춤은 흥과 멋으로 한껏 분위기를 돋우었으나 움직임은 경상도가 가진 독특한 몸짓으로부터 조금 벗어난 듯해 그 근간에 의문을 갖게 했다. 춤사위가 오히려 이매방류의 전라도 지방 춤에 가까운 느낌이 들었던터라 〈영남 교방춤〉이라 명명하기에는모호함이 있었다.

윤미라의 〈달구벌 입춤〉은 사라져갔던 옛 춤 하나를 복원한 듯 독특한 맛깔을 갖고 있었다. 박지홍과 최희선으로 이어지는 춤의 명맥이 뚜렷하고 경상도 덧배기 춤의 흐름을 공유하면서 권번 춤의 귀티가 나는 잘 짜여지고 숙련된 춤이었다. 엇박과 온박을 가로지르면서 흥과 멋을 제대로 살린 〈달구벌 입춤〉은 역사적 흐름도 명확하게 느껴졌다. 달구벌이라는 지역을 제시함으로써 마당춤의 흐름을 그 뿌리로 하고 있고 권번 춤화 되어 흥이 있으면서도 예인에 의해 숙련이 된 춤이었기 때문이다. 힘이 강조되는 윤미라의 춤 맛에 연륜과 무게감이 더해진다면, 보호되어야 할 우리 춤의 또 다른 자산이 될 것이다.

전통예술이 무대예술의 하나로 극장이란 공간에 들어왔을 때는 세밀한 것 하나하나까지 신경을 써야 한다. 공연의 막을 여는 순서에 턱하니 무대 한 가운데에 버티고 있는 금속성의 스탠드 마이크와 반주자들의 조율되지 않은 음향은 악가무 일체의 우리 전통예술이 갖는 오묘한 맛을 감퇴시키는 주범이었다.

"원각사 백년 광대 백년"을 부제로 내건 이번 공연은 돈과 시설을 갖춘 재단법인이 직접 주최하는 공연이었음에도 공연의 특성을 살린 무대장식 하나 없는 빈약함과 감각의 부재가 이쉬웠지만 정동극장의 공간적 특성을 살린 레퍼토리 구성(코디네이터 유인화)은 주목할 만한 했다.

감각과 편집, 이미지 댄스의 함정

피나 바우쉬의 작품에서 음악은 댄서들의 움직임을 받쳐주는 그 이상의 역할을 한다. 내한공연 작품인 〈Nefes〉(숨)(3월 13-16일 LG아트센터, 평자 14일 공연관람)에서도 음악은 대단한 힘을 발휘한다. 음악만 듣고 있어도 풍부한 이미지가 작품의 내용을 암시할 정도로 압도했다. 여기에 각각의 음악적인 톤과 맞물려 움직임을 접목시키는 안무가의 감각은 작품 곳곳에서 힘을 발휘했다.

동서양 문명이 교차하는 터키를 소재로 한 작품은 그 자체로 이미 매력적이다. 아랍음악의 이국적 정취는 동서양을 불문하고 감성의 오묘한 구석을 터치한다. 피나 바우쉬는 예술은 보는 것이 아니라 '감각' 하는 것이라는 것을 〈숨〉을 통해서도 오롯이 보여주었다.

〈숨〉에서 피나는 춤 공연이란 것이 스토리나 논리를 따라가는 것이 아니라, 질주하는 몸의 에너지나 음악적 질감과 어울린 근육의 톤이라든지 물, 꽃, 흙과 같은 물컹거리는 물질이 우리에게 주는 감흥을 그대로 전달하는 것이라고 말하는 듯했다. 전반부 20여분은 피나 특유의 이미지를 위한 도구들을 가져와서 잠시 보여주고 나가는 스타일이 펼쳐졌다. 피나의 감각이 본격적으로 빛을 발하기 시작한 것은 이후부터였다.

마치 폭포수처럼 떨어지는 장면에서부터 안무가는 물을 다양하게 요리했다. 일렁거리는 지중해의 푸르디푸른 물, 세차게 쏟아지거나 표면을 터치하듯 반짝거리는 물, 터질 것 같은 열정과 부딪히는 물의 파열을 관객에게 그대로 전달했다. 간간이 중앙에 위치한 물웅덩이에 빗방울을 살짝 뿌려주거나 갑자기 폭우로 둔갑시키는 등 관객들의 관심을 다양화시켜 무대에 변화를 주었다. 아랍풍의 음악과 물만으로도 감성을 자아내기가 충분하나 안무가는 거기에 또 다른 움직임을 이입시켰다.

춤 공연의 가장 중요한 재료는 결국 움직이는 무용수들이다. 무용수가 어떠한 느낌과 감정을 갖고 무대 위에 서 있는지에 따라 작품은 확연히 다른 의미로 다가온다. 국가 시리즈 작업을 하면서 안무가 피나 바우시는 '작품의 주재료가 되는 무용수들에게 충분히 해당 국가의 문화를 이해하게 한 다음 그 이해된 몸으로부터 표출된 움직임을 스스로 창작하게 해 작품의 곳곳에 끼워 붙이기를 했다' 고 한다.

이런 작업과정을 참고할 때 피나의 국가 시리즈 작품에서는 편집의 유연성, 꼴라쥬 기법을 유심히 살펴볼 필요가 있다. 현대예술은 편집의 묘미라고 해도 과언이 아니다. 주제 전체를 의미하거나 감각하게 하기 위해, 관객의 감정을 가장 적절하게 유도하는 것, 거기에 편집의 중요한 핵심이 있다.

집중, 편안, 이해, 감성, 충격, 웃음 등 다양한 감정적 기복을 무리 없이 유도하는 편집 술이 〈숨〉에서도 두드러졌다. 줄거리가 없는 무용작품에서 이미지들의 연결, 즉 편집술은 현대무용의 가장 중심적인 안무기법으로 자리매김하고 있다.

〈숨〉에서도 소위 현대무용의 '스타일' 일 수 있는 일반적인 움직임을 비껴가려는 노력이 엿보였다. 그러한 움직임의 다양성을 안무가는 다른 나라의 전통에서 찾아보려는 시도를 했다. 특히 인도 무용수의 움직임은 가장 인상적이었다. 이 춤은 인도의 전통춤 '까닥' 을 차용해 현대화 했다. 동양인(인도) 무용수가 갖는 독특한 감성과 인도 전통춤의 특성을 활용한 움직임 구성이 주는 오묘함, 거기에 더해 음악선택 역시 압권이었다.

스타일리쉬된 '까닥 춤' 과 인도 음악을 배제하고 재즈풍의 음악에 맞춘 이 춤은 그 묘한 앙상블이 주는 감흥의 밀도가 만만치 않았다. 이 솔로 춤은 두 번 반복됐음에도 안무가의 재치로 인해 지루하게 느껴지기 않을 정도로 독특했다.

아쉬움도 있었다. 하나의 이미지를 끌어왔다면 그 이미지를 좀 더 움직임과 연결해 충분히 활용할 수 있었을텐데 그렇지 못한 장면이 바로 그것이다. 예를 들어, 터키 야외시장의 수다스러움을 표현하는 부분에서도 이미지를 표현하기 위해 천이나 탁자들을 가져 나왔지만, 춤과 연결시키지 못하고, 연극적으로 처리하거나 마임과 연결시켜 버림으로써 움직임을 통한 더 풍성한 이미지를 만들어내지 못했다.

반복적으로 무용수들의 솔로춤이 하나씩 보여 질 것이란 것을 예견하는 것도 호기심을 자극하는데 방해요소가 됐다. 평자에게 그것은 피나가 한국을 소재로 만들었던 작품 〈러프컷〉에서도 아쉬움으로 남았던 부분이다.

피나는 〈숨〉에서도 무용수들의 개인 솔로춤을 여기 저기 배치하고 그 사이에 어떤 것들을 꼴라쥬 했다. 관객들이 다음에 무엇이 나올 것이란 것을 예견한다는 것은 호기심을 불러 일으켜야하는 창작 춤 작업에서는 걸림돌이 될 수 있다.

이 같은 아쉬움에도 불구하고 안무가로서 피나 바우쉬의 특별한 감각은 역설적으로 바로 이 지점에서 또 발견된다. 솔로 다음에 오는 군무나 다른 이미지들의 연결에 있어 톡톡 튀는 재치가 엿보였기 때문이다. 예를 들면, 솔로 춤을 추는 도중 물로 뛰어 들게 되면서 솔로라는 느낌을 희석시키거나, 솔로 춤 주변에 인간 댐을 만들듯 한 줄로 무용수들을 늘어서게 함으로써 또 솔로라는 느낌을 희석시키는 시도 등이 그것이었다.

독일의 탄츠 씨어트적 접근은 표현영역을 확장시키기는 하지만, 자칫 보여주기 식의 이미지 댄스로 전락할 수도 있다. 표현 영역의 확장은 실험정신의 발로여야 한다. 그것이 만약 움직임의 수단으로 차용하게 된다면, 오히려 표현의 영역을 축소시킬 위험성도 도사리고 있기 때문이다.

피나의 작품 〈숨〉은 육감적인 바다를 만지듯 감각적인 터키인들의 정서를 체험케 했다. 무대 중간에 위치한 물웅덩이로 인해 자칫 메마를 수도 있는 무대를 물컹거리게 하였으며, 가깝게 찍은 시퍼런 바다의 출렁거림과 관객을 향하여 질주하는 자동차의 영상은 현실적 공간으로 여행하게 했다.

피나 바우쉬의 작품은 거듭 인간과 자연, 그리고 예술의 삼각관계를 생각하게 하며 '감각하기'를 통하여 감성의 고양과 충돌을 경험하게 했다. 오늘날 무용이 다른 장르를 넘어 예술의 중심에 서야한다는 것을 이 세계적인 안무가는 작품으로 보여주고 있었다.

무용예술에 의해 빛난 음악

신선했다.

집요하게 음악을 파고드는 움직임이 그랬고 무용수 이용인의 몸에서 뿜어져 나오는 무브먼트의 질이 그랬다. Ubin Dance의 〈텅빈 혼잡〉(안무 이용인, 3월 22-23일 자유소극장, 평자 23일 공연 관람)은 안무가로서 이용인이 보여주고 있는 자신 만의 색깔을 확연하게 각인시킨 무대였다.

비평의 포인트는 황병기의 가야금 곡을 중심으로 한 안무가의 전통음악에 대한 해석과 움직임 조합이다. 안무가는 황병기의 〈비단길〉에서는 빠른 패시지를 이용한 군무, 최정우와 황병기의 창작음악과 맞물린 장면에서는 자신의 솔로춤을 그리고 황병기의 또 다른 음반에서는 남성 2인무, 그리고 정형일과 자신의 2인무 등을 배합했다. 각기 다른 질감의 움직임으로 음악을 터치함으로써 계산된 몸의 앙상블을 시도하고 있었다.

가야금의 농현과 맞물린 솔로 춤에서는 연주자의 손가락 대신 이용인이 자신이 온몸으로 튜닝 하는 듯 했다. 그 만큼 강렬했다. 움직임과 움직임 사이를 연결하는 간극(間隙)과 휴지(休止) 까지도 마치 또 다른 움직임처럼 보였다.

군무에서 조율해낸 움직임은 유난히 키가 작은 여성 무용수들에 의해 더욱 돋보였다. 그들의 몸은 통상적인 컨템포러리댄스 공연에서 보여 지는 무용수들의 지체는 아니었지만 안무가에 의해 창조된 움직임은 그들의 육신 자체를 새롭게 보이게 했다.

손끝, 발끝하나까지 에너지가 미치도록 사지를 순간적으로 팽창시키는, 마치 몸 전체를 스트레칭 시키는 듯한 움직임 구사와 머리, 두 팔, 하체를 활용하는 과정에서 만들어지는 탄성을 활용한 안무가의 움직임 만들기는 이용인만의 독창적인 안무 메소드로 평가받을 만하다.

안무자가 작품 속에 담고자 했던 "상처" 에 대한 메시지는 수십 개의 자연석 돌멩이 오브제를 이용해 시도되었지만, 음악과 움직임의 조합에 의한 새로운 감흥만으로도 이미 무대는 넘쳐흘렀다.

이번 공연은 한마디로 새로운 춤을 끊임없는 움직임의 탐구에서 찾는 이용인의 독창적인 색깔이 유감없이 발휘된 무대였다. 음악 명인의 창작음악이 무용이란 예술장르와 만나 더욱 그 예술성을 극대화한, 마치 라벨의 '볼레로' 가 모리스 베자르와 조르주 동에 의해 더욱 빛난 그 특별함을 선사했다. 무용수들이 이용인의 움직임 메소드에 더욱 적응해, 지금보다 배가 된 앙상블을 만들어낸다면 세계 무대에서도 경쟁력 있는 레퍼토리가 될 것이다.

서울문화재단의 젊은 예술가 지원사업(New Artist Trend)으로 마련된 이번 공연은 그 성과만큼 지원 프로젝트의 부가가치도 한껏 높아졌다.

서울시무용단 〈京城.1930〉

친화적 소재, 모호한 향방

서울시무용단 정기공연 작품 〈京城.1930〉(4월 24-25일 세종문화화관대극장, 평자 24일 공연 관람)은 제목에서, 그리고 내용적으로도 대중친화적인 요소가 엿보인다. "질곡의 삶을 살다간 한 여인의 아리랑" 이란 부제에서는 묵직한 드라마도 읽혀진다.

서울시로부터 재정적인 지원을 받고 있는 직업무용단인 만큼 서울시무용단의 이번 공연은 바로 이 같은 점에서 기대를 갖게 했다. 옛 서울을 소재로 한 데다 무용극 형식을 표방한 만큼 적어도 공연의 양식적인 면에서는 대중성 획득에 강점이 될 수 있는 여러 요소들을 갖추고 있었기 때문이다.

그러나 90분 길이의 〈京城.1930〉은 이 같은 기대감을 충족시키지 못했다. 작품의 완성도 면에서 적지 않은 허점이 노출되었고, 대한민국 수도 서울을 대표하는 직업무용단의 정기공연 작품이라는 잣대에서 보면 제작진의 눈길이 미치지 못한 부분이 여러 곳에서 드러났기 때문이다.

지난해 임이조 예술감독 부임 이후 서울시무용단은 크게는 한 번의 정기공연과 한 번의 기획공연을 마련했다. 대극장 무대에 올려진 〈서벌〉은 서울을 소재로 이미지 위주의 장면 구성으로 풀어냈고, 중극장에서 공연된 무용 소품 공연에서는 민속무용적인 색채가 강한 레퍼토리들이 선보였다.

〈서벌〉에서는 조안무가와 연출가로 참여한 스태프들의 취향이 유사하게 묻어난 점에서 아쉬움이 있었으나 극장예술의 여러 가지를 효율적으로 접합시켰고, 소품 공연에서는 기존의 전통무용을 기반으로 한 작품과 별다른 차별성은 없었으나 타악기를 위주로 한 작품에서 보여준 구성의 신선함 등에서 나름대로 진전된 모습을 보였었다.

단원들의 새로운 의욕까지 더해진 이 두 편의 공연은 서울시무용단이 침체를 거듭하던 와중에 새 예술감독이 부임한지 얼마 되지 않은 상황에서 치러졌기 때문에 무용단의 변신에 일말의 기대를 갖게 만들었었다. 따라서 이번 정기공연 작품 〈京城.1930〉의 부진은 더욱 안타깝다.

〈京城.1930〉은 무용극 양식을 표방했지만 그 전개 방식에서는 몇 가지 다른 양상을 보였다. 팜플렛에 실린 구성 대본을 보면 비교적 상세한 스토리 전개의 틀을 갖고 있으나 안무가(임이조)와 연출가(유희성)는 지나친 스토리텔링에 의존하지 않았다. 무용수를 위한 반주자 중 한 명을 내세워 걸출한 입담을 통해 공연의 진행자를 대신하게 하는 등 새로운 캐릭터를 설정해 극의 분위기를 바꾸는 시도도 있었다. 작품의 중심을 이루는 개개의 인물을 설정하고 그들을 중심으로 한 몇 개의 사건을 늘어놓고 그 주위로 춤과 경성의 당시 풍물을 보여주겠다는 컨셉트도 비교적 선명하게 드러났다.

그러나 이 같은 구조는 작품 중반을 넘어서면서, 몇몇 중요한 극적 대목과 만나면서 그만 중심을 잃었다. 종반부에 일본 경찰에 쫓기던 형철과 황토단 대원들, 그리고 스승의 죽음이 한꺼번에 이어지면서 초반부에 있었어야 할 분명한 캐릭터 설정의 부재와 지나친 생략이 결국 부담으로 작용했다. 여기에 스토리 전개상 자연스럽게 표출되도록 구성된 무용수들의 춤이 평면적으로 펼쳐진데다 내용의 빈약함까지 더해지면서 작품의 방향은 더욱 모호해져 버렸다.

신식 사교클럽 무랑루즈를 배경으로 한 춤과 소품, 무대는 모두 허전했다. 1930년대 경성의 사교클럽에서 추어졌던 춤을 재현하기에는 무용수들의 춤은 어딘지 어색했고 동작 역시 서툴렀다. 사교춤의 특성은 차치하고라도 무대와 장면은 사교클럽 특유의 화려함과도 거리가 있었다. 안무가는 서울시무용단의 단원들이 당시의 사교춤을 소화하기 어려웠다면 그 부문의 전문 댄서들을 객원으로 출연시키도록 했어야 했다.

권번 발표회 장면에서 선보인 살풀이춤과 학춤으로 이어지는 구성은 안무가가 독무로 출연한 선비춤이 중간에 선보이긴 했지만, 너무 많은 무용수들이 유사한 동선과 대형으로 무대를 점하면서 결과적으로 너무 단조로웠고, 음악 역시 장구와 가야금에 소리가 함께 하는 편성에 머물러 다소 외소해 보였다.

삼현육각에 의한 풍부한 음량으로 춤과 음악의 앙상블을 살려내면서 권번의 춤 발표회 장면을 더욱 풍성하게 처리했더라면 바로 이어지는 비극적인 전개를 암시하는 효과와 맞물려 더욱 극의 분위기를 끌어올릴 수 있었을 것이다.

모든 것이 사실적인 묘사에 의존할 수밖에 없는 구조상 무용수들의 어설픈 춤과 빈약한 무대는 작품의 흐름을 방해하는 요인으로 작용했다. 1930년대 경성의 풍물을 재현할 의도였다면 이 장면은 클래식 전막 발레

공연에서 보여지는 디베르티스망에 견줄 만큼 다양한 춤과 풍성한 음악이 배열되도록 조합될 수도 있었을 것이다. 진혼무 형식으로 추는 군무에서 보여지는 산홍과 무용수 그리고 스승의 오버랩 장면 역시 새로운 아이디어가 필요해 보였다.

스토리텔링의 축소를 대체할 만한 캐릭터 표출과 볼거리의 부진은 결국 〈京城. 1930〉이 무용극으로서의 양식적인 장점을 살려내지 못하고 범작에 머물게 한 한 요인이 되었다. 작품을 통해 제작진들이 표방한 "질곡의 삶을 살다간 한 여인의 아리랑"이나 "경성을 배경으로 한 예인들의 삶의 애환과 정서"를 발견하기란 쉽지 않았다.

무용극에서 안무자가 직접 작품에 출연하게 될 경우 자칫 자기중심적인 작품이 될 수 있는 함정은 이번 작품의 경우도 예외가 아니었다. 임이조의 반복되는 등장은 산홍과 스승의 사랑, 금향과 와따나베, 그리고 산홍과 형철 등 인물들 사이의 관계 설정에서의 균형감 유지를 어렵게 했다.

대부분의 직업 무용단은 예술감독의 춤 스타일에 영향을 받지 않을 수 없다. 임이조의 춤은 〈京城.1930〉에서 등장하는 춤의 시대적인 배경과 동떨어지지 않았고 권번에서의 훈련 장면에서 그가 보여준 춤과 연기는 작품의 흐름에 기여를 했다.

이와 함께 〈京城.1930〉에는 몇 가지 인상적인 장면들이 있다. 연출가에 의해 스톱 모션으로 시도된 도입부 경성의 종로 거리 장면과 권번의 춤 수업 장면 도입은 신선했다. 반주자가 갑자기 사회자가 되도록 한 시도 역시 파격적인 발상이다.

그러나 무용극의 양식에서는 치밀한 구성력이 절대적으로 필요하다.

이번 공연은 대극장에서 90분이 길이로 전개되기에는 컨셉트나 스태프들의 공력, 그리고 필요한 춤을 위한 무용수들의 준비 등에서 부족함이 엿보였다.

이즈음 들어 독립 안무가들이 이끄는 전문 무용단이 제작과정에서부터 프로페셔널리즘으로 무장되어 가고 있는 춤계의 상황에서, 이들에 비해 돈(예산)과 시설(극장) 그리고 전속 무용수들과 스태프들을 보유하고 있는 직업무용단의 창작 작업이 아직도 답보상태에 머물고 있는 것은 결코 가볍게 생각해서는 안 될 일이다. 30년이 훨씬 넘은 역사를 자랑하는 서울시무용단의 작업에 까다로운 비평의 잣대를 들이대는 것은 그 만큼 직업무용단의 역할이 막중하기 때문이다.

프로페셔널리즘은 무용수들뿐만이 아니라 기술 스태프를 포함한 제작진들에게도 요구된다. 예술감독이 표방한 대중과 교감할 수 있는 작품은 소재에서뿐만 아니라 최소한의 예술적인 완성도가 뒷받침될 때 비로소 가능하다.

특별한 양식의 기획에 화답한 탄탄한 춤

공연은 저녁 8시 조금 넘어 시작, 11시가 되어 끝났다. "김희진의 댄스 콘서트"(9월 5-6일 LIG아트홀 평자 5일 공연 관람)는 정형화된 공연 양식의 틀에서 벗어난 새로운 시도란 점에서 우선 눈길을 끌었다.

첫 작품 〈루나―그녀를 위한 시간〉은 경쾌했다. 일상 속에서 친숙한 인물설정과 전개 구도는 관객들과 편안하게 소통했다. 직장 여성의, 자신의 근무 공간을 중심으로 전개되는 에피소드는 안무가이자 무용수인 김희진에 의해 절묘하게 예술적으로 치환되었다.

검정색 뿔테 안경과 산뜻한 정장 차림의 캐리어 우먼이 브라우스를 집어다 넣었다 빼는 동작을 반복하고, 핸드백에서 붉은색 구두를 꺼내 신는 등 심리적으로 점점 변화해 가는 과정은 자연스럽게 작은 드라마를 만들었다. 여기에 안무가에 의해 시시각각 조율되는 움직임은 춤 보는 재미를 더했다.

적당한 드라마와 넘치지 않을 정도의 유머, 그리고 김희진의 노련한 움직임에서 뿜어져 나오는 춤의 맛깔은 상황에 따라 수시로 변하는 표정연기까지 곁들여지면서 소극장 공간을 더욱 빛냈다. 사무실의 책상과 벽면 공간을 터치하는, 완급을 조절하는 계산된 동선의 설정은 김희진이 안무가로서도 만만치 않은 감각을 지니고 있음을 보여준 장면이었다.

남성 무용수 혼자 춤춘 〈로항의 집〉은 중절모를 쓴 중년의 쩔룩거리는 다리, 그가 만들어내는 움직임과 짧은 독백 등이 절묘한 앙상블을 만들어냈다. 여과되지 않은, 특별히 훈련되지 않은 듯한 로항 반 코뜨의 움직임과 무표정은 그 자체로 하나의 짧은 드라마였고 그 여운은 길었다.

키보드와 아코디온이 중심이 된 라이브 연주를 곁들인, 김희진과 뤼도빅 갈방의 2인무 〈마지막 탱고〉는 무용수로서 김희진의 존재를 다시 한번 각인시켰다. 그녀의 몸은 춤을 즐기면서 추는 경지에 오를 정도로 편안했다.

이날 공연은 소극장 공간의 활용, 한 아티스트에 대한 집중 조명, 타 장르의 진행자(뮤지컬 배우 이석준)를 합류시킨 대화 순서 등 기획력에서도 돋보였다. 대화 순서도 형식적인 편성이 아니라 작품 사이사이에 비디오를 이용한 또 다른 작품 감상 순서 등을 삽입해 진행자 특유의 입담을 곁들여 심도있게 진행했고, 관객들로 하여금 사전에 질문지를 받고 이를 관객 스스로가 뽑아 직접 질문하도록 하는 등 세심하게 배려했다.

이런 형태의 작업이 공연자 스스로에 의해서가 아니라 극장에 의해 기획되고 추진되었다는 점도 주목할 필요가 있다. 이는 공연자가 모든 것을 도맡아 하는 한국 춤계의 공연 관행에서 벗어나 극장이 스스로 추체가 되어 춤의 제작과 유통을 책임진다는 점에서 바람직한 현상이 아닐 수 없다. 이같은 시도는 우리나라의 춤 환경을 더욱 프로페서널하게, 더욱 건강하게 변신시킬 수 있기 때문이다.

LIG 극장의 이번 공연은 분명한 컨셉트와 탄탄한 프로그래밍으로 여타 극장의 기획공연과는 분명한 차별화를 보여주었다. 올해 들어 새롭게 나타나고 있는 공연 양식의 다변화 현상을 그대로 보여주었으며, 한국문화예술위원회의 새로운 지원정책 방향인 간접지원에 의한 실효성에 대해 긍정적인 기대를 안겨주었다.

밀물현대무용단 〈한글춤 2350〉

영상, 음악과 결합한 몸의 확장

밀물현대무용단의 한글을 소재로 한 춤 작업은 올해로 18번 째 작품을 탄생시켰다. 2008년 신작인 〈한글춤 2350〉(10월 14-15일 국립국악원예악당, 평자 15일 공연관람)은 전편의 연작들과 비교했을 때 작업의 틀에서 커다란 차별성을 보이진 않았다.

제목에서 '2350' 이란 홀소리와 닿소리를 결합해 현재 사용하고 있는 문자의 글자 수를 의미한다. 〈한글춤 2350〉은 크게 두 개의 장으로 나누어졌으나 개개의 연계성 또한 확연하게 드러나진 않았다.

1장 '누구를 위한 한글인가' (안무 신종철)에서 궁중음악을 사용, 전체적으로 느린 움직임으로 끌어낸 도입부는 주목할 만했다. 남성 창자의 굵은 저음이 깔린 장중한 음악은 '훈민정음' 이라고 쓰여진 백색의 긴 천을 천천히 무대 중앙으로 끌어올리는 행위와 맞물리면서 하나의 의식처럼 연결되었다.

솔로 무용수의 두 팔을 중심으로 한 느린 움직임과 그 사이사이 상반신과 굴신을 이용한 3인무 등이 어우러지는 이 제의적인 분위기는 마치 창제 당시의 한글을 이 시대와 연결시키는 간주곡처럼 보였고, 궁중음악에서 피아노의 감미로운 선율로 바뀌면서 무대는 자연스럽게 현대와 연결됐다.

전체적으로 1장에서는 많은 수의 군무 대신 소수의 무용수들을 등장시켜 밀도 있는 앙상블 만들기가 시도되었다. 사각조명 아래 7명 여성들의 군무에 등장한 붉은색 상의는 초반의 백색과 무대 전체를 주도하는 어둠과 맞물리면서 색채적인 대비를 이루어냈다.

영상으로 투사된 한글 자모음의 글자 형상에 이어 굵게 쓴 글자체가 투영되면서 남성 저음(人聲)에 의한 용비어천가의 낭송과 맞물린 신종철의 솔로, "아 에 이 오 우" 로 변주되는 人聲이 가미된, 마지막 군무에서의 역동성도 볼거리였다.

1장과 달리 2장 '신용비어천가 2008' (안무 이숙재)는 초반부터 현대적인 감각이 무대를 지배했다. 플라멩고 의상을 연상시키는 여성 무용수의 솔로춤에 이어 안무가 이숙재는 6명 남성 무용수들의 원무를 통해 1장의 도입부와 차별화시켰다. 남성 무용수들의 느린 움직임은 두 팔과 허벅지 등을 노출시킨 강건한 신체의 이미지와 맞물리면서 더욱 강한 에너지로 표출되었다.

스크린이 아닌 바닥에 투사되는, 확장되는 물결무늬 영상은 무용수들의 작은 진폭의 움직임과 맞물리면서 그들의 에너지를 오히려 더욱 밖으로 발산시키는 효과로 이어졌다. 유정재와 이해준의 2인무는 마치 발레에서의 파드되처럼 두 무용수의 몸이 밀착된 상태에서 보여졌으며, 이어진 의자를 활용한 10인무는 강한 비트의 음악으로 분위기 전환에 일조했다. 그런가하면 솔로 6인무 2인무 10인무로 이어지는 다양한 춤의 패턴은 이상봉의 서로 다른 질감의 빛과 맞물리면서 극장예술로서, 움직이는 예술로서의 무용의 속성을 한껏 살려냈다.

소품으로 사용된 의자는 남성 무용수들이 가세한 또 다른 일군의 무용수들에 의해 더욱 다양한 형태로 변환되고 이는 규칙적으로 리듬을 쪼개는 인성(人聲)을 활용한 음악(안지홍 임춘우)에 의해 속도감을 더하면서 확대되었다.

손등과 다섯 손가락, 발등과 다섯 발가락의 다양한 놀림을 클로즈업한 영상을 배경으로, 무대 하수 쪽에서 시작되는 실제 무용수의 두 팔을 강조한 움직임 구성도 시각매체와의 연계를 염두에 둔 안무가의 계산된 설정처럼 보였다.

22명 무용수들이 펼치는 대무(對舞), 솔로춤에서 시작 2인무 4인무 6인무로 점차 확대되는 부채를 활용한 군무는 자유롭게 대형을 바꾸면서 변주되고 종반부에는 대극장 무대에서의 스펙터클을 더했다. 그 사이 바닥에 투사된 태극기의 형상을 구획하는 무용수들의 움직임 동선도 다양하게 변주되는 음악과 함께 보는 재미를 더했다.

작품의 마지막에는 움직이는 철재 빔 세트를 활용해 무용수의 몸과 결합시켜 "한글" 이란 글자꼴을 만들어냈다. 몸과 세트를 활용한 이 같은 시도는 한글 연작 작품에 자주 등장, 연작 시리즈의 트레이드 장면이 된 듯 보였다.

전체적으로 〈한글춤 2350〉은 음악과 조명·영상·움직임 구성에서 안무가의 계산된 구도가 선명하게 드러났다. 특히 2장에서는 그런 융합작업이 보다 더 적극적으로 관객들과 소통했다. 무엇보다 소품을 활용한 움직임 확장과 음악과의 접합을 통한 서로 다른 이미지 창출이 인상적이었다.

반면에 제작진들이 표방한 한글과 태극의 이미지를 부각시킨 일련의 시도들은 한글 창제 뒤에 숨겨진 정신과 철학을 공연예술이란 장르에 담아 밖으로 표출하는 작업이 결코 만만한 것이 아님을 드러내 보였다.

한글을 소재로 한 일련의 작업은 그것이 특정한 소재의 연속적인 예술 창작이란 점에서 분명히 한계가 없을 수 없다. 그러나 여러 편의 작품을 반복 창작하면서 그것을 해석해가는 과점을 다양하게 가져갈 수 있다면 그것은 안무가들에게나 무용수에게, 또 제작진들에게는 하나의 도전적인 작업이 될 수 있다.

그런 점에서 한글 연작 시리즈는 향후 더욱 실험적이고 더욱 도전적으로 시도될 필요가 있다.

시각적 이미지와 스펙터클

한국을 대표하는 국립·시립무용단의 창작작업은 이제 '한국적'이란 틀에서 벗어나는 것이 그리 버거워 보이지 않는다.

국립무용단은 이미 김현자 예술감독과 배정혜 예술감독 부임 이후 현대적인 감각의 작품과 라이브 재즈 연주를 곁들인 크로스오버 작업으로 그 가능성을 확연하게 보여주었었다. 객원 안무가 안성수의 작품 〈틀〉을 통해서도 국립무용단은 한국춤 전공 무용수들이 보여줄 수 있는 현대적인 감각의 컨템포러리 댄스가 갖는 경쟁력이 만만치 않음을 입증해보였고, 한국춤을 전공한 독립 안무가들 역시 장르에서 오는 경계로부터 자유로운 춤을 꾸준히 보여주고 있다.

이 같은 경향은 비단 서울에 베이스를 둔 직업무용단 뿐만 아니라 몇 년 전부터는 인천시립무용단, 대전시립무용단 등 지역 소재의 직업무용단으로 확산되고 있다. 부산시립무용단이 제59회 정기공연 무대로 선보인 〈길들여진 토끼〉(11월 5일 부산문화회관 대극장)는 기존 부산시립무용단이 보여주던 창작춤 공연의 색채와는 판이했다. 부산시립무용단은 움직임 구성이나 무대미술, 의상은 물론이고 연출적인 면 등 여러 부문에서 변신을 시도

했다. 무엇보다 전체적으로 비주얼적인 요소를 살려내고 작고 세련된 것과 크고 스펙터클한 것을 한 작품 안에 혼재시키고 있는 연출이 돋보였다.

대본 작가(조주현)는 1시간이 넘는 작품임에도 스토리텔링에서 벗어나 5개 장면을 옴니버스 형태로 배열했다. 작품을 관통하는 일관된 틀은 토끼와 인간과의 연계이다. "토 . 끼는---," "토 . 끼의---," "토 . 끼처럼---," "토 . 끼가---," "토 . 끼에게---," 등 개개 장면의 소제목에서도 장면간의 차별화 의도가 읽혀졌다.

작가는 토끼의 여러 가지 모습, 행동 습속 등을 인간, 곧 사람이 살아가는 방식 등과 연계시켰다. 팸플릿에 나와있는 토끼의 모습과 사람이 살아가는 법 "기억을 근거로 청소년기부터 사회에 편입되는 그리고 중년으로 접어들기 시작하는 현재의 시점들을 시차적으로 엮었다" 는 작가의 의도는 군데군데 엿보이긴 했으나 확연하게 드러나지는 않았다.

오히려 대본상에서 설명된 그런 연계성보다는 시각적인 이미지 자체가 많은 볼거리를 주고 있었다. 그것을 즐기는 것만으로도 관객들의 눈은 지루하지 않았다. 그 만큼 이 작품은 무엇보다 의상과 조명 그리고 무대미술 등 비주얼적인 조합을 통한 시각적 볼거리를 선사하고 있다.

작품은 몬드리안의 그림을 연상시키는 바닥에 투사되는 조형적인 디자인과 색채, 기하학적인 대형의 장식 조명, 각 장면에서 이야기하고자 하는 내용을 조명의 빛을 고려해 색깔과 디자인으로 표출한 민천홍의 의상, 두 팔을 이용 토끼의 움직임을 표출한 무용수의 동선 등 검정으로 전체를 조율한 첫 장면에서부터 주목을 끈다.

단색 톤의 검정 의상과 현란한 색깔의 컬러풀한 바닥 조명은 그것 자체로 하나의 '그림' 이었다. 전체적으로 검정색으로 보여지지만 사이사이 레드, 화이트, 블루, 옐로우, 그린 색 등을 배합시킨 의상은 바닥 조명과 함께 어우러지면서 더욱 시각적인 효과를 발했다.

두 번째 장면, 무대는 전혀 다른 분위기로 전환되었다. 검정에서 백색으로 바뀐 무대바닥, 무용수들의 머리에는 모자가 씌워졌고 음악의 분위기 역시 달라졌다. 도입부에서 다음 장면전환까지 전체 분위기를 조율시키는 타이밍도 절묘했다. 안무자는 전체적으로 움직임을 극소화 시키려했으나 일률적인 움직임 배열은 마치 마스게임을 보는 듯해 아쉬움을 남겼다.

반면에 시종 김미란과 최의옥의 2인무로 전개한 3장은 빼어났다. 남녀가 사랑하는 과정에서 서로의 줄다리기를 내용으로 한 이 장면은 시이소를 이용한 움직임의 변환과 확장, 무대미술과 의상의 조합 등이 보여주는 색채의 배합이 압권이었다. 무용수들의 공간 점유에 따라 시이소의 한쪽 끝은 벼랑이 되기도 하고 미끄럼틀이 되기도 했다. 미끄러지고, 한명의 무용수가 다른 한명 무용수의 등을 타고 움직이는 등 시이소를 활용한 동작은 오브제와 춤의 결합을 통해 성공적으로 움직임을 확장시켰다.

경사진 시이소의 위치를 옮기는 시도는 기하학적으로 공간을 절묘하게 분할시키는 효과로 나타났고 검정 바닥에 놓여진 움직이는 녹색 시이소의 배색효과는 특출났다. 조명, 의상, 현대적인 감각의 무대미술과 이를 활용한 움직임 구성에서의 차별성과 다양성, 그리고 무용수들의 빼어난 앙상블, 2인무 작품으로 떼어내어 공연해도 국제무대에서 충분히 경쟁력이 있을 정도로 이 장면은 특별했다.

제4장 저항을 다룬 장면에서 스펙터클은 섬뜩할 정도였다. 군집 대형

으로 무대 전체를 단계적으로 조율하는 시도는 수십명의 단원들을 보유한 국립무용단 등의 작업에서나 가능했던 인상적인 몹씬에 결코 뒤지지 않았다.

연출가는 이 장면의 도입부를 무대 후면에 대형 세트와 많은 무용수들을 배치하고 무대 전면에는 솔로 무용수의 움직임으로 극명하게 대비시켰다. 안무가는 강렬한 사운드의 음악이 전체를 휘감는데도 무용수들의 움직임은 오히려 최소화 시켰다. 형장에 묶인 죄인들이 깨어 일어나 세상 밖으로 나오는 듯한 시각적 스펙터클은 압권이었다.

마지막 장 소통을 다룬 장면은 여성 7인무로 시작 남녀 7인 대무(對舞)로 이어졌다. 17명의 무용수들이 일렬로 엎드린 채 서서히 고개를 치켜드는 마지막 장면은 그 여운이 꽤 오래 남았다. 움직임 구성과 연계시켰을 때 전체적으로 안무가 홍기태의 작업은 3장과 4장에서 더욱 빛이 났다.

이 작품은 전체적으로 이른바 극장예술의 여러 가지 요소를 적절하게 조합시키고 있다. 그러나 평자에게 이 같은 스타일의 작품은 이미 눈에 익었다. 비슷한 유형으로 전개시키는 특정한 스타일에 익숙해 있기 때문이다. 그것은 대본과 연출을 맡은 조주현의 스타일 때문이다. 전국무용제에 참가하는 단체의 연출로 참여하면서, 대상과 우수상을 거의 휩쓸다 시피 하는 그의 작품 스타일은 거의 유사하다.

이번 작품의 경우는 홍기태의 움직임 구성과 몇몇 장면에서 효과적으로 어우러짐으로써 그의 연출은 더욱 빛을 발했다. 반면에 특정한 연출가의 정형화된 스타일이 안무가의 상상력을 지배할 수도 있는 위험성에 대해서는 '밀월'을 넘어 '견제'가 필요해 보였다.

안무가의 동선은 전체적으로 직선적인 배합이 많았다. 옴니버스 형태의 작품에 개개의 솔리스트들을 모두 배열한 구도 역시 오히려 단조로움을 가중시키는 요인이 되었다. 개개 장면에서 보다 차별화된 움직임 구성이 이루어진다면, 작품의 완성도는 높아질 것이다. 반복되는 미니멀리즘 음악과 전자악기에의 의존도가 높은 점 역시 향후 보완이 필요해 보인다.

〈길들여진 토끼〉는 그동안 부산시립무용단이 보여주던 창작 패턴과는 분명히 다르다는 점에서 지역 관객들로부터 논란이 있을 수 있다. 그러나 한국춤 전공자들이 주축이 된 무용수들이 참여하는 작업이라해서 "한국 창작춤"이란 용어의 틀 안에 가두어버린다면 그것이야말로 한국춤의 국제화 그리고 대중화를 막는 걸림돌이 될 수 있다. 그런 점에서 이 같은 창작 작업의 설정은 그 방향타를 바로 잡은 셈이다.

이제는 전문 춤 단체의 경우 지역적인 경계는 점차 없어질 것이다. 오직 작품의 질로 평가될 뿐이다. 그런 점에서 한국 춤계에서 직업무용단의 창작 작업은 객원 안무가들의 수평교류와 함께 더욱 더 치열해져야 한다.

춤 공연 양식과 몸의 확장, 과다한 편집

2008년 하반기 춤계에 나타난 흐름 중 하나는 중진 무용가들이 앞 다투어 그들의 신작을 선보인 것이다. 김민희·임학선·박명숙·국수호 등 중진 무용가들의 신작 발표는 젊은 무용인, 독립 안무가들이 주도하던 창작 작업과는 별도로 춤계에 활력을 불어넣었다.

이들의 창작 신작들은 모두 무대공연제작지원사업에 선정된 작품들이란 점에서 최근 제작경비의 상승에 따른 지원금과 창작 진흥과의 상관관계를 시사해주기도 했다.

이들 중 박명숙과 국수호의 작업은 1시간 30분이 넘는 길이의 대형작품이란 점에서 유사했다. 박명숙의 신작은 연극적 장치와 춤과의 조합을 통해 여성성을 담아내는 씨어터 댄스로, 국수호의 신작은 달의 이미지를 배합한 춤 위주의 구성으로 각각 차별성을 보였다. 두 작품 모두 만만치 않은 공을 들인 데다 작품의 완성도에서도 그 동안 이들이 보여주었던 평균점을 상회하는 성과를 거두었으나 너무 많은 것들을 담아내, 결과적으로 빼어난 장면들과 뛰어난 앙상블이 빚어내는 감흥과 여운이 오히려 무디어져 버리는 아쉬움도 남겼다.

박명숙은 음악과 무대미술 그리고 춤과의 융합이 만들어낸 크로스오버적인 시도로, 국수호는 라이브로 연주되는 창작음악과 움직임과의 조합에 의한 이미지 구축과 무용수에 의해 안무가가 부각되는 구성으로, 각각 차별화된 안무 감각을 보여주었다.

박명숙댄스씨어터의 〈바람의 정원〉

춤 공연의 양식은 다양한 형태로 변화한다. 이즈음 들어 박명숙이 보여주고 있는 작업은 연극적인 구조의 틀과 접목한 서정성으로 압축된다. 그의 전작 장편인 〈에미〉〈유랑〉등이 모두 이 같은 유형의 작업들과 연계되어 있다.

박명숙댄스씨어터의 〈바람의정원〉(12월 5-6일 아르코예술극장대극장, 평자 6일 공연 관람) 역시 그 같은 스타일에서 크게 벗어나지 않았다. 오히려 전작들에 비해 여러 요소들이 더욱 치밀하게 맞물려 있다.

〈바람의 정원〉은 여성성을 작품 전편에 깔고 있다. 안무가(박명숙)와 대본작가 연출가(주용철)는 한국여인들의 여성성을 한국의 근대사와 맞물리게 하는 시도를 했지만, 그렇다고 서사적인 구조로 몰아가진 않았다. 놀이적인 설정을 통해 자신의 어린 시절을 투영하는, 순수의 시절을 녹여내기도 했다.

특유의 연극적 구조는 나레이터(코러스)의 설정과 사실적인 무대장치로 구현되고, 각 장면마다의 선명한 이미지와 많은 오브제의 사용은 춤 위주의 배열에 익숙한 기존의 무용공연의 전개구도와는 차별화되었다.

안무가와 연출가는 복잡한 쏘스(source)들을 거미줄처럼 엮어 놓았다.

많은 것들의 조합은 몸에 의한 새로운 움직임을 중시하는 무용예술의 묘미와는 확실히 동떨어져 있다. 반면에 다른 구조의 재미를 보는 신선함이 있었다. 그런 점에서 작품 전편에서 드러나는 몇 가지 의도된 장치들은 이 작품을 이해하는 키워드가 된다.

첫 번째는 아주 분명한 캐릭터의 설정이다. 프롤로그와 에필로그, 그리고 그 사이 5개의 장면마다 등장하는 노파는 또렷또렷한 대사로 무대를 장악한다. 때론 대화체로, 때론 독배하듯 내뱉는 그의 주절거림은 나레이터의 역할로, 또 계산된 움직임과 동선은 코러스의 역할로 양분된다. 발성의 톤이나 대사의 내용 등에서 시청각적인 효과와 상징적인 메시지까지도 염두에 둔 연출가의 계산된 조율이 읽혀졌다.

두 번째는 음악적 구조이다. 작품 전편에는 그야말로 다양한 스타일의 음악이 의도적으로 배열되었다. 제작진들은 불규칙적으로 편집된 쇠가 부디치는 듯한 소리, 사이렌, 기계 소리, 여러 가지 둔탁한 소리 들이 합쳐진 음향효과까지도 음악적 도구로 사용했다. "봄날은 간다"와 같은 전통가요와 현악기가 주도하는 클래식 음악의 명곡들. 현악기와 관악기가 뒤엉킨 현대음악 등은 때론 드라마를 살려내는 효과로, 때론 무용수들의 군무 앙상블을 위한 음악으로 춤과 맞물렸다.

세 번째는 바닥과 천장을 활용하는 무대장치와 바케스 등 소품의 다채로운 활용이다. 구멍 뚫린 벽 세트, 천장에서 무대 바닥을 행해 매달린 끝이 뾰족한 구조물, 일직선으로 무대 공간을 구획하고, 무용수들이 머리에 뒤집어쓰기도 하는 등 다양한 오브제로 활용되는 바케스, 고무줄을 이용한 움직임 조합 등은 개개 장면의 차별성을 살려내는데도 일조했다.

여기에 일제침략시대, 한국전쟁 등 한국의 근대사를 담아낸 빠르게 편집된 흑백 필름과 빛바랜 흑백 사진 등도 상징적인 매체로 조합되었다. 이 같은 몇가지 의도된 장치들은 이를 활용하는 동선과 안무가의 예상치 않은 움직임 조합과 함께 기존의 무용공연과는 차별화된 무대를 만들어낸 일등공신들이다.

우선, 안무가에 의한 무용수들의 움직임 배열은 전편에 걸쳐 음악적인 리듬에 맞춘 정형화된 스타일, 기존의 무용공연이 보여주던 공식과는 판이했다. 불협화음에 맞춘 4명 남성무용수의 격투기를 연상시키는 움직임, 박스 세트를 활용한 남성 5인무, 심수봉의 전통가요에 맞춘 솔로춤과 군무 등은 놀이적인 요소에서부터 기다림의 정서까지 각각 그 차별성이 뚜렷했다.

"무궁화꽃이 피었습니다"를 반복하는 어린이들의 놀이에서는 순순한 동심이 드러났다. 바케스를 머리에 뒤집어 쓴 여성들이 뒷모습과 높낮이가 다른 무대장치 위에서 서서 이를 바라다보는 남성 무용수 5명의 시선이 만들어내는 장면은 상징적인 의미와 함께 빠른 전개와 복잡한 구도 속에서 잠시 여백의 미를 음미할 수 있는 대목이었다.

다음으로, 연출가는 무대세트와 소품을 무용수들의 동선과 맞물려 활용하고 있다. 구멍 뚫린 세트를 통해 무용수들이 드나들고 서로 다른 높낮이의 세트 위에다 무용수들을 세워두면서 공간을 배분하는 것 등이 그런 예이다.

이런 여러 가지—음악과 무대미술·소품·영상·연극적인 장치 등—를 활용한 시도, 적당한 드라마의 설정은 관객들로 하여금 90분이 넘는 시간 동안 잠시도 작품에서 눈을 떼지 못하게 한다. 장면마다 차별성을 시도한 단순한 여성성의 표출이 아니라 그것을 일제침략과 한국전쟁 등 우리 시대 슬픔의 역사와 오버랩 시킨 연출과 안무가의 공력은 곳곳에서 느껴졌다.

그러나 그런 노력에도 불구하고 아쉬움이 없지는 않다. 사실적 묘사와 감성적으로 접근하는 장면 사이에서 관객들은 가끔 혼란스럽다. 쓰러진 여자에게 다가와 한 남자가 물을 먹여주는 장면, 꽹과리를 들고 나오는 장면 등은 사족처럼 보였다, 너무 장식적이고 인위적인 설정으로 보였기 때문이다. 노파의 등장 횟수도 과다했다. 독백과 움직임이 주는 신선함이 시간이 지나면서 희석되는 아쉬움이 적지 않았다.

〈바람의 정원〉은 드물게 분명한 컨셉트와 조명 의상 등 극장예술의 여러 요소들이 잘 버무려진 작품이다. 1시간이 훨씬 넘는 대작, 초연 작품임에도 불구하고 전체적으로 조합이 잘 이루어져 있다. 이는 공연 전 충분한 무대연습 기간이 없었더라면 불가능한 작업처럼 보였다.

그런 점에서 이번 공연은 또 다른 성과를 얻었다. 무용 중심극장으로 지정된 아르코예술극장이 예술감독제 도입 이후 지난해부터 시행하고 있는 충분한 무대 리허설 배정으로 인한 성과가 가시적으로 드러났기 때문이다. 창작을 위한 정부의 재정지원 못지않게 시설 지원또한 창작 진흥에 얼마나 중요한가를 보여준 무대였다.

국수호디딤무용단 〈月人 달의 사람들〉

국수호디딤무용단의 정기공연 작품 〈月人 달의 사람들〉(12월 10-11일 국립국악원예악당, 평자 11일 공연 관람)은 달이 갖고 있는 여러 생성적인 의미를 무용수들의 춤과 연결시킨 작업이다. 어떻게 보면 단순한 컨셉트이지만 이런 류의 작품은 무용수들에 의한 움직임을 어떻게 배합하느냐에 따라, 음악과 춤을 어떤 색채로 매치시키느냐에 따라 크게 달라진다.

안무가 국수호는 라이브 음악과 무용수들의 움직임 외에 별다른 장치를 사용하지 않았다. 그런 점에서 앞서 평한 박명숙의 〈바람의 정원〉과 무척 대조적이다. 그의 작업은 마치 우리에게 "back to th body!! 다시 몸으로 돌아가자"는 최근 세계 무용계의 새로운 흐름을 대변하는 듯 했다.

그러나 이 같은 스타일의 작업이 90분이 넘어가는 길이로 계속된다면 이는 비슷한 이미지의 중첩으로 지루함을 야기시킬 수 있다. 이 같은 함정을 안무가는 개성있는 무용수들에 의한 각기 다른 스타일의 춤과 소품, 광대, 쌍검무 등 선명한 캐릭터 댄스의 설정으로 상쇄시켰다.

"서무(序舞)"에 등장하는 광대의 캐릭터는 가장 한국적이면서도 현대적 몸짓을 보유하고 있었다. 마치 서커스의 광대를 보듯 감성적이면서 섬세했고 강한 엑센트를 주었다. 달의 기운이 가득한 남녀의 氣춤은 강렬했다. 한국인의 몸에서 분출되는, 토하는 듯한 에너지는 감히 다른 나라의 무용수들은 흉내 낼 수 없는 독특함으로 다가왔다.

춤이 지나치게 서술적이거나 지나치게 의미에 초첨을 두게 되면 자칫 필요 없는 것을 나열하게 된다. "삵(新月)의 장"(제1장)이 그랬다. 이 장은 비록 서사적인 구조의 작품을 만드는데 필요했을지는 모르지만, 춤적으로는 가장 취약했다. 의미전달은 필요하나 이미지 설정이 난해한 장면은 사진을 보거나 그림을 보듯, 사색적 묘사를 통해 관객들로 하여금 생각하게 하는 편이 훨씬 효과적일 수 있다. 이 장에서 안무가는 춤을 너무 나열적이고 설명적으로 배열했다.

"초승달─ 氣의 形成"(제2장)에서 '월광검무'의 독특함은 그 하나 만으로도 빼어났다. 초승달의 날카로움과 검무의 연결은 시적 상상력을 자극했다. 윤자경의 매서운 눈매와 칼끝의 교교함이 넓은 무대를 강렬하게 가로질렀다.

2장에서 가장 빼어난 대목은 조재혁의 춤이었다. 그의 몸에서 나오는 감추어진 떨림의 깊이는 아련한 어떤 짧은 기억의 편린을 조각내듯 섬세하고 오묘했다. 부드러움과 강함을 동시에 내포한 '동정(童貞)' 조재혁의 춤은 중성적 이미지를 전달하였다. 얼음같이 차갑고 날쌘 제비처럼 파닥거리는 몸짓은 강하고 기묘하게 가슴 속을 파고들었다.

"상현달 氣의 응집"(제3장)에서 둥근 원형의 하의와 살을 드러낸 상체는 아방가르드적인 독특함이 있었지만, 단순한 배경그림으로 전락해 버려 아쉬웠다. 좀 더 다양한 구성과 몸짓으로 표현되어질 수 있었으나 움직임과 이미지의 조합은 설익은 상태로 끝나버렸다.

"보름달 氣의 분출"(제4장)에서 장현수와 조재혁의 2인무는 신선했다. 특히 광대 역 김현과 연결되면서 로맨틱하게 끝나버릴 수 있는 진부함에서 벗어나 재미를 더했다.

"달춤" 역시 빼어났다. 氣를 먹는 듯한 여성들의 움직임은 간결했지만 오래 기억하게 하는 강한 호소력이 있었다. 다양한 어깨 놀음과 발 동작을 응용한 군무는 피아노가 주도하는 음악과의 조합도 잘 어우러졌다. 그런가 하면 "블루문 +적월"에서 이원국(陽)과 류석훈(陰)의 2인무는 묘한 불균형을 이루었다.

"하현달─氣의 산화"(제5장) 중 "에로티시즘"에서 사용된 긴 막대는 간단한 소품이 작품의 이미지에 어떤 영향을 주는지를 여실히 보여주었다. 긴 막대는 여자와 남자를 연결하고 무용수들의 움직임을 낭만적인 에로티시즘으로 치환시켰다.

"그믐달 — 氣의 잠적"에서 그믐달의 여인 이윤경의 호소력 있는 표현은 압권이었다. 뒤돌아선 남자들 틈으로 비집고 나오는 그의 절규는 이어 누워있는 남자들의 발과 발에 의해 떠밀려지는 육체의 허우적거림과 연결되면서 인상적인 그림을 만들어냈다.

"풍만의 달—달의 탄생"(제7장) 중 "휘나래"에서 임신한 여자들은 그 자체로 희극적이고 순수했다. 다만 움직임 조합에서는 나열적이지 않고 뒤섞였으면 하는 아쉬움이 남았다.

안무가 국수호의 이번 신작은 무엇보다 개성 넘치는 무용수들에 의한 움직임을 보는 것만으로도 신선했다. 무용수들의 춤에 의해 안무가 빛난 특별한 경험을 선사했다. 몇몇 무용수의 경우 평소 볼 수 없었던 개성이 안무가에 의해 새롭게 발현되는 체험도 평자에게는 새로운 발견이었다.

발레 무용수 이원국과 현대무용 전공의 류석훈을 함께 등장시킨 것 역시 파격적이었다. 이 같은 발상은 안무가가 한국춤을 전공했기 때문에, 기획적인 감각이 있었기에 가능할 수 있었다. 이들 두 무용수의 움직임은 앙상블을 통한 춤의 조합은 없었지만 그들 스스로가 뿜어내는 에너지만으로도 그 기운이 무대를 넘쳤다.

안무가가 표방한 달의 다양한 이미지를 무용수들의 몸에 의한 에너지로 치환시킨 시도는 분명 새로운 것이었다. 〈강강술래〉를 변용시킨 "달춤"에서 군무의 움직임 조합은 한국의 민족적인 정서에서만이 가능한 한국적 컨템포러리 댄스로서의 경쟁력을 보여준 뛰어난 구성이었다.

이윤경, 장현수에 의한 감성적인 터치가 가미된 춤과 조재혁의 물 흐르듯 자연스런 동서양의 기운이 조합되는 듯한 몸의 놀림은 그 여운이 주는 감흥의 정도에서 아무리 강조해도 지나치지 않았다. 무용예술이 갖는 강점이 뛰어난 무용수에 의해 빛이 난 드문 경험이었다.

그러나 역설적으로 이들의 빼어난 지체에 안무가로서 국수호만의 움직임의 특질이 더욱 녹아나지 못한 점은 두고두고 아쉬웠다. 그동안 보아왔던 국수호의 익숙한 스타일의 춤이 무용수들의 몸을 더욱 지배하고 있었기 때문이다.

반면에 라이브 연주에 의한 다양한 음악(작곡 강상구)과 춤이 적절하게 앙상블을 이룬 성과는 안무가의 공이다. 작곡가의 의해 조율된 음악은 무엇보다 전체적인 작품의 흐름에 벗어나지 않으면서 정서적으로도 맞물려 움직임 조합의 효과를 배가시켰다.

〈月人 달의 사람들〉은 교교하고 섬세한 이미지로부터 고양이의 발톱 같은 날카로움으로, 달에서 방아 찧는 토끼의 이미지 같은 희극성과 상징을 내포한 강렬함까지 담아낸 한편의 서사시였다. 직접 대본까지 쓴 안무가 국수호는 동양적 사고를 바탕으로 강렬하면서도 중성적인, 또한 극도의 여성성과 강한 생명력을 품은 듯한 달의 의미를 극대화하였다.

그는 '달'이라는 지극히 동양적 개념을 차용하면서 음으로부터 양으로 전이되는 에너지의 상하고저를 적절히 표현하면서 전체를 하나로 보는 열려진 사고로 접근했다. 동양적 사고를 현대적으로 표현하는 추상성을 담보한 시도란 점에서 과다한 것을 정리하는 편집 작업이 이어진다면 이 작품은 한국적 컨템포러리댄스로서 국제무대에서 경쟁할 만한 걸작이 될 가능성이 농후하다.

다양한 전공의 무용수들이 한 안무가에 의해 조합되는 시도 역시 이번 공연이 거둔 또 다른 성과 중 하나이다. 국수호디딤무용단을 통해 무용수들의 수평교류가 이루어졌고, 그것이 가시적인 성과를 거두었다는 점은, 유럽이나 미국 등에 비해 안무가나 무용수들의 수평교류가 저조한 한국 춤계의 제작 관행에 보면 분명히 긍정적인 영향을 미칠 것이다.

새로운 움직임 조합, 秀作 한 편

거의 매일 춤 공연장을 찾는 평자에게 큰 기쁨은, 예상치 않은 무대에서 주옥같은 작품을 발견할 때이다. 그 작품이 잘 알려진 혹은 유망하다고 인정받는 안무가가 아닌, 이제 갓 작업을 시작한 신인들에 의한 것이라면, 그 기쁨은 배가된다. 정보경의 〈절벽아래 집〉은 오랜 만에 평자가 본, 신진 무용인에 의해 만들어진 수작(秀作)이다.

20여 년 전 시내버스를 타고 드문드문 빈 터가 많았던 도곡동의 3&5 소극장에서 김삼진의 〈까치방〉 공연을 보고 받았던 '충격' 과 '발견의 기쁨' 이 다시 되살아날 정도로, 정보경의 출현은 평자에게 '춤 평론가' 라는 직업에 대한 긍지를 다시 부추겨 주었다.

〈절벽아래 집〉에서 가장 핵심은 바로 안무가에 의한 새로운 움직임의 개발과 조합이다. 한국의 전통무용에서 보여지는 호흡에 의해 만들어진 움직임을 적지 않은 시간 동안 일관되게 유지하는 그 힘, 스타카토 형태로 적절한 접점에서 맺고 푸는 동작의 변용, 에너지의 흐름에 몸을 실어낼 줄 아는 정보경의 만만치 않은 움직임의 내공이 작품의 핵이 되는 쏘스(source)들이다.

　　한국의 전통춤 호흡에 의한 움직임 조합의 일관성은 소극장이란 공간과 맞물리면서, 현대무용이 득세하는 한국 춤계의 창작 작품과 분명한 차별성을 드러냈고, 남성 무용수의 파워풀한 움직임이 가세한 순간적인 정지와 시작의 반복은 그 움직임이 주는 의미찾기 보다 그것 자체로 때론 정보경이 내뱉는 짧은 인성과 맞물려 대단한 흡입력과 긴장감을 불러 일으켰다. 정보경 자신이 보여준 집중력은 그의 춤기량과 연기력에 의해 무대를 장악하고도 남을 정도로 강렬한 카리스마로 발현됐다.

　　춤 전용 M극장 개관 1주년 기념공연 시리즈 중 "2007 우리시대 신진안무가전 ─ 넥스트"(5월 15-19일, 평자 19일 공연 관람)에서 만난 4명의 신인 박수진·이효경·이정화·정보경은 개개 작품에서 보여준 공력이 만만치 않았다.

　　작품의 켄셉트, 전체적인 틀이 갖는 논리성이나 그것을 풀어내는 방법 등에서 신인들이 흔히 노출하는 위험성이 없지는 않았지만, 작품 속에서 묻어난 진지함만으로도 관객들의 박수를 받을 만했다.

　　박수진은 〈一 面(A Side)〉란 이색 제목의 작품에서, 단순한 구도 속에서의 탄탄한 춤기량으로 주목할 만한 무용수로 부상했다. 작은 무대 공간을 조금씩 점진적으로 분할해 가는 계산된 구도와 현악기 연주에 실린 두 팔을 활용한 움직임 구성 및 표정 연기 등이 몰입을 유도했다.

　　이효경의 〈빨간구두〉는 남녀의 사랑 이야기를 소재로 전체적으로 무난한 구성을 보여주었다. 다만, 발레 안무가들이 흔히 공통적으로 보여주는 움직임 조합의 제약성으로부터 자유롭지 못한 점은 아쉬움으로 남았다.

　　이정화의 〈pre & post 갈증〉은 조선시대 기녀 황진이를 소재로 한 전통과 현대의 교묘한 접합이 눈길을 끌었다. 검무에 사용하는 칼과 검정과 빨강의 색채 대비, 전통적인 음악을 변용한 음악과 움직임 구성 등에서 안무가로서의 감각을 감지할 수 있었다.

정보경의 〈절벽아래 집〉은 그녀의 첫 안무 작품이긴 하지만 소재를 풀어내는 접근 방법이나 극장 구조의 활용, 출연자들의 동선 설정 등에서 계산된 세밀함을 발견할 수 있었다. 그러나 다른 무엇보다 안무가로서 그녀를 주목하는 것은 새로운 움직임 창출과 이를 인성(人聲)과 음악과 매치시키며, 또한 각기 다른 진폭과 고저(高低)를 겨냥하고 움직임의 조율을 시도하는 특출난 감각 때문이다.

춤 전용극장으로 탈바꿈한 M극장은 강남의 끝자락에 새로운 무용의 힘을 전파하는 공간으로 점차 자리매김을 해가고 있다. 대관 공연 위주가 아닌 자체 기획공연을 시도하고 있다는 점에서, 향후 극장을 통한 무용 프로덕션 시스템의 성공 가능성을 높여주고 있다. 공연장의 자생력과 경쟁력은 그 공간에서 행해지는 프로그램 구성의 내용과 질에서 얼마나 차별성을 보이느냐에 달려 있다.

이번 공연에서 보여준 것처럼 정보경의 〈절벽아래 집〉과 같은 수작, 박수진과 같은 만만치 않은 춤 기량의 무용수들이 발굴되는 공간으로 꾸준하게 이어간다면, 이 극장은 한국의 춤계에서 중요한 인프라로 자리 잡을 가능성이 그만큼 높아질 것이다. 최근 M극장이 보여주고 있는 일련의 기획공연들에서 그 같은 가능성이 나타나고 있다는 것은 춤계로서는 고무적인 현상이 아닐 수 없다.

국립무용단 〈Soul 해바라기〉

국제교류 크로스오버 문화상품,
그리고 정체성

국립무용단의 〈Soul 해바라기〉 재공연 무대는 크게 다음의 몇 가지 점에서 주목할 필요가 있다.

첫째는, 외국 단체와의 합동공연이란 점이다. 국립무용단이 작품 제작 과정에서 해외 단체의 부분 참여를 시도한 것은 극히 이례적인 일이다. 클래식 재즈 음악 단체로 명성 있는 독일 살타첼로 그룹과 대한민국 국립무용단이 만났다는 것만으로도 이 공연은 초연 당시 큰 이슈가 됐다. 최근 세계 무용계의 국제교류 흐름이 공동제작이나 협업 작업으로 옮아가는 추세이고 보면, 〈Soul 해바라기〉의 이 같은 시도는 제작목표 달성을 위한 적절한 선택이 아닐 수 없다.

둘째는, 〈Soul 해바라기〉는 음악과 춤의 교합을 내건 이른바 크로스오버 작업이란 점이다. 국립무용단이 정기공연 작품으로 독일의 살타 첼로와의 협연을 표방했을 때 재즈 음악을 차용한 무용작품이란 예상을 했으나 막상 뚜껑을 열고 본 〈Soul 해바라기〉는 무용이 중심이 된 크로스오버 작업을 넘어 거의 퓨전에 가까울 정도로 음악과의 협업 비중이 높았었다.

셋째는, 〈Soul 해바라기〉의 이번 재공연 무대가 해외무대 진출을 고려한 문화상품을 표방하고 있는 점이다. 세계 춤 시장에 통용될 수 있는 '상품'이 되기 위해서는 작품 내용에서의 독창성과 보편성, 외형적인 규모, 그리고 무엇보다 작품의 예술성이 전제되어야 한다.

네째는, 〈Soul 해바라기〉 공연은 국립무용단의 새로운 정체성을 찾기 위한 또 다른 행보란 점이다. 〈Soul 해바라기〉는 국립무용단이 한국적인 소재로, 한국적인 춤의 스타일을 고수하던 데서 벗어나 더 현대적인 컨템포러리 댄스로 그 영역을 넓히는 작업의 일환이다.

국제교류와 크로스오버 작업

독일의 살타 첼로는 국제적으로 이미 널리 알려진 그룹인데다 결성 후 한국의 국악 연주는 물론 '진도아리랑'의 편곡 등으로 한국적인 음악의 특성을 간파한 연주자들로 구성되어 있다. 재즈 음악과 즉흥 연주, 그리고 이미 한국 음악에 대한 경험이 축적된 단체와의 교류란 점에서 해외무대 진출을 염두에 둔 한국 춤 단체의 입장에서 보면 그 기대치는 높을 수밖에 없다.

이번 재공연 작업은 그래서 초연 때 보여준 살타첼로의 연주와 무용수들의 움직임 조합, 그리고 작품의 흐름을 조율하는 과정에서 춤과 음악의 적절한 타이밍을 어떻게 구획할 것인가? 연주자들의 위치와 동선을 해외 공연을 겨냥한 공연 상품에 맞게 어떻게 효율적으로 재 배열하는냐가 특히 중요하다.

"살타첼로의 연주는 안무가의 음악 해석과 맞물려 음악이 춤의 분위기를 상승시켜, 움직임에 의한 비주얼을 확장시키는 가시적인 성과를 보여주었다. (중략)재공연을 통해 규모와 물량 면에서 버리기를 통한 편집이 전제된다면, 이 작품은 세계 무대에서 음악과 춤, 한국적인 정서와 현대적인 감각의 만남, 재즈의 자유로움, 한국춤의 한과 흥이 주는 즉흥성과 어우러지면서 독창성과 보편성 모두를 아우르는 크로스오버 혹은 퓨전 작업으로 성공할 가능성이 농후하다." (평자의 2006년 초연평)

춤 문화상품으로서의 가능성

문화상품에서 중요한, 작품의 독창성이란 측면에서 보면 〈Soul 해바라기〉는 한국적인 정서와 움직임, 이와 결합된 즉흥 연주가 강점이 될 것이며, 보편성의 측면에서 보면 컨템포러리 댄스로서의 색채 외에 재즈 음악 그 자체가 될 것이다. 이밖에 출연자들의 규모, 무대장치, 의상과 소품 등에서의 세밀함 역시 해외무대 진출에서는 소홀히 할 수 없는 것들이다.

그러나 무엇보다 팔리는 춤 상품이 되기 위해 가장 중요한 것은 역시 작품의 완성도이다. 이를 위해 재공연 과정에서 제작진들은 많은 부문을 덜어내는 작업부터 시작해야 한다. 그 이유는 초연 때 이 작품은 음악에 비해 춤이 어느 부문에서는 지나치게 물량적으로 투입되었고, 부분적으로 버려야 할 것을 버리지 못하고, 있어야 할 것들이 배열되지 못했기 때문이다. 이를 움직임 조합의 측면에서 달리 표현하면 안무가를 포함한 제작진들은 나름대로의 분발에도 불구하고 스펙터클에 지나치게 함몰되어 안무가 특유의 움직임 조합이 주는 빼어남을 상대적으로 희석시켜 버렸던 것이다.

"2막의 전체적인 구성은 마치 굿판과 유사했다. 현대화 된 '굿'을 보듯 재해석한 작품이었다. 거기에는 한국적 정서가 있었고 여백과 에너지가 넘실거렸으며, 그 사이를 마치 고리타분하다고 여길 수도 있을 음악적 진부함을 살타첼로의 음악이 유럽 스타일의 세련미로 마름질 했다. 그러나 2막 역시 전체적으로 너무 과했다. 훈령들의 군무는 지나치게 많은 숫자로 인해 각기 다른 춤의 맛깔을 음미하기에 부담스러웠다. 국립무용단의 〈Soul 해바라기〉는 한국적 정서를 오롯이 드러내면서도 세계적 감각에 비껴나지 않는 세련됨이 분명있었다. 무용예술에 있어서 음악이 얼마나 절대적인가를 보여주었지만 그것 때문에 음악적 감성의 언저리에서 배회할 수밖에 없었던 춤의 설움이 있었던 작품이다. 1막과 2막 통틀어 라이브 재즈 음악이 갖는 즉흥성이 움직임과 서로 호환하는 묘미를, 그 별미를 맛보기에는 해오름 극장의 무대 위에는 너무 많고 크고, 복잡한 것들이 난무했다." (평자의 2006년 초연평)

국립무용단의 정체성

국립무용단이 여타 장르와의 적극적인 만남을 통한 이른바 한국적 컨템포러리 댄스 작업을 시도하는 것은 바람직한 일이다.

"한국의 전통춤을 토대로 한 재창작에 지나치게 함몰되어 있던 국립무용단이 김현자 단장 이후 한국적인 컨템포러리 댄스 작업으로 세계 무대에서 경쟁할 수 있는 가능성을 선보였고, 이같은 흐름은 배정혜로 다시 이어지면서 보다 적극적인 장르간의 만남을 통한 독창성과 보편성을 아우르는 쪽으로 가닥을 이어가고 있는 것은 바람직한 행보이다. 지난 40년 넘게 국립무용단의 정체성의 기저를 이루었던 색깔은 그 나름대로 이어가면서 이 시대에 맞는 새로운 감각의 작품으로 경쟁력을 배가시키는 것이야말로, 닫힌 '국립'이란 허울에서 벗어나 '살아있는' 예술을 창조하는 진정한 예술 집단으로 '국립'의 가치를 높이는 작업이 될것이다. "(평자의 2006년 초연평)

초연 때 〈Soul 해바라기〉는 "춤은 어렵다"라고 인식하는 대부분의 한국 관객들을 끌어안기에 어느 일면 기여했다. '그리움'이라는 세계 보편적 정서를 끌어 온 점과 세계적으로 유명한 살타첼로의 음악을 사용한 것이 바로 대중성을 확보할 수 있었던 요인이었다. 한국적 이미지를 바탕으로 세련미를 잃지 않으면서 대중을 끌어안을 수 있는 가능성을 보여준 작품이었다. 국립무용단의 이번 공연은 해외무대 진출에 예술적인 완성도를 더한 춤 문화상품을 표방했다는 점에서, 또한 재공연을 통한 레퍼토리화 시도란 점에서 다시 한번 주목받을 만하다.

해체와 융합, 새로운 춤 경향

　　해마다 7월이면 프랑스의 남부 도시들은 예술축제의 장으로 변한다. 올해의 경우 몽펠리에 댄스 페스티벌(6월 26일–7월 6일)을 시작으로 마르세이유 페스티벌(7월 2일–7월 23일), 아비뇽 페스티벌(7월 3일–7월 31일), 엑상 프로방스 페스티벌(7월 19일–8월 6일) 등 프랑스의 대표적인 페스티벌들이 연이어 개최됐다. 이들 도시들은 기차로 불과 2시간 거리에 위치해 있어 마음만 먹으면 한 달 내내 축제 프로그램들과 만나며 풍요로운 시간을 보낼 수 있다.

　　이들 국제적인 공연예술 페스티벌에는 최신 화제작들이 초청되고 신작들이 발표되는 데다 새로운 경향을 선도하는 실험적인 작업들이 빠짐없이 소개된다. 또한 축제 예술감독들이 그해 중점적으로 추진하는 프로젝트까지 있어 더욱 볼거리를 제공한다. 올해 평자가 둘러 본 프랑스의 대표적인 여름 축제인 몽펠리에 댄스 페스티벌과 아비뇽 페스티벌에 초청된 춤 작품들은 무용예술의 정형화된 공연 양식들이 상당히 큰 폭으로 변화되고 있음을 확연하게 보여주었다. 아비뇽 페스티벌과 몽펠리에 댄스 페스티벌에서 만난 작품들 중 새로운 공연예술의 경향을 주도하는 실험적인 작업들을 소개한다.

아비뇽 축제는 1947년에 연극의 대중 교육적 기능에 주목하던 연출가 잔 빌라르(Jean Vilar)에 의해 시작되어 1954년부터 지금의 명칭으로 해마다 거행되고 있다. 당시 연극의 '지방분산 정책'을 제창한 샤를르 뒬랭의 영향을 받은 그는 문화의 탈 중심화를 주장했다. 그는 국가와 아비뇽 시로부터 안정적인 재정지원을 보장받으면서 축제업무는 비영리 민간단체가 관할하도록 하고 5년 임기의 예술감독제를 도입하는 아주 중요한 밑그림을 그려 놓았었다.

올해로 58회 째를 맞은 아비뇽 축제는 In(7월 3-27일)과 Off(7월 8-31일) 축제를 통해 각각 25개 극장에서 50개가 넘는 작품과 114개 극장에서 400개가 넘는 작품이 공연됐으며 독일의 무대감독인 토마스 오스테르마이어(Thomas Ostermeier)를 객원 예술감독으로 초청해 공연 작품(In)을 선정했다. 그는 "아비뇽 축제에는 세계의 예술을 끌고 가는 중요한 목소리들이 있다"고 주장하며 세계 문화와 예술의 미래를 향한 비전을 대표적인 작품들을 소개했다.

새로운 개념의 서커스 - 조안 길리엠

선진 외국에서 서커스는 흔히 우리가 인식하는 아크로바틱한 움직임에 의존하는 데서 크게 벗어나 있다. 서커스와 예술과의 접목 시도는 오래 전부터 조금씩 있어 왔지만 이제 서커스는 완전히 공연예술의 한 장르로 정착되었다.

서커스 이시(Cirque ici)라는 단체가 공연한 〈비밀〉은 일반적인 서커스의 개념에서 완전히 비켜 가고 있었다. 서커스는 라틴어의 '키루쿠스'(circus)에서 온 것으로 "바퀴" 란 뜻을 갖고 있다. 〈비밀〉은 이런 바퀴라는 컨셉트, 즉 돈다는 의미에 다양한 장치들을 조작, 마술적이라기보다는 과학적이라고 해야 마땅할 정도로 첨예화 시킨 교묘한 작품이었다. 마술사 또는 공연자는 단지 조안 길리엠(Johann Le Guillerm) 한 사람으로 그는 마치 중세 십자군의 전사 같은 느낌으로 등장해 시종일관 섬세하고 집중감 있게 하나하나 마치 과학 문제를 푸는 것처럼 공연을 풀어갔다.

그는 처음부터 끝까지 원 또는 바퀴의 컨셉트를 다양한 방법으로 연결시키면서 음산하거나 비밀스러운 음악을 배경으로 구부정한 자세로 공연을 했다. 둥근 무대 바깥에 롤을 만들어 다양한 형태로 전구를 달아 조명을 조절하기도 하고 멍석 비슷한 것을 상수에서 하수로 계속 돌려서 던지는 것을 반복하기도 했다. 특히, 그는 마술에서 아주 중요한, 발란스를 매우 특이한 상황에서 실행했다. 뾰족한 중세 풍의 긴 신발 위에 선다든지, 맥주병 같이 생긴 병 위에 올라간 데 이어 그것을 겹겹이 포개어 올라가거나 세 개의 말이 원을 일정하게 돌듯 양동이를 정확한 치수에 따라 각각 다른 각도로 서로 부딪히지 않게 돌게 했다.

조안 길리엠은 고대 로마 원형극장의 경마장이 서커스원형이라는 전통에 포커스를 두고 있었으며 바퀴와 말 두 가지만으로 컨셉트를 잡고 다양한 장치들을 설정했다. 긴 말 채찍을 사용하거나 이상하게 생긴 단단한 철사로 만들어진 말 이미지의 조각품 위에 올라가 흔들기도 했다. 그의 조용하고 서정적인 움직임과 기발한 발명품들 속에서 시행하는 곡예들은 관객들의 집중을 유도하면서 또 다른 상상력을 불어넣었다.

조안 길리엠은 프랑스 국립 예술대학에서 서커스를 전공하고 여러 서커스단에 소속이 되어 세계를 돌면서 공연을 한 뒤, 그 나름의 독창적인 솔로 서커스를 만들어서 10여명의 스텝들과 함께 세계를 돌고 있다. 그는 자신의 공연을 "육체적이고 정신적이며 과학적이고 시적인 예술" 이라고 말하고 있었다.

움직임과 영상의 새로운 조우 - 얀 파브르

공연장으로 들어서면 아래 위 검은 속옷을 입은 여자(이반 죠직 Ivane Jozic)가 배를 바닥에 붙이고 한 평 남짓한 20cm 정도 높이의 무대에 엎드려 있고 그 주위에 사람들이 빽빽하게 둘러앉아 있다. 중앙을 바라보면서 원으로 빙 둘러앉은 관객들의 모습은 마치 제사를 지내거나 예수의 말을 경청하려 모여든 신자들 마냥 엄숙했다.

공연이 시작하자 어둠 속을 뚫고 개글 거리거나 침을 뱉는 듯한 소리와 비슷한 이상한 금속성의 소리가 마치 저주를 퍼붓는 듯한 또는 지옥으로부터 끌어 올려진 듯한 느낌으로 탁 치거나 삐빅거리는 소리가 들린다. 그것은 머리가 헝클어지고 오토바이 족들이 입는 가죽옷과 검은 가죽 구두를 신은 남자(에릭세침 Eric Sleichim)가 섹소폰으로 만들어내는 소리였다. 중앙에 있던 여자가 이상한 벌레같이 꿈틀거리기 시작하였다. 이어 반 에이크가 그린 벨기에 켄트시의 성바본 성당의 제단화와 비슷한 형태로(프로그램) 성당의 회랑에 서서 안무가인 월리암 포사이드(Willian Forsythe)가 춤을 추면서 말을 하는 장면이 네 벽에 설치된 프로젝트에 투사되었다. 사람들은 앞 뒤 중앙을 살펴보느라 우왕좌왕했다.

프로젝트에 투사된 영상의 윌리엄 포사이드는 얀 파브로가 쓴 독백형식의 말을 계속하고 있었고 중앙의 여자는 이상한 소리에 섞어 간간이 천사의 죽음이란 말을 하였다. 스크린과 여자 그리고 스크린 벽에 붙어 아주 천천히 구부정한 움직임으로 섹소폰을 불면서 시계 방향으로 돌던 사람은 한 치의 빈틈이 없이 원으로 서로 맞 물려있었다. 좁고 천정이 높은 묘한 공간 속의 관객들은 이들이 품어내는 괴이한 열기로 인하여 몸이 근질거리는 듯 하고 몸 속 아주 깊은 곳으로부터 이상한 에너지가 번들거리는 듯한 느낌을 갖게 된다.

여자는 혀를 낼름거리며 마치 뱀처럼 보이다가 이내 아양 뜨는 여자의 모습이 되었다. 광폭한 사자가 되었다가 섹시한 여자가 되기도 하는 등 그녀의 즉흥적 움직임은 마치 움직이는 조각을 보는 듯 했다. 키가 아주 크고 근육이 잘 발달되어 있는 무용수를 바로 코 앞에서 보니 미세한 몸의 근육 하나하나 까지 낱낱이 보였다. 그녀는 어떠한 움직임을 하던 그것은 사진의 한 컷이었고 그녀가 품어내는 느낌은 전달을 하기 위한 것이 아니라 같이 호흡하도록 했다. 그것은 대단한 집중력이었다.

벨기에 출신의 얀 파브르(Jan Fabre)는 작가, 무대감독, 안무가, 비쥬얼 아티스트로 명명된다. 그는 "예술은 지식의 한 전리품이 아니라 우리의 감각을 일깨우고 피를 돌게 하여 원초적 본능에 근접하도록 도와주는 것이다"라고 말하고 있었다.

무용인가? 음악인가? 연극인가? - 콘스탄자 마크라스와 얀 로워서

독일의 안무가 콘스탄자 마크라스(Constanza Macras)는 부에노스 아이레스 출신으로 우리나라에서는 아직 잘 알려져 있지 않은 안무가이다. 샤샤 발츠

· 빔 반데키부스· 시디 라르비 세르카위와 비슷한 유럽의 급진적인 표현추상주의 안무가이지만 이번 아비뇽 축제에서 선보인 〈현재로 돌아와〉(Back to the Present)는 그들보다 더 팝아트에 가까운, 원초적 본성에로의 회귀나 전위적 아방가르드라기보다는 거칠고 순화되지 않은 그러면서도 지극히 도시적 분위기를 풍기는 작업이었다.

팝 아트적인 또는 에니메이션과 현실의 접목들은 오늘날 점점 그 수위를 높이면서 무대와 영상 속으로 치닫고 있다. 현실과 초현실의 꼴라쥬, 어울리지 않음의 어울림을 지향하는 이들은 이제 상식과 당연을 뛰어 넘는 기발함으로 우리에게 다가오고 있다. 이 작품의 무대는 옷 가게의 체인징 룸 같은 셋트가 뒤에 있고 앞은 다양하게 무용수들의 상황에 따라 술집의 바가 되었다가, 연주회장이 되었다가 쇼파가 있는 집 거실이 되었다가 다양하게 변화되었다. 대부분의 공연자들은 한가지씩의 재능을 가지고 있었고 그 재능은 곳곳에서 적절한 수위와 재미로 다양하게 장치되어 볼거리를 선사했다. 그야말로 토탈 씨어트였고 한국식으로 하면 가무악 일체였다.

사이사이 일상성을 표현하는 캠코더가 쉼 없이 무대 뒤 배경 또는 공연이 진행되는 동안 어떤 한 사람의 예기치 않은 부분을 찍어서 보여주기도 한다. 몇 가지 재미있는 것들이 공연자에 의해 이루어지고 나면 미닫이 문처럼 생긴 흰 스크린 두개가 무대를 가린다. 이어 공 연자 한 사람 한 사람을 다양하게 찍은 사전 녹화 필름이 팝송 "Yesterday"에 실려 보여진다. 그제 서야 Back to the present와 Yesterday의 상황은 느슨하게 그러나 명확한 컨셉트를 드러낸다. 휴식시간을 포함해 3시간 여 동안 펼쳐진 공연은 마지막에 모든 것을 무대로 집어던져 난장판을 만들면서 끝이 났다. 관객들의 반응은 천차만별이었다. 이 같은 시종 거친 성향의 공연을 좋아하지 않는 관객들은 중간에 삐거덕 소리를 내며 계단을 내려와 한참 공연 중인 출연자들 앞을 지나 나가버리기도 했다. 그러나 대다수의 관객들은 끝까지 남아 환호와 박수로 이들의 열연에 답했다.

벨기에의 니드 컴퍼니가 선보인 〈이사벨의 방〉 역시 독특한 형식의 토탈 아트 공연이었다. 1980년대 초에 얀 로워서는 플랑드르에서 처음으로 새로운 형식의 공연을 시도한 후 1985년에 니드 컴퍼니를 창단했다. 1994년-1998년까지는 상당히 잔인하고 난폭한 종류의 작업을 하다가 99년 이후로는 유토피아와 아픔, 거짓과 친교, 솔직함과 자포자기를 바탕으로 하면서 인간의 해학성에 포커스를 두고 작업하고 있다.

〈이사벨의 방〉은 얀 로워서가 그의 아버지가 죽으면서 남겨준 이상한 고고학적인 골동품들을 물려받고 느낀 감정을 갖고 소설적 스토리를 설정하여 만든 것이다. 작품은 파리 뒷골목에서 혼자 사는 94세의 이사벨이란 여자의 과거를 연도별로 따져가며 이야기하는 형식으로 진행된다. 3개의 큰 탁자 위에 여러 개의 골동품들이 올려져 있고 다양한 나이의 사람들은 탁자 위에 앉아있거나 여기저기에 서있다. 상수의 탁자에는 비디오카메라와 스크린이 장치되어 있고 음악을 위한 컴퓨터 프로그래머가 얀 로워서와 같이 앉아 있다.

얀이 공연자들을 거창하게 소개하자 이사벨 역과 스토리텔러 역을 맡은 거대한 몸을 가진 여자, 유명 배우인 비비안 뮤넉 (Viviane de Muynck)이 이야기를 시작한다. 공연자들은 다양한 특기들을 소지하고 있었다. 노래, 춤, 연기, 멘트 등등 극의 상황의 적재적소에서 역할들을 담당하였지만, 춤이나 연기 또는 노래에 포커스를 두기보다는 스토리텔링에 무게중심이 많이 가 있었다. 이야기는 주로 이사벨의 의문들과 그녀의 열정, 사랑, 그리고 그녀의 아이들 등등으로 마치 과거를 거울에 비추듯이 하였다. 공연은 년도에 따라 진행이 되었고 춤은 스토리 중간 중간에 극과 전혀 상관없이 무대 구석이나 양 사이드 또는 중심에서 이루어졌다.

이 공연에서 아주 특이한 것은 미술의 개념이 공연예술과 하위개념이 아닌 상위개념으로 접속되었다는 것이다(공연예술에서는 무대 세트나 의상에서 공연을 도와주는 정도이다). 박물관을 마치 앉아서 구경하는 듯한 착각이 들 정도로 골동품을 품평하는 시간이 주어졌는데 조금 조잡스럽기는 하지만 골동품 하나를 들고 제작년도 모양, 가치 등에 대한 인문학적 지식을 알려주고 캠코드를 통해 스크린에 투사하여 더 자세히 보여주는, 전혀 새로운 양식이 공연예술에 도입이 되었다는 것이다. 이는 마치 컴퓨터가 갑자기 우리 삶에 나타나 삶 전체를 뒤흔들 듯이 새로운 공연예술을 예고하는 것이 아닌가란 생각이 들게 했다.

공연에 있어 장르의 접목은 다양하게 이루어지고 있지만, 이렇듯 일반적 생각의 범위를 넘어서는 톡특한 공연은 나로서는 처음이었다. 이것은 마치 앞으로의 예술은 인문지식을 습득하게 해주는, 책상 앞에 앉아서 공부하는 것이 아닌, 그런 교육적인 면까지를 아우르는 공연으로 확대되는 것이 아닌가란 생각이 들게 했다. 재미나 감성적인 자극을 느끼기 위하여 공연장을 찾는 것도 중요하지만, 소설 한 권을 공연을 통하여 읽고 또 미술관을 다녀온 것과 같은 효과를 재미와 더불어 교양되어지는 것에 대하여 상당히 고무적이란 생각이 들었다. 관객의 환호를 보면서 나는 그들도 나와 비슷한 생각을 하고 있을 것이란 직감을 버릴 수 없었다.

오스테르마이어에 의해 선정된 아비뇽 축제 In 페스티벌의 몇몇 초청 작품은 거의가 연극 공연인지, 무용공연인지, 아니면 음악 공연인지 분간이 안 되었다. 출연자들은 하나 같이 춤은 물론이고 노래와 전문 배우 뺨치는 대사와 가창력을 갖추고 있었다. 그들은 다양한 아이디어와 혼신을 다하는 열정과 치밀한 연출력만으로도 충분한 볼거리를 선사했다. 공연예술은 빠른 속도로 보다 적극적으로 보다 공격적으로 크로스오버하고 되고 있었다.

몽펠리에 댄스 페스티벌의 화제작 - 오하드 나하린과 라이문드 호귀

6월 26일부터 7월 6일까지 계속된 제24회 몽펠리에 댄스 페스티벌에는 23개 단체가 13개의 크고 작은 공연장에 초청됐다. 주목을 끈 단체는 적지 않았으나 기대 이상으로 호평을 받은 안무가는 개막 공연을 장식한 프랑스의 필립 드쿠플레와 독일의 라이문드 호귀, 샤샤 발츠와 이스라엘의 오하드 나하린이었다.

바체바무용단의 예술감독 오하드 나하린이 안무한 〈Naharin's Virus〉(7월 3일 베를리오즈 오페라극장)는 드물게 정치성과 사회성이 강하게 묻어난 특별한 작품이었다. 라이브와 녹음을 융합한 음악, 대사 내뱉기 등 텍스트를 통한 직접 표현의 반복, 무용수들의 행위의 대상이 되는 무대미술 등 안무가가 설정한 장치는 16명 무용수들의 넘치는 에너지와 능란한 움직임과 맞물려 시종 무대에 긴장감을 불러 일으켰다.

무대세트를 통해 2층으로 상하 공간을 분할한 구도, 좌우로 무대를 가로지른 벽을 만들고 그 위에 무용수들로 하여금 그림을 그리게 하고 글씨를 쓰게 하면서 시각적인 변화를 꾀하고, "지금, 당신들이 공연을 보고 있는 지금도 전쟁은 계속되고 있다"는 객석을 향한 독백 등을 통한 공연의 완급 조절, 무용수의 대형 변화를 통한 계산된 조형미의 창출 등을 통해 안무가는 바이러스처럼 자신의 메시지를 관객들에게 빠른 속도로 전이시켰다. 1시간 동안 관객들은 '나하린의 바이러스(메시지)'에 꼼짝없이 함몰되었다.

아직은 일급 안무가의 대열에서 비켜나 있는 라이문드 호귀의 〈Young People, Old Voices〉(7월 2일 그라몬트 극장)는 독특한 형태의 전개 구조를 갖고 있다. 피나 바우쉬 무용단에서 드라마투르그로 일한 경력답게 그의 작품은 댄스 씨어터적인 색채를 강하게 띠고 있지만 더욱 정제된 이미지 연출과 무거운 분위기의 지속, 출연자들의 움직임을 지극히 아끼다가 필요할 때 적절하게 사용하는 특출한 감각으로 관객들의 집중력을 유도했다.

〈Young People, Old Voices〉에서 호귀(그는 키가 작은 꼽추이다)가 무용수들의 이름을 한 사람씩 부르면 그의 양옆으로 무용수들이 한사람씩 등장 나란히 줄을 서는 도입부 설정부터 강한 연극성으로 시선을 집중시킨다. 이후 중간의 인터미션을 포함 3시간 동안 안무가는 비슷한 구도, 비슷한 음악의 활용으로 작품을 풀어갔다. 종반부에 물이 담긴 작은 유리 그릇을 앞에 놓고 그가 한 명의 무용수와 서로 얼굴을 마주보고 있다 번갈아 그릇 속에 얼굴을 담갔다 확 뿌리는 장면은 신체 부자유자로서 삶에 대한 열망과 맞물려 객석을 숙연하게 만들었다. 군데군데 지루함은 있었지만 단순한 구도 속에서 치밀하게 계산된 무대 조율을 곁들여 어떤 정신성을 담아내는 안무가의 독창성은 신선했다.

엑상 프로방스에 베이스를 둔 앙즐렝 프렐조카주 무용단의 작품 〈N〉(6월 29일, 오페라 코메디)은 영상과 사이키 조명을 활용해 시각적인 효과를 돋우면서 여러 명의 무용수들이 포개지고, 소품을 서로 던지고, 막대기를 활용하면서 만들어내는 조형미와 동물적인 움직임을 연상시키는 자연스러운 움직임 등이 보는 재미를 더해 주었다.

비디오 영상과 서커스 등을 춤과 접목시키면서 독창적인 예술세계로 주목받고 있는 필립 드쿠플레의 〈Iris〉는 일본 가나카와 예술재단과 공동으로 제작했다. 중국과 일본, 프랑스의 무용수들이 등장 동서양의 접목을 시도한 작품으로, 샤샤 발츠 무용단의 〈육체〉는 신선한 발상으로 각각 화제를 모았다.

특히 필립 드쿠플레의 〈Iris〉는 대부분의 기술 스태프들이 일본인들로 짜여져 있었다. 자국의 예술단체들의 국제무대 진출을 선진국과의 공동 제작 등을 통해 진출시키는 일본 문화정책의 전략적 시도를 엿볼 수 있는 사례가 아닐 수 없었다. 이미 일본은 모리스 베자르, 지리 킬리안, 피나 바우시 등 유명 안무가들을 일본에 초청 일본을 소재로 한 작품을 제작토로 해 그 들의 명성으로 유럽의 유명 극장에 진출하는 프로젝트를 꾸준히 시행해 왔다.

몽펠리에 댄스 페스티벌의 예술감독인 장 폴 몽타라니는 이번 축제에 힙합을 새롭게 무대화 한 작품들을 대거 선보였다. 평자가 본 A'corps, Accrprap, Black Blanc Beur 세 단체 외에도 다른 초청 3개 단체 역시 힙합 전공자들의 무대였다. 이들 단체들이 선보인 작품들은 힙합을 적당한 드라마와 소품 등을 이용해 시각적으로 더욱 풍성하게 하고 때로는 드라마적인 전개 등을 덧 입혀 보다 대중적으로 보여주고 있었다. 그럼에도 힙합이 갖는 다양한 움직임의 한계로 인해 공연예술로서 예술성과 대중성을 확보하는 데는 더 많은 노력이 필요해 보였다.

예술 축제의 성공 여부는 전적으로 예술감독에 의해 크게 좌우된다는 사실도 다시 한번 확인할 수 있었다. 그해 축제의 중심을 어디에 두고 어떤 컨셉트로 진행하며 이를 위해 어떤 단체들의 작품을 선정할지 정하는 것은 전적으로 예술감독의 몫이기 때문이다. 프랑스를 대표하는 대표적인 무용 축제이자 연극 축제인 몽펠리에 댄스 페스티벌과 아비뇽 페스티벌에서도 축제의 예술감독들은 작품을 선정하는 안목과 감각 면에서 출중했다.

이들 축제의 예술감독들은 장기적인 계획에 의해 페스티벌의 방향을 결정하고 페스티벌의 프로그래밍을 책임진다. 이들에게는 책임에 따르는 막강한 권한이 동시에 주어진다. 이 같은 책임과 권한이 동시에 주어지는 축제의 예술감독제는 해마다 졸속 준비 시비에 시달리고 있는 우리나라 예술축제에 시사하는 바가 크다.

아비뇽 페스티벌과 몽펠리에 댄스 페스티벌 등 세계적인 유명 축제를 둘러보면서 브랜드 가치가 높은 축제를 통한 문화상품 수출과 이를 통해 국가 이미지를 고양시키는 세계 여러 나라의 다양한 문화정책과 지원정책들이 확연하게 드러났다. 이 역시 새 예술정책 시행과 문화예술위원회 전환을 앞두고 있는 우리나라 문화관광부와 문예진흥원에서 보다 심도 있게 조명해 보아야 할 부문이다.

분명한 메시지, 모호한 개연성

안무가 김윤정은 관객들의 감성을 자극할 줄 안다. 큰 틀거리를 만들고 세밀한 부분에까지 눈길이 미치는 꼼꼼함에다 특유의 분절을 동반한 움직임과 연기력이 더해지면, 그녀의 작품은 드라마를 만들어내고 관객들의 상상력을 자극하는 다양한 이미지들을 담아낸다.

김윤정의 신작 〈피터를 위한 닻을 내리다〉(1월 14-15일 아르코 예술극장 대극장, 평자 14일 공연 관람)는 동화 '피터팬'을 모티브로 했다. 뜨개질 하는 노파, 실로 짜여진 옷을 걸친 웬디, 그리고 후크, 시계악어, 팅거 등 각각의 캐릭터를 설정하고 이들을 중심으로 피터를 찾는 여행을 통해 꿈을 이야기 한다. 그 때문인지 작품의 분위기는 그의 전작들과는 달리 다분히 동화적이고 서정적이다.

피터팬의 꿈 이야기는 그림 동화로부터 출발한다. 그림은 점점 현실이 되고 한 남자의 희극적인 마임이 무대를 채운다. 그러나 극의 전후와 감정적 연결성이 없는 남자의 마임은 짐짓 공허하게 느껴진다. 실에 연결된 웬디와 한 남자의 2인무도 펼쳐진다. 운명을 상징하는 듯 뜨개실이 길게 늘어져있고 실타래에 웬디와 후크가 보인다. 뜨개실의 끝에 걸려있는 남자는 바

닥에서 움칠거리고 실타래에 있던 웬디는 실타래를 밀어 남자에게 다가온
다. 실타래를 통해 인물들간의 관계 설정을 상징화 한 안무자의 감각이 빛
을 발한 장면이었다.

해 지는 가을 하늘처럼 불그스레한 조명 아래 두 사람이 만난다. 두 사
람의 너울거림은 그 의미가 무엇이든 간에 석양을 바라보듯 아름답다. 실타
래 위에는 종이배가 올려져있고 실타래가 굴러가자 종이배는 심하게 흔들
린다. 흑백으로 처리된 노인의 뜨개질 모습이 영상으로 나타나고 파도 소리
는 처량함을 더해 준다. 흑백 영상으로 처리된 바다 위에 떠 있는, 멀리서
다가오는 배의 형상은 마치 만화 속의 한 장면처럼 동화적이다. 영상이 꺼
지고 배 위의 사람들이 모여 한 곳을 응시하자 그 곳에는 깜박거리는 불빛
(희망의 메시지)이 보인다.

거대한 종이배 앞에 피터팬이 서 있고, 그는 넘어질듯 일어나는 브레이
크 댄스 동작을 반복하면서 무대 앞쪽으로 다가온다. 이전의 무용수들이
보여주었던 것과는 차별화 된 움직임이 관객들의 시선을 강하게 잡아 끈다.
그러나 너무 오랜 시간 똑같은 동작의 반복으로 이어지면서 이내 관객들의
집중력은 느슨해져 버린다. 피터팬을 찾으러 떠났던 무리들은 극장의 장치
반입구를 통해 세상 밖으로 나아간다. 거기에는 깜깜한 하늘이 있고 반짝
이는 불빛들이 산재해 있다. 무대에 남은 피터팬은 빛을 밝히며 꿈의 나라
에 계속 남는다.

안무가는 바다와 피터팬 이야기를 서로 접합시키거나 또한 서로 분리
시키면서 작품을 풀어냈다. 바다 이야기가 중심 메시지를 전달한다면, 피터
팬 이야기는 그 메시지를 풀어가는 구조의 역할을 하고 있었다.

이 작품을 통해 김윤정은 안무가로서 그녀의 재능을 곳곳에서 확인시켰다. 세 명의 남성 무용수와 두 명 여성 무용수의 움직임과 흑백 영상의 이미지를 장면 설정과 이야기 구조를 풀어내는데 요긴하게 사용하는 재치를 보여주었고, 음악의 분위기에 따라 춤의 맛깔을 다르게 배열하는 군무 구성에서의 차별화 시도도 드러내 보였다.

기존 음악과 새로운 음악을 더한 김태근의 편집 음악은 개개의 캐릭터들을 선명하게 부각시키는 데는 부족함을 드러냈지만 장면의 흐름을 묘사하는 데는 큰 힘을 보탰다. 김윤정의 움직임과 연기력 역시 이 작품을 지탱하는 튼튼한 버팀목으로 손색이 없었다.

아쉬움도 있었다. 메시지는 분명하게 드러나는 대신 피터팬이 죽은 다음으로부터 시작되는 서사구조의 명확함은 좀처럼 찾기가 어려웠다. 안무가는 '바다' 라는 간단한 이야기를 복잡한 서사구조로 풀어버림으로써 어느 일면 작품을 모호하게 만들고 말았다. 이 작품을 읽는 중심 단어는 뜨개질, 바다, 피터팬, 불빛 등이고 핵심단어는 '희망' 곧 '꿈' 이다. 그렇다면 사실, 이 작품은 아주 간단하게 이해될 수 있다.

춤에 있어 지나치게 장황한 서사구조는 자칫 모호함을 가중시킬뿐더러 관객들에게 혼란을 줄 수도 있다. 언어가 매개되지 않는 무용예술은 결국 추상적일 수밖에 없고 추상적이라고 하면 결국 관객의 해석이 주가 되는 열린 텍스트의 구조를 갖게 될 수밖에 없다. 오늘날에는 열린 텍스트, 즉 관객의 해석도 창작의 한 과정으로 이해하는 상황이므로 물음표를 던지는 것은 즐거운 춤 읽기가 되겠지만, 복잡한 서사구조는 오히려 관객의 자유로운 해석을 차단할 수도 있다.

〈피터를 위한 닻을 내리다〉는 어느 부분에서 50분이 넘어 가는 길이의 작품에서 보여지는 안무가의 뒷심 부족이 느껴진다. 개릭터를 가진 인물이 등장하고 메시지를 도출하는 과정에서 충분한 준비 시간이 투자되지 않을 경우 생기는 접합 부분의 개연성 부족도 눈에 띈다. 의상 디자인과 재질 등에서의 변화와 함께 재공연시 이에 대한 보완이 이루어진다면 작품의 예술적인 완성도는 더욱 높아질 것이다.

감성보다 앞서간 '행위' 의 공허함

철학적 깊이는 심오했다. 그러나 아쉬웠다. 움직임을 사냥하는 춤 비평가의 눈에는 분명히 그런 구석이 발견됐다. 얀 파브로(대본 무대 안무)는 이성의 날카로움을 부정하고 감각의 탁월함을 일깨우기 위해, 관객들에게 어려운 철학서를 들이밀었다.

〈눈물의 역사〉(2월 10-12일 예술의전당 오페라극장, 평자 12일 공연 관람)를 통해 육체성을 강조하려던 그의 의도는 팸플릿에 실린 글 등을 통해 선명하게 나타났으나 과연 관객들이 원초적인 것으로의 여행을 했는지는 의문이다. 무대 위의 배우가 스스로 울음을 행하는 것이 아니라 관객들로 하여금 눈물이 나도록 유도하는 것이 바로 원초적 다가감이라면, 〈눈물의 역사〉는 관객들로 하여금 슬픔을 자아내게 하지는 않았다. 그러나 그의 무대는 인간에 관한 철학적 의미를 성찰하게 했고, 그런 점에서 〈눈물의 역사〉는 한 편의 비장한 서사시였다.

공연은 여자들의 울음소리로 시작되었다. 8명의 무용수들은 10분 정도를 시끄럽게 울어댔으나 그들의 울음은 그저 시끄러울 뿐이지 감성을 자극하지는 않았다. 흰색으로 치장한 남성 무용수들이 나타나 달래기도 하고

야단치기도 하면서 울음을 잠재우려고 애를 썼다. 왜 울까?란 의문에서 시작해 관객들은 울음의 느낌, 색깔, 소리 등을 관찰했다. 우는 여자들은 남자들에 의해 옷이 벗겨졌고, 그들은 울음을 그치게 하기 위해 위협적으로 흔들거나 상체를 무대 밖으로 떨어뜨리기도 했지만 여자들의 울음은 그치지 않았다.

공연 내내 인상적인 장면들이 적지 않게 보여졌다. 절망의 기사, 개, 바위 등 세 명의 인물설정과 텍스트를 활용, 때론 직접적으로 때론 상징적으로 관객들과 소통하도록 한 것과 이를 독백, 대화, 노래 등을 통해 혼합시켜 가는 얀 파브로의 연출감각은 출중했다.

짧은 수건, 베개, 유리병 등을 무용수들의 움직임을 변화(조형성을 만들어내고 템포감을 조율하는 등)시키는 도구로 활용하고, 중요한 무대미술로 기능하는 A자형 사다리를 이동시킴으로써, 출연자들이 점하는 무대의 범위를 자연스럽게 조정하는 시도, 타악기와 하프의 라이브 연주, 바위 여인의 목소리 등 각기 다른 음색의 대비를 통한 청각적인 차별화 시도 등은 얀 파브로가 시각예술과 음악, 공연예술을 접목시킨 비주얼 씨어터의 선두주자라는 말이 거짓이 아님을 입증해주는 빼어난 터치였다.

출연자들이 무대 중앙 하피스트를 중심으로 플로어와 사다리를 오갈 때, 사다리의 중간과 꼭지점을 점하도록 하는 과정에서 출연자들의 동선은 시청각적으로 정교하게 맞물렸다. 사다리를 점한 그들이 한꺼번에 객석을 향해 대사를 내뱉거나 양 손에 들고 춤추던 수건들을 사다리의 꼭지점에 걸어 놓는 시도는 무대예술이 갖는 우연성의 묘미를 선사했다.

무용수들이 유리병을 몸에 부착한 채 뒤로 이동하거나 머리를 들이밀고 사타구니 사이에 유리병을 끼고 뒤뚱뒤뚱 걷는 장면, 몸에 지녔던 유리병을 바닥에 놓고 그 위에 전신을 맡긴 채 눕는 동작까지의 전이 과정은 안무가로서, 무대연출가로서 그가 보여준 최고의 장면이었다.

반면에 사다리 위에서 실제로 오줌을 누는 장면이나 스프레이를 뿌리면서 춤추기, 대나무의 막대기 끝에 수건을 달고 흔들어대는 시도, 종반부에 손수건 등으로 "Save Your Souls" 란 글씨를 만드는 장면 등은 〈눈물의 역사〉가 최근작임을 감안하면, 신선미는 떨어졌다.

오늘날의 무대예술은 장르간의 경계가 점점 불명확해지고 있다. 경계의 확장으로 인해 공연예술이란 장르가 가진 특별함은 사라지고 거대한 철학적 의미만이 강조되고 있다. 철학이 예술이란 허울을 뒤집어쓰고 벌어지는 행위들은 마치 굿판을 방불케 한다. 자본의 글로벌화처럼 공연예술 또한 글로벌화 되고 있다. 마치 스타벅스가 세계의 커피 시장을 잠식하듯이 행위예술 또는 다원예술은 점점 전문적, 독자적인 묘미를 선사하는 무용이란 고유 장르를 잠식해 가고 있다.

〈눈물의 역사〉는 한국의 굿을 보는 것과 다름 아니었다. 행위가 우선이 되는 굿에서 조직적 움직임을 찾기는 어렵다. 치유능력에 포커스를 두고 있는 것이 굿이라면 공연예술은 감성의 흐름을 자극하는 것이다. 두 가지의 행위는 상당히 다른 목적이 있다. 얀 파브로의 공연은 전자에 더 가까웠다.

〈눈물의 역사〉는 무용이 되었다 퍼포먼스가 되고 연극이 되는 등 시시각각 변했다. 관객들에게는 재미와 함께 무대 위에서 벌어지는 시각적인 장면 외에 쉼 없이 주절대는 텍스트를 음미하고 연계시키면서 봐야하는 버거움이 뒤따랐다. 한번으로는 안 되고 감상의 시각을 다르게 갖고 몇 번을 봐야 제대로 보았다고 할 수 있는 작품이었다. 복합적인 요소들이 많았던 반면, 관객들로서는 상상력 속에서 저마다 공유할 수 있는 여지를 그 만큼 많이 남겨두었던 무대였다.

　반면에 움직임의 다양성과 독창성을 더 중시하는 춤 관객들에게 〈눈물의 역사〉는 철학공부를 열심히 한 것 외에는 특별히 움직임을 통한 충격은 덜했다. '눈물' 이란 것이 무엇인지 직접 실험하고 공부해 만든 〈눈물의 역사〉는 얀 파브르의 철학적 사고의 깊이와 그의 확고한 예술적 비전을 제시하는 데는 성공했으나 독특한 춤의 묘미를 즐기려는 무용가들에게는 섭섭한 무대였다.

　〈눈물의 역사〉는 인간의 몸을 매개로 하곤 있지만, 그것을 무대화 하는 과정에서 다양한 장르간의 소통을 유감없이 보여주었다. 그 만큼 현대예술에서의 다양성이 갖는 파격성은 있었지만 이 작품은 그러나 개개의 예술 장르가 갖는 독자성이 함몰되는, 그래서 어딘지 공허함이 남는 한계를 동시에 남겼다.

안무에도 편집이 필요하다

트러스트무용단의 작품은 기존의 컨템포러리 댄스 작업을 시도하고 있는 여타 무용단의 작업과는 확연하게 다른 색채를 띤다.

2003년에 선보인 〈십계〉 연작 시리즈 첫 번째 작품 〈데칼로그 1〉을 포함한 그들의 최근 작업에는 다소 무겁고 어두운 톤, 그 속에서 언뜻언뜻 보이는 유머와 위트, 모호함에 힘들어 할 때 쯤이면 조금씩 드러나다 이내 숨어버리는 드라마가 있다. 전문 무용수의 세련된 움직임과는 거리가 먼 비정상 신체의 움직임이 주는 이질감과 질박함, 한국적인 흥취가 묻어나는 남성 무용수의 투박함, 일상적 행위들, 놀이성과 공동체적 정서, 휴머니티, 그리고 거침없이 드러나는 메시지 등도 눈에 띈다.

창단 10주년 작품으로 선보인 신작〈해당화〉(2월 25-26일 아르코예술극장 대극장, 평자 25일 공연 관람)는 십계의 두 번째 연작답게 이 같은 성향에다 〈솟나기〉에서 보여졌던 유목민적 정취까지 가세한다. 트러스트무용단의 이 같은 정체성은 독특한 구성원으로 이루어진 무용수들의 성향과 안무가의 기호에서 파생되며, 그 같은 차별성은 60분이 넘어가는 장편 〈해당화〉에서도 그대로 드러난다.

작품의 전체적인 색채는 마치 적당하게 생략된 한편의 댄스 드라마를 보는 것 같다. 멀리 담벼락이 세워져 있고 담 벼락 안의 공간에서는 많은 이야기들이 전개된다. 시간이 지나면서 등장인물 각자의 캐릭터들이 설명되고 이들이 공동체적인 삶을 살아가는 한 가족임이 쉽게 유추된다. 안무자 김형희는 김태근의 효과음을 곁들인 드라마적인 구조의 창작곡과 "기타부기" 등 대중음악과의 혼용, 출연자들에 의한 독백, 김철희의 분위기를 조율하는 섬세한 조명, 사실적인 무대미술과 소품, 그리고 가족 구성원의 움직임과 연기를 곁들인 차별화된 몸짓 등 여러 가지를 맞물려 놓는다.

엿먹기 시합, 삼각끈 메고 뛰기 등 운동회, 봉산탈춤의 미얄할미 과장, 물속에서의 유희, 할머니의 등장 등 사이사이 작품을 관통하는 장치들도 적절한 타임에서 빛을 발한다. 그 결과 작품은 시종 긴장감을 갖고 전개된다. 무용수들이 보여주는 앙상블은 대단한 집중력을 발휘하면서 탄력을 받는다.

그러나 후반부로 갈수록 관객들은 줄곧 유지했던 긴장감으로부터 느슨해진다. 무용수들의 집중력은 살아있지만 관객들의 시선은 무대 중앙에 고정되지 못하고 자꾸 주변을 서성댄다. 너무 많은 이야기들이 너무 많은 장면과 너무 많은 기호들 속에서 널부러지고 있었기 때문이다.

안무가 김형희의 작품에는 어두운 구석이 있다. 학생운동의 정점에서 학교를 다닌 세대들이 갖게 되는 저항력 같은 것이 내재되어 있다. 그 때문인지 칙칙하고 해결되지 않은 고통과 억압의 흔적들이 무대에 난무한다. 작품 속에 언뜻언뜻 보였던 유머와 위트는 '부모를 공경하라' 는 계도적인 주제의 지나친 무거움에 짓눌려 버렸다.

예술을 위한 방편으로 종교적 색채를 가져왔다기 보다 종교적 성취를 위해 예술을 차용하는 듯한 느낌이 더 강하게 든 것도 아쉬움을 남겼다. 억압받는 리비도의 탈출을 조장하는 것이 예술일 수도 있다는 것에 무게감을 두는 평자의 관점에서 보면 이번 작품은 오버 페이스를 한 셈이다.

잡지나 신문이 독자에게 선을 보이기 전 대부분 편집의 과정을 거친다. 필요한 분량 만큼 원고를 줄이고 늘이고 하는 편집, 중복되는 어휘를 삭제하는 편집, 가장 압축적인 어휘를 제목으로 끄집어내는 것 등이 편집에 해당한다. 그러나 넘쳐나는 글을 줄이는 편집과정은 여간 까다롭지 않다. 대부분 자신이 쓴 원고에 대해서는 스스로 줄이지를 못하기 때문이다. 모든 문장이 다 소중하고 빼기에는 아깝다고 생각하기 때문이다. 그래서 결국 원고를 줄이는 작업은 다른 사람의 몫이 된다.

트러스트무용단의 〈해당화〉는 바로 이런 편집 과정을 거칠 필요가 있다. 지나치게 넘쳐나는 것을 조율하는 편집 작업을 통해 재구성된다면 타 무용단과의 차별성에서 오는 득특한 정체성만으로도 이 작품은 의미있는 작업으로 기록될 만하다.

창단 10주년을 기념해 전반부에 공연한 두 편의 소품 〈Standing〉(유연아 안무, 출연)과 김남진과 전인정이 안무 출연한 〈Story of B〉 역시 지나치게 심각했다. 유연아의 작업은 음악의 사용과 오브제(의자)를 활용한 움직임 변환이 감성적으로 맞물려 솔로 춤을 음미하는 또 다른 즐거움을 주었지만, 안무가로서의 그녀의 감각은 그리 강하게 어필되지는 못했다.

김남진과 전인정의 2인무는 절망의 구렁텅이로 버려진 사람들의 이야기 같았다. 자유롭지 못한 걸음걸이의 남자가 뒤뚱거리며 걸어 나오고, 그

옆에는 동전 통에 입으로 동전을 하나씩 집어넣는 여자가 있다. 뒤뚱거리던 남자는 자기 몸을 내동댕이 쳐보기도 하고 무참하게 넘어졌다 쓰러지기도 하면서 가학적으로 움직인다. 여자가 남자의 몸 구석구석에 머리를 끼우거나 돌리면서 남자의 관심을 끌려고 하나 남자는 자기 자신 속에서 나오려 하지 않는다. 버려진 사람들의 이야기지만, 작품은 두 사람의 사랑 놀음에 더 초점이 맞추어져 있었다. 무용수들의 감정이 관객의 감정을 앞질러감으로써 왠지 관객이 머쓱해진 아쉬움도 있지만 서로 간의 움직임에 반응하며 또 다른 움직임으로 전이시켜 가는 두 무용수의 순발력을 지켜보는것만으로도 즐거웠던 작품이었다.

매주 단원들이 정기적으로 모여 연습하는, 전문 무용단 체제로 운영되는 트러스트무용단의 지난 10년 작업은 단원들의 진지함이나 독특한 작품 스타일, 춤을 통해 사회와 소통하려는 방향성 만으로도 아카데미즘의 울타리와 창작 현장을 적당하게 넘나들고 있는, 아마튜어리즘이 아직도 기세 등등한 한국 춤계에 신선한 바람을 불어 넣고 있다.

국립발레단 마츠 에크 〈카르멘〉

세밀함의 성찬, 유명 안무가를 통한 실리 찾기

메이저 발레단의 특성 중 하나는 유명 안무가들의 대표 작품을 다수 보유하고 있다는 것이다. 해외 공연 활성화 및 단원들의 기량 향상, 직업 발레단으로서의 브랜드 가치를 높이기 위해 유명 안무가들의 작품은, 일종의 마케팅 수단으로 자주 활용 된다.

그러나 유명 안무가들의 대표작을 확보하기란 그리 쉽지 않다. 안무가 개인에게도 자신의 레퍼토리를 관리하는 것 역시 중요한 마케팅의 수단이 되기 때문이다. 유명 안무가들일수록 자신이 아끼는 작품을 공연할 수 있는 발레단을 한정시키는 것도 바로 이 같은 이유 때문이다.

그런 점에서 국립발레단이 마츠 에크의 〈카르멘〉을 새로운 레퍼토리로 택할 수 있었던 것은 행운이며, 메이저 발레단으로서의 도약을 위한 기폭제가 될 것으로 보인다. 향후 국립발레단의 해외 무대 진출에 있어 마츠 에크의 대표작 보유는 필요한 징검다리가 될 수 있을 것이다. 연습 과정과 새로운 안무 패턴에 의한 다양한 테크닉 습득과 몸 훈련은 단원들의 기량 향상으로 이어지고, 공연을 통해 얻어진 컨템포러리 발레에 대한 감각은 그것 자체가 국립발레단의 경쟁력을 그 만큼 배가시킬 것이기 때문이다.

국립발레단 117회 정기공연(10월 24-28일 예술의전당 오페라극장, 평자 24일 공연 관람)에서 박인자 예술감독은 신 고전주의 발레를 대표하는 조지 발란신의 〈Symphony in C〉와 당대의 최고 안무가 대열에 오른 마츠 에크(그는 2002년 모나코 댄스 포럼의 Nijinsky Award에서 최우수 안무가 상을 수상했다)의 대표작 〈카르멘〉을 동시에 편성하는 모험을 감행했다.

이 같은 편성은 관객들로서는 서로 다른 색깔의 작품을 비교해 볼 수 있는 행운을 얻었지만, 무용수들의 입장에서는 결코 쉽지 않은 작품 2개를 연속 공연하는 부담을 가질 수밖에 없다. 마츠 에크의 〈카르멘〉은 50분 안에 다양한 인물 해석과 이를 통한 심리적인 변모까지도 몸으로 담아내야 하는 섬세함을 요구한다. 〈Symphoy in C〉 역시 음악 해석에 따른 몸으로의 체화 과정이 결코 만만한 작품이 아니다.

마츠 에크 〈카르멘〉의 감상 포인트는 일정한 스토리 전개에 따른 드라마 발레의 전형을 넘어선 상황 설정과 이와 연계한 무대 분위기를 음미하는 것과 카르멘, 돈 호세, 마담 M(미카엘라의 분신)를 중심으로 한 새로운 캐릭터의 묘미를 읽어내는 것이다. 그 사이를 비집고 들어오는 무대미술과 빛, 그리고 러시아 작곡가에 의해 편곡된 음악까지---.

마츠 에크는 이 작품을 통해 안무가로서의 탁월한 감각을 유감없이 드러냈다. 그가 빚어낸 무대 위의 풍광들은 한마디로 세밀함의 성찬이었다. 움직이는 무대세트를 활용한 등퇴장의 타임 설정, 시가 등의 소품을 활용한 이미지 창출, 따뜻한 질감의 높낮이를 달리한 직선 라인의 움직이는 무대미술과 무대 하수에 놓인 차가운 금속성의 원형 세트가 주는 극한의 대비, 소품과 무대세트를 이용한 무용수들의 완급을 조절하는 새로운 움직임 창출과 변형된 동선 등이 그런 예들이다.

여기에 카르멘의 가슴 속에서 갑자기 튀어나오는 붉은 피(의외성이 주는 파격미), 카르멘이 피는 시가의 연기와 어우러진 빛을 통한 주인공들의 심리 표현, 두 개의 장면을 자연스럽게 교묘하게 오버랩 시키는 설정, 관악기 대신 타악기를 더해 강렬함을 더한 쉰드린의 음악을 선택하고 그것을 무용수의 춤과 결합시켜 화려함으로 승화시킨 감각 역시 눈을 즐겁게 했다.

개막일 카르멘 역 노보연은 열연했다. 무대를 장악하는 카리스마는 부족했지만 평소 드라마틱 발레에서 특출한 캐릭터의 표출에 강점을 보였던 만큼 자유를 갈망하는 강한 카르멘의 분신을 막힘없이 드러냈다. 돈 호세 역시 이 작품에서는 극의 실마리를 풀어나가는 중요한 역이다. 죽음을 앞둔 사형수로 설정된 돈 호세 장운규는 언제나 그렇듯 무난하게 배역을 소화해 냈다.

카르멘과 돈 호세와의 2인무에서 보여지는 두 팔이 강조된 움직임 뒤에 이어지는, 포옹 장면에서의 넉넉함과 상징적인 의미까지, 마츠 에크에 의해 빚어진 무용수들의 춤속에 숨겨진, 그 행간을 읽어가는 것은 시시각각 변하는 무대 분위기 만큼이나 그 재미가 쏠쏠했다.

컨템포러리 발레에 대한 감각이 아직 몸에 익숙하게 체화되지 않은 무용수들이 대부분인 한국적 현실에서 마츠 에크가 요구하는 내밀함을 제대로 표출하기란 쉽지 않을 것이라는 우려는 몇몇 장면에서 현실로 드러나긴 했지만, 주역에서부터 솔리스트, 군무에 이르기까지 국립발레단의 무용수들은 까다로운 작품을 전체적으로 무리없이 소화해 낼 정도로 성장한 모습을 보였다.

다만 오페라극장이 지나치게 크서 마츠 에크 판 〈카르멘〉의 캐릭터 변신과 그 특유의 맛깔을 관객들이 내내 공유하지 못한 점은 아쉬웠다. 독일 슈투트가르트발레단이 내한 공연시 세종문화회관과 같은 대형 극장에서만 공연함으로써 존 크랑코의 안무 패턴의 특성을 살린 드라마 발레의 묘미가 제대로 전달되지 못한 아쉬움이 남는 것과 같은 맥락이었다.

오케스트라 라이브 연주를 곁들인 〈Symphony in C〉에서는 이시연, 김지선, 김리회 등 신예들의 기량이 만만치 않았으나 솔리스트와 군무진들이 서로 연계되는 지점에서의 앙상블의 묘미가 더욱 살아났더라면 금상첨화였을 것이다.

정기공연을 통해 선 보인 두 편의 작품은 국립발레단 무용수들의 기량과 프로덕션 시스템에서의 변모를 확인시켜주었다. 국내에서 예년에 비해 컨템포러리 발레 작품의 공연 빈도가 많아지고 있는 것은 관객들의 저변을 넓혀나간다는 점에서 바람직한 현상이 아닐 수 없다. 유니버설발레단이 나초 두아토와 오하드 나하린 등 소품을 통해 관객들에게 서비스한다면, 국립발레단의 컨템포러리 발레 작품은 장 크리스토퍼 마이오의 〈로미오와 줄리엣〉과 마츠 에크의 〈카르멘〉에 이르기까지 비교적 규모가 큰 전막 작품들을 통해 소개하고 있다.

음악 해석에 따른 무용수들의 앙상블 만들기보다 전막 공연의 경우 새로운 캐릭터의 창출과 전체적으로 장 시간 통일된 컨셉트를 유지해 나가야 한다는 점에서 어려움은 배가된다. 그러나 어떤 형태가 되었든 해외 유수의 단체들의 내한공연이 봇물 터지듯 한 상황에서 국내 관객들의 기대치는 더욱 높아질 수밖에 없다.

이 두 편의 작품을 함께 편성한 국립발레단 예술감독(박인자)의 모험은 절반 이상의 성공을 거두었다. 개개의 작품이 보여준 예술적인 완성도가 절반의 성공을 거두었다면, 당대의 일급 안무가의 대표작을 보유하는 쉽지 않은 일을 성사시킨 그 추진력과 마츠 에크의 〈카르멘〉 보유로 인한 향후의 플러스 효과를 계산한다면, 국립발레단의 2006년 가을 시즌 정기공연의 부가가치는 한층 상승될 것이다.

발레단 입단의 연륜 보다는 실력 위주의 경쟁을 통한 캐스팅과 과감한 레퍼토리 편성을 통한 프로페셔널한 단체로서의 힘 다지기와 해외무대 진출을 위한 포석 깔기까지, 박인자 예술감독은 자신의 숨은 의중을 임기의 반환점을 돌아서면서 비로소 확연하게 드러내고 있다.

환경과 몸, 생태춤의 새로운 발진

춤 공연 양식의 새로운 변신은 무용수들의 몸을 통한 실험적인 시도, 무용예술 자체를 중심으로한 크로스오버 작업 외에도 공연 장소의 변화를 통해서도 얼마든지 가능하다. 춤추는 무용수들에게나 평자에게 익숙한 몇몇 극장의 무대와 그 분위기에서 탈피, 자연 속에서 각기 다른 시간대에 만난 춤들은 색달랐고 감흥의 정도 역시 기대이상이었다.

모두 4개의 무용단이 참가한 "환경과 춤―탄천 24시"(9월 7일, 10일 분당구 탄천 일대) 는 성남국제무용제가 출범하면서 내건 '환경과 춤' 이란 주제를 가장 잘 표출해낸 성공적인 프로젝트였다.

9월 7일 저녁 6시 15분. 분당 정자역 근처의 탄천, 신기교 아래의 강물 속에서 20 여명의 무용수들이 일제히 움직이기 시작했다. 이들이 100미터 가량을 울퉁불퉁한 강물 속 돌멩이를 밟으며 이동하는 광경(돌에 미끄러지거나 피하면서 이동하는 그들의 몸짓은 마치 사전에 안무된 것처럼 기막히게 조화를 이루었다)은 그 자체로 장관이었다.

신기교와 100미터 정도 떨어진 곳 강 위에는 세 개의 작은 무대가 설치되었고 그 위에서 춤추는 세 명의 무용수들의 머리 위로는 흰색 밀가루가 뿌려졌고, 의상은 검정으로 치장해 강물 속을 거니는 백색의 천사들과 확연하게 대비되었다. 수변 무대 옆 흐르는 강물 속에 자리잡은, 천사로 분한 세명 무용수들의 등과 쇳물이 베인 철체 빔에 연결시킨 흰색 천 수십개의 길게 늘어진, 활처럼 휘어진 라인이 주는 시각적 강렬함 또한 관객들의 탄성을 자아냈다.

madeindance.com(안무 이연수, 연출 심규만)의 40여 명의 무용수들이 강물 속에서 보여준 이날 공연은 춤이라기 보다는 퍼포먼스에 가까웠다. 그들의 몸짓과 적당한 속도로 흐르는 물속에서의 행위, 주변의 구조물을 연계한 컨셉트는 환경과 예술이 결합한 '생태춤'이란 또다른 춤의 영역에 대한 새로운 가능성을 여실히 보여주었다.

"해질 무렵의 탄천"이란 부제가 붙은 이날 공연의 제목은 〈탄천〉. 자연(강)과 문명(호화 유리로 장식된 고급 아파트), 순수(무용수들의 몸)와 인공(철제 빔)과의 대비가 주는 강렬한 메시지로 환경과 예술과의 접점에서 느낄 수 있는, 또다른 감흥을 선사해준 기억될 만한 한판 퍼포먼스 였다.

'환경과 춤'을 표방한 성남국제무용제의 "환경과 춤-탄천 24시"는 성남시 분당구를 가로지르는 탄천 지역 4곳의 하루를 동틀녘—한낮—해질녘—자정으로 나누어 시간의 변이와 그때의 분위기를 모두 고려한 생태춤 공연이란 새로운 컨셉트로 기획되었다.

9월 7일 성남국제무용제 개막 공연 전에 전야제 성격으로 치루어진 madeindance.com의 공연에 이은 3개 무용단의 공연은 9월 9일 새벽부터 자정넘어까지 이어졌다.

9월 9일 새벽 6시. 분당구 방이교 아래의 운당천. 아직 어둠이 완전히 가시지 않은 20미터 남짓한 운당천의 분위기는 9월 7일 신기교 아래의 60여 미터에 이르는 탄천의 분위기와는 사뭇 달랐다. 내 키보다 조금 작은 강아지풀 덤불 사이로 흐릿 흐릿 무용수들의 모습이 보였다. 좀더 가까이서 그들을 보기위해 몇 발자욱을 옮기자 놀랍게도 강아지풀 너머로 작은 개울이 흐르고 있었다. 그리고 20여명의 무용수들이 이내 한 눈에 들어왔다. 둔치와 나즈막한 바위 사이를 가로지르는 개울물과 그 사이에 놓인 작은 길은 자연그대로였다.

공연은 무용수들이 그 개울물 위에 촛불이 실린 종이배를 띄우는 것으로 시작됐다. 동트는 새벽 공기와 만난 흔들리는 촛불은 운치가 있었다. 한 남자와 그에게 꽃을 바치는 연인, 그리고 그들 주변을 맴도는 사람들의 움직임이 그리 많지 않은 동선 속에 담겨졌다.

안무자 이해준은 한 남자의 사랑과 이별을 전체적으로 조용한 톤으로 풀어냈다. 많은 움직임보다는 돌다리와 작은 암반, 그리고 조그마한 산책로를 동선으로 삼았다. 밀물현대무용단의 이날 공연은 제목(헐렁한 옷을 입고)처럼 무척 편안하고 자유로워 보였다. 풍림아파트가 내려다 보이는 분당 이매동 운당천 부근의 탄천에는 새벽 산책을 나온 주민들, 성남 무용제 리플렛을 들고 일부러 찾아온 주민들, 새벽에 열리는 환경무용이란 것만으로도 궁금증을 못참아 새벽 고속도로를 달려온 낮익은 무용인들의 모습도 여럿 보였다. 주로 밤 시간 닫혀진 극장 공연에 익숙해진 평자에게 새벽 시간 오묘한 조화가 돋보이는 자연 속에서 만나는 춤은 분명히 색달랐다.

이밖에 "정오의 탄천"은 9월 7일 12시 중앙공원내 탄천 지류에서 20여명의 무용수들이 참여하는 공연(서울댄스앙상블의 〈오아시스〉, 안무 박해준)으로 치러졌으며, "탄천의 자정"은 7일 밤 자정 백궁교 아래 탄천에서 댄스 씨어터 까두가 〈물고기 하늘〉이란 제목의 공연으로 대단원을 마무리했다.

〈오아시스〉는 탄천을 사이에 두고 양편을 오가면서 전체적으로 경쾌한 분위기의 춤으로 펼쳐졌으며, 〈물고기 하늘〉은 수십 개의 조명과 3대의 빔 프로젝트를 이용해 콘크리트 다리와 흐르는 하천물에 투사한 화려한 영상, 물속에서 두 대의 낚시줄을 든 남성 무용수와 10여 명의 무용수들이 만들어내는 군무가 인근 아파트와 상가의 불빛 등과 어우러지면서 장관을 이루었다.

야외 공간을 활용한 또 다른 프로젝트로는 율동공원내 책 테마파크 원형 공연장에서 이루어진 릴레이 즉흥 공연으로 4개의 단체(테스현대무용단, 즉흥춤그룹 몸으로, 현대무용단 The BODY, 트러스트현대무용단)가 참여해 책 속에서 찾은 소재(피터와 늑대, 시지프스의 신화, 신데렐라, 창작 동화)를 바탕으로 한 즉흥 공연을 선보였다. 비가 오락가락 하는 날씨에도 불구하고 이날 공연에는 2백명이 넘는 가족 단위 관객들이 모여들어 무용수들이 만들어내는 즉흥적인 몸짓과 기발한 상상력의 무대를 한껏 즐겼다. 일요일 오후 중앙공원 야외 음악당 무대에서 펼쳐진 숲속에서 만나는 춤 공연에서도 모두 7개 무용단이 참여해 다채로운 공연을 선보였다.

"환경과 춤—탄천 24시" 프로젝트를 포함한 야외 공간에서의 무대는 안무자들이 선택한 장소에 따라 개천이 흐르는 소리, 풀벌레 소리, 차량의 경적 등이 음향적인 요소로 공연에 영향을 미쳤고, 선택한 시간의 변이(여명에서부터 어둠)에 이르기까지 각기 다른 요소로 작용한 분위기, 산책하거나 조깅하는 주민들, 아파트 베란다에서 내려다 보는 주민들, 다리 위나 길가, 공원에서의 시민들 등 관람객들의 면면도 무척이나 다양해 더욱 이채로왔다.

제1회 성남국제무용제(공동추진위원장 최청자 이종덕, 예술감독 이정희)는 야외공간에서의 공연 외에도 성남아트센타를 중심으로 한 다양한 프로그램들로 눈길을 끌었다. 성남아트센타의 상징물이 되다시피한 빛의 계단을 비롯해 오페라 극장과 앙상블 씨어터에서의 공연은 국내외 다양한 장르의 무용이 선보이면서 성남 시민들 뿐만이 아니라 수도권과 서울 지역 관객들의 발길을 잡아당겼다.

오페라하우스에서는 "지구촌 현대춤의 만남" "전승과창조―우리춤 한마당" "클래식에서 모던까지-발레 환타지" 등의 공연이 차례로 이루어져 특정 장르의 무용이 집중적으로 소개되었으며, 앙상블 시어터에서는 성남의 아티스트들이 참여하는 연합 공연과 성남을 소재로한 공모 작품들이 무대에 올려졌다.

시민들이 직접 예술 체험의 기회를 갖도록 한 프로그램 편성도 성남국제무용제가 타 축제를 차별화하는 시도였다. 달구벌 덧배기춤, 춤으로 원시세계 탐험, 브레이크 댄스 배우기, 화회탈춤 배우기 등의 프로그램이 그것으로 어린이들부터 주부들까지 여러 계층의 시민들을 대상으로한 특화된 프로그램 운영이 엿보였다.

환경과 춤, 시민과 함께 하는 춤, 생활 속에서의 친밀한 춤을 표방한 성남국제무용제는 개막식과 몇 개의 특별한 프로그램에서도 이 같은 성격이 담겨졌다. 빛의 계단에서 조명쇼와 함께 어우러진 현대무용 공연에 이은 개막 선포식이나 축제를 소개하는 디지털 영상과 영상 메시지 등을 이용한 개막식 프로그램이 그랬다. 개막식 전에 이루어진 성남아트센타 입구에 위치한 "춤의 광장" 명명식(글씨 김영태, 후원 김문숙)도 대한민국의 춤계로서는 새로운 지역 국제 무용축제의 탄생과 더불어 공공 문화 시설물에 공식적으로 춤터를 가진 것인 만큼 의미있는 일로 기록될 만하다.

캐치 프레이즈로 "성남에서, 춤추자", 그리고 "환경과 춤—Green Dance"를 내세운 성남국제무용제는 이제 순조로운 출범을 마쳤다. 사람들은 성남에서 춤추었고 극장 공간에서, 가끔씩 만나던 객석과 무대가 분리된 춤이 아닌, 생활 속에서, 환경 속에서의 춤과 만났다. 성남시가 친 환경도시, 문화도시로 탈바꿈하는데, 그런 이미지를 심어주는데 성남무용제는 분명히 기여했다. 국제무용제 태동과 함께 '숯돌이 춤'이란 공식 춤을 만들어 시민들에게 보급하는 노력도 다른 축제에서는 볼 수 없는 시도였다.

프랑스 남부의 몽펠리에(Montpellier) 시는 25년 넘게 몽펠리에 댄스 페스티벌을 발전시켜오면서 지역 경제를 활성화 시키고 문화도시로서의 군건한 이미지를 굳혔다. 그러나 그들이 가장 중요하게 꼽는 것은 무엇보다 무용축제를 통해 시민들의 문화예술에 대한 향유 기회기 확대된 것과 이를 통해 높아진 예술적인 감각으로 인해 삶의 질이 더욱 높아졌다는 것이다.

성남시와 성남시민들, 그리고 성남문화재단의 예술행정가들은 이번 성남국제무용제의 태동으로 인해 예술을 통해, 그리고 축제를 통해 지역사회의 이미지를 개선하고 주민들의 삶의 질을 향상시키기 위한 특화된 문화마케팅의 모범적인 선례를 남겼다.

반면에 이번 성남국제무용제는 공연지역이 성남시의 여러 곳 중에서도 분당을 중심으로만 치루어진 점, 지역에서 열리는 국제 무용축제로서의 다른 축제와의 차별성을 더욱 살려내는 작업, 공연 위주의 프로그램이 전체적

으로 과다하게 편성된 점, 해외 초청단체들의 지역 다변화 문제 등을 향후
해결과제로 남겼다.

전통과 현대를 치환하는, 움직임의 힘

특정한 무용수의 성장 과정을 지켜보는 것은 공연장 주변에 머무는 평자에게는 또다른 호기심을 자극한다. 국립무용단의 김미애 역시 평론가들에게는 늘 주목의 대상인 특급 무용수이다.

정동극장의 기획공연인 "Art Frontier"에 초대된 김미애의 춤(8월 19-20일, 평자 19일 공연 관람)은 무용수로서 그의 존재 가치를 한층 부각시킨 무대였다.

국립무용단의 향방을 논할 때마다 전통적인 색채를 담은 한국적인 춤의 전승 외에도 한국을 대표하는 "National" 단체로서 컨템포러리 작품을 통해 당당하게 세계 무대에서 경쟁해야 한다는 평자의 주장을 그녀는 몸으로 보여주고 있는 무용수이다. 국립무용단의 단원들이 전통춤 외에도 현대적인 감각의 움직임 구사력과 표현력 등에서 김미애 정도의 댄서로 무장된다면 국제무대에서의 경쟁력은 그 만큼 높아질 것이다.

정길만과의 공동 안무 작품인 〈중간단계〉에서 김미애는 전통적인 색채의 움직임과 자유로운 상상력이 가미된 현대적인 감각의 움직임을 자유자재로 넘나들었다. 궁중음악과 맞물린 피아노 곡과 사물놀이 리듬, 인성(人聲), 낯익은 동요의 선율 등과 만난 그녀의 몸은 시시각각으로 변하면서 무대를 난무했다. 궁중음악의 장중함을 오히려 한국인 특유의 흥의 몸짓으로 치환하는 춤꾼의 힘은 예술의 경지에서 더욱 그 빛을 발했다.

두 팔의 움직임을 포함한 유연한 상체의 놀림, 한국춤 특유의 굴신을 통한 호흡 조절, 몸에서 풍겨져 나오는 특별한 감성까지 그녀는 오로지 춤 하나로 관객들을 사로잡았다. 두 팔을 앞으로 뻗은 채 한쪽 발을 내디딜 때 보여지는 지체의 선, 손가락 끝과 손목의 섬세한 놀림, 45도 정도 뒤틀어진 몸과 고개짓을 통한 자태는 그 자체로 고혹적이었다.

4명의 무용수가 함께 출연하면서 "중간 단계의 이성적 인간임을 표현하고자 했다" 는 작품 의도는 김미애의 춤 앞에서는 아무런 힘도 발휘하지 못했다. 관객들이나 평자에게 그같은 내용이나 메시지는 전혀 중요해 보이지 않았다. 객석에서의 시선들은 오직 그녀의 움직임에만 맞추어져 있었다.

김용걸과 함께 춤춘 2인무 〈회색빛하늘〉은 그녀가 어떤 움직임도 소화해 낼 수 있는 무용수임을 여실히 보여주었다. 그리 크지 않은 진폭과 동선 속에서도 두 사람의 2인무는 공연내내 객석을 긴장시킬 만큼 흡입력이 강했다.

한국의 젊은 무용수들이 유럽의 내노라는 유명 컴퍼니에 입단해서도, 특별한 움직임으로 주목을 받는 것은 한국 특유의 정서와 동양적인 이미지가 풍겨주는 별다른 매력 때문이다. 김미애와 발레 무용수 김용걸과의 2인무는 왜 한국인 무용수들이 외국의 컴퍼니에서 경쟁력을 갖는지를 가늠케 했다.

여러 안무가들과의 작업을 할 때마다 새롭게 변신하는 김미애의 특출한 순발력은 이번 공연에서는 차라리 카리스마로 다가왔다. 그 만큼 이날 공연에서 김미애는 춤 하나로 시종 관객들과 소통할 수 있는 무용수임을, 그런 저력이 있음을 보여주었다.

　한성대 무용과 졸업 후 손인영 등 독립 안무가들과의 작업에서도 재치와 순발력으로 작품을 빛냈던 것을 기억하는 평자에게 국립무용단 입단 후의 크고 작은 작품과 이후 여러 안무가들과의 활발한 교류 작업을 통해 특유의 매력을 발산하는 김미애의 성장세는 이제 프로 무용수로서 10년의 연륜이 보여주듯 절정에 다다랐다.

　1930년대와 40년대, 전세계를 풍미했던 최승희의, 무용수로서의 마력(魔力)이 다시 재현된 듯 이날 보여준 김미애의 춤은 특별났다. 이날 공연은 그녀가 진정한 '스타' 로서 자리매김되어야 할 댄서임을 극명하게 보여준 아름다운 한판 이었다.

암중모색과 역사인식

춤 공연 시즌이 본격적으로 개막하면서 크고 작은 무대들이 줄을 잇고 있다. 해외 단체 내한, 춤 페스티벌, 직업무용단의 정기 무대 등 굵직굵직한 공연 사이에서 젊은 안무가들의 개인 발표 무대는 자칫 관심 밖으로 몰릴 수도 있다. 그러나 그들의 진지하고 새로운 방향성에 대한 모색은 분명한 자기 색깔을 찾기 위한, 자신만의 독창적인 춤의 세계에 근접하기 위한 작업이란 점에서 눈여겨 볼 만했다.

김효진의 춤 〈춤을 추며 산을 오르다〉(4월 21-22일 예술의전당 자유소극장, 평자 21일 관람)는 'Independent Dance 2' 란 부제가 보여주듯 공연 형식이 무척 자유로왔다. 사이사이에 영상과 피아노 라이브 연주가 가세하지만 그녀는 50분이 넘게 무대 위에서 혼자 춤추었다.

작품 전체는 5개의 피스로 나누어졌지만 마지막 장에서 라이브 연주가 더해질 때를 빼고는 움직임 구성에서의 변화는 확연하게 드러나지는 않았다. 중간 중간에 영상이 투사되면서 움직임 조합에서도 어떤 변화가 기대되긴 했지만 김효진의 움직임은 시작부터 줄곧 일관된 컨셉트로 지속됐고, 이는 관객을 의식하기 보다 물흐르듯 자연스럽게 자신의 움직임을 진술하게 보여주려는 안무가의 의도가 반영된 것이었다.

관객들로서는 지루할 수도 있고, 무용수는 더욱 그런 일관된 움직임 구성이 부담스러울 수도 있지만 이 같은 컨셉트 설정과 그것을 끝까지 견지할 수 있다는 것만으로도 젊은 안무가의 실험은 의미가 있었다.

제목인 〈춤을 추며 산을 오르다〉에서부터 공연의 성격은 감지되었다. 기원전, 디오니소스 신을 섬기는 여인들이 한 겨울 밤에 엄청난 불안과 위험을 감수하고 파르나소스 산 꼭대기를 춤을 추며 올라갔다는 데서 모티브를 찾았고, 안무자와 무용수는 제목에서 연상되듯 시종 춤을 추며 50분을 흘려보냈다.

백색 천을 늘어뜨린 무대세트와 보이스를 가미한 음악 구성이 김효진의 움직임에 적지 않게 힘을 보탰다. 검정 의상과 백색 천이 주는 시각적인 대비 외에도 특히 그녀의 몸이 느리게 움직일 때 여성의 아카펠라 음색은 마치 춤을 들리게 할 정도로 청각을 자극했다. 원무형태로 몸을 뒤틀 때, 한 팔, 때론 두 팔을 사용해 바닥과 맞닿을 때, 아라베스크 동작과 발을 위로 올릴 때 순간순간 만들어지는 김효진의 지체의 태는 신체를 매개로 하는 무용예술의 매력을 음미케 했다.

안무자와 무용수는 소극장 공간을 나름대로 계산에 의해 조율해 냈다. 두 차례에 걸쳐 시도된 영상 투사에서도 처음에는 원형무와 결합시키고 두 번째는 사각형으로 구획된 직선공간을 움직임의 포인트로 설정했다. 포켓 무대로 이동한 장면에서 늘어뜨린 머리카락은 마지막 피스의 피아노 연주와 만났을 때는 다시 묶여져 있었다.

포켓 무대에서 무용수는 선명하게 변화된 조명에 빠른 타악기가 합류할 때 머리를 좌우로 흔들고 두 팔을 가슴에 모으는 등 상체의 움직임에 포인트를 두면서 춤의 분위기를 바꾸었다. 느린 팔의 움직임이 보여질 때는 남성의 숨소리가 더욱 강도 높게 청각을 자극했다. 파도 소리와 영상이 융합되면서 시각과 청각을 자극할 때는 댄서의 몸이 오히려 절제됐다.

상층 공간을 다양한 높이로 분할한 백색 천과 이를 배경으로 투사된 영상과 조명, 인성(人聲)과 현악기 선율 및 라이브 피아노 연주를 곁들인 음악 구성, 머리 스타일 등 무용수의 외형적인 태를 바꾸는 것이 변화를 유도하기 위한 안무자 나름의 계산된 시도였다.

몇몇 장면에서 즉흥성이 드러난 대목도 평자에게는 새로운 감흥으로 다가왔으며, 강미희의 〈미 야〉(美 野) 이후 오랜 만에 자유소극장에서 만난, 음미할 만한 홀 춤 무대였다. 관객들을 의식, 지나치게 볼거리를 만들어내는 데서 벗어났고, 테크놀로지와 타 장르와의 교합에서 지나치게 넘쳐나는 크로스오버를 비켜간 이번 공연은 차별화 된 진솔한 암중모색의 작업으로 기록될 만했다. 다만 무용수의 감성이 관객들과 더욱 내밀하게 맞물리지 못한 점은 두고두고 아쉬웠다.

독특한 감성의 秀作, 전체 평균점 상승

올해로 8회 째를 맞은 "평론가가 뽑은 젊은 무용가 초청공연"(5월 2-5일 문예진흥원 예술극장 대극장, 평자 2일, 5일 관람)은 지난해에 이어 몇 편의 수작을 건져냈다. 초청된 대부분의 무용가들이 소재와 연계성을 갖고 작품을 풀어냈으며, 시작부터 끝까지 분명한 컨셉트로 일관되게 어떤 흐름을 견지한 안무가도 적지 않았다.

정영두의 〈닿지 않은 공기〉는 무엇보다 무용수들의 움직임이 중심이 되면서 은유와 상징을 통해 휴머니티를 담아냈다는 점에서, 이태상의 〈각속도〉는 바케스를 소품으로 활용하면서 만들어지는 이미지를 무용수들의 움직임과 깔끔하게 접목시켜냈다는 점에서, 박나훈의 〈세 개의 공기〉는 자유롭게 변형되는 오브제를 활용 시각적 환타지를 선사했다는 점에서, 김정아의 〈그림자의 시선〉은 몸의 분절을 통한 특유의 움직임과 직선으로 분할된 공간과 빛을 이용 독특한 조형미를 획득했다는 점에서 각각 다른 작품과 차별성을 보였다.

8개의 출품작 중 정영두의 작품은 단연 주목을 끌었다. 네명 무용수들의 연기와 움직임을 중심으로 무대를 끌어간 〈내가 가진 하늘〉은 당장

국제무대에 내놓아도 무대예술 상품으로서의 경쟁력에서 결코 뒤지지 않는 수작(秀作)이었다.

그동안 극장 무대는 수많은 조건들에 의해 다양화되고 발전되었다. 음악, 조명, 의상, 무대미술, 소품 등등 변화의 주체들은 늘 새로운 것을 수반하며 그 새로움은 신선한 자극으로 우리에게 다가왔고, 현대예술의 끊임없는 변화에 익숙해진 관객들은 이제 더 이상 특별할 것 없는 무대에 조금씩 실망할 때도 있다. 물론 무대 전체를 셋팅하거나 몸을 바닥에 짓이기거나 고함을 지르고, 망치를 두드리며 피를 철철 흘리는 정도로도 별 특별할 것이 없어져버린, 해 볼 것은 다 해본 무대 위 풍경에 대해 이제는 어떤 기대도 갖지 않을지도 모른다.

그러나 정영두의 작품에는 '새로움'이 있었다. 조명 바턴을 밑으로 내리거나 끊임없이 변화되는 빛의 난사를 버리고 그는 마치 연습실과 비슷한 느낌의 조명을 고집했다. 오늘날 체격조건이 현격하게 변한 한국의 대단한 무용수들을 뒤로 하고 비슷비슷하게 야무지고 아담한 춤꾼들을 택했다. 그는 또 무용수들이 가장 편안하게 기댈 곳인 음악을 아예 꺼 버렸다.

30여 분 동안 조명은 단 한 번도 변하지 않았고, 음악은 들리지 않았다. 그럼에도 이 작품이 성공할 수 있었던 요인은 무대 위에 세로로 놓여진 사각형의 구조물을 중심으로 양분된 공간 활용, 그리고 무용수들의 대단한 집중력과 앙상블, 이런 모든 것들을 세밀하게 조율한 안무가의 힘 때문이다.

요란한 조명과 현란한 음악 대신 안무가는 무조명과 무음악을 택했고, 정형화되어 익숙해진 무용수들의 대형 조합과 동선 대신, 관객들을 무용수들의 몸 그 자체에 집중토록 했다. 어찌 보면 모험에 가까운 안무가의 무모함에 무용수들은 집중력과 순발력으로 화답했다.

〈내가 가진 하늘〉을 통해 안무가 정영두가 그려낸 것은 하늘 한번 쳐다볼 겨를이 없이 정신없이 다니는, 왜소하고 특별할 것 없는 소시민의 삶의 모습이다. 〈내가 가진 하늘〉은 올망졸망한 네 사람이 끊임없이 무대를 이리 저리 열심히 다니는 것으로부터 시작된다. 움직임은 굉장히 제한적이다. 계속 뛰듯이 걷기만 하던 무대를 막연하게 쳐다보던 관객은 그 다음에는 무엇이 나올지를 기대하면서 계속 긴장을 놓치지 않는다. 갑자기 무용수끼리 부딪치고 다시 걷기가 시작된다. 이번에는 전보다 조금 진화된 동작이다. 팔을 전보다 더 올려서 도는 동작이 연속적으로 이어지다 무대 공간을 약간 변화시킨다. 이번에는 무대 상수의 윙으로 들어갔다 나갔다 하면서 걷는다.

특별할 것이 없는 동작으로 이어지는데도 관객들은 그 다음에 무엇이 나올까 하며 객석을 응시한다. 알 수 없는 곳으로 빨려 들어가는 추리소설처럼 안무가는 관객을 아주 편안하게 무대로 끌어들인다. 관객의 환심을 사려고 끊임없이 새로운 이야기를 엮어 다른데 눈길을 주지 않도록, 많은 안전장치들을 만드는 안무가와는 사뭇 다른 접근법이다. 안무가는 별다른 충격도 주지 않고 유연하게 관객들을 자기 얘기 속으로 끌고 가다 느닷없이 엄청난 충격을 가한다. 그것은 눈깜짝 할 사이 전라로 변한 무용수들이었다. 마치 새와 비슷한 형상을 하고 무용수들은 조금 높은 단위에 올라가 오랫동안 하늘을 바라본다.

조금 지나 무용수들은 옷을 입지만 한 무용수만이 유독 자신과 하늘과의 괴리감으로 괴로워한다. 그녀는 머리를 바닥에 짓이기더니 결국은 고개를 숙이고 하늘을 보지 못하는 상황에 처한다. 정영두는 접착 테이프로 그녀의 머리를 위로 보게 하고 머리가 다시 아래로 떨어지지 않게 하기 위해 테이프를 바닥에 고정시킨다. 거기에 내포된 수많은 의미들이 관객들의 가슴 속을 파고든다. 안무가는 개 같은 삶이지만 또 하루를 살아야 하는 우리네 인생, 접착제를 붙이더라도 머리를 들고 하늘을 보는 것이 더 희망적이지 않을까라고 얘기한다.

네 명 무용수들의 역할에 변화를 주는 구도를 통한 상징적 처리, 정영두가 잠깐 무대 위에 등장할 때 만들어지는 상황 설정을 통한 어떤 드라마적인 구도 만들기 등, 완급을 조절하면서 적절한 시점에 변화를 꾀하는 세밀한 연출력과 이를 무용수들의 앙상블로 조합해 내는 정영두의 감각은 출중했다.

특히 전라의 무용수들이 발을 묶은 채 무릎을 꿇거나 고개를 쳐들거나 곧바로 바닥에 머리를 박을 때 연상되는 메시지는 강렬했다. 도입부에 무용수들이 뒤뚱뒤뚱 하면서 보여주었던 코믹한 구성의 움직임과 연계되면서 이 장면이 주는 강렬한 은유는 그것만으로도 정점으로 치닫게 했다.

무대를 이중으로 분할하는 낮은 높이의 사각형 구조물은 작품이 후반부에 접어들수록 그 상징성이 점점 더 극명해졌다. 무대 구조물을 단 한번 사용하는 시점, 작품의 피어리드 타임에 단 한차례 변하는 조명, 그리고 무음악 속에서 한 두 번 내뱉어진 짧은 외침이 주는 접점은 섬뜩할 정도로 그 강도가 강했다.

단순하면서 상징적 메시지가 담겼던 정영두의 작품이 관객들의 마음을 사로잡을 수 있었던 것은 에너지의 완급조절에 바로 키포인트가 있다. 우리는 그 동안 너무 성급한 것들에 익숙해져 있었으나 안무가는 아주 느긋했다. 느긋하면 지루하다는 통념을 깨고 느긋하게 생각을 하도록 만들었다. 정영두는 아주 적절한 순간에 강한 자극을 주어 오래 기억하도록 만드는 기법까지도 알고 있는 안무가였다.

또한 이 작품이 다른 안무가들과 차별성을 보이는 가장 큰 요인은 무엇보다 우리의 이야기를 따뜻하고 분명한 시선으로 담아냈다는 점이다. 작품에 담긴 휴머니티는 관객과 함께 그 의미를 공유할 수 있을 만큼 그렇게 인간적이었고 따스했다.

무용수들의 개성을 간파한 캐스팅도 그랬지만 곽고은, 장인선, 손예란, 윤푸름 네명 무용수들은 서로의 역할에서 오는 관계성을 기막힌 앙상블로 승화시켰다. 물흐르듯 자연스럽게 연결된 동작은 출중했다. 무용수들의 이 같은 순발력 역시 안무가에 의한 움직임 조합 능력에서 기인한 것이라고 본다면 정영두에 대한 한국 춤계의 기대감은 배가될 수밖에 없을 것이다.

이태상의 〈각속도〉는 전편에 걸쳐 깔끔하게 만들어졌다. 5명의 무용수들이 바케스를 중심으로 이미지를 만들어내는 것이 전부였다. 제목으로 채택한 "한 점의 주위를 물체가 운동할 때 그 점의 주위를 단위 시간에 도는 각도로 표시" 한 각속도의 의미를 마치 그대로 무대 위로 옮겨놓은 듯 무용수들은 시종 무대 중앙을 축으로 공간을 점유했다.

안무가는 그 주변을 바케스 만으로 또는 그 바케스를 들고 움직이는 무용수들의 동선을 통해 직선으로 구획하면서, 다양한 이미지들을 만들어낸다. 기하학적으로 구획된 공간들 사이로 무용수들을 비스듬히 앞으로 넘어지기, 또 비스듬히 뒤로 넘어지기 등의 동작을 통해 조율하면서 변화를 꾀한다. 이어 천천히 발을 올리거나 바닥에 엎드리거나, 무용수들의 모습을 전면과 후면으로 보이도록 시도한다. 이렇듯 사각형의 공간 안에서 만들어지는 무용수들의 작지만, 다양한 움직임의 변환은 그 묘미가 쏠쏠했다.

작품 종반부에 이태상이 쓰러지면서 바닥에 쏟아내는 푸른색 물감, 다섯 명의 무용수들이 일렬로 세수하며 서로 웃고 떠드는 장면에서는 그 동안의 일관된 흐름을 전환시키는 발상의 독특함이 힘을 받는다. 여성 소프라노의 노래와 보이스를 혼용한 음악 구성 등도 단순 구도를 증폭시키는 데 힘을 보탰으나 전체적으로 너무 건조한 것이 아쉬움으로 남았다.

박나훈의 〈세개의 공기〉는 무대미술(가슴 시각 개발 연구소)과 무용수들의 조합에서 오는 시각적 환타지가 만만치 않다. 마치 앞 부분이 뱀의 머리 형상처럼 보이는 부풀려지는 대형 구조물은 무용수들이 들고 이동이 가능하도록 제작되어 있어 다양한 조형성의 축조가 가능했다. 구조물의 끝 라인까지 선명하게 살려내 제작된 정교함과 세련된 디자인 역시 환타지를 살려내는데 힘을 보탰다.

무용수들의 몸이 아닌, 움직이는 무대미술을 하나의 오브제로 활용하면서 조형적으로 확장시키고 여기에 인성(人聲)을 곁들인 음악을 이용해 어떤 상황을 만들어가는 박나훈의 감각 역시 특출났다. 그러나 3명의 무용수들이 들고 이동하는 세 개의 물체는 이 세상이고 세 명 무용수들의 움직임이 공기의 넒나듬이란 데까지는 유추되지만, 안무자가 프로그램 노트에 밝힌대로 그것이 삶의 이야기까지로 연계되기에는 다소 무리가 느껴졌다. 김혜경의 유연성과 김준기, 정수동 세명 무용수의 에너지 넘치는 3인무 등은 춤 자체만으로도 작품의 맥을 이어가는데 적지않게 기여했다.

김정아의 〈그림자의 시선〉은 〈세 개의 공기〉와는 달리 무용수들의 몸에 더 의지, 조형성을 구축했다는 점에서 차별성을 갖는다. 무트 댄스 특유의 몸의 분절, 짧게 끊어지는 호흡법에 의한 움직임과 여기에 강렬한 효과의 사운드 등이 가세하면서 작품은 시종 특유의 무겁고 어둡고 긴장된 분위기를 만들어냈다.

형광등의 불빛을 이용한 무대미술은 무용수들이 착용한 검정 톤의 의상을 포함 무대 전체가 자아내는 흑백 톤과 어우러져 대비적인 효과를 빚어냈고 이는 조형적인 아름다움을 극명하게 부각시키는데도 기여했다. 특히 직선의 형광 빛 라인을 통해 상하 공간을 구별하고 무대 위를 수평 분할한 김종석의 무대미술은 두 팔을 높이 쳐들거나 바닥에 팔을 대거나 또는 구부리는 동작 등 무용수들의 움직임과 맞물리면서 더욱 시각적 이미지를 증폭시켜 주는 역할을 했다. 그러나 이 작품은 짧지 않은 시간 동안 시종 몰입해 감상하기에는, 이미지 변환의 부족이 아쉬웠다.

김정은이 안무한 〈다른 신을 섬기지 말라〉는 장은정, 김혜숙, 이지은, 송진주를 포함한 무용수들의 움직임이 주는 질감만으로도 음미할 만한 작품이었다. 5명의 무용수들이 무대 전면의 좌우와 중앙 공간을 활용해 변화를 유도하고 배우 이재인을 등장시켜 드라마를 살려내는 구도 역시 어떤 전조(前兆)를 담아내는 작품의 내용을 풀어내는데 일조했다.

이해준의 〈누가 혹시 작살 잡는 것을 두려워 하랴〉는 그가 즐겨 창작의 유형으로 삼는 시나 소설을 텍스트로 가져온 작품답게 장면장면의 이미지가 비교적 선명했다. 파도 소리, 심플하게 제작됐지만 다양하게 활용되는 무대세트, 5명의 남성 무용수들이 펼치는 춤과 짧게 끊어지는 대사 등은 드라마적인 구도를 만들어가는데 능한 안무가의 감각이 발휘되어 볼거리를 만들어냈다.

윤정민 안무의 〈스킨쉽〉은 무대 하수 안쪽으로 자리 잡은 현대적인 감각의 무대세트와 의상과 영상 등을 매치시키고 무용수들의 움직임 등을 혼용한 구성 등 작품 곳곳에 공을 들인 흔적이 역력했고, 박인주 안무의 〈溫 故 而 知 新 〉은 말의 형상과 회전목마 등 소품과 무대미술, 영상 등을 활용하고 한삼과 족두리 등을 이용해 작품의 내용을 다각도로 암시했다.

그러나 이들 작품들은 너무 많은 이미지의 중첩과 정형화 된, 도식화된 전개 스타일에 머물러 버린 점, 안무가의 다채로운 상상력의 발현 부족은 두고두고 아쉬웠다.

이번 기획공연 출품작들 중에서도 최근 젊은 무용가들의 작품에서 심심찮게 발견되는, 유럽 안무가들의 작업 스타일에서 보여 지는 대사와 음향적 요소를 고려한 음악 선곡, 그리고 연극적인 요소들의 차용 등이 난무하는 경향의 작품이 발견되었다.

정형화된 스타일을 거부할 필요는 없지만 젊은 안무가들이 작업에서는 소재의 독창성과 함께 작품을 풀어나가는 시각에서의 차별성이 요구된다. 그런 점에서 2005년 "평론가가 뽑은 젊은 무용가 초청 공연" 은 〈내가 가진 하늘〉과 같은 빼어난 작품을 비롯, 평균점을 웃도는 몇 편과 평균점 수준에 머문 작품 등 그 편차가 적지 않게 보였으나 전체적으로 그 열기나 창작품의 질적인 면에서는 지난해의 수준을 넘어섰다.

"평론가가 뽑은 젊은 무용가 초청공연" 은 (주)LG 화재가 후원하고 있다.

8년이란 짧지 않은 기간 동안 특정 기업이 특정한 예술 부문을 지속적으로 지원한다는 것은 쉬운 일이 아니다. 여기에 올해부터는 우수 안무가 한 명에게 해외 연수의 기회를 제공하는 등 지원의 폭을 확대했다.

"평론가가 뽑은 젊은 무용가 초청공연"은 유능한 젊은 안무가 배출이라는 분명한 목적을 갖고 있다. 대부분 문예진흥원의 문예진흥기금이나 정부와 지자체가 시행하는 무대예술지원금에 의존해 기획공연을 꾸려가고 있는 국내 춤계 상황에서 이 기획공연은 민간 기업의 예산지원만으로 행해지는 특별함에다 주최측인 댄스포럼사의 정성, 그리고 선정 안무가들의 창작작업에 대한 열정 등이 어우러져 성공적으로 행해지고 있다.

"평론가가 뽑은 젊은 무용가 초청공연"을 통해 최근 3-4년 사이에 배출된 몇 편의 작품들은 국제무대에서도 통용될 수 있을 만큼 그 수준이 뛰어나다. 나날이 성장되는 모습을 보여주는 그 열기를 이어가는 차원에서도 이들 우수 작품들이 국내 무대에서뿐 아니라 국제무대에서 소개할 수 있는 기회가 확대되길 기대한다.

지역춤의 성장, 향토적 소재와 현대적 감각

몇 년 전부터 국내 무용계에는 세 가지 정도의 새로운 변화가 보여지고 있다. 무용예술이 하나의 '상품'으로 인식되는 조짐과 각 지역 무용계의 발전 속도가 두드러지고 있는 현상, 그리고 대학 무용과의 미달 사태가 빠른 속도로 확산되고 있는 것이 그것이다.

우리나라 무용예술의 경쟁력 강화란 측면에서 보면 하나같이 긍정적인 변화가 아닐 수 없다. 이중 지역 무용계의 발전은 무용 공연 횟수의 증가 뿐 아니라 질적인 성장에서도 그 변화의 양상이 두드러져 무용계 발전의 청신호로 받아들여지고 있다.

청주시립무용단(상임안무가 박재희)과 김화숙 현대무용단 사포 20주년 기념공연은 바로 이 같은 지역 무용계의 성장을 확연하게 보여준 무대였고 예술적인 완성도 면에서도 고정 레퍼토리로 가동할 수 있는 수준작을 만들어냈다.

청주시립무용단 〈춤 직지〉

한국의 직업무용단에서 오랜 만에 완성도 높은 창작 작품이 탄생했다.

직업무용단들의 우수 레퍼토리 확보는 춤 대중화와 직업화를 위해서도 반드시 필요하다. 각 지역에 기반을 둔 시립무용단들이 향토적인 소재를 무대화 하는 작업을 꾸준히 시도하는 것 역시 단체를 대표할 작품을 확보하기 위한 노력의 일환이다.

그러나 향토적 성향이 물씬한 작품 개발은 무용 공연이란 특성에 걸맞는 소재를 찾아내는 것은 물론이고, 이를 장편 작품으로 무대화 할 경우 일정 수준 이상의 완성도를 얻기란 그리 쉽지 않다. 청주시립무용단의 〈춤 직지〉(안무 박재희)는 그러나 이 같은 우려를 불식시켰다. 소재 찾기에서부터 이를 무대화 하는 전개 구도나 작품 속에 담아낸 내용(콘텐츠)과 그 질에서 모두 일정 수준을 보여주었다.

〈춤 직지〉는 춤 창작에서 중심이 되는 움직임 구성은 물론이고 음악(원일), 무대미술(이태섭), 의상(민천홍), 조명(정진덕) 등이 적절하게 조율되어 있어 극장예술로서의 무용이 갖는 볼거리를 적지 않게 담아냈다.

작품의 전체적인 구성은 드라마적인 구조를 갖되 무용극 스타일에서 노출되는 지나친 스토리텔링에 치우치지 않았다. 유사한 춤사위의 반복에서 오는 지루함에서 탈피했고, 무용극 양식에서 보여 지는 정형화된 제작 유형에서 벗어나 영상과 오케스트라 비트 및 후면 무대를 적절하게 활용, 시각적인 변화를 꾀했다.

국내 무대에서 내로라하는 일급 스태프들이 참여 극장예술의 중심을 이루는 여러 부문들을 그것 자체로 업그레이드 시킨 공로 외에도 이 작품은 무용수들이 보여준 앙상블의 힘이 만만치 않았다. 색동 색상을 살린 짧은 한삼춤, 연꽃을 든 군무, 무고를 응용한 역동적인 춤, 그로테스크함이 돋보인 불의 춤 군무 등 안무자와 무용수들은 춤만으로도 풍성한 볼거리를 만들어냈다. 세밀한 연출(홍원기) 및 적절한 타이밍에서 세련된 편집이 돋보인 영상(서양범)도 큰 힘을 보탰다.

홍덕사의 잔치 장면을 보다 다양하게 꾸미고, 분장 등에서 캐릭터를 더욱 확연하게 부각시키는 세밀함이 보완된다면 〈춤 직지〉는 직업무용단을 대표해 국제무대에 내놓아도 손색없는 한국적인 정서가 묻어난 컨템포러리 댄스가 될 만하다. 활자문화와 무용예술의 시각적 결합이나 드라마적인 구도를 갖고 있는 점 등도 1시간 길이의 무용 작품으로 국제무대에서 경쟁력을 갖는데 플러스 요인이 될 수 있다.

청주시립무용단이 거둔 이 같은 성과는 결코 하루아침에 이루어진 것이 아니다. 상임안무가 부임이후 꾸준하게 시도해 온 한국적 소재의 창작 작업과 동반 스태프들의 협업 작업의 경험이 축적된 결과이다. 박재희는 자신이 이끌고 있는 새암 무용단의 작업을 통해 홍원기(대본 연출), 이태섭(무대미술) 등 스태프들과 꾸준한 파트너십을 이어갔고 청주시립무용단과의 작업에서도 이들과의 협업을 통해 예술성을 업그레이드 시켰다.

김화숙 현대무용단 사포 〈그대여 돌아오라〉

전북 지역을 중심으로 활동하는 김화숙 현대무용단 사포의 〈그대여 돌이오라〉(6월 12일, 한국소리문화의전당 연지홀)는 이 무용단이 보여주고 있는 정체성과 창작 작업에서의 축적된 힘을 고스란히 보여준 무대였다.

작품의 질적인 수준면에서 지역 무용계의 눈부신 성장과 함께 무용수들의 몸이 보여줄 수 있는 무한한 가능성을 입증해 보였고 그 만큼 무용수들의 움직임이 중심에서 큰 힘을 발휘했다.

〈그대여 돌아오라〉에는 〈춤으로 보는 역사 II—다시 보는 동학 이야기〉란 부제가 붙어 있다. 50분이 넘게 풀어낸 짧지 않은 길이였던 만큼 작품의 전체적인 틀은 동학과 관련된 내용들을 서술적 구조로 풀어가는 틀이 예상되었으나 작가(한혜리)와 안무가(김화숙)는 이를 프롤로그와 에필로그를 포함 모두 7개의 다른 장면을 통해 상징적인 이미지로 풀어냈다.

이 같은 시도는 스토리텔링에 의한 구조가 주는 식상함에서 탈피하는 것이긴 하지만, 역사적인 사건을 무대화 한다는 점에서 한계에 부딪칠 위험성 또한 적지 않다. 그러나 안무가는 특히 소품과 의상을 통한 시각적 효과와 다채로운 음악을 통한 움직임의 변용, 그리고 이를 통한 드라마성을 살려내는 시도를 통해 이 같은 우려를 말끔히 걷어냈다.

〈그대여 돌아오라〉에서 가장 두드러진 점은 시각적 환타지이다. 디자인에서부터 색상에 이르기까지 무대를 채색한 의상(엄규선), 한 송이 한 송이씩 모여 전체를 국화꽃으로 뒤덮은 무대, 적절한 타임에 적당한 범위로 가세한 영상(이완섭), 개개 장면마다 분위기를 변화시키는 조명(공준택), 그리고 무엇보다 솔로와 4인무, 6인무, 더 많은 숫자의 군무 등을 대비시키며 각기 다른 속도와 움직임으로 변주해 나가는 안무 등 무대 위에서 직접적으로 시각적 이미지를 만들어내는 부문들에서 고루 뛰어남을 보였다.

시각적 환타지는 또한 음악과 이들 여러 요소들이 맞물리면서 자연스럽게 드라마적인 요소들이 묻어나도록 한 안무가의 연출 감각에 의해서도 살아났다. 한 두개씩이 모여 다채로운 조합으로 무대를 변형시키는 베개 등 소품의 활용을 통해 움직임을 다양화시키고, 이를 통해 조형적인 미를 형성하고, 마지막에는 드라마적인 효과로 끌어내는 안무가의 감각은 탁월했다. 하체를 풍성하게 처리한 롱 드레스에서부터 오렌지 빛 색상에 이르기까지 디자인과 색채감의 선택에서 보여지는 특별한 감각의 의상도 작품에 환타지를 불어넣었으며, 동요에서부터 클래식 기타, 보컬이 가미된 현악기, 그리고 북소리가 주조를 이룬 음악 선곡과 편집 역시 각 장면의 이미지와 드라마를 살려내는데 만만치 않게 기여했다.

프롤로그에서 코러스를 배경 음악으로 한 국화 꽃 등장 장면에서부터 빠른 빠르기의 북소리에 실린 남성 4인무의 완급이 조율된 움직임, 현악기의 빠른 템포에 실린 상체의 움직임에 포커스를 둔 여성 7인무 등 초반부터 음악과 춤의 교합은 탄력을 받았고 시간이 흐를수록 관객들의 감성을 드라마 속으로 끌어 안았다.

작품의 중반부에 등장하는 베개를 활용한 장면은 소품을 활용한 움직임 확대와 시각적 변용의 성공이란 측면에서 근래 컨템포러리 댄스 작품 중에서 기억될 만한 명장면이었다. 베개를 던지는 것에서부터 그것을 안거나 베고 눕거나 다시 사선으로 하나 둘씩 놓았을 때 만들어진 간극, 그 앞으로 무용수들이 무리지어 나오는 장면은 강렬했다.

손인영의 안무 작품 〈페미타지〉에서 베개를 활용한 움직임의 변용이 주는 감흥도 만만치 않았지만, 이 장면에서는 드라마적인 구조 속에서 행간을 읽는 묘미가 색달랐다.

도입부와 종반부에 보여 지는 아들과 어머니의 조우 장면에서 흑백 톤의 영상과 상하 공간을 분할한 무대미술, 그리고 그 사이를 파고드는 온화하지만 차가운 톤의 빛이 만들어낸 이미지도 인상적이었다. 이 장면은 신용

숙이 긴 드레스를 입고 홀로 돗자리 위에서 추는 전 장면의 춤과 연계되면서, 동학혁명이 갖는 역사성을 아들과 어머니의 캐릭터를 통해 인간의 삶과 순수의 세계로까지 연결시켰다.

이 작품의 성공 요인은 무엇보다 극장예술에서 중요한 요소인 조명, 의상, 음악, 소품의 성공적인 융합, 그리고 그 중심에서 무용수들의 춤이 이루어낸 전체적인 앙상블의 힘 때문이다. 〈그대여 돌아오라〉의 제작진들이 벌인 동학혁명의 현대판 굿은 이렇듯 요란스럽지 않은, 차분한 한 판이었지만 그곳에 담은 정신은 관객들과 따뜻하게 소통한, 인간적인, 휴머니티가 물씬 빼어난 지극정성의 한판 굿이었다.

현대무용단 사포의 창작 작업은 지난 20년 동안 사회성 강한 소재의 무대화와 야외공연, 예술의전당 자유소극장의 특이한 구조를 활용, 위에서 내려다보도록 제작된 공연 컨셉트(편애의 땅) 등 다양한 실험으로 이어졌다. 그리고 이들의 작업은 지역 춤계의 열악한 환경 속에서도 그 힘을 잃지 않고 있다.

전북 지역에서 현대무용단 사포의 정체성은 지역 무용계의 차원을 넘어 한국 무용사회 전체에 새로운 분위기를 띄우고 있다. 향후 꾸준한 제작 지원을 통한 레퍼토리화 작업, 단원들의 앙상블을 더욱 높이기 위한 지속적인 훈련 프로그램 가동, 그리고 객원 안무가 초청 등을 통한 다채로운 색깔 입히기 등의 시행이 뒤따른다면 한국의 무용사회 전체 속에서 현대무용단 사포는 그 예술적 행보가 더욱 탄력을 받을 것이다.

연기상 때문에 함몰된 예술성

제26회 서울무용제 경연부문에 참가한 8개의 작품 공연(6월 16-26일 문예 진흥원 예술극장 대극장)은 장르적인 특성에 따른 춤 소재 찾기와 그것의 무대화 작업이 얼마나 중요한 것인가를 여실히 보여주었다. 발레 장르의 경우 주로 무용수들의 움직임 조합에 포커스를 맞춘 구도를, 현대무용의 경우 움직임 조합과 함께 이미지 만들기에 치우친 구성을, 한국무용의 경우 이미지 표출 과 움직임 구성이 혼재한 구조의 작품들이 많았다.

전체적으로 출품작들의 소재가 다채로워지는 양상을 보이긴 했으나 한;두개의 작품을 제외하고는 여전히 평균점 수준에 머물렀고 평균점 이하 의 작품도 더러 있어 서울무용제의 위상을 약화시키는 요인이 됐다.

파사무용단의 〈목련, 아홉 번째 계단으로--〉는 분명한 컨셉트와 처음 부터 끝까지 일관된 톤으로 전개, 조화로운 앙상블을 끌어냈다. 무용수들 의 춤 기량에서부터 음악, 무대미술, 의상, 조명 등 극장예술에서 중요한 여 러 부문들의 작업이 작품의 내용과 잘 매치되어 있고 안무가와 연출가는 이런 여러 부문들을 조화롭게 엮어 작품의 완성도를 높였다.

안무가 황미숙에 의해 조율된 움직임은 보여주기 위한, 어떤 대형을 만들어내기 위한 의미 없는 움직임의 나열이 아니라 그것 자체가 작품의 전개와 맞물려 있었고 그 만큼 설득력이 강했다. 대본과 연출을 맡은 조주현은 '지옥불에 던져진 어머니를 구하고자 애쓰는 목련이란 아들의 지옥순례기'란 다소 진부할 수 있는 소재를 현대적인 감각의 세련된 무대예술로 조율해 냈다.

검정과 붉은 색이 주조를 이루는 무대, 남자 주인공의 시종 느린 움직임이 주가 되는 섬세한 춤, 빠른 움직임보다는 느린 움직임이 주를 이루면서 조형미를 강조하는 군무, 거꾸로 매달린 사람의 형상(무대디자인 이대엽), 등위를 기어다니는 주인공의 행위 등 무대미술과 움직임 구성 등에서 현세와는 다른 분위기들이 읽혀지도록 한 것 등이 그런 예들이다.

어둠 속에서 붉은 색 깔판이 하나씩 선명하게 드러나도록 하는 시도는 분위기를 반전하는 깜짝 효과와 함께 현세와 유리된 다른 세계를 표출해 내는데 일조했다. 정면과 바닥을 같은 공간으로 활용한 영상(글씨)의 기여나 사운드의 질감을 조율, 장면의 분위기를 끌어낸 음악(이대엽) 쪽의 공헌, 강렬한 사운드에 오히려 느린 움직임을 대비시켜 역설적으로 시각적 효과를 배가 시킨 안무, 다양한 각도와 조도를 활용한 조명(김철희) 역시 작품의 완성도에 힘을 보탰다.

그러나 이 작품은 안무자의 색깔보다 평소 연출가가 보여주던 색채가 전체적으로 너무 강하게 묻어났다. 반면에 주역을 맡은 이호연은 작품의 주제에 맞는 움직임 구사에다 드라마를 실감나게 살려낼 정도로 열연했다.

서울발레시어터의 〈봄, 시냇물〉은 안무가 제임스 전의 움직임 조합력이 돋보였던 작품이었다. 한 주인공 남자의 탄생에서부터 죽음까지 겪게 되는 삶의 고통에 중점을 두면서 그 주변인들과의 상황을 다채로운 언어로 풀어낸 이 작품은 제임스 전 특유의 오브제를 활용한 움직임 변용의 재치가 곳곳에서 느껴졌다. 음악의 분위기에 따라 몸을 내맡기는 서울발레시어터 몇몇 단원들의 노련함과 유연성도 작품의 완성도에 힘을 보탰다.

그러나 이 작품은 스토리 전개상 주인공의 비중이 강할 수밖에 없었지만 전체적으로 너무 주인공에 편중되도록 구성해 균형감을 잃었다. 주역을 맡은 김성훈은 여러 무용수들과 다른 분위기의 춤을 추도록 설정된 안무를 중반까지는 무리 없이 소화해 내며 열연했으나 종반에는 힘에 버거워 보였다. 안무자에 의한 너무 많은 주문은 결국 전체 작품의 완성도에도 영향을 미친 셈이 됐다. 장면에 따라 다양하게 바뀐 송보화의 독특한 디자인이 의상도 보는 즐거움을 더했다.

김충한무용단의 〈채화연풍〉은 이번 출품작 중에서 가장 분명하게 정형화된 유형의 작품 전개방식에서 탈피하는 구도를 보여주었다 승무를 주조로 한 새로운 변형이란 점에서 한국 전통을 토대로 한 창작 작업의 연장선상에 있지만 그것을 해체하고 풀어낸 결과물에서는 신선했다.

가장 돋보였던 것은 출연자 모두를 남성무용수로 캐스팅하면서 시종 군무와 솔로춤의 대비로 끌어간 점이다. 초반부에 흰색과 검정(승무의 복색), 중간에 흰색과 붉은색의 대비를 시도, 승무와 불교와의 연관성을 무대예술로 끌어오는 안무가(김충한)의 감각은 예사롭지 않다. 김충한은 〈신화를 삼킨 섬〉에서 보여주었듯 특정한 민속춤(봉산탈춤)을 조형적 아름다움으로 시각화 시키는 데 남다는 재주를 갖고 있다. 〈채화연풍〉에서 솔로 춤과 군무 무용수들에 의한 움직임 템포를 정중동의 우리 춤의 특성과 연계시키는 만만치 않은 감각이 이런 그의 재능을 입증하고 있다.

이 작품은 시종 비슷한 리듬과 사운드의 강약조절로만 반복되는 음악에다 같은 형태로 반복되는 춤의 구조, 여기에 솔로 무용수와 군무진들의 움직임이 지나치게 기교적, 시각적으로 비쳐지도록 만든 점이 옥의 티였다.

30여분 동안 계속되는 중편 길이의 작품에 詩 書 畵의 이미지로 표출한다는 컨셉트였다면 움직임 조합에서도 다른 양상(樣相)의 차용이 필요했다. 남성무용수들로만 출연진을 한정한 것이나 특정 무용수를 돋보이게 하기 위한 한계가 있었다 하더라도 구성상에서의 어떤 변화는 있었어야 했다.

승무의 해체를 詩 書 畵로 연결시킨 컨셉트나 장삼을 활용한 시각적 환타지, 그리고 승무가 갖고 있는 정신을 무용수의 춤으로 연계시킨 구도는 한국적 컨템포러리 댄스로의 무대화를 전제로 했을 때 더 없이 중요한 쏘스가 된다. 따라서 이 작품은 詩 書 畵의 이미지를 어떻게 춤으로 차별화 시킬 것인가 하는 방안(여성 무용수의 가세도 생각해 볼 수 있다)만 보완된다면 국제무대에서 경쟁력 높은 레퍼토리가 될 가능성이 있는 작품이었다.

출연한 무용수들은 물론이고 솔로 춤을 춘 최석렬의 춤 기량은 빼어났다. 김충한이 안무한 그의 춤은 따로 떼어 내어 공연해도 손색이 없을 만큼 그 자체로 출중했다. 김충한은 〈신화를 삼킨 섬〉에 이어 이번 〈채화연풍〉을 통해 한국무용을 전공한 동년배의 남성 무용가들 중 주목할 만한 안무가로 부상했다.

〈춘향〉에 등장하는 인물 변학도에 초점을 맞추어 고전소설을 새롭게 해석한 이경옥무용단의 〈2005 춘향 사랑놀음〉은 의상, 무대소품 등에서 현대적인 감각을 살려내면서 코믹한 요소를 가미했다. 초반부에 개개 등장인물들의 캐릭터 부각을 통해 드라마성을, 중반에 의자 등을 소품으로 활용 놀이성을 살려낸 점, 클래식 기타와 판소리 라이브 연주를 통해 변화를 시도한 점 등이 주목을 끌었으나 판소리 창자의 경우 소리의 질에서 오히려 작품의 흐름를 방해했다. 안무가 이경옥의 다른 작품에서 보여주는 스타일이 일부 장면에서 여과되지 않고 고스란히 묻어난 점도 아쉬웠다.

이야기 구조상 비중도에서 피해갈 수 없었던 변학도 역 김현태는 이왕 해체할 바에야 안무가에 의해 더욱 새로운 캐릭터로 확연하게 환생하지 못한 아쉬움은 있었지만 유연성을 곁들인 움직임과 함께 드라마를 끌어가는 중심인물로서의 연기력에서 무난함을 보였다.

가림다무용단의 〈붉은 나비, 고백---〉은 현실 저항적인 내용을 담아낸 시인의 시가 모티브가 됐다. 안무자 이정연은 주인공이 갖는 열정과 일탈과 자유의 이미지를 창이 난 분리되는 무대미술과 주인공의 심리표출에 초점을 맞추어 무대화 했다. 가림다무용단 특유의 스타일인 심플한 구도에 전체적으로 춤 위주의 구성을 통한 시도가 이어졌으나 이런 경우 반드시 동반되어야 할 새로운 움직임의 개발에서는 다소 미진했다.

커다란 캔버스를 무대 전면에 설치, 실상과 허상의 세계를 넘나들도록 구성한 SEO 발레단의 〈무언의 변주곡〉은 주제의식의 부각보다는 무용수들에 의한 다양한 움직임을 보여주는데 머물렀다. 안무가 서미숙은 무용수들의 얼굴을 시종 무표정하게 처리, 움직임에 대한 집중감을 유도했다. 주역 무용수 김광현은 2개의 다른 분위기를 춤 테크닉 조합에서나 연기력 등에서도 서로 다르게 표출, 차별성을 살려냈다.

하루의 시간 변이를 소재로 한 이미지 댄스를 표방한 윤미라무용단의

〈아침에서 아침으로〉는 에니메이션과의 접목을 통해 몸짓 언어를 통한 표현영역의 한계를 벗어나는 시도를 보여주었다. 이같은 작업의 경우 무용수들에 의한 움직임의 차별성 살리기 외에도 음악, 의상, 조명, 무대미술 등에서의 다양한 조합이 필수적이나 개개 부문들의 분전에도 불구하고 이들 요소들이 무용수의 움직임과 제대로 맞물리지 못하면서 전체적인 시너지 효과 창출에서도 기대만큼 살아나지 못했다. 시각적 이미지 변환을 위한 최형오의 조명 등이 빛을 발했지만 에니메이션을 포함 너무 많은 것들이 한 무대에서 조정, 조율되지 못하고 충돌한 것은 안무자(윤미라)의 노력에도 불구하고 결국 전체 작품의 완성도를 떨어뜨리는 요인이 됐다.

김용철 섶 무용단의 〈업경대〉는 아시아권 음악과 토속적인 몸짓의 만남을 표방했으나 차용된 쏘스가 너무 단조롭고 외국 무용수들의 활용 역시 별다른 차별성이 드러나지 않아 결국 범작에 머무르고 말았다. 〈업경대〉에 안무가(김용철)가 자신의 다른 2개의 작품에서 보여주었던 비슷한 장면들을 조합한 것은, 예술가들의 본령은 창의력이란 것을 전제로 했을 때 더 이상 반복되어서는 안 될 일이다.

제26회 서울무용제의 경연부문에 참가한 적지 않은 작품들이 병역 혜택이 걸린 연기상을 의식한 탓인지 특정 무용수를 노골적으로 부각시키는 쪽으로 흘렀고 이는 결국 작품의 완성도를 떨어뜨리는 요인이 됐다. 출품작 중 절반 이상이 이 같은 문제점을 노출시킨 것은 서울무용제의 위상과도 관계가 있는 심각한 일이다. 25년이 넘는 전통과 무용 부문 중에서 단일 행사에 가장 많은 돈(올해의 경우 3억원)이 지원되는 서울무용제가 특정 무용수의 병역 혜택을 위한 도구로 전락될 수는 없는 일이다.

30분 길이의 작품에서 보여지는 무용수들의 연기상은 3분 남짓의 짧은 시간 동안 보여주는, 무용수들의 테크닉에만 초점을 맞춘 동아무용콩쿠르와 같은 콩쿠르에서의 심사 기준과는 엄연히 다른다. 작품의 소재와 주제와 관련 안무자가 의도한 역할을 얼마나 잘 소화내 내고 그것을 잘 해석해 냈느냐가 더 중요하다.

클래식 발레 〈백조의 호수〉에서 오데트 공주 역할을 맡은 무용수의 평가 기준은 훼떼를 몇 번 돌고 얼마나 높이 뛰고, 팔의 움직임이 얼마나 유연한가 하는 것보다는 그 무용수가 해석해 낸 오데트의 캐릭터가 얼마나 독창적이었는가, 연출가 혹은 안무가가 해석한 작품의 구조를 얼마나 잘 표출했는가에 더 많은 점수를 주는 것과 똑같은 논리이다.

남성 무용수들의 병역 혜택 문제는 무용수 당사자와 단체 운영 책임자에게는 물론 중요하다. 그러나 예술가들에게 있어 그것은 작품성보다 더 우위일 수는 없다. 이제 한국 춤계에서 남성 무용수들의 병역 혜택 문제는 다른 형태로 풀어나가야 한다.

평자가 2002년 기초예술 진흥과 관련된 한 세미나에서의 발제를 통해 무용과 연극 음악 전공자들이 주축이 된 가칭 '국군예술부대'의 창설을 주창하고 한국춤평론가회 회원들이 국회를 방문, 국군예술부대의 창설 등에 대한 입법화 필요성과 군사문화, 병영문화의 시대적인 변화의 필요성을 강조한 것도 바로 이 같은 맥락에 기인한다.

서울무용제를 주최하는 한국무용협회도 향후 서울무용제의 위상 회복을 위해서는 연기상과 관련된 운용 제도를 과감하게 개선해야 한다. 무용가들 역시 자신의 이름을 내걸고 하는 공공성이 있는 행사에 출품하는 작품의 예술적인 완성도에 더 신경을 써야 한다. 자신의 이름을 내건 개인 발표 무대와 국가 지원에 의한 공식 공연의 참가 무대는 분명히 다르다.

결국 서울무용제의 위상 회복은 무용가들 스스로의 손에 달려 있다. 이런 행태가 되풀이 된다면 어쩌면 서울무용제의 회생은 연기상 수상자들에 대한 병역 혜택을 철폐하는 것에서부터 시작해야 될지도 모른다.

김나영 댄스 프로젝트 〈그녀는 노래한다〉

상징과 위트, 넘지 못한 소 공간의 벽

현대무용이나 한국무용에 비해 상대적으로 주목할 만한 안무가가 적은 발레 부문에서 김나영은 단연 두각을 나타내고 있다. 그녀는 안무가에게 요구되는 논리성과 상상력, 새로운 움직임을 조합해 낼 줄 아는 감각을 소유하고 있다. 이 같은 그녀의 재능은 치밀한 구성력과 무용수들의 움직임과 연기력이 조화를 이룬 1995년 작 〈스톡홀름 증후군〉에서 이미 그 가능성을 보였었다.

신작인 〈그녀는 노래한다〉(12월 28-30일 자유소극장, 평자 28일 공연 관람)는 안무가로서 그녀의 기발한 상상력이 또한번 빛을 발한 무대였다. 전작인 〈칼멘 샌디에고의 향방〉에서 게임 속의 게임을 응용한 드라마적인 설정을 중심축으로 잡아 예술성과 대중성 모두를 담아냈다면, 〈그녀는 노래한다〉에서는 에디뜨 삐아쁘라는 유명 스타를 내세워 상황 설정의 중심으로 활용하면서 그의 노래를 이미지 설정의 중요한 카드로 활용하고 있다.

가수(에디뜨 삐아쁘)와 매니저라는 그렇더라도 엉뚱하게 권투선수의 캐릭터는 설정부터가 심상치 않았다. 이들 3명의 주인공은 드라마를 이끌어가는 중심인물이지만 그렇다고 스토리텔링에 의한 전개가 아닌 만큼 줄거리의 흐름을 쫓아가기 보다는 개개의 장면 속에서 엮어지는 춤과 등장인물의 연기와 그들이 만들어내는 볼거리를 즐기면 되는 구도였다.

여가수가 직접 부르는 샹송이 춤을 위한 음악으로 대체되지만, 작품의 중심은 연기자와 무용수로서 김나영의 분전이었다. 능란한 움직임을 곁들인 그녀의 연기와 춤은 작품 속에 절대적인 비중을 차지한다. 김나영의 순발력 있는 움직임과 거침없는, 자연스러운 변신의 폭은 드라마를 살려내는 일등 공신이었다. 매니저 역할을 맡은 조정흠과 권투선수 역할을 맡은 이영찬 역시 춤 이외에 연기적인 요소들이 적지 않은 비중으로 엮여져 있다.

그러나 시간이 지나면서 이들의 연기는 객석과 무대가 일정한 거리감을 갖는 프로시니엄 무대 공간이 아닌 바로 코앞에서 보아야 하는 소극장 무대에서 조금씩 한계를 보이기 시작했다. 무용수들의 움직임 이외에 싫든 좋든 연극적인 요소들과 맞닥뜨린 관객들의 입장에서는 산만한 장면 연출과 부분적으로 드러나는 이들의 어색한 연기가 작품의 흐름을 자주 단절시키는 요인이 됐다.

안무자는 2,3층 객석과 발코니까지도 전면의 커튼과 같은 색깔로 치장, 다양한 장면 연출을 가능하게 했다. 좌우에 7개의 의자를 나란히 배치하고 무대 좌측에서 발코니 쪽으로 계단을 설치, 입체적으로 공간을 활용했고, 이 같은 시도는 전체적으로 작품의 흐름을 빠른 템포로 진행되게 하면서 여러 개의 장면들이 시시각각으로 변하도록 하는데 기여했다. 이 사이에 의자를 이용한 4인무, 매니저와 가수의 심리적인 흐름을 담아내는 2인무와 권투선수와 가수의 2인무 등이 샹송과 함께 무대를 수놓았다.

안무가로서 김나영의 재치는 이영찬과의 2인무 구성 등에서 보여준 위트와 상징, 평상복이 아닌 타이즈를 착용한 댄서들을 등장시켜 분위기를 반전하는 시도, 실제 권투 시합의 분위기를 활용한 움직임의 확장 등 여러 군데서 목격됐다.

앞서 지적한 소극장 무대에서 요구되는 보다 내밀한 연기력의 부족 외에 에디뜨 삐아쁘에게만 상황을 집중시킨 구도와 세밀한 연출의 부재는 향후 보완할 필요가 있다.

문화상품과 농악의 해체 작업

사물놀이가 인기를 끌면서 농악하면 북, 장구, 꽹과리, 징이 먼저 떠오른다. 그러나 농악에는 가무악적인 요소와 놀이까지 다양한 것들이 담겨져 있고 무엇보다 농경민족인 우리의 삶과는 가장 친밀하다. 그런 점에서 농악의 현대적 재편 작업은 무대예술 부문에서도 당연히 주목의 대상이 된다.

농악의 현대적 해체를 표방한 서울예술단의 〈소용돌이〉(2월 26-29일 문예진흥원예술극장 대극장, 평자 26일 공연 관람)는 한마디로 춤과 연주에 무게 중심을 둔 볼거리 위주의 한판 난장이었다. 프롤로그와 에필로그를 앞뒤로 봄 여름 가을 겨울 등 사계절의 순환을 대입시킨 구성은 어떤 메시지나 스토리 전개보다는 새롭게 해체한 농악을 펼쳐 보이기 위한 단순한 기본 틀의 의미가 강했다.

이 작품에서 농악의 해체 작업은 우선 출연자들의 의상과 장식물에서 드러났다. 농악대가 쓰던 고깔을 벗어 던진 대신 남성 무용수들은 흰색 머리띠 가운데에, 여성 무용수들은 뒤로 묶은 머리끝에 농악대들이 쓰는 고깔의 꽃 장식을 했다. 무용수들의 몸놀림을 자유롭게 하면서 농악대의 이미지를 살려내려는 기발한 착상이었다. 통이 넓은 흰색 바지 대신 검정색

일자형 바지를 통해 속도감을 살리고, 노랑과 붉은 색을 살려 상대적으로 화려함을 부각시킨 심플한 의상 디자인(두 개의 깃발이 주는 화려한 이미지와의 대비)도 출연자들의 연기와 춤에 집중하도록 하는데 일조했다.

농악이 갖는 종합예술로서의 속성은 포수와 창부 상좌중, 미얄 등 잡색의 등장과 남사당패가 하던 버나 돌리기 등을 통해서는 놀이성을, 지신밟기와 어럴럴럴 상사디여 등의 코러스, 구음 등을 통해서는 노래를 강조하는 쪽으로 구체화됐다.

큰북과 작은 북 세 개를 혼합 남녀 6명 무용수들이 번갈아 연주하고 여기에 작은 북 4개를 동원한 모듬북 합주 등은 농악에서의 음악적인 요소(타악)를 살린 시도로, 진도북춤과 밀양북춤, 소고춤, 장구춤, 종반부에 보여지는 무을 북춤에서의 무용수들의 움직임 등은 춤적인 요소를 강조한 시도로 보여졌다. 대포수 최병규와 창부 김현아가 가면을 벗고 추는 2인무는 농악을 토대로 한 여타 춤의 색깔과는 판이한 데다 전개 구조의 논리성에서 보면 튀는 구성이었지만 풍물 위주의 지나치게 상승된 분위기를 상쇄시켜주면서 볼거리를 더했다.

〈소용돌이〉가 농악의 현대적 해체를 통한 볼거리 위주의 제작이란 점을 전제로 하면 이번 공연은 만족할만한 수준은 아니지만 나름대로의 성과는 거두었다. 앞서 지적한 농악에 담겨있는 종합적인 여러 요소들을 완성도의 차이는 있지만 골고루 무대 위에 드러내 보였고 몇 안 되긴 하지만 새롭게 작곡된 음악에서도 전통성과 현대적인 감각이 비교적 잘 어우러졌다. 여기에 농악에서 사용되는 부포와 채상모 등을 다양하게 활용한 안무가들의 노력도 풍물놀이에서 늘 보아왔던 장면들에서 오는 식상함을 어느 정도 덜어주었다.

상모돌리기 대신 채상모를 손에 들고 다양하게 활용한 구성(두 명의 남녀 어린이가 채상모를 손에 들고 노래를 부르면서 무대 전체를 뛰어다니게 한 설정)이나 크기가 다른 부포를 초반에는 손에 들어 사용하고 후반에는 풍물놀이 중 일부의 개인놀음으로 보여주도록 한 설정 등이 그런 예들이다. 길이가 서로 다르고, 크기가 서로 다른 상모와 부포를 놀이성과 시각적인 효과를 살리기 위해 혼용한 시도는 무대 장면 전체의 분위기나 템포감 등을 조율하는데도 적지 않게 기여했다.

농악의 여러 요소를 한 장면 안에 담아낸 구성 중 가장 빼어난 것은 '겨울 - 소용돌이' 장에서 펼쳐진 무을 북춤의 판놀음이었다. 상쇠를 필두로 북 놀음을 강조한 이 춤은 북을 멘 무용수들이 상쇠를 중심으로 모아졌다 흩어졌다 하는 다변성, 사물과 태평소가 경사진 무대 위에서 횡으로 서서 연주하고 그 아래 무용수들의 동선은 곡선 대형으로 처리한 구도, 무용수들이 대열을 지어 이동하면서 좌우로 몸통을 흥겹게 흔들고 앞으로 도는 동작 등을 안배한 구성은, 직접 악기를 연주하면서 생성되는 리듬에 따라 자연스럽게 생겨나는 무용수들의 몸의 율동이 농악대의 흥과 신명의 합일로 표출되는 빼어난 대목이었다.

서울예술단 단원들의 열정도 무대의 열기를 살려내는데 일조 했다. 악기를 다루면서 동시에 춤을 추는 것은 쉬운 작업이 아니다. 상모돌리기 군무와 무을 북춤에서 보여준 무용수들의 기량은 가무악을 표방한 단체의 특성을 살려내기 위한 단원들과 지도자들의 숨은 노력을 가늠하게 했다.

이번 공연은 예로부터 우리의 일상과 가까운 농악을 대중적 무대예술

레퍼토리의 중심으로 삼은 데다 아일랜드의 대표적인 문화상품인 〈리버 댄스〉처럼 전통적인 것을 토대로 춤이 주가 되면서 연주와 노래를 곁들인 오락적인 볼거리 위주의 환타지 작품으로서 성공 가능성을 상당 부분 열어놓았다. 마당에서 행해지던 농악의 판을 극장무대로 끌어오면서 객석의 통로와 무대를 연결, 연희자들이 관객들 속에서 함께 호흡하도록 하는 연출도 그런 노력의 일환으로 보인다.

〈소용돌이〉는 전작인 가무악 〈청산별곡〉과 비교했을 때 세련된 서정성의 표출이나 예술적인 구성의 묘미보다는 농악이 갖고 있는 종합예술로서의 요소들을 볼거리 위주로 펼쳐놓는다는 컨셉트에 비교적 충실하게 제작됐고, 이것이 바로 차별화 된 가무악 작업을 가능하게 했다.

대본(김만중), 작곡(정동희), 편곡(이정면), 미술(천경순), 의상(황연희), 드라마트루그(강춘애), 안무(서한우 정진욱), 예술감독(채상묵), 프로듀서(주미영), 감독(신선희) 등 제작진들에 의해 노래와 드라마적인 요소를 약화시키는 대신 춤 위주의 구성과 놀이성 등을 결합하는 기본 구도로 끌고 간 것이 결국 소기의 성과를 거둘 수 있었던 요인이다. 가무악을 표방했지만 모두를 욕심 내지 않고 적절한 무게중심을 선택한 용단이 적중한 셈이다.

부족한 점도 눈에 띈다. 전체적으로 개인 놀음보다 집단 놀음의 구성이 많은 점, 농악의 다양한 가락들이 세밀한 연주를 통해 질적으로 보여질 수 없었던 점, 북 연주나 기타 악기 등 연주를 통한 앙상블이 가다듬어지지 못한 점, 시각적인 볼거리를 위한 보다 세심한 연출의 부재 등은 재 작업 과정에서 보안되어야 한다.

진도북춤과 밀양북춤 위주로만 설정된 겨루기 장면에서 우리나라 농악의 차별화 요소를 살려내고, 징춤, 짝쇠 연주, 장고를 활용한 개인 놀음과 2인무, 4-8인무의 프로그램을 새롭게 편성해 다채로운 맛깔을 더 담아내고 노래하는 꼭두쇠의 역할을 전체 작품을 끌어가는 나레이터로 변환시켜 창극에서의 도창처럼 독특한 캐릭터로 활용하는 방안 등도 적극 검토해볼 필요가 있다. 여기에 공연시간을 30분 정도 늘려 볼거리, 들을 거리의 전체적인 구성의 틀을 다시 조율한다면 〈소용돌이〉는 국내외 모두에서 통용될 수 있는 문화상품으로 성공할 가능성이 그 어느 작품보다 높다.

〈**女舞**, 허공에 그린 세월〉 & 여성농악단 공연

전통예술의 다양성을 음미하는 재미

한국의 민속춤들은 춤의 다양성 면에서 엄청난 자산을 갖고 있다. 〈승무〉나 〈살풀이춤〉 등은 움직임의 진폭이 그리 크지 않은 대신 홀로 춤추는 이의 뱃속에서부터 뿜어져 나오는 복식 호흡을 통해 발끝에서부터 파생되는 움직임의 전이가 독특한 미감을 자아낸다. 또한 〈승전무〉에서는 북춤과 검무에서 소품의 활용을 곁들인 군무 무용수들의 조형적인 변화의 아름다움이, 〈밀양 오북춤〉이나 〈진도북춤〉 등에서는 흥과 신명의 정서가 읽혀진다.

이 같은 다양성 때문에 한국의 민속춤은 춤추는 이에 따라 그 맛깔이 천차만별이고 그런 노하우들이 자연스럽게 몸으로 체감되기까지에는 오랜 수련을 필요로 한다. 무용가들 사이에 떠도는 "추면 출수록 어려운 것이 전통춤"이라는 말도 이와 무관하지 않다.

〈**女舞**, 허공에 그린 세월〉(2월 12-13일 국립국악원 예악당, 평자 12일 공연 관람)은 오래 동안 우리 춤을 추어 온 일곱 명 예인들의 무대였다. 출연자들의 나이를 합치면 평균 연령이 70세가 넘는다. 그 짧지 않은 세월만큼이나 이 들의 춤에서는 속내의 정기와 많은 사연들이 읽혀진다.

"여무, 허공에 그린 세월" 이란 시적 표현 뒤에 숨은 것은 어쩌면 인생의 무상함이다. 허공에 얼마나 많은 손짓을 했고, 고개 짓을 했으며 또 몸짓을 했을까? 그러나 남아 있는 것은 그들의 나이요 가버린 것은 그들의 예술이다. 한 때 맵씨를 자랑하던 예인들의 춤, 그러나 서 있기도 어려운 그들의 나이는 그들이 가졌던 예술의 깊이를 더욱 안타깝게 했다. 이미 몇 분들의 춤 맵씨를 온전히 보았던 평자로서는 춤은 고사하고 서 있기도 어려웠던 그들의 몸짓에서 무형의 문화적 손실이 더 없이 안타깝기만 했다.

권명화의 〈살풀이춤〉은 그 새로움에서 단연 평자의 눈길을 잡았다. 그의 춤은 살풀이춤의 또 다른 매력을 보여주었다. 한영숙, 이매방류가 아닌, 권명화류의 살풀이춤은 마치 한영숙류의 꼬장꼬장한 돋음새가 조금 수그러든 듯도 했고, 이매방류의 살짝 허리를 비튼 여성적 자태가 조금 풀린 듯한 춤사위가 주를 이루었다. 세련된 느낌은 없더라도 손바닥의 묵묵한 너울거림과 호흡의 떨어뜨림은 우리가 보아왔던 살풀이춤과는 그리 많은 차이는 나지 않았다. 여러 갈래의 살풀이춤이 있지만 그 공통분모의 미적 가치는 결국 같은 것임을 권명화의 〈살풀이춤〉이 여실히 보여주고 있었다.

강선영의 〈승무〉는 한 번도 본적이 없었다. 〈태평무〉를 명무의 수준으로 끌어올리는데 역할을 한 강선영의 〈승무〉는 마치 〈태평무〉를 승무화 시킨 듯 보였다. 장삼을 뿌리는 힘은 여든을 넘은 여무가 아니었으며 발디딤은 〈태평무〉에서의 리드미컬한 놀림이 아니라 바위를 쿵하고 내리는 듯한 무거움이 있었다.

최희선의 〈달구벌 입춤〉은 여러 면에서 안타까웠다. 얼마 전까지만 해도 최희선의 〈달구벌 입춤〉은 지나치게 넘쳐나지 않은, 중도의 흐름에 실은 움직임의 특이함으로 인해 여러 사람들의 찬사를 받았던 춤이다. 이날 순서에서는 최희선의 지병 때문인지 흥이 나면 수직으로 치솟던 경쾌한 소고춤 놀이가 쇠잡이 없이 연주하는 농악대처럼 흥이 사라지고 의미만 남은 듯 했다.

우리나라 춤이 무속무로부터 발전한 것이 많다고는 하지만 무속무 자체가 갖는 미적 가치가 형태적으로 얼마만큼의 호소력을 가지는가는 한번쯤 되집어 볼 필요가 있다. 무속 춤이 가지는 춤의 속성은 그 정신성으로부터 비롯되는 면이 다분하다. 무속의식의 절차로부터 오는 그 의미의 귀중함으로 인해 우리의 유산으로 평가받는다. 그런 점에서 춤 적인 요소만 따로 분류해 공연한다는 것은 자칫 그 정신적 표현의 부재뿐만 아니라 형태적인 면에서의 반복으로 인해 지루할 수도 있다. 그런 면에서 김금화의 〈거상춤〉은 비록 항아리(용궁)에 올라가는 식의 무속적 의미가 첨가되었다고 하나 의식이 가지는 숙연함을 배제한 보여주기 식으로 되어버린 점이 안타까웠다.

김수악의 〈교방 굿거리춤〉은 최근 들어 빠른 속도로 확산되고 있다. 앙상하고 꾸부정한 모습으로 걸어 나온 김수악의 몸짓은 예악당의 큰 무대로 인해 더 작아 보이고 왜소했다. 그러나 음악이 흐르고 가느다란 몸에서 두 팔이 양옆으로 쫙 펴지자 그 무게감과 자태는 여전히 건재했다.

김수악 춤의 진수는 바로 양팔을 느긋하게 쫙 펴고 천천히 발을 바꿔가면서 회전하거나 손바닥으로 머리 위를 휘 돌리는 돌림사위이다. 명무의 손 움직임은 여전히 감칠맛이 살아 있었다. 적당한 순간에 앞에서 뒤로 넘어가고 적당한 순간에 몸을 돌리는 그 절묘한 시간성, 이것이 김수악 춤의 진수요 우리 춤이 가지는 묘미일 것이다. 일정한 틀 안에서의 즉흥적 시간성은 관객의 마음에도 잔잔한 여운을 남겼다.

한동희의 〈나비춤〉은 아직은 많이 알려지지는 않았으나 이미 명무의 수준을 웃도는 춤이다. 〈나비춤〉의 묘미는 4명의 무용수들이 같이 장삼자락을 휘저을 때 착시현상으로 마치 나비가 유유히 나르는 듯한 느낌을 자아내게 하는 것이다. 비록 네 마리의 나비는 아니었지만 홀로 된 나비가 팔을 폈을 때 바닥까지 닿는 폭이 넓은 의상과 배색, 여기에 고깔과 양손에 들린 모란, 작약이 만들어내는 형태의 배분은 그것 자체로 환상적이다. 여기에 느린 움직임 속에 담긴 내재된 정신까지 한동희 스님의 〈나비춤〉은 특별한 별미였다.

군산에서 살고 있는 장금도가 춤춘 '입춤'은 수건을 들지 않고 맨손으로 춘다고 해 〈민살풀이춤〉이란 이름으로 선보였다. 어떤 소품을 사용하느냐에 따라 춤의 성격이 달라지고 같은 수건을 사용하더라도 그 길이에 따라 또는 그 폭에 따라 춤추는 이의 몸이 참으로 변화무쌍해짐을 보여준 순서였다.

출연자들의 대부분이 고령이어서 제대로 그 맛깔을 음미할 수 없었던 점은 두고두고 아쉬웠지만 이번 공연은 영남과 호남, 그리고 경기 중부권에서 추어지고 있는 우리나라 민속무용의 각기 다른 유형들을 비교해 보는 재미가 쏠쏠했고 우리 전통춤의 다양성을 여성들의 몸을 통해 비교해 보는 기회였다는 점에서 의미가 있었다.

이 같은 성격의 춤판이 갖는 또 다른 의미는 중요무형문화재로 지정된 종목의 춤이 아니더라도 우리나라에 많은 춤의 자산이 있음을 인식시키는 기폭제 역할을 할 수 있다는 점에서 주목할 필요가 있다. 소개된 춤들이 대부분 중앙과 지역 문화재로 지정되어 있긴 하지만 문화재 지정의 의미보다는 개개 춤이 갖는 각기 다른 맛깔 그 자체와 춤추는 이의 정신을 더욱 소중히 강조하는 풍토를 조성할 수 있기 때문이다. '이수자' 란 자격증 보다 그들의 춤이, 그들의 춤 정신이 좋아 그 춤을 진정 즐기면서 추는 풍토를 이 같은 기획공연들이 만들어 갈 수 있다는 것이다.

향후 이런 공연이 다시 마련된다면 유사한 성격의 무대를 반복하는 것보다 차별화 된 내용을 갖고 섭외와 홍보, 해설에 이르기까지 우리 시대 한국의 민속춤이 갖고 있는 정체성 찾기에 보다 공을 들여야 할 것이다.

이보다 앞서 예술의전당 자유소극장에서 있었던 〈춤의 시각─ '유랑의 심청' 〉(1월 9-11일)중 여성농악단 공연(평자 1월 11일 공연 관람) 역시 농악이 갖는 고정관념을 뒤바꾸는 소중한 무대였다. '30년만의 해후' 란 부제에서 보듯 이날 공연은 그 동안 뿔뿔이 흩어졌던 이제는 50대 초로의 여인이 된 옛 단원들 중 일부와 여성 농악단의 부활을 꿈꾸며 맹훈련 중인 신 여성농악단 등 30여 명이 출연해 질펀한 풍물과 노래, 춤을 선사했다.

농악하면 북, 장고, 징, 꽹과리 등 사물이 연주하는 풍물만을 연상하지만 원래 농악에는 노래와 춤과 연주가 함께 했다. 따라서 이날 공연의 가장 큰 관심은 30여년 만에 부활된 여성 농악단의 모습과 함께 농악 안에 풍물, 노래, 춤이 과연 어떤 형태로 드러날 것인가 하는 것에 모아졌다.

판은 유순자와 5명의 단원들이 부르는 남도 잡가로 열려졌다. 신여성 농악단 20여 명의 판굿에 이어 30여 년 전 여성 농악단 시절 전국을 누비며 풍물을 쳤던 50대 단원들의 개인 기량을 펼쳐 보이는 무대, 그리고 이들과 신여성 농악단원들이 합동으로 판 굿을 벌이는 순서로 펼쳐졌다.

이중에서도 1953년생 유순자의 소리와 꽹과리 연주는 일품이었다. 꽹과리를 치며 홀로 선보인 부포놀이에서 자유자재로 부포를 요리하는 기량과 무대를 휘어잡는 카리스마는 압권이었다. 김정숙의 징춤은 징채에 메단 장식용 수건을 소품처럼 활용한 춤사위와 중간에 징을 바닥에 고정시킨 후 자유로워진 두 팔을 이용해 어깨춤을 가미한 춤의 조합이 기막혔다. 유점례와 이영단 두 연희자가 주고받는 장구춤 2인무, 소고를 들고 추는 이옥금의 상모놀이 춤도 보는 재미를 더했다. 이들은 모두들 악기와 춤을 동시에 연주하고 춤추는 쉽지 않은 기량을 농익은 기량과 몸짓으로 훌륭하게 소화해 냈다.

중간에 한번 더 들려준 〈농부가〉 연창도 악가무가 함께 한 이날 판의 가치를 더욱 높여주는 순서였다. 호남 우도 농악의 다양한 가락을 연주하는 수준이 부활을 꿈꾸며 다시 모여 연습한 기간이 일 년도 안 되었음을 감안하면 기대 이상이었다.

이 두 공연 모두 한 기획자(진옥섭)에 의해 무대화 됐다. 〈여무, 허공에 그린 세월〉의 경우 지난해 〈남무, 처용아비들〉에 이어 중앙 무대에서 잘 볼 수 없었던 예인들의 춤들을 한데 모아 우리 춤의 다양성을 한 자리에서 비교할 수 있었던 계기를 제공한 점에서, 여성 농악단 부활 공연은 농악이 갖는 종합성이 무대 위에 오르면서 단순히 보여주기 위한 기교의 전시가 아닌, 음악이나 무용의 측면에서 예술의 수준으로 접근하고 있음을 보여주었다는 점에서 기획자의 역할에 주목하게 된다.

벨기에 Les Ballets C. de la B. 〈믿음〉

치밀하게 계산된 토탈 무브먼트 퍼포먼스

몸으로 표현할 수 있는 춤 공연은 한계에 온 것인가? 기계적인 테크닉에서 동물에 가까운 테크닉까지 인간의 몸으로 만들 수 있는 모든 움직임을 만들어 본 안무가들은 이제 조금은 지쳐있는 것일까?

벨기에 현대무용단(Les Ballets C. de la B.)의 〈믿음〉(3월 11-13일 LG 아트센타, 평자 11일 공연 관람)은 안무가 피나 바우쉬로 대변되는 댄스 시어터의 연장선상에 있지만 여러 예술가들의 합작을 통해 이를 더욱 폭넓게 확장한 작품이었다.

무용수들의 수에 버금가는 연주자와 성악가들이 직접 행위자로 등장하며, 무용수들 역시 직접 대사를 내뱉고 노래를 불러 댄다. 여기에 붉은 피와 망치로 쇠를 두들기는 소리 등 시 청각적인 자극의 강도 또한 만만치 않다. 춤과 연극의 접목을 넘어 이쯤 되면 '토탈 무브먼트 퍼포먼스'에 더욱 가깝다.

무대를 삼각형으로 구획한 두 개의 큰 벽을 중심으로(두 벽의 꼭지점은 떨어져 있다) 안무자는 다양한 이미지들을 조율해 낸다. 4명의 가수와 3명의 연주가, 11명의 무용수와 배우 등 18명 출연자들이 만들어내는 각양각색의 이미지들은 음악과 춤과 대사와 연기, 그리고 다양한 움직임들과 만나면서 숨 가쁘게 전개된다.

2시간이란 짧지 않은 시간 동안 무대가 시종 집중감을 잃지 않은 것은 안무자가 설정한 세 가지의 큰 틀- 다양한 캐릭터와 음악, 그리고 무대미술-이 치밀하게 맞물려 있기 때문이다. 잃어버린 아들을 찾아 헤매는 어머니, 화려한 의상의 섹시한 기상 캐스터, 눈이 먼 사람, 수호천사 등 다국적 무용수들에 의한 다양한 인물 설정과 역할 배분, 연주가와 성악가들이 라이브로 빚어내는 중세풍의 아름다운 선율(감미로운 음악은 무대 위에서의 폭력성과 추함 등과 대비되어 안무가의 메시지를 더욱 강렬하게 드러낸다), 높은 벽 한쪽 면에 만든 세 개의 창을 통해 공간을 입체적으로 분할하고 다양한 장면 변화를 이끌어내는 매개체로 활용하는 아이디어 등 안무자의 치밀한 계산은 하나의 주제를 관통하고 있다.

안무자는 특별히 장을 나누거나 또는 서사적인 흐름이 없이 무작위적으로 이미지를 전달하고 있다. 그것은 반복되는 역사의 흐름 속에 존재하는 무의식적으로 각인되고 공유되어진 것, 그것이 바로 '믿음' 이라는 신화였다. 문화적 경계를 넘고 인종적 차별을 넘어 서는 지점에 인간이 공통적으로 공유하는 것은 바로 진실에 대한 믿음이며 그것은 신화로서 전승되어 왔던 것이다.

변화를 끊임없이 조장하는 안무가의 능력은 탁월했다. 한 장면으로부터 다음 장면으로 넘어가려는 지점에 희극적 장치들을 숨겨두고 무게감 때문에 공연의 분위기가 가라앉으려고 하면 그 장치들을 이용해 무거움을 털곤 했다. 관객의 호기심을 최대한 자극하고 또 극도로 충격을 줌으로써, 작품은 살아있었고 시종 꿈틀거렸다. 피나 바우쉬와 같은 대범한 구성이나 상상을 뛰어넘는 굵직한 이미지는 상대적으로 적었지만 끝임 없이 어떤 일들이 수 없이 이루어졌고 그것들은 대립과 융합을 통해 계속적인 흥미와 긴장을 고조시켰다.

이 작품의 안무가인 20대 후반의 시디 라르비 세르카위는 유럽의 급진적인 안무가로 평가받고 있는 샤샤 발츠, 빔 반덴키부스처럼 오늘날 인간이 드러낼 수 있는 감정의 극한상황이 어디쯤인가를 연구하는 듯 보였다. 그가 만든 충격요법은 음악과 무용수들의 행위와 내뱉는 대사 속에 함축된 의미와 더해져 관객들의 감성을 끝없이 자극시켰다.

역사적으로 '예술'에 대한 개념만큼이나 '미'에 대한 개념도 변해왔다. 도덕을 '미'로 보았던 시대에서 아름다움을 '미'로 보던 시대를 거쳐 이제 추가 '미'의 한 유형으로까지 변화되는 지점에 우리는 와 있다. 그러한 관점에서 봤을 때, 아직도 진정한 아방가르드를 경험하지 못한 우리의 문화적 정서로서는 〈믿음〉이 일반인들에게 받아들여지긴 어려웠던 부분도 있었다. 그럼에도 〈믿음〉은 샤샤 발츠나 빔 반덴키부스와 비등한 무게감을 가진 안무가로 시디를 자리매김하기에 충분할 만큼 다분히 지적이고 개성적인 작품이었다.

견고한 앙상블, 업그레이드 된 예술성 기대

댄스씨어터온이 창단 10주년을 맞아 올린 기념 공연 〈모자이크〉 & 〈싸이프리카〉(6월 17-18일 LG아트센터, 평자 17일 공연 관람)는 창단 후 이 무용단이 일관되게 추구해 온 예술성과 대중성을 향한 성과와 앞으로의 과제를 동시에 보여준 무대였다.

창단 후 선보였던 대표 작품 〈말들의 눈에는 피가〉〈달보는 개〉〈데자뷔〉〈빨간부처〉〈샤도우 카페〉〈다섯번째 배역〉 중에서 솔로춤과 2인무, 군무 등을 모아 선보인 1부에서는 비록 발췌된 짧은 공연이긴 했지만 안무적 특성과 각기 다른 색채, 그리고 무용수들의 특별한 개성을 음미할 수 있었다. 홍승엽에 의해 조율된 독창적인 움직임, 작품을 풀어 가는 아이디어, 무용수들의 개성과 움직임의 특질을 활용한 안무, 음악과 조명, 무대미술 등과의 상호 관계를 융합한 이미지 표출 등 안무가 홍승엽이 갖고 있는 특유의 감각이 어렵지 않게 포착됐다.

2부에 선보인 신작 〈싸이프리카〉(Cyber Africa)는 제목부터 흥미롭다. 안무가 홍승엽은 아프리카를 자연과 고향으로 연결시키고 에니메이션을 통한 크로스오버 작업을 통해 사이버적인 이미지를 살려내는데 초점을 맞추었다.

그는 캐릭터 설정에만 머물던 에니메이션을 적지 않은 비중으로 춤과 매치시키면서 무대미술을 통한 상상력이란 난제를 효율적으로 풀어냈다. 안무가는 퍼덕이는 새의 이미지, 초원의 동식물, 그 속에서의 새 생명의 탄생, 평화롭게 노니는 물고기 떼, 구름 사이로 내리는 빗줄기와 우산 등 아프리카 자연이 갖고 원시성과 때 묻지 않는 원초적 이미지를 에니메이션(김이진)을 통해 요란스럽지 않게 무용수의 몸과 연계시켰다.

무대 위 무용수들의 움직임과 동선은 조명(천세기), 음악(김태근)과 함께 서로 맞물리면서 점진적으로 확장된다. 사운드 효과를 전면에 내세운 음악 구성은 이전의 다른 작품에서와 마찬가지로 템포와 속도조절이 계산된 몸들과 만나면서 장면장면 차별화 된 이미지를 표출해냈다. 무용수들의 움직임은 동물들의 행위를 그대로 묘사했기보다는 상상력에 의해 더욱 확장된 상태로 보여졌다. 종반 11명의 무용수들이 일렬로 늘어서 손가락과 히프, 어깨, 팔, 다리, 고개 등을 이용해 일사분란 하게 분절적으로 만들어내는 앙상블은 서로 다른 동물들의 복합된 움직임으로 연상되면서 흥미를 더했다.

〈싸이프리카〉에는 분명 소재의 확장, 시청각적인 조율과 무대 공간 활용 등 안무가의 치밀한 계산에 바탕 한 논리적인 전개구도가 있다. 그러나 이 작품은 막이 내릴 때 뭔가 허전하다. 움직임 조합의 세밀함에서 전작들에 비해 떨어지는 데다 무엇보다 작품 속에서 드러나야 할 환타지가 부족하다. 에니메이션과의 협력을 의도했다면 몸과 움직임과의 융합 시도가 보다 더 폭넓게 모색되었어야 했다.

댄스씨어터온이 지난 10년 동안 쌓은 저력은 전문 무용단 체제를 통해 다져온 앙상블의 힘이다. 일정 수준을 유지하는 레퍼토리의 확보도 성과다. 향후 댄스씨어터온은 지금보다 더 견고한 앙상블 다지기와 한 단계 업그레이드 된 질 높은 작품 제작을 위해 더 정진해야 한다. 한국을 대표해 국제 무대에서 당당하게 경쟁할 몇 안 되는 춤 단체로서의 기대가 그 만큼 크기 때문이다.

동양의 제 의식과 현대적인 감각의 융합

팸플릿에 게재된 대본을 보면 춤으로 무대화 될 경우 적지 않은 볼거리와 시각적 이미지들이 선명하게 들어온다. 임학선댄스위의 〈공자〉(5월 20-21일 예술의전당 오페라 극장, 평자 22일 공연 관람)는 한 인물을 소재로 한 60분 길이의 장편 춤, 철학적인 바탕이 전편에 녹아드는 내용, 그리고 춤계에서는 드문 예술의전당 오페라극장 공연이란 제작 규모 때문에 개막 전부터 시선이 집중됐다.

중국을 배경으로 하고 있는 데다 내용상 어쩔 수 없이 담겨질 유교적인 색채는 이 작품을 적어도 한국에서 창작되어지는 다른 춤 작품과 분명하게 차별화 시킨다. 실제로 공연에서 보여진 일무, 죽간과 여의주, 약, 적 등 소품, 제의성을 살려내는 복식 등은 색다른 볼거리를 더해 주었다.

작품 전편을 통해 가장 두드러진 특징은 무엇보다 간결한 뼈대이다. 상하를 구획한 경사진 무대와 정면을 포함 무대 삼면의 일부분을 서책의 페이지로 장식한 무대미술(박동우)은 이 작품이 갖는 독창적인 색채와 현대적인 감각이 자연스럽게 어우러지게 하면서 무용수들의 원활한 등퇴장에 상당 부분 기여하고 있다. 적지 않은 수의 무용수들과 고전적인 제의식의 설정 등을 감안하면 이 같은 단순한, 회화적 색채의 무대구조는 전통과 현대를 넘나드는데 있어 더 없이 효율적으로 기능했다.

죽간을 이용한 공자 제자들의 학문하는 장, 거문고의 현을 무용수들의 몸으로 대치한 장면 구성, 니구산 언덕 물가에서 서성대는 제자들과 그리움을 상징하는 솟대들의 행렬, 마지막 환희의 일무 장면은 각각 시각적, 조형적 이미지가 가장 잘 부각된 인상적인 대목들이었다.

'문묘제례악'과 '수제천' 음악을 가로지르는 '공무도하가'를 부르는 창자의 청(廳), 한자로 낭독되는 소리 구성 등은 청각적 자극을 통한 반전의 효과로 나타나면서 한껏 분위기를 살려냈다. 명암 조정에 의한 질감을 통해 장면의 분위기를 묘사하려 하고 등장인물들의 심리까지도 담아내려 한 조명 디자이너의 감각도 군데군데서 빛을 발했다.

그러나 이 작품은 안무자가 의도한 열정적인 삶을 살았던 인간 공자, 또는 작품의 근간이 된 이상적인 인간형으로서의 군자의 모습은 그리 쉽게 체감되지 않았다. 이는 무엇보다 드라마를 끌어가는 중요 인물들의 캐릭터 부재와 무용수들의 춤 때문이다. 여러 명의 무용수들이 출연했지만 그들은 '출연자'의 역할에만 충실했다. 몸은 있었지만 춤은 없는 듯 보였고 움직임은 있었지만 감성은 무디었다. 안무자가 추구한 의미를 몸으로 담아내기 위해서는 무용수들은 더 많은 훈련이 필요해 보였다.

다양한 인물 설정 없이 공자와 그리움의 여인이란 단순 구도를 택한 것은 제작진들의 적절한 선택이었다. 그러나 이런 구도가 성공하기 위해서는 주역 무용수들이 주인공의 외연이나 심리적인 표출까지도 충분히 소화해낼 수 있는 카리스마가 있어야 소기의 효과를 거둘 수 있다. 공자와 그리움의 여인 등 주역 무용수들은 드라마의 중심에서 춤으로 작품의 무게중심을 지탱하기에는 기량 면에서나 감성 표출 등에서 힘에 부쳤다. 춤이 탄탄하게 중심을 잡아주었더라면 〈孔子〉는 단선 구도 속에서 춤의 장르적 특성을 살린 더 빼어난 스펙터클이 창조될 수 있었을 것이다.

스토리텔링 식의 전개 방식은 아니더라도 드라마를 살려내기 위해서는 갈등 구조에서의 더욱 세밀한 연출력이 필요해 보였다. 한 장면 안에 담겨지는 움직임의 진폭, 다채로움도 더 확장할 필요가 있다. 공자의 음악을 통한 예의 실천을 무대화로 연결시킨 작가의 상상력은 거문고의 줄을 무용수들의 몸과 연결시킨 안무가의 상상력만큼이나 상큼하나 이 장면에서도 무용수들의 몸은 거문고의 다채로운 가락만큼 그 맛깔이 더욱 풍성해졌어야 했다.

개개 장면이 너무 길게 설정되었다고 느껴지는 것은 유사한 동작의 반복으로 인한 결과이며 이로 인한 부분적인 지루함은 인간 공자와 하나 되는 관객과의 공감 형성에도 적지 않은 부담이 됐다. 이는 결국 이 작품을 인간 공자의 고뇌와 그의 사상에 대한 공감을 비켜간 채 몇몇 시각적인 장면만을 기억하도록 만드는 요인이 됐다.

이 같은 몇 가지 아쉬움에도 불구하고 작품 〈공자〉는 소재 개발 면에서, 춤을 담아내는 형식면에서 기존의 작업을 확장하는 성과를 거두었다. 서울에 기반을 둔 대표적인 직업무용단들이 침체를 거듭하는 가운데 개인 무용단에서의 이 같은 스펙터클한 의미 있는 시도는, 우리 춤계에 적지 않은 자극제가 될 것이다.

두 번 등장하는 일무의 단순 재현을 어느 한쪽은 움직임 측면에서 새롭게 해체하는 시도, 유교적인 의식을 보다 더 다른 형태로 스펙터클하게 재구성하는 시도, 그리고 무엇보다 무용수들이 '춤'으로 무장되는 노력 등이 보완된다면 이 작품은 안무가 임학선이 보여주는 전통과 현대가 어우러지는 유형의 작업에 더욱 힘을 보태는 레퍼토리가 될 것이다.

동양의 제 의식과 한국적인 춤, 그리고 현대적인 감각의 극장예술의 융합 시도란 것만으로도 〈孔子〉는 그 제작 의미가 결코 작지 않다.

편차 큰 작품성, 공정성 위한
제도적 장치 시급

전국무용제의 기본 성격은 전국 15개시도 무용단을 대표해 출전한 지역 무용단들의 경연무대이다. 지역을 대표하는 무용단을 선발하기 위해서는 별도의 절차가 필요하고 그 과정은 자연스럽게 지역 내에서의 또 다른 경연을 필요로 한다. 이는 결국 춤 공연 횟수의 증가로 이어지고, 이를 통해서 춤 대중화와 함께 창작력의 발전을 도모할 수도 있다.

10년이 훨씬 넘는 연륜을 자랑하는 전국무용제가 서울무용제와 구별되는 것은 지역 예선을 통한 지역 대표들의 전국 규모의 경연장이란 점, 단일 행사로 가장 많은 예산이 투여되는 춤 행사란 점 때문이다. 그러나 경연의 경우 그것이 잘 운영되면 시너지 효과를 얻을 수 있지만 그렇지 못하면 오히려 발전에 악영향을 초래할 수도 있다.

제13회 전국무용제(9월 6-15일 대전문화예술의전당 아트홀)는 향후 이 행사의 생산성을 높이는 위해서는 몇 가지 점에서 시급한 보완의 필요성을 드러냈다. 평자는 15개 참가 단체의 공연 중 4개 단체의 작품밖에 실연을 볼 수 없었으나 공교롭게도 이 들 중 3개 작품이 대상과 금상(1위-3위)을 수상했다. 7명

심사위원들의 공정한 심사에 의한 결과라면 완성도 높은 작품 3개를 모두 본 셈이다.

금상을 수상한 광주광역시 김미숙무용단의 〈하얀눈물〉(안무 김미숙, 9월 9일)은 시각적 이미지를 강조한 컨셉트를 비교적 일관성 있게 풀어냈다. 무대미술(김종석)과 의상(이호준) 음악(김철환) 등 각 부문의 협업 작업이 무난하게 이루어졌고 연출(조주현)은 이 같은 각 부문의 작업을 상징적인 장치를 곁들여 잘 버무려냈다.

안무자는 3개로 구획된 장면 설정을 통해 붉은 색, 푸른 색, 순백을 상징하는 백색의 이미지를 움직임의 차별화를 통해 표출하려 했으나 배강원, 이세라 등 솔로 춤의 구성에 비해 개별적인 이미지를 상징화하기 위한 군무에서의 다양한 움직임의 조율과 무용수들의 표현력 등에서 부족함을 드러냈다. 무용수들의 춤과 상징적인 기호 사이에서의 균형이 초반부에서 취약했던 것이 아쉬웠다.

대상을 수상한 부산광역시 김은이 짓 무용단의 〈벼랑 끝에서--〉(안무 김은이, 9월 9일)는 〈하얀눈물〉과 달리 현대인들의 상실감이란 구체적인 메시지를 작품 속에 담아내고자 했다. 한국무용 전공 무용수들의 움직임을 더욱 확대시키려는 안무자의 노력이 엿보였던 반면에 무대미술이나 영상 등은 진부한 수준에 머물러 무대 위에서의 시각적인 효과는 현대적인 세련미와는 많이 동떨어져 있었다.

긴 천을 이용해 시각적인 이미지를 전환하려는 시도 역시 다른 작품에서 자주 사용했던 것인 데다 메시지를 몸으로 시각화하는 장치의 부재 등 전체적으로 작품을 풀어 가는 참신한 아이디어 면에서도 아쉬웠다.

금상을 수상한 충청북도 박시종무용단의 〈가람푸리 가얏고〉(안무 박시종, 9월 12일)는 가야금에서 모티브를 추출, 악기로서 가야금이 갖는 서정적인 이미지에 가야금과 연계된 인물과 장소를 교합시킨 구성이 비교적 일관되게 이어졌다.

대본과 연출(홍원기)에서 드러나는 구성의도를 보면 가야금(가얏고)의 이미지를 강(가람)으로 연결시켜 날줄로 삼고 여기에 안무자에 의해 창조된 춤들을 씨줄로 삼아 무대 위에서의 시각적 이미지를 다양화하려 한 흔적이 곳곳에서 엿보였다. 가야금과의 상관성에서 우륵과 탄금대를 추출, 남성들의 춤과 경사진 무대를 이용한 입체성을 살린 시도 등 군데군데서 제작진들의 계산된 구도가 눈에 띄었으나 무용수들의 군무가 지나치게 비대하게 구성되어 오히려 차분한 톤의 서정적 이미지와의 배합이 깨져 버렸다.

안무자는 움직임 구성에서 다양한 형태를 조합해 작품에 생동감을 불어넣고 전체적으로 춤이 주도하는 분위기를 끌어냈으나 적지 않은 수의 군집 대형으로 일사분란하게 움직이는 동선은 오히려 타 부문과의 균형감에서 지나치게 춤이 넘쳐나는 결과로 나타났다. 전체적으로 어두운 조명 역시 잘 정제된 이미지를 시각화하는데 있어 오히려 방해가 됐다.

경상북도 백경원 무용단의 〈만나고 간 바람〉(안무 김지은, 9월 12일)은 흥선대원군과 민비의 이야기를 다루었다. 스토리 전개를 동반한 드라마를 담아낸 점에서 전작들과는 차별성을 보였으나 드라마 전개를 위한 무대장치나 구성력 등에서는 평이한 전개로 일관, 범작에 머물렀다.

지난 2년 동안 심사위원으로 참가해 경연 작품 모두를 비교해 볼 수 있었던 평자의 관점에서 보았을 때 또한 그 동안 개최됐던 전국무용제 심사평을 종합해 볼 때 전국무용제에서 공통적으로 지적된 문제점은 참가 작품들의 수준에서 그 편차가 크다는 점이다. 이는 아직도 한국의 각 지역 춤계의 수준이 평준화 되어있지 못하고 춤 제반 여건에서도 많은 차이를 보이고 있다는 것을 의미한다. 그러나 바로 이 같은 이유 때문에 제대로 된 전국무용제 운영은 매우 중요하다.

올해 대상과 금상을 수상한 세 개의 작품을 놓고 보았을 때 대상을 수상할 만한 단체의 작품은 없었다. 대상 수상작품인 〈벼랑 끝에서---〉는 극장예술로서의 무용예술에 요구되는 여러 가지 요소들이 일정 수준 이상 어우러진 2000년도와 2003년도의 대상 수상 작품과 비교했을 때 그 수준 차가 적지 않게 있었다.

대통령상이 수여되는 대상은 극장예술에서 필요로 하는 여러 부문(무대미술, 영상, 의상, 조명, 음악 등)이 골고루 뛰어나면서 서로 잘 융합되어 있고 안무, 작품을 풀어 가는 아이디어, 그리고 무용수들의 기량 등에서 일정 수준에 달한, 전체적인 작품의 완성도가 높은 작품에 수여되어야 하는 것이 마땅하다.

전국무용제는 올해로 13회 째를 맞은 만큼 경연의 성격을 제대로 살리려는 노력이 시급하게 필요해 보였다. 전국무용제가 태동한 초창기에는 각 지역을 대표해서 어렵게 출전한 데다 하나의 경연으로 자리를 잡아가는 단계이기 때문에 심사과정에서 제반 상황을 고려한 안배가 있었다 하더라도 10년이 지났고 이제 확실하게 자리를 잡은 만큼 전국무용제는 경선에 따른 공정한 결과의 도출을 필요로 한다.

질적인 순위에 의해 주어지는 상이라면 당연히 엄정한 심사결과에 따른 공정한 순위 매김이 이루어져야 한다. 심사위원들의 안목은 그래서 중요하다. 춤 환경이 어려운 지역 여건을 감수하고 분발한 단체의 작품이 있다면 장려상 제도를 만들어 그들의 노력을 격려하는 상을 수여하는 것이 마땅하다.

각 지역을 대표해 나왔으니 작은 상이라도 하나 받아가야 한다는 소박한 생각에 골고루 나누어주기 식의 시행제도, 여러 가지 주변 상황을 고려한 나누어주기 식의 시상은 더 이상 되풀이되어서는 안 된다. 그 동안 한번도 대상을 못 받았기 때문에, 개최 지역에서 출전된 단체이기 때문에, 차기 개최지역이기 때문에, 이번이 마지막 참가이기 때문에 라는 등등의 이유때문에 작품의 질에 의한 평가가 제대로 이루어지지 않는다면 전국무용제의 공신력은 추락하고 매년 개최의 당위성도 점점 약해질 수밖에 없다.

지역 예선 과정에서부터 가장 잘 만들어진 작품이 선정되고 본선 경연에서 역시 가장 우수한 작품 순서로 본 상이 수여되고 각 부문별 개인상들이 그 상의 내용에 맞게 수여되도록 공정성을 확보해 가는 것만이 결국 질좋은 작품을 통해 지역 춤계를 활성화하고 궁극적으로 한국의 춤 문화 발전에 기여할 수 있다.

전국무용제 주최자인 한국문화예술진흥원과 (사)한국무용협회의 대대적인 보완책 마련을 기대한다.

움직임과 움직임 사이의 절묘한 질감

안은미가 달라졌다. 서울 시내 일원에서 개최된 서울공연예술제(10월 8-10월 23일)에 초청된 안은미의 신작 〈Let 's Go〉(10월 22-23일 서강대학교 메리홀, 평자23일 공연 관람)는 그동안 보여주었던 안은미의 작품 성향과는 여러 면에서 달랐다. 안은미의 일련의 작품에서 일관되게 드러났던 유머와 재기발랄함, 정제되지 않은 아이디어의 폭주와 논리성의 결여는 이 작품에서는 좀처럼 발견되지 않는다.

〈Let's Go〉에서 안무가는 전체적으로 무용수들의 움직임 변이에 초점을 두면서 의상 디자인과 색상 변화를 통해 시각적 이미지를 함께 조율하는 방식을 택하고 있다. 무대는 바닥을 비롯해 전체가 백색으로 치장됐고 무용수들의 의상은 기본적으로 흑색이 주조를 이루어 대비되도록 했다. 안무가는 무용수들의 몸을 미니멀리즘, 반복되는 동작을 통해 끌어가면서 단조로운 듯한 움직임 구조를 빠른 속도로 뒤바뀌는 의상의 변화를 통해 교묘하게 해결하려 했다.

예를 들어 검정색 원피스를 입은 무용수가 그 의상을 뒤집어 입었을 때 순식간에 밝은 색상으로 변화하는 등의 아이디어는 별다른 무대장치나 소품의 사용 없이도 무용수들의 움직임에 무게중심을 두면서 1시간 넘게 작품을 끌어가는 데 밑거름이 됐다.

전자음악, 인성을 활용한 음악 구성과 함께 작품의 전체적인 이미지는 차분했다. 그러나 그 속에는 반복되는 일정한 구조가 짜여져 있었다. 아무 것도 걸치지 않은 무용수들이 일정한 간극을 두고 차례로 등퇴장하거나 의상의 색상과 디자인을 변화시키는 타이밍도 계산된 틀 속에서 움직이는 것처럼 보였다.

안무가는 중간 중간에 양팔에 스판 치마 끼어 입기, 객석으로 의상 던지기 등을 통해 분위기의 전환을 시도했다. 무용수들의 움직임은 전체적으로 부드러우면서도 힘이 넘쳤으며, 안은미의 솔로 춤은 팔의 움직임을 활용한 느린 춤에 큰 비중을 두면서 예전과는 그 분위기가 다르게 전개되었다.

무엇보다 이번 작품에서 안은미가 만들어낸 움직임, 템포 감을 포함한 춤의 질감은 그 질에서 주목할 만했다. 2인무에서 무용수들의 연결 동작도 에너지의 가감을 통해 거칠면서도 부드러움이 상존하는 등 새로운 움직임 창출에서 진일보한 일면을 보여주었다. 지난 5월 국제현대무용제에서 폴크 방탄츠스튜디오와 함께 작업한 〈Please Hold My Hand〉 보다 훨씬 발전된 모습을 보였다.

마지막 장면, 다섯 명의 무용수들이 어깨를 들썩이면서 하는 움직임 속에 다른 한 명의 무용수가 누워있도록 한 설정에서는 한국적인 정서, 동서양의 접목을 은연 중 드러내는 안무가의 재치가 읽혀졌다.

그간 안은미의 작업은 자신 만의 독특한 색깔과 아이디어가 있음에도 다소 거친 보여주기 위주의 구성과 넘쳐나는 치기는 정작 작품의 완성도에 적지 않은 타격을 입혔었다. 〈Let's Go〉를 통해 안은미는 분명한 컨셉트, 의상을 활용해 보여주는 시각적인 이미지의 세련된 조율, 무용수들의 기량을 조합해내는 감각 등으로 이제는 국제무대에서 본격적으로 작업할 수 있는 궤도에 접어들었음을 보여주었다. 전체적으로 다소 인간적인 따뜻함만 스며든다면 무용수들의 기량과 독특한 전개 구조가 갖는 신선함과 함께 더욱 완성도가 높아질 수 있는 작품이었다.

중진 안무가의 저력, 소리와 만난 크로스오버

저력이 있었다. 리을 무용단이 창단 20주년을 기념해 무대에 올린 〈法
─타고남은 재(灰) 2〉(11월 15-16일 국립국악원 예악당, 평자 15일 밤 관람)의 주인공은 배
정혜였다.

안무가로서 그는 한국 춤이 갖는 움직임의 요소를 확장했고, 무용수로
서 그는 관객들의 저 밑 깊숙이 숨어 있는 감성을 여지없이 건드렸다. 배정
혜 춤의 어법과 움직임은 그만큼 힘이 있었다.

작품 제목을 〈法─타고남은 재(灰) 2〉로 단 것은 배정혜가 1977년에 발표
한 〈타고남은 재〉의 연장선상에서 제작되었음을 암시한다. 〈타고남은 재〉는
초연 당시 '춤에 예술적 깊이가 녹아있고, 우리 춤이 나아가야할 방향을 제
시했다' 는 평가를 받은 작품이다. 그 때문인지 이번 작품은 공들인 흔적이
구석구석에서 읽혀졌다.

〈法-타고남은 재(灰) 2〉는 전체가 3개의 작품으로 짜여져 있다. 개개 작
품은 서로의 연결성이 구체적으로 드러나진 않지만 전체적인 작품의 톤은
불교적인 색채란 공통적인 요소를 담고 있었다.

작품 I '멀리서 들리는 종소리' 는 타악기에 맞춘 3인무, 귀에 익은 산사

음악이 흐르면서 추어지 7인무, 굽이 높은 신발을 신은 19명 코러스가 무대를 수놓고, 무대 좌우 전체를 흰색으로 치장한 무대는 적색과 갈색으로 배색된 무용수들의 의상과 묘한 조화를 이룬다. 무용수들의 동선은 19명의 코러스들이 직선과 타원형 등으로 대형을 만들면 솔로 춤이나 2인무 혹은 7인무 등이 그 속을 파고드는 형태로 전개된다.

김선영과 이계영의 2인무에 사용된 창작음악과 원초적인 이미지의 움직임, 정면과 좌우 사이드를 장식한 백색 천에 투사되는 영상, 장식성이 가미된 의상 디자인, 공중에서 내려오는 두 개의 끈을 2명씩 짝을 지어 수평으로 잡아끄는 동작, 팔의 움직임을 강조한 마치 최승희의 '보살춤'을 보는 듯한 움직임 등은 이 작품이 어떤 드라마적인 전개 구도를 갖고 있음을 암시한다. 프로그램 노트에는 에밀레종 제작을 배경으로 하고 있고 에밀레종의 몸체에 새겨진 글귀가 소개되어 있다. 결국 안무자는 드라마적인 구성을 스토리텔링에 의한 전개가 아닌 몇몇 상징적인 캐릭터를 설정해 드러내 보이는 것으로 풀어냈다.

목탁은 소품으로, 소리는 음향적인 효과로서 기능했고, 특수 분장을 통해 몇몇 캐릭터의 구체성을 살려내는 노력이 엿보였으나 전체적으로 1부의 시각적인 이미지는 세련된 현대예술로서의 화려함이나 때론 정제된 이미지로까지는 표출되지 못했다. 다소 산만하고 너무 많은 것들로 넘쳐나 보였다. 이는 지나치게 작위적으로 보인 코러스들의 동선, 창작음악과 녹음음악의 혼용, 보상화가 등장하는 장면 등에서의 선명하지 못한 영상처리, 연습부족 때문인지 전체적인 앙상블이 살아나지 못한 점 등에서도 그 요인을 찾을 수 있다.

작품 II '영혼을 향해 나르는 나비' 는 작품 I에 비해 현대적인 감각이 물씬 피어난다. 네 방향에 남녀 무용수가 짝을 지어 서 있고 바라를 든 남성무용수와 작은 장구를 허리에 맨 여성 무용수들의 춤이 이어진다. 여성 합창을 삽입한 김태근의 창작 음악은 스펙터클함을 표출하고 이는 무용수들의 느린 움직임과 조화를 이루어 제의적인 분위기를 살려내는데 힘을 보탠다. 스님들의 독경소리를 빠르게 중첩시킨 음악과 큰 북소리를 조합한 스케일이 큰 음악에 오히려 지극히 느린 움직임과 무용수들의 정지된 상태를 배치시킨 장면에서는 배정혜의 특별한 안무 감각을 읽을 수 있었다.

　이 작품은 바디페인팅을 한 미륵부처의 건강한 몸이 무대 중심을 제압하면서 힘이 실린다. 미륵 부처로 분한 이정윤은 단연 시선을 끌었다. 느긋하면서도 무게감이 적당하게 온몸에 배어 있는 그의 춤은 춤 그 자체로도 관객들의 마음을 빼앗는데 모자람이 없었다. 4명의 남성 무용수들이 바라를 들고 추는 4인무에서는 호흡을 한 뒤 온 몸에 적당한 힘을 주면서 바라를 누르는 듯 하다 슬쩍 돌려서 살짝 치다 허리를 틀고 다리를 들어서 지그시 바라를 누르는 모습이 음악과 조화를 이루면서 절묘함을 더했다.

　안무자의 살아있는 감각은 한국 춤 호흡의 깊이가 웅장함을 표현하는데 제격임을 보여주었고, 특수 분장을 한 이정윤의 노출된 몸에서 풍기는 현대성과 움직임에 내재된 한국적인 질감의 조화는 안무자에 의해 무용수가 어떻게 변신할 수 있는가를 보여주었다.

　작품 II는 작은 움직임의 세밀한 연결까지 조합해 내는 배정혜 안무 특징을 이정윤의 순발력이 더욱 증폭시켜주었고, 전체적으로 한국 춤의 호흡에서 파생되는 느린 춤과 스케일이 큰 드라마성이 느껴지는 음악과의 조화,

그 음악에 실린 움직임과 시각적인 이미지의 조화가 특히 빛을 발한 순서였다.

작품 Ⅲ '타오르는 불길' 은 〈法－타고남은 재(灰) 2〉의 정점이다. 두 다리와 두 팔을 한데 모으고 하늘을 향해 누워 있는 형상의 무용수, 마치 애벌레 같은 느낌이 드는 정지된 포즈는 동시에 비쳐지는 나비가 날아가는 형상의 영상을 통해 서로 상관성을 보여준다. 안무자는 조석연의 음악을 무용수들의 하체의 라인을 살려내는데 초점을 맞추고 있었다. 이어진 스산한 느낌의 다비식 장면은 이 작품의 하이라이트였다. 낮게 드리워진 석재 돌기둥들 사이로 솟아 있는 단상의 위아래에 두 명의 행위자를 이중으로 배치하고, 이동 무대를 통해 객석 정면으로 다가오도록 하면서 돌발성과 함께 제의성을 살리는 시도, 위에서의 진폭이 큰 움직임(장현수)과 그 아래 작은 동체(배정혜)의 소폭 움직임을 이용한 완급 조절을 통한 대비 효과는 연출가(김아라)의 감각이 빛을 발한 대목이었다.

그녀가 출연하는 작품마다 느끼는 것이지만 장현수의 몸짓은 보통이 아니다. 무녀의 몸짓 같기도 하고 혼령의 몸짓 같기도 한, 넋 나간 흔들거림과 유연성은 시종 작품에 긴장감을 불어넣는 동력이 됐다.

온 몸을 드러낸 진흙을 몸에 묻힌 배정혜의 느린 움직임, 퍼포먼스는 객석의 긴장과 열기를 한 순간에 빨아들였다. 형태 지울 수 없는 순간순간의 움직임으로부터 배태되어 나오는 그 깊이, 툭툭 내 뻗어 버리는 어깨 짓은 전율을 느낄 만큼 흡입력이 강했다. 그런 몰입지경의 경지를 아우르는 황금 뼈로 남은 배정혜의 몸짓과 타다 남은 몸뚱이를 띄워 내는 의식에, 허망한 몸뚱이를 불살라 버리는 그녀의 흔들거림에 객석은 전율했다.

배정혜가 천천히 몸을 돌려 위를 쳐다볼 때 장현수가 보여주는 묘한 웃음, 두 사람의 조우의 순간은 앞의 장면들이 보여주는 감동의 폭을 무디게 할 정도로 크고 강했다. 두 사람 모두 자신들이 완전히 몰입하지 않으면 불가능한 퍼포먼스였다.

다비식 장면은 사실적인 무대미술과 이승과 저승을 넘나드는 영과 육의 합일이 가져다주는 몸의 경지가 만나 특이한 카타르시스를 구현한 이 작품의 압권이었다. 공연예술이란 무대 위에서 빛나야 하고, 춤이 단지 젊은이들만의 향유물이 아니라는 것을 배정혜는 작은 몸짓 큰 춤으로 보여주었다.

전체적으로 백색을 강조하고 한쪽 발바닥과 발목을 덮고 나머지 한쪽은 노출시킨, 한쪽 팔만을 한삼 형태로 처리한 특이한 의상 디자인은 이 장면에서 현대적인 감각을 살려내는데 힘을 보탰다.

작품 III은 도식화된, 정형화된 움직임 스타일에서 벗어난, 움직임 구성에서 일관된 흐름으로 끌고 간 배정혜의 안무력이 힘을 발휘한 순서였다. 그러나 다비식 이후 갑자기 스님이 등장해 무대 뒤로 사라지며 배정혜와 장현수를 바라다 보도록 설정한 마지막 장면 처리는 지나치게 작위적인 것으로 관객들의 가슴에 남아있는 여운을 구체적인 형상에 의해 메시지를 강요하는 사족이었다.

무엇인가 열심히 관객에게 직접적으로 얘기하려 했던, 안무자의 코드가 무엇인지를 찾기 가 버거웠던 작품 I과 달리, 작품 II는 묵직한 집중력으로 인해 어떤 느낌이 전달되었고, 작품 III에 와서 관객들은 형언할 수 없는 감성에 자극받았다.

한국의 무용계에서 불교적인 색채의 소재를 한국적인 움직임으로 이보다 더 용감하게 해체한 작품은 없었다. 그러나 이 작품이 〈타고남은 재〉의 연장선상에서 제작되었다면 그 해체의 농도는 더욱 진했어야 했다. 1969년 〈타고남은 재〉가 일으킨 반향과 견주었을 때 이번 작품은 예술적 깊이는 녹아 있었으나, 우리 춤이 나아가야할 방향의 제시에 있어서는 절반의 성공에 머물고 말았다.

무대는 너무 넘쳐났으며 안무자는 너무 많은 것을 말하려 했다. 춤 55년이란 과중한 무게감, 리을 무용단 창단 20주년이란 중압감이 아직도 젊은 안무가 배정혜의 마음에 짐이 되었기 때문일까? 1,2년 사이에 무대에 올랐던 한국 춤 전공 중견 안무가들의 작품 김현자의 〈비어있는 들〉, 정승희의 〈비천사신무〉, 임학선의 〈공자〉 등에서 보여 지는 세련된 감각의 표출이 거둔 성과 뒤에 남는 공통적인 아쉬움, 너무 넘쳐나는 것, 과욕으로 인한 아쉬움에서 이 작품 역시 비켜가지는 못했다.

안무가 배정혜는 그만의 독특한 춤을 만드는데 오랜 시간을 보냈다. 이번 공연과 함께 발간된 세 권의 저서, 그에 의해 오래 동안 단련된 제자들이 보여준 춤 맵시에서도 그것은 입증됐다. 묵직하고 돌로 누르는 듯한 단전의 깊이와 팔을 느긋하게 뻗었을 때 느껴지는 무게감이 오랜 훈련을 통하지 않으면 나오기가 어려울 법한 몸의 태들이다.

작품 I에서 김현미의 몸에서 흘러나오는 야릇한 춤 태, 힘이 너무 들어가서 무겁기만 한 것이 아닌, 적당하게 기운이 퍼지면서 지그시 누르는 제어할 수 없는 몸의 무게감, 작품 II에서 이정윤의 현대적 감각과 만나는 한국 춤의 호흡이 내재된 춤, 작품 III에서 보여준 장현수의 집중력, 무용수의 개성을 살려내 그 무용수를 돋보이게 하는 움직임의 마술사 같은 안무가로서 배정혜의 출중한 감각은 이번 작품을 통해 유감없이 발휘됐다.

움직임을 기저로 창작 작업을 한다고 가정했을 때 형태적인 것을 의미하는 것이 아닌, 그 움직임의 중요한 핵심을 끌어내어 춤 화 시킨다는 의미로 볼 때, 배정혜 식 창작 춤은 향후 나름대로 개성 있는 춤으로 발전할 가능성을, 배정혜는 그런 실력과 힘을 갖고 있는 안무가임을 이번 작품을 통해 확연하게 보여주었다.

공간을 파고드는 음악과
움직임의 정교한 조합

안성수 안무 패턴의 중심은 음악과 움직임과의 조합에 있다. 그런 접합을 위한 매개로 그는 음악 선곡과 그 선곡에 따른 무용수의 캐스팅을 가장 중요시 한다. 곧 음악의 색깔과 리듬이 어떤 지에 의해 어떤 지체, 어떤 색깔의 무용수를 만나게 할 것인가를 정한다. 아니면 그 반대의 순서를 따를 수도 있을 것이다.

안성수 픽업 그룹 2004 공연 〈선택〉(11월 11-14일 예술의전당 자유소극장, 평자 14일 관람)은 이런 안성수의 안무 패턴이 갖는 색채를 가장 극명하게 드러내 보인 작품이다. 지난해 KNUA 정기공연에서 선보인 작품을 더욱 확대한 〈이상한 나라〉(3월, LG아트센터), 서울공연예술제 참가작인 〈휴가지에서의 밤〉(10월, 국립극장 달오름 극장)을 통해 평균점 이상의 예술성을 보여준 그는 올 세 번째 작품 〈선택〉에서도 여전히 음악과 움직임, 여기에 무대미술을 통한 시각적 이미지의 확장과 이를 통한 특별한 상상력의 무대를 선보였다.

〈선택〉은 자유소극장의 크지 않은 박스형 공간과 세 명 무용수 이주희, 이은경, 곽고은이 갖는 지체의 차별성과 선명함, 빛과 무대미술, 의상 디자인이 만들어내는 특유의 색채감, 그리고 보첼리니와 브람스, 모차르트의 음악이 갖는 각기 다른 색깔, 속도감과 분위기까지 여러 가지 것들이 치밀하게 그리고 아주 잘 버무려져 있다.

사각형의 평면 공간은 전공이 각기 다른 세 명 무용수가 만들어내는 움직임의 특질 (이들은 시종 무표정하게 철저하게 감정을 배제한 채 오직 움직임에만 몰입한다)과 이들의 각기 다른 키(이주희는 제일 작고 이은경은 제일 크며, 곽고은은 그 중간이다)와 몸의 볼륨감이 만들어내는 수직 공간과 무대 위 평면이 만나는 기묘한 공간 분할, 그리고 안성수의 전작과는 다르게 비교적 무음악과 음악 사이의 간극을 넓히고 그 사이를 빛과 다양한 동선이 파고들도록 하는 시도 등에 의해 무한대로 확장된다.

〈이상한 나라〉〈휴가지에서의 밤〉이 20분을 조금 넘는 소품이라면, 〈선택〉에서의 50분 길이에 대한 부담을 안무자는 다양한 악기 군의 편성에 의한 음악 선곡과 무용수들의 개성을 최대한 살리는 대형변화, 그리고 요란하게 드러내지 않은 시각적인 효과에 의해 풀어낸다. 그 때문이지 무대를 채우고 비우는 타이밍과 네 개의 이미지로 분할되는 무대 위의 질감은 다른 작품들에 비해 보다 치밀하고 선명하다.

무용수들의 몸을 앞뒤로 교차시킨다든지 일렬로 한 팔을 동시에 들고 하는 동작 등을 통해 전해지는 균형감, 인터미션 후 달라진 무용수들의 의상 디자인과 머리 모양, 미세한 빛에 의한 분위기 전환 시도 등이 그런 예이다.

세 명의 무용수들은 한 점이 되었다가 두 개의 평행선이 되었다가 이내 삼각형이 되며 그 흩어짐과 재결합의 과정에서 무수한 도형들을 만들어낸다. 그리고 그런 시도들은 작위적으로 보여 지지 않으며 물 흐르듯 자연스럽게 흘러간다. 이 과정에서 무 음악 상태에서의 3인무, 간헐적으로 들리는 툭 툭 하는 음향에 의한 팔과 상체의 움직임 등은 적절한 접점에서 반사 효과를 발휘한다.

안무자가 팸플릿에서 밝힌 대지/ 물/ 나무/ 흙의 이미지가 무대 위에서 선명하게 각인되지는 않더라도, 심플한 공간을 1명, 2명, 3명으로 무대를 채우고 비우고 하는 단순한 구조 속에서도 이런 치밀한 여러 요소들의 접합에 의한 공간은 많은 무용수들이 채우는 그것보다 훨씬 풍족하고 아름다웠다.

안성수의 〈선택〉은 과다한 테크놀로지의 사용으로 인한 춤 공연의 식상함, "다시 몸으로 돌아가자" 는 흐름이 수면 위로 부상하는 세계 무용계의 새로운 조류의 중심에서 당당하게 경쟁할 수 있는 수준작이다.

홍혜전 〈하이브리드〉 & 국은미 〈공기의 꿈〉

분명한 자기 색깔, 특별한 감흥

　　창작 작업에서 2004년 한국 춤계의 가장 두드러진 성과는 젊은 안무가들을 중심으로 자신 만의 독창적인 색깔을 보여준 작품이 다수 등장했다는 사실이다. 소재 선택의 폭이 넓어진 점, 독특한 스타일 보여주기, 작품을 풀어가는 방법적인 면에서의 다양성 등이 그런 구체적인 변화의 내용들이다. 특히 평자가 올해의 이 같은 흐름을 주목하는 이유는 이들 작품들이 참신한 시도에 그치지 않고 몇몇 안무가들의 경우 작품의 완성도에서도 상당 수준에 올라 서 있기 때문이다.

　　이 같은 두드러진 성과를 보여준 작품으로는 국제현대무용제에서 공연된 정영두의 〈닿지 않은 공기〉, 평론가가 선정한 젊은 무용가 초청공연에서 발표된 류석훈의 〈굴〉, 박나훈의 〈처녀길〉, 김윤규의 〈솟나기〉, 그리고 2004년 막바지에 선보인 홍혜전의 〈하이브리드〉, 국은미의 〈공기의 꿈〉 등이다.

　　이밖에 정지윤의 〈독백하듯--〉, On & Off 무용단 김은정 한창호의 〈그때 그 사람〉, 홍은주의 〈첼로 살풀이〉, 김술의 선유도 〈즉흥 프로젝트〉, 창무국제예술제에서 공연된 김지영의 〈명줄〉, SIDance에서 선보인 정연수의

〈나비의 날개 짓 같은 변화-극〉, 김정은의 〈기워진 이브〉 등도 30대 안무가들 중 자신만의 독특한 색채를 보여준 기억할 만한 작품들이다.

이들 중 홍혜전과 국은미의 신작은 11월과 12월에 발표 된 새 작품 중 안성수의 〈선택〉과 함께 가장 주목할 만한 작품이었다. 두 안무가 모두 자신의 개인 발표회를 통해 선보인 점, 자유소극장 공간을 컨셉트에 맞게 다양하게 활용하면서 60분을 끌고 간 점, 그리고 무엇보다 만만치 않은 완성도를 보여주었다는 공통점을 발견할 수 있다.

특히 두 안무가 모두 몇 년 전부터 보여주고 있는 작품들이 일관되게 자신 만의 색채를 갖고 있고, 이번 공연은 그런 자신의 색깔을 더욱 구체적으로 또한 더욱 밀도 있게 전개시키고 있다는 점에서 향후 안무가로서 이들의 작업에 대해 더욱 기대감을 갖게 만들었다. 이들은 무용수의 움직임 구성 외에도 극장예술에서 필요로 하는 여러 가지 요소들을 조합, 조율하는 감각과 논리적인 구성력까지 갖추고 있어 유능한 안무가로서의 성장 가능성이 예견되고 있기 때문이다.

홍혜전의 〈하이브리드〉

2002년에 발표한 〈개꽃〉에서 홍혜전은 무용수들의 춤과 연기를 접목시키면서 장면의 분위기를 복 돋우는 음악 구성과 기발한 착상을 통해 희극성을 살린 독특한 색채의 작품으로 관객들을 주목케 했다. 이후 홍혜전의 작품 스타일은 그가 몸담고 있는 툇마루현대무용단 소속 단원들에게도 영향을 미쳐 유사한 형태의 작업이 더러 선보이기도 했다.

2년 만에 갖는 자신의 개인 발표 무대 작품인 〈하이브리드〉(11월 25-26일는 홍혜전의 전작 〈개꽃〉에서 보다 작품성 면에서 훨씬 더 완성도가 높아졌다.

이 작품은 전작인 〈개꽃〉과는 달리 60분 길이의 장편임에도 불구하고 어느 장면 하나 느슨한 구석이 별로 없다. 이미지의 중복 혹은 움직임의 중복 없이 각기 다른 내용으로 줄기차게 밀고 전개됐다. 그 만큼 안무가와 무용수들의 힘과 에너지가 넘쳐 났다. 안무가는 약간 느슨해지려 하면 과감하고 적절하게 유턴했다. 전환을 위한 접점의 포착과 이어지는 차별화 된 장면 설정의 감각은 예사롭지 않았다. 공연 내내 관객들은 안무가의 기발한 상상력과 무용수들의 춤과 연기에 몰입해 잠시도 시선을 떼지 못했고, 안무가는 한 치도 관객들로 하여금 방관을 용납하지 않았다. 작품은 그 만큼 치밀했다.

이 작품이 60분 이상 일관된 흐름으로 관객들의 시선을 모을 수 있었던 요인은 자유소극장 1,2,3층의 발코니 무대를 적절하게 활용한 점, 움직이는 무대미술과 소품, 바꿔 입도록 된 의상의 적절한 활용, 여기에 더해진 무용수들의 앙상블과 그들의 능력 때문이다. 툇마루무용단 소속 여섯 명 남성 무용수들의 작품의 흐름을 해석해 내는 감각과 시시각각으로 토해 내는 순발력과 집중력은 놀라왔다. 이것이 '앙상블'로 살아나면서 작품은 한마디로 시작부터 탄력을 받았다.

안무자는 연기와 마임 등 연극적인 요소들과 움직임의 절묘한 조합으로 연극 같은 춤, 그러면서도 여전히 춤이 주가 되는 자신만의 독특한 스타일을 만들어냈다. 노정식, 이영찬, 최문석, 하정오, 조정흠, 정호영 6명의 남성무용수들에게 안무자는 각각 자신의 역할을 춤과 연기, 그리고 대사 등을 곁들여 개별 등장 장면을 통해 차별화시켜 담아냈다.

이는 자연스럽게 작품 속에 드라마를 담아내는 계기가 됐고, 60분 동안 장면 장면의 나열에서 올 수 있는 산만함과 이미지가 중첩되는 위험성을 교묘하게 비켜가는 요인으로 작용했다. 이 작품에서 안무자가 지향하는 틀은 열린 무대, 열린 작품을 통한 관객과의 소통이다. 출연자들의 움직임과 대사는 일상적이고 또한 코믹했다. 그 때문인지 그 만큼 친근하게 다가오고 관객과의 소통에서도 그들은 적극적인 반응을 보였다.

무용적 움직임과 연극적 요소들을 버무리는 타이밍과 그 순발력에서도 안무자는 특유의 강점을 보여주었다. 푸른색 테이블과 붉은 색 조명, 믹서기 등을 돌리는 소리와 패트병의 등장, 편지 쓰는 남자와 또 다른 남자의 독백 등 시 청각적인 요소를 이용한 다소 무거운 분위기 조성과 무 음악에서 긴장된 분위기를 "순이야" 라는 갑작스런 대사로 반전 시키는 안무자의 재치와 그 타이밍은 놀라웠다. 진짜 생닭이 등장하고 닭의 날개 짓을 의미하는 동작과 함께 노정식이 공중에 매 달리는 장면을 보여주는 것 등은 닭의 몸 부위를 응용한 기발한 상징적 처리였다.

억지로 웃기기 위한 작위적인 상황 설정에서 벗어나 하나의 사건을 통해 자연스럽게 드라마가 녹아나도록 하는 위트와 상상력 역시 유쾌했다. 형사들을 중심으로 한 촌극 같은 설정과 그 가운데에 남성 무용수들의 역동적인 움직임과 연기가 녹아나도록 한 장면은 돌출될 듯 하면서도 적절한 수위조절로 자연스럽게 드라마가 살아나도록 하는 하나의 예였다.

2개의 철골 구조물이 등장하면서 작품의 스케일이 갑자기 커지는 듯하면서 입체적인 구조로 바뀌고, 관객과의 대화를 통한 객석 허물기 등 놀이성을 가미시키면서 중반 이후 반전을 시도하는 장면은 감각과 타이밍을 이용한, 안무자의 상상력의 승리를 보여주는 대목이었다.

이 작품이 다소 산만한 듯 하면서도 시종 관객들의 시선을 집중시킬 수 있었던 요인은 앞서 지적했듯 무엇보다 출연자들의 놀라운 집중력과 순발력이 밑받침된 앙상블의 승리 때문이다. 여기에 잘 짜여진 텍스트에 의한 안무자의 치밀한 연출력 역시 높이 살만하다. 출연자들의 개성과 장점을 끌어내 움직임과 연기적인 요소를 접합시키고, 소품 등을 활용해 이야기의 틀을 만들어내는 안무자의 감각은 거의 동물적인 본능에 의한 것이라고 할 만큼 몇몇 장면에서는 섬뜩함을 느낄 정도로 특출 났다.

〈하이브리드〉는 제목에서처럼 잡종 같은 인물들이 등장해 잡종 같은 여러 가지 이야기를 쏟아내 놓지만 시종 뭔가를 생각하게 하는 메시지가 녹아 있다. 잡종들이 만들어내는 다양한 에피소드 안에는 비극성과 함께 그 것과 상반되는 또 다른 성향들이 읽혀진다. 그것은 안무자 특유의 열린 무대를 지향하며 객석과 무대 사이에서 이루어지는, 관객들을 무대 위로 불러 오는 장면에서 이미 그 본심을 드러냈는지도 모른다.

〈하이브리드〉는 코믹하면서도 세련됨을 잃지 않는 소극장용 춤 크로스오버 작품의 성공적인 모델로 남을 만하다. 일부 출연자들의 어색한 대사만 보완된다면 장기공연을 통한 레퍼토리화의 가치가 충분히 있는 작품이다. 이만한 작품을 만들어내는 30대 초반 안무가의 감각과 재능은 2004년 한국 춤계가 거둔 성과로 기록되기에 조금도 부족함이 없다.

국은미의 〈공기의 꿈〉

국은미 안무의 중심은 움직임의 새로운 개발과 조합에 있다. 2004년 자신의 개인 발표 무대에서 초연한 〈공기의 꿈〉(12월 23-24일 예술의전당 자유소극장, 평자 24일 관람)은 그런 국은미의 작품 스타일의 절정을 보는 듯했다.

2003년 문예진흥원 예술극장 대극장에서 선보인 〈25분〉에서 국은미는 25분 동안 4명의 무용수들과 함께 특별한 무대세트나 소품의 사용 없이 몇 개의 큰 섹션으로 나누어 각기 다는 스타일의 움직임을 증폭해 내는 구조를 선보였다. 이후 〈흐르는 사이- 사막의 낮과 밤〉에서는 씨어터 제로의 작은 소극장 공간을 통해 움직임과 움직임 사이의 간극을 체험하는 특별한 무대를 선사했었다.

이들 작품에서 감지된 안무가로서 국은미의 재능은 무용수들이 만들어내는 짧게 끊어지는 움직임과 그 다음에 이어지는 정지 포즈에서의 순간적인 에너지의 교감 등 움직임을 통한 이미지 만들기에서의 출중함에서 이미 입증됐다.

2004년 신작 〈공기의 꿈〉에서도 이 같은 그의 안무 패턴은 그대로 유지된다. 그러나 이번 작품에서 국은미는 조명을 이용한 시각적인 변화와 음악과 움직임 사이의 간극을 파고드는 절묘한 이미지 구축으로 무용수들의 움직임만으로도 적지 않은 시간 동안 관객들과 소통할 수 있는 단계로까지 발전된 작품을 선보였다.

자유소극장의 2층 박스 정면과 좌우에 나란히 조명기를 일렬로 배치하고 무대 위 좌우 사이드의 스탠드와 천장의 조명기기까지 각기 다른 각도와 기울기에 의한 빛의 난사는 무용수들의 움직임과 맞물리면서 무용수들의 지체를 마치 공기를 뚫고 그 속에서 유영하는 것처럼 환상적이고 탐미적으로 보이게 만들었다.

국은미와 인정주, 서경선 세 명 무용수들의 움직임은 좁은 동선 안에서, 그리 크지 않은 움직임의 영역 속에서도 시시각각으로 변했고, 움직임에 의한 무대 공간 분할은 빛의 각도와 밝기에 따라 전혀 다른 질감을 배태해 냈다.

여기에 금속성의 미니멀리즘 음악과 갑작스럽게 섞여져 흘러나오는 인성(人聲), 영화의 오리지널 사운드 트랙에 의한 음악 등이 분위기를 전환하는 매개채로 사용됐다. 움직임의 차별화에 의한 구획보다 빛이나 소리에 의해 자연스럽게 무대 위의 이미지와 분위기가 구획되었고, 이 같은 시도는 움직임에 의해 조율되는 것 보다 그 감도가 더욱 강했다.

시작과 반복이 끝나고 교차되는 시점, 무대 중앙을 중심으로 모아졌다 흩어졌다 하는 동선의 변화, 몇 개의 각도에서 쏟아지는 조명의 투과와 스모그 사이를 뚫고 상층 공간으로 투사되는 빛의 명암은 아래 공간에서 움직이는 동체들, 무용수들의 지체와 묘한 조화를 이루어냈다.

〈25분〉에서 보여 진 출연 무용수가 무대를 지나치게 넓게 사용, 유연한 무용수들의 움직임만 지나치게 부각되는 데서 오는 단조롭다는 인상을 이번 작품 〈공기의 꿈〉에서는 소극장 무대를 활용한 무용수들의 움직임에 대한 관객들의 집중력과 시청각적인 조화들이 힘을 발휘하면서, 움직임을 기저로 하는 무용예술의 특별한 매력을 선사했다.

에너지에 의해 조율된 동서양의 미감

산카이 주쿠무용단이 부토를 토대로 움직임 구성에서 느림의 미학을 추구해 간다면, 클라우드 게이트 댄스 시어터의 안무가 린 화민은 동서양의 움직임을 결합시킨 특별하고 다채로운 운동성에 동양의 미의식을 시각적으로 세련되게 담아내는 점이 다르다.

클라우드 게이트 댄스 시어터가 내한해 선보인 작품 〈행초〉(行草)(3월 7-8일 예술의전당 오페라극장)는 서예와 춤의 접목을 시도했다. 한자 체의 행서(行書)와 초서(草書)에서 제목을 따온 이 작품은 붓끝에 가해지는 힘의 배분에 따라 여러 형태의 글씨가 쓰여 지듯 무용수들의 에너지 배분을 통해 다양하게 움직임을 조율시키고 있다.

무용수들은 안무가가 요구하는 강하고 부드러움, 빠름과 느림, 그리고 무거움과 가벼움 등 각기 다른 질량의 움직임을 무대 위에 쏟아 낸다. 어떤 형태의 움직임도 자유롭게 소화해 내는 무용수들의 유연성과 안무가의 계산된 연출은 탄탄한 버팀목이다.

안무가는 화선지의 크기와 모양새를 조절하거나 솔로 춤과 2인무, 군무, 남성 무용수와 여성 무용수의 배열을 통해 무대 위에 각양각색의 이미지를 만들어내고 장면의 분위기를 변화시켜 간다. 때로는 한국의 전통무용에서 보여지는 정중동의 움직임과 중국의 무술 동작 등이 교묘하게 결합된 움직임에다 화선지 위에 쓰여지는(속도가 장면에 따라 조정된다) 서체가 보여주는 시각적인 구성을 통해 수묵화에서 보여지는 동양의 담백함과 여백의 미를 차분히 음미하게 한다. 여기에 가해지는 무용수들의 운동성은 그 대비의 묘미가 더욱 살아나면서 감동의 진폭도 그 만큼 배가된다.

백색과 검정이 대비를 이룬 무대, 서체의 모양, 크기, 농도, 여기에 화선지 위의 낙관까지도 안무가는 시각적인 효과를 위한 매개체로 이용한다. 서체가 배경에 투사되지 않을 때는 움직임과 보이스를 이용해 집중감을 유지시키고, 그러면서 솔로 춤과 남녀 2인무, 군무 등을 교묘하게 배열하고 있다.

남성 7인무에서 일직선 상 배열의 구도가 여성 7인무로 이어지면서 자유로운 대형으로 변형시켜가는 장면에서는 전환되는 에너지의 흐름과 고저를 조율하는 안무가의 남다른 감각을 읽을 수 있었다. 비슷한 형태로 반복되는 영상 투사가 지루해질 때쯤이면 무용수들의 몸에 서체를 투사해 변화를 꾀한다. 검은 장삼을 활용하는 장면은 우리나라의 승무에서 아이디어를 얻은 듯하다.

클라우드 게이트가 서예를 이용해 세계 무대를 겨냥한 것과 그것이 가져온 성공은 어쩌면 당연한 것인지도 모른다. 정반합의 이분법적 개념이 상대주의로 대체되면서 세계는 동양의 사상에 점점 더 관심을 보이고 있다.

체계적 이해를 수반하지 않고 직감적 감상을 확인시키는 클라우드 게이트 무용단의 〈행초〉는 어쩌면 이미 만들어진 '성공' 이란 틀에 그냥 잘 들어맞았다고 해야 할 것이다. 린 화민의 춤 작업에 몰입하면서 우리는 조형미 그 자체가 주는 의미 이상의 의미를 생각할, 지적 탐구를 요구하지는 않는다. 다만, 그는 우리를 시적 의의로 가득 찬 공간으로 인도하고 몸이 만드는 흑백의 그림으로부터 느낌을 부여받도록 유도하고 있다.

그러나 그의 이론적 체계에 비해 무용수들의 몸이 품어내는 이른바 '기'의 사용은 현저히 서양적 사고를 근간으로 하고 있다. '찬 듯이 비어있는' 색즉시공(色卽是空)과 같은 동양적 시각인 '뒤집어보기' 보다는 무용수들의 몸으로 빼곡이 가득 찬 '형상'이 더 두드러졌다는 것이다. 아마도 그 이유는 서예가 가지는 부드러움이라는 형상을 강조하고 또 삐침과 같은 그 형상 자체에 집중을 하다보니 내실, 즉 비어있음으로 가득 찬 '기'가 잘못 이해되어진 것일지도 모른다.

린 화민에 의해 창조된 움직임이 같은 동양권인 우리 춤의 움직임과는 어떤 연관성이 있을까? 우리 예인들의 몸짓에는 지나친 힘이 존재하지 않는다. "힘을 빼라"란 말은 한국의 모든 예술 분야에 적용되는 말이다. 그러나 그것이 강단(剛斷)을 버리라는 의미는 아니다. 힘을 쓰는 것과 결단하는 힘과는 차이가 있다는 말이다.

린 화민은 한영숙으로부터 한국 전통춤을 배웠다. 그는 연약한 여자의 몸에서 풍기는 강단의 힘을 에너지로 이해하고 그야말로 힘으로 풀었던 것이 아닐까? 비록, 내용적으로 미흡함이 있다손 치더라도 동양의 시적 정서를 가지고 세계를 겨냥한 그로서는 가장 적절한 시기에 가장 적절하게 마케팅을 한 셈이다. 독창적인 작품 세계를 만들어내기 위해 철저한 준비 작업을 거친 한 동양인 안무가의 창작 작업은 충분히 주목받을 만했다.

클라우드 게이트 댄스 시어터 내한 공연은 꽤 오랜 전부터 여러 경로를 통해 추진되어 왔었다. 그러나 그럴 때마다 번번히 무산된 것은 아시아권의 무용단치고는 공연 개런티가 만만치 않게 비쌌던 것이 가장 큰 이유였다. 그러나 이 단체가 갖고 있는 레퍼토리의 독창성과 움직임의 차별성을 아는 사람들이라면 그 들이 요구하는 공연경비가 결코 과다하지 않다는 것을 금방 알아차린다. 이들의 이번 내한 공연은 우리나라 문화예술 정책에 대해서도 많은 것을 생각하게 했다

적지 않은 돈을 별 다른 차별화 정책 없이, 지난 30년 동안 묵묵하게 여러 단체에 골고루 나누어주는 것을 반복하고 있는 한국의 문화예술 지원 정책은 대한민국을 세계에서 가장 많은 대학 무용과를 소유하고 있지만, 국제 무대에 내세울만한 변변한 무용단체 하나 갖지 못한 나라로 만들어 버렸다. 그런 점에서 특별한 재능을 지닌 예술가에게 특별한 지원정책을 지속적으로 시행, 국가를 대표하는 외교사절로 만들어낸 타이완의 지원정책은 충분히 검토해 볼 만하다.

창작발레를 통한 젊은 안무가들의 약진

우리나라 창작 발레 작업에서 발레블랑의 기여도는 단연 돋보인다. 여러 형태의 기획 공연에 초청되는 발레 전공 안무가들의 대부분이 이 단체 출신들이고 해마다 갖는 정기공연 무대를 통해 평균점을 상회하는 작품들을 보여주고 있는 주인공들 역시 이 발레단 출신들이 적지 않다. 이고은과 김나영, 우혜영, 김선아나 지난해 〈신데렐라〉을 안무한 황혜선 등은 특히 앞으로 주목할 만한 안무가들이다.

〈레 실피드〉와 두 개의 창작 작품을 함께 묶은 발레블랑의 정기공연 (7월 1일 문예회관 대극장) 무대는 발레블랑 소속 안무가들과 댄서들의 성장을 함께 확인시켜 준 무대였다.

슈만과 그의 연인인 클라라를 소재로 한 2인무 〈프렐류드 1〉은 군더더기 없는 깔끔한 소품이었다. 그랜드 피아노가 슈만의 캐릭터와 작품의 내용을 암시하고 때론 무대미술로서도 그 효과를 발휘하도록 무용수들의 동선과 조명을 적절하게 활용한 안무가의 감각이 돋보였으며, 결코 빠르거나 과하지 않게 김창기와 우혜영의 교감을 끌고 간 것이 이 작품의 성공 요인이다.

초반 피아노 음악에 맞춘 두 사람의 2인무는 살갑고 특히 우혜영의 지체의 라인은 살아 숨쉰다. 후반에 각각의 솔로 바리에이션을 첨가, 마치 전체가 하나의 그랑 파드되처럼 보이도록 한 구성, 장면이 바뀌는 시점에 영상으로 분위기 전환을 시도하는 아이디어도 돋보였다. 작품 전편을 통해 항상 지나치게 넘쳐 나게 설정, 아쉬움을 주었던 안무가 이고은이 이 작품에서는 적절한 수위를 유지, 안무가로서 성장한 모습을 보인 것도 소득이었다. 다만 후반부 두 사람의 춤 구성은 전반부와는 좀더 차별화 시킬 필요가 있다.

30분 길이의 중편 창작 발레 〈까미유〉는 조각가 로댕의 연인인 까미유 클로텔을 소재로 하고 있다. 전체 4개의 장으로 구성된 이 작품은 안무자 (권금희)가 상당한 공력을 들인 흔적이 곳곳에서 느껴졌다.

4개의 장면 설정도 그렇지만 로댕과 까미유만이 아닌 그 주변인물과 약간의 드라마적 구성까지도 포함시키고 있기 때문이다. 다소 큰 스케일을 권금희는 무대미술과 군무진, 의상 디자인, 영상의 활용 등으로 커버하고 있다.

춤은 전면에 지옥의 문을 상징화 한 무대미술과 화실을 주 배경으로 펼쳐진다. 두 주인공의 2인무와 군무를 중심으로 단순화시킨 구도이지만 군무에서의 다양한 춤 구성이 사랑과 질투의 감정까지 담아내는 주인공들의 캐릭터와 함께 작품에 시종 긴장감을 불러일으키고 있다.

긴 천을 좌우로 활용해 시각적인 효과를 살려내고 음향효과 등을 적절히 활용한 시도, 전체적으로 피아노 음악을 주조로 일관된 흐름을 견지해 간 노력, 관련 사진을 영상으로 처리해 시간의 추이를 유추토록 한 시도 등이 드라마 성을 살려내는데 큰 힘이 됐다. 음악 편집을 맡은 최정수는 캐릭터의 상황에 따라 피아노 곡만으로도 강약을 조정하는 뛰어난 감각을 보여주었다.

까미유 역 김선아의 순발력이 돋보이고 심플하면서도 시대적인 배경을 어렵지 않게 이해하도록 하고 세련미를 더한 송보화의 의상 기여도도 만만치 않다. 송보화는 〈프렐류드1〉에서도 무용수들의 바디 라인을 살려내면서 장식미를 더해주는 재치를 보여주었다.

로댕 역 이원국의 바리에이션이 흔히 보는 춤동작으로 구성된 점, 장면 전환이 많아 암전이 자주 되면서 극의 흐름이 단절된 점, 주인공들의 보다 분명한 캐릭터 설정 등을 통해 드라마 성을 강조하는 점 등은 차후 공연에서는 보완되어야 할 것이다.

신선한 발상, 정제되지 않은 과욕

'춤의 해' 때 태동한 〈젊은 안무가 창작공연〉은 시행 10년을 넘어서면서 신인 안무가들의 등용문으로 자리잡았다. 오디션을 거쳐 뽑은 9명의 안무가들의 작품을 심사, 최우수 작품으로 선정된 안무가에게 해외연수의 기회를 부여하는 것도 유사한 성격의 다른 공연과 차별화 된다.

2003 젊은 안무자 창작공연 (7월 23-27일 문예회관 소극장)은 실험성이나 작품의 완성도면에서 특출한 작품은 눈에 띄지 않았지만 몇몇 작품의 경우는 비슷한 연령층의 젊은 안무가들의 작품에 비해 평균점을 상회했다.

이영일이 안무한 〈침묵하고 혼자가 되어라〉는 전체적으로 주제에 대한 접근 방법이 다양했고 일관성도 있었다. 소재를 자신의 이야기로 설정했기 때문인지 감성의 전이도 편안하게 다가 왔다. 소품으로 사용된 박제화 된 조각은 공간과 시간의 전이를 느끼게 했고 이는 비물질화 또는 화석화된 인간을 형상화한 것처럼 보였다.

4명 무용수들의 앙상블도 흠잡을 데가 없었다. 4명이 무리지어 앉아 있는 장면에서는 가깝고도 먼 거리감이 느껴졌다. 외롭게 흔들거리는 무용수A와 여자 B, 그들은 같이 있기를 원하면서도 같이 있기를 원하지 않는 관계이다. 다양한 움직임과 감정 표현은 두 사람의 2인무에서 더욱 두드러졌다. 남자 A와 여자 B는 서로 사랑하는 것 같았으나 이내 둘은 감정적으로 이별한다. 여자는 외로이 혼자가 되고 남자는 자조적인 아픔의 춤을 춘다.

그러나 남녀의 관계설정은 다소 모호했다. 특별한 계기가 없이 2인무를 추고 특별한 계기가 없이 따로 떨어져버리는 것은 설득력이 약하다. 어떠한 계기 또는 어떤 상황이 그들을 혼자이게 했는지가 궁금하다. 마치 예고된 만남과 헤어짐처럼 그들은 2인무로 열심히 춤추다 갑자기 헤어지고 여자 B는 박제화 된 인간의 조각 뒤 의자에 앉는다.

남자 A의 감정처리는 상당히 깊이가 있다. 그러나 주인공과 타인과의 관계 설정은 선명하게 와 닿지 않는다. 어느 정도 서사구조를 매개로 할 때는 사람들과의 관계 설정을 명확히 해 주지 않으면 가능한 추측도 떠오르지 않는다. 아주 미미한 예시라도 주어진다면 관객들은 나름대로의 다양한 해석을 시도할 수 있을 것이다.

그러나 이 작품은 춤과 내용이 따로 놀지 않고, 감정을 배제하지 않으면서 오늘날 세계적 추세인 휴머니티가 물씬 묻어나는 작품이었다. 남자 A가 부는 풍선, 그 풍선에서 뱉어져 나오는 한숨소리가 주는 여운이 만만치 않았다.

김수진의 〈만찬〉은 작품의 주제와 내용이 그다지 일치하지는 않았다. 작품의 내용은 침묵의 시간, 어긋남, 평행선 등을 이야기하고 있는데 제목은 '만찬' 이어서 그 연계성이 모호했다. 작품의 제목은 그 내용 전체를 예시하는 것이어야 한다.

무대 뒤의 탁자에 앉아 있는 남자, 그는 붉은 와인 잔을 들고 혼자 서 있다. 무대 하수 쪽의자에 앉아 있는 여자는 다양한 움직임으로 대조를 이룬다. 무엇을 나타내는 것인지 명확하지는 않지만 그녀의 움직임은 아름답고 시원하다. 마사 그라함의 〈아팔라치아의 봄〉에서 의자에 앉아 추는 솔로 춤이 연상되고, 진하고 붉은 드레스를 입은 김수진의 춤은 그 자체로 충분히 음미할 만큼 매력적이다.

공간을 다르게 점유하던 두 사람이 만남은 명확한 예시 없이 이루어진다. 괴로워하고, 끌어안거나 떨어지기도 하는 과정이 보여진다. 탁자 위에 올려졌던 식탁보가 바닥에 떨어지고 여자는 그 속에서 허우적거리며 점점 자신을 옭아매는 듯한 이미지가 그려진다. 그것은 침묵의 시간 속에서 고민하는 여자의 마음을 표현하려는 듯 보였다. 작품은 흰 천을 발에 칭칭 감은 여자가 아주 표독스럽고 섹시한 모습으로 붉은 포도주를 남자로부터 받아들고, 자신이 감고 있는 흰 천에 쏟아 붓는 것으로 끝난다. 혼자 하는 만찬이란 의미인지 모호한 이미지들의 연속이 아쉬웠다.

작품을 풀어 가는 과정과 이미지 전달 과정이 명확하지는 않았으나 갈등 구조를 극대화 하는 김수진과 이광석의 2인무는 충분히 음미할 만한 것이었다.

〈움직임 유희〉를 안무한 김설리는 너무 어려운 주제를 선택했다. 움직임을 퍼즐놀이로 한다는 것은 음악과의 연관성부터 시작해 움직임이 발전되어 가는 과정 등등 다양한 측면에서 접근하지 않으면 단지 움직임의 나열에 그쳐 버릴 수 있다. 퍼즐게임에 초점을 두고 작품을 생각하면 무엇이 중심이 되는 움직임인지를 명확하게 할 필요가 있다. 그래야 관객들을 게임의 장으로 인도할 수 있고 또 관객이 안무자의 시도를 이해함으로써 퍼즐의 재미를 즐기게 된다.

따라서 이 경우 안무자는 관객의 이해를 위해 처음에는 쉽게 접근, 점점 복잡한 퍼즐게임이 되도록 해야 하는데 김설리의 작품은 전체적으로 점점 하나씩 발전되어 가는 면보다는 똑같은 에너지의 반복을 시도했다. 그러다 보니 전체를 하나의 고리로 파악하기보다 옴니버스식의 단편적인 나열과 움직임 자체에만 관객의 시선이 집중되어 퍼즐의 묘미를 잃어버린 셈이 됐다.

그러나 한국무용에서 파생된 움직임을 통해 다양한 형태로 창조해 낸 그의 작업은 상당히 독창적이다. 최근 무용계에서 유럽식 현대무용의 움직임을 모방하는데 급급한 젊은 안무가들이 적지 않음을 감안할 때 새롭고 다양한 움직임을 개발하였다는 것만으로도 의미가 있었던 작품이었다.

정헌재가 안무한 〈Blind Fish〉는 무용수들의 기량이나 집중력이 만만치 않았다. 4명 무용수들의 움직임은 다양했고 주제전달을 위한 감정 처리도 돋보였다. 이 작품은 서사구조가 없는 단순한 스케치 식의 구조였다. 스케치에 담아낸 이미지는 '분노' 또는 '반항'으로 읽혀졌다. 그러나 이 작품은 너무 지나친 주제이입으로 인해 과포화 되어 있었다. 보는 이의 감정에 호소하기보다 춤추는 자신들의 감정에 매몰되어 보였다. 힘이 너무 많이 들어갔다는 뜻이다. 관객으로 하여금 눈물을 흘리게 해야 하는데 춤추는 무용수 자신들만 눈물을 흘려버릴 정도로 감정이 과하게 폭발되었다.

LDP의 작품에서 보여주는 양상과 유사한 색채도 신선해 보이지 않았다. 한국 현대 무용가들이 쉽게 매몰될 수 있는 부분은 바로 좋은 작품을 보고 자신도 모르게 유사한 스타일을 쫓아가는 것이다. 유사함의 반복이 창조의 근원이라고는 하나 창작작업에서 너무 과다하게 비슷한 스타일을 반복하는 것은 새로운 창조로 향해 나아가는 힘을 잃어버리게 할 수도 있다.

김선영의 〈길 위에서 중얼거리다〉는 주제가 선명하고 안무자가 고심한 흔적을 곳곳에서 발견할 수 있을 정도로 정성을 들인 작품이었다. 반면에 소재의 선택에 비해 너무 많은 것을 말하려 했고 무대 위의 이미지들은 지나치게 산만했다. 벽에 걸려 있는 소품과 나뭇잎의 이미지가 서로 충돌하고, 남녀관계와 주제와의 연관성 등이 충돌하고 있다. 그러다 보니 작품의 길이도 길어지고 다양한 얘기를 했지만 막상, 관객은 무슨 말을 들었는지 잊어버리는 상황이 되었다.

20분 정도의 길이 안에 몇 가지 이야기가 중첩되면 자칫 초점이 흐려질 수 있다. 〈길 위에서 중얼거리다〉에서는 느껴지는 이미지는 지극히 개인적인 것처럼 보였다. 인생을 잘못 산 것에 대한 후회, 미래를 향해 걸어가지 못하고 주변을 맴도는 상황이 연상되기도 했다. 무엇에 대한 회한인지 장면 설정이 한번쯤은 선명하게 표출될 필요가 있었다.

'낙엽'의 의미는 상당히 고답적인 대신에 페미니즘적 시각으로 접근한 남녀의 관계는 상당히 사실적이다. 이 두 가지의 이미지만 갖고도 다양한 관점에서의 접근이 가능할 수 있다. 그러나 벽에 걸린 커다란 구조물이 들어옴으로써 설명적 내지는 또 다른 얘기의 시작인 것 같은 느낌이 들었다. 난자 당한 가슴인지, 여자의 멍에인지 여자들은 그 구조물에 온갖 분풀이를 한다.

반복적인 이미지들이 다소 많은 것이 아쉬웠지만 그림자를 이용한 춤이라든지, 남자에 의해 버림을 당하는 여자의 움직임 등은 강조의 수단으로써 효과적이었다. 세 명의 여성과 두 명의 남성 무용수들이 보여주는 움직임의 질과 앙상블도 수준급이었다.

김수정 안무하고 출연한 〈날개의 파르티타〉는 상처를 통한 비상을 설명하고 있다. '날아오른다는 것은 세상의 모든 밑바닥에 두 날개를 깊숙이 담가보는 일인지도 모른다' 라고 한 안무가의 작업 노트는 작품의 주제를 충분하게 설명하고 있다.

하수 구조물에서 김수정은 물 속에서 수영을 하면서 비상을 하는 듯한 느낌의 춤으로부터 시작한다. 상수에 위치한 특이한 구조물, 그것은 상처 덩어리처럼 보인다. 그 속으로 들어가 곤두박질치는 모습, 문까지 닫으며 완전히 잠기는 모습까지 그 구조물은 다채롭게 작품의 주제를 위한 이미지를 만들기에 활용된다.

그러나 안무가는 그 멋진 구조물의 이미지를 위해 움직임을 아꼈어야 했다. 구조물로부터 벗어나서 추는 기교적인 춤은 기교 그 자체로 멋진 춤이었으나 계속해 반복되는 춤은 점점 주제를 벗어나 의미 없는 움직임의 나열로 치달아 버렸다.

하수의 구조물은 물의 이미지로부터 비상을 이야기하고 있다가 상처, 즉 전쟁을 나타내는 영상으로 바뀌었다. 여기서부터 작품은 정도를 다소 넘어서고 있었다. 여태껏 상처든 비상이든 개인의 문제를 갖고 구조물들과의 관계를 그리는 듯하다 느닷없이 사회적인 문제로 나아감에 따라, 솔로 춤으로 감당하기에는 공간적 넓이나 시간적 길이 간에 상당한 괴리감이 생기게 된 것이다. 오히려 소극장용 솔로 작품으로 진솔한 자기 자신의 얘기를 그려냈다면 더욱 설득력이 있었을 것이다. 안무가의 독창적인 아이디어와 주제를 향한 컨셉트, 힘과 유연성이 조화된 김수정의 춤은 뛰어났다.

박미정이 안무한 〈한 그루〉는 주제 선정에서나 별 다른 반전과 선명한 이미지의 변환 없이 전개되는 구조, 그리고 세 명 무용수의 춤 구성 등에서 일반적인 춤 공연의 평범한 전개 방식을 택해 신선감이 떨어졌다.

윤푸름이 안무한 〈애국가〉는 참가작 중 주제 면에서 가장 독창성이 엿보이는 작품이었다. 안무자는 전체주의적 국가권력에 대해 또는 개발이란 이름 하에 일그러진 개인성에 대해 고발하고 있다. 젊기 때문에 할 수 있는 사회고발이며, 그 시대를 더불어 살았던 세대가 아니라 바라본 세대이기에 객관적인 관찰이 가능했을 것이다.

작품의 도입부는 아주 차분하게 시작된다. 남자 둘의 결렬한 다툼에 이어 무대 밖에서 끝없이 소리를 내는 개인을 잡기 위하여 권력가로 제시된 듯한 두 남자가 혈안이 되어 뛰어 다닌다. 두 사람이 아무리 뛰어 다녀도 입을 연실 나불거리는 한 개인을 잡을 수가 없다. 권력은 권력과 야합한다. 두 명의 남자가 구석에서 서로 몸을 비비는 장면 등이 그것을 암시한다. 마지막에 넥타이를 맨 두 명의 남자가 국가를 찬양하는 동안 한 개인은 온 몸을 일에 바친다.

작품의 주제는 명확하나 상대적으로 독창적인 움직임의 부재가 아쉬웠다. 두 명의 남성 무용수와 윤푸름이 엮어내는 무용수들의 거침없는 움직임과 뛰어난 앙상블도 이 작품의 완성도에 적지 않게 기여했다.

김성용 안무의 〈Trouble〉은 비교적 쉬운 주제로 접근하면서 감성적인 면과 창의적인 면을 다양하게 이입하고 있다. 너무 지나치게 강하게만 접근하지 않고, 또 너무 지나치게 약하지도 않는 두 가지 에너지가 적절하게 조화됨으로써 보는 이를 편안하게 하고 또 몰입하게 한다.

남녀 두 쌍의 연인 커플은 한 그룹이 주제를 설명하고 있으면, 다른 그룹은 주제의 이미지를 반복적으로 제시하는 등 이중구조를 서로 다른 공간에서 보여줌으로써 관객의 이해를 돕고 있다. 뒤의 연인들 중 여자가 사다리를 타고 올라가 "저리 가라"고 고함을 지르고, 남자는 그런 여자를 끝없이 뒤쫓는 장면이 반복됨으로써 강조를 하고 있으면 앞의 두 연인은 사랑의 춤을 춘다든지 하는 이중구조가 그런 예이다.

바닥에 그림자를 이용한 춤의 시도는 좋았으나 조명과의 관계가 명확하지 않아 선명하게 보여지지 않았고, 실제 무용수가 만드는 비실제적 그림자와 카메라의 앵글을 통해 비춰지는 비실제적 인물과의 관계 설정도 다소 모호했다. 그러나 네 명 무용수들의 움직임과 대사를 겸한 연기력, 그리고 작품에 몰입하는 집중력 등은 시종 긴장감을 유지시켜주는 원동력이 됐다.

참가 작품 중 이영일과 윤푸름, 김성용의 작업들은 분명한 컨셉트와 전개 과정에서의 탄탄한 구조 등으로 안무가로서의 성장 가능성을 보여준 평균점 이상의 작품이었다.

젊은 안무가들다운 신선한 발상이나 실험성 강한 작품들이 부재와 절제되지 않은 채 너무 많은 것을 담아내려는 과욕, 그리고 독창적인 움직임 개발의 소극성 등은 이들 젊은 안무가들이 앞으로 보완해야 할 점들이다.

의욕적 시도, 그러나 만만치 않은 도전

모던 발레의 매력은 몸의 다양성을 즐기는데 있다. 클래식 발레 작품에서의 정형화 된 어떤 틀 속에서의 움직임이 아니라 눈에 익숙하지 않은, 예기치 않게 변주되는 무용수들의 지체는 그 만큼 흥미로울 수밖에 없다.

안무가의 차별화 된 개성을 확연하게 느낄 수 있다는 점도 모던 발레의 또 다른 매력이다. 무용수들의 몸을 마음대로 변주시키는 기술과 감각, 여기에 조명, 음악 등 여러 요소들의 접합을 통한 안무가의 독창성은 관객들의 감성을 자극하는 데도 그 만큼 유리하다. 모던 발레의 또 다른 매력은 무용수들의 개성을 새롭게 발견하는 재미이다. 이미 익숙해진 캐릭터 안에서의 변화를 음미하는 클래식 발레 작품과는 달리 모던 발레에서의 댄서들은 그 자유로움만큼이나 해석의 폭도 넓기 때문이다.

이 같은 모던 발레의 매력은 그것이 한 편의 전막 작품이 아니라 여러 개의 소품으로 차려진 성찬일 때는 흥미가 배가된다. 미세한 차이이긴 하나 움직임 뿐 아니라 음악이나 의상, 조명, 무대세트 등 극장예술의 여러 가지 요소들을 접목시키는 안무가들의 상상력 때문에 그 맛깔은 더욱 달라질 수 있기 때문이다.

유니버설발레단이 마련한 '네 가지 모던 발레의 유혹' (8월 28-31일 LG아트센터, 평자 29일 관람)은 그런 면에서 주목할 만한 무대였다. 여기에 모던 발레가 그리 만만한 작업이 아니란 점도 그 결과에 적지 않은 관심이 쏠리게 했다.

　　나초 두아토가 안무한 〈숲〉은 전체적으로 지리 킬리안의 안무 스타일과 유사했다. 가장 볼 만한 것은 역시 음악과 조명, 그리고 움직임과의 뛰어난 합일이었다. 다섯 커플 10개의 몸들은 조명이 만들어내는 색조와 만나면서 시간에 따라 변하는 숲의 이미지를 자연스럽게 채색해 냈으며, 안무자에 의해 조합된 조형미를 무난하게 표출해냈다. 음악에 따라 다채롭게 변하는 무용수들의 이합과 집산 역시 거침이 없었다. 그러나 이 작품은 유니버설발레단 단원들의 기량 성장을 확인한 소득은 있었지만 움직임과 움직임 사이의 느낌과 호흡이 자연스럽게 이어지지 못했다는 점에서 아쉬움을 남겼다.

　　같은 유럽무대에서 활동하지만 하인츠 슈포얼리의 〈All Shall Be〉는 나초 두아토의 〈숲〉과는 여러 가지 면에서 달랐다. 쉬포얼리는 남성 무용수와 여성 무용수의 움직임을 명확하게 분담하고 있고 아크로바틱한 요소들을 가미했으며, 의상이나 무대장치를 보다 적극적으로 활용, 시각적인 효과를 강조했다. 30여 명의 무용수들을 솔로, 2인무, 12인무, 9인무 등으로 변화시키면서 무릎과 발목 등 하체의 관절을 많이 사용하게 하고 여성 군무에서 하체의 라인을 더욱 강조하거나 검정 의상과 바닥의 백색과를 대비를 시도하는 것 등이 그런 예들이다. 이밖에도 바로크 시대의 코르셋 치마, 망사 타이즈, 검정 토슈즈, 빨간 치마 등 비주얼(visual)을 강조한 안무자의 의도는 여러 곳에서 발견됐다.

무용수들은 쉼 없이 움직이며 열연했지만, 초청 무용수로 참가했던 솔로 보이 역의 프랑소와 프티가 보여준 움직임을 조율할 줄 아는 힘과 느낌을 담아내는 감각과는 다소의 거리감이 있었다. 모던 발레 작품에서 안무가와의 현장 작업과 무용수들의 감정 처리가 얼마나 중요한 가를 여실히 보여준 순서였다.

유병헌의 〈파가니니 랩소디〉는 나초 두아토의 작품과 유사한 흐름으로 볼 수 있다. 라흐마니노프의 피아노 선율에 따라 변주되는 무용수들의 움직임은 커플 댄스와 남성 무용수들의 춤에서 그 개성이 어렴풋이 읽혀진다. 안무자는 무용수들에게 적지 않은 에너지를 요구하고 있었다. 다섯 커플들이 원무 형태에서 넘어지고 솟구침을 반복하는 피날레와 권혁구, 조주환 등 해외파와 서라벌 등 남성 무용수들의 열연이 돋보였으나 앙상블 면에서는 네 번째 순서에서 오는 체력적인 부담 때문인지 세련되게 다듬어지지는 못 했다.

홍승엽이 안무한 〈뱀의 정원〉은 한 작품 안에 여러 명의 이브가 존재하고 소녀, 에고, 뱀 등 여러 캐릭터가 각기 다른 의미를 상징하고 있다는 점에서 구성의 묘미가 엿보인다. 그러나 그 여운은 그리 길지 못했다. 영상 모니터와 전환되는 무대세트 등이 주는 이미지의 확장의 효과가 그리 크지 않은데다 무용수들의 움직임과 상징의 수단으로 사용된 기호가 하나의 통일된 흐름으로 통합되지 못한 데도 그 원인을 찾을 수 있다.

결국 유니버설발레단의 이번 기획공연은 모던 발레 작업이 결코 만만한 것이 아님을 다시 한번 입증해 보였다. 그러나 개개 작품의 완성도를 떠나 이번 기획 공연은 유니버설발레단이 메이저 발레단으로 도약하기 위한 필요한 시도였다는 점에서 의미가 있었다.

창단 20 주년을 눈앞에 둔 유니버설발레단은 그 동안 중요한 클래식 전막 작품의 레퍼토리 화를 이루어냈고, 꾸준한 보완 작업을 통해 〈심청〉이란 독창적인 소재의 창작 발레를 보유하게 됐으나 모던 발레 작업은 상대적으로 부진했었다.

오늘날 대부분의 발레단들이 모던 발레 작품을 보유하고 있고 전체 공연에서도 이들 모던 발레 공연의 비중이 점차 확대되고 있는 세계적인 추세를 감안할 때 나초 두아토나 하인츠 슈퇴얼리 등 유럽 무대에서 알려진 안무가들의 작품을 레퍼토리로 갖게 된 것은 메이저 발레단으로서의 면모를 갖추는 과정일 뿐 아니라 국제무대 진출도 그 만큼 탄력을 받을 수 있기 때문이다.

또한 아직은 클래식 발레에 익숙한 일반 관객들의 시야를 넓혀준 성과도 빼놓을 수 없다. 그러나 유니버설발레단이 거둔 더 큰 성과는 이번 기획을 통해 단원들의 기량 향상을 꾀할 수 있었다는 점이다. 클래식 발레 공연에 익숙한 대부분의 한국 무용수들에게 모던 발레 작품에서 요구하는 움직임과 모던 발레 안무가들의 주문을 무리 없이 소화해내기란 어렵다. 이미 그 같은 사례는 장 크리스토퍼 마이오가 안무한 국립발레단의 〈로미오와 줄리엣〉에서도 확인됐었다.

이번 공연을 통해 유니버설발레단원들은 기대 이상으로 쉽지 않은 모던 발레 작품을 소화해 냈다. 움직임 안에 감정을 담아내는 감각이나 연결 동작에서의 자연스러움 등에서 부족한 점도 있었지만(김세연 강예나 전은선 등 주역급 무용수들이 상대적으로 돋보인 것은 모던발레 작품에서 기본적인 테크닉의 밑받침이 얼마나 중요한가를 입증해 주는 것이다) 모던 발레 작품을 통한 성장은 곧 클래식 발레 공연에서도 그 효과가 그대로 나타날 수 있다는 점에서 생산적인 투자가 아닐 수 없다.

　단원들의 숨겨진 개성을 발견할 수 있었던 점, 해외파 무용수들의 달라진 모습을 볼 수 있었던 점, 그리고 권혁구와 강세연, 엄재용과 강예나 등 무용수들의 새로운 파트너십을 음미할 수 있었던 것은 이번 공연의 별미였다.

삶과 죽음, 행간 속 원초적 이미지

홍신자의 작품을 관통하는 것은 '인간' 이다. 명상적, 우주적이란 단어 뒤에 숨겨진 사색적이고 철학적인 진지함, 순간적으로 관객을 몰입시키는 마력은 그의 작품 속에 담고 있는 '인간' 과 무관하지 않다.

60분 길이의 신작, 1988년 뉴욕 조이스 극장에서 초연된 〈세라핌〉(Seraphim) 을 재구성, 국내에 처음 소개하는 무대, 30년 동안 작업하면서 교감을 나눈 일본, 미국, 유럽의 현대무용가들과 홍신자가 함께 꾸미는 '홍신자와 친구들' (Hong & Friends) 등 무용데뷔 30주년 기념공연(8월 27일-9월 6일 예술의전당 토월극장) 은 홍신자 춤 30년을 상징적으로 보여준다. 그러나 정작 1973년 뉴욕 DTW 에서 초연했고 그해 국내에서 선보여 화제를 모았던 〈제례〉가 빠진 것은 아쉬웠다.

춤은 몸 하나 만으로 인간의 감성을 건드린다. 홍신자가 안무한 〈세라핌(Seraphim)〉(8월 30-31일, 평자 31일 밤 관람)은 그런 드문 체험을 안겨준 작품이다. 〈세라핌〉에서는 좀처럼 정형화 된 춤동작을 찾기가 힘들다. 안무자에 의해 조합된 기호들은 관객들이 보기만 하는 것이 아니라 느낄 수 있도록 충분한 시간을 갖고 무대 위를 떠다닌다. 무용수들의 지체는 마치 움직이는 시

같았고 반복과 멈춤의 시어 속에는 안무자의 함축된 메시지가 간간이 그 모습을 드러낸다.

〈세라핌〉은 또 관객들을 묘한 감정 속에서 무대와 소통하게 만든다. 손가락 마디마디까지 미세하게 조율된 절제된 동작들, 몇몇 무용수에 의해 구체화되는 역할 분담, 그들에 의해 차별화 되는 이미지는 드문드문 삑-삑- 문을 여닫을 때 나는 소리와 맞물려 변신을 거듭한다.

무용수들의 움직임은 마치 무의식의 세계를 영유하는 듯 한없이 자유롭다. 사랑과 증오, 화합과 대립 등 인간관계 속의 무수한 이야기들이 마치 내것 인양 그렇게 다가온다. 희미하게 비치는 세 마리 동물 형상의 무대세트는 원초적인 이미지, 사유하는 동물인 인간의 본능이란 상징성과 맞닿아 있다. 작품의 길이나 소재에 따라 움직임을 증폭할 줄 아는, 단순화시킨 세트와 오브제만으로도 선명한 이미지를 담아내는 안무자의 특별한 감각이 빛을 발한 대목이다.

〈세라핌〉은 오늘날 관객들의 유혹에 쉽게 빠져드는, 안무가들의 인내력 부재에서 오는 나열식의 가벼운 작품이 난무하는 안타까움도 비켜갔다. 88년 초연작인데도 낯설지 않은 것은 말하듯 쓰는 시어, 느닷없는 호기심, 잔잔한 슬픔을 머금게 하는 긴장감을 마지막까지 유지시킨 데 있다. 아쉬움이 없는 것은 아니다. 한국인 무용수들과 외국인 무용수들의 소통이 더 확장되었더라면 집중력도 그 만큼 높아졌을 것이다.

신작 〈시간 밖으로〉(9월 4-6일, 평자 6일 낮 공연 관람)는 철학적인 색채가 다분하다. 이 작품은 99년에 발표한 〈시간 속으로〉와 어떤 면에서 연계되어 있다. 같은 극장에서 초연된 〈시간 속으로〉 리뷰에서 나는 "자연과 우주와 조우한 이미지 만들기" 라고 제목을 달았다. 〈시간 속으로〉가 인간의 탄생에서 죽음에 이르는 통과의례를 다룬 작품이라면 〈시간 밖으로〉는 죽음 후 육체와 분리된 영혼들의 이야기를 다루고 있다.

그 전에도 그랬지만 홍신자는 죽음에 대해 많은 사색을 한다. 그는 프로그램에서 "젊은이들이 희망찬 미래를 생각하듯이 인생의 반을 산 자신이 죽음을 생각하는 것은 당연하다" 고 말한다.

무대 위에는 모두 8개의 관이 놓여져 있다. 관의 뚜껑을 열고 나오는 무용수들의 포즈는 각기 다르다. 관 밖으로 나온 영혼들은 관에 걸터앉거나 관을 밟고 올라서기도 하고 모서리 끝에다 발끝을 모으기도 한다. 영혼들에게 자신이 갇혀있던 관은 더 없는 놀이터로 보인다.

검은 색 관이 2열로 나열된 무대, 그것은 죽은 자의 영혼이 놀음을 시작하는 전초전이었다. 까만 관이 나열된 무대가 갖는 무게는 그 만큼 묵직했다. 반면에 영혼이 관 뚜껑을 열고 나오는 장면은 환상성을 더욱 살릴 수 있었다는 생각도 들었다. 한 사람씩 관에서 나오는 장면을 안무자는 각기 다르게 차별화 시켰지만 좀 더 다양한 춤 적 이미지들이 보여 질 수 있었을 것이다.

관 위에 늘어날 수 있는 천을 씌워 나무처럼 보이게 하였다가 그 중간으로 손들이 나오고 그 손들의 다양한 군무가 있었다면 익명성이 강조됨으로써 느끼게 되는 제 3자적 관점이 더 확연해 타자적 관점에서 죽음을 생각할 수도 있었을 것이다. 이 장면에서는 초반부에는 시선을 모으는 집중감이 있었지만, 사람의 전체 모습과 얼굴이 너무 일찍 보여짐으로써 죽은 영혼이라는 특이성이 잘 드러나지 못한 점이 아쉬웠다.

관 속에서 옷을 꺼내 입고 몸에 스카프를 두르면서 영혼들은 여행을 준비한다. 죽음 후 육체와 분리된 영혼들이 자신의 삶에서 이루지 못했던 것들에 대한 미련을 찾아 떠나는 것이다. 관을 일으켜 세우니 바닥이 보였고 그 바닥에는 자신의 삶을 돌아볼 수 있는 거울이 있다. 소품을 다양하게 활용하는 홍신자다운 재치가 읽혀졌다. 거울을 앞에 두고 자신을 바라보는 영혼들의 개인적 움직임이 펼쳐진다.

샤막 너머로 우산을 든 영혼들이 지나간다. 우산은 산 모양이 아니라 거꾸로 하늘을 향해 펴져 있다. 홍신자 다운 반전이다. 저승과 이승을 가르는 듯한 샤막의 뒤에서 들리는 물소리는 시원했다. 남자들의 움직임이 물에서 이루어지고 넘어지고 첨벙거리는 물소리가 바닥에 매단 마이크를 통해서 전달되니 무대공간이 마치 현실공간처럼 느껴졌다.

이어 청사초롱을 든 5인무가 등장했다. 초롱을 들고 추던 춤은 편안함과 안정감이 있었다. 초롱은 그 크기가 보통의 실물보다 작았고 무용수들은 그것을 어깨에 메기도 하고 앞으로 불쑥 내민 채 뒷걸음치기고 하고, 들고서 회전하기도 한다. 영혼은 물을 사이에 두고 영원히 보일 듯 말 듯한 빛을 남기며 영원히 사라진다.

〈시간 밖으로〉는 홍신자의 사상의 깊이를 온전히 춤 이미지로 형태화시키는 데는 다소 아쉬움이 있었다. 전체적으로 안정감이 있었던 반면, 움직임들의 적절한 배합이 이루어지지 않아 산만함을 준 것도 그 한 요인이다.

홍신자는 늘 관객을 사색하게 하는 철학적 무용가다. 작품은 그의 체험으로부터 배태되어 나오는 삶의 이야기들이다. 창작 작업과 관련 우리나라 무용가들의 노화현상이 두드러지게 나타나는 현실에서 홍신자는 앞으로 30년을 더 작품 활동을 할 것이란 소신을 밝히고 있다. 설익은 젊은이들의 패기 넘치는 무대가 온통 무용계를 휩쓸고 있는 이즈음, 노 안무가의 지칠 줄 모르는 예술적 행보는 철학적 깊이의 작품과 만나고자 하는 관객에게는 소중하다.

안무가가 춤꾼이 아니라면 사상이 정신을 다잡고 있는 한도 내에서는 얼마든지 무대는 이미지로 빛날 것이며 작품은 인간의 가장 깊숙한 곳을 건드릴 것이다. 홍신자 역시 그런 안무가 중 한 명임은 춤 30년 기념공연을 통해 확연하게 드러났다.

국립무용단 〈비어있는 들〉

한국적인 컨템포러리 댄스의 가능성

국립중앙극장은 올해로 남산으로 이전한지 30년을 맞았다. 남산 이전 이후로도 무용극이 중심이 된 국립무용단의 전통은 면면히 이어져 왔으며 1990년대 이후로는 한국적인 정서에 바탕을 둔 창작 춤과 함께 객원 안무가 이정희와 국수호의 현대적인 감각의 소수 작품들이 국립무용단의 레퍼토리에 포함됐다.

국립무용단 제85회 정기공연 작품인 〈비어있는 들〉(10월 16-19일 국립중앙극장 해오름 극장, 평자 16일 관람)은 몇 가지 점에서 춤계의 관심이 집중됐다. 우선 이 작품은 올초 김현자가 국립무용단의 새로운 단장으로 부임한 이후 선보이는 본격적인 신작 무대였다. 김현자 단장이 국립무용단과 함께 처음 무대에 올린 〈바다〉가 이미 안무된 작품을 보완한 것이었던 데 비해 〈비어있는 들〉은 60분이란 짧지 않은 길이의 새 작품이었기 때문이다.

김현자 단장이 부임하면서 직제에 있는 예술감독을 따로 임명하지 않고 배정혜 전임 단장과 마찬가지로 단장 겸 예술감독이란 체제로 출범한 만큼 이번 작업은 곧 향후 국립무용단의 향방을 감지할 수 있는 무대란 점에서도 춤계의 관심이 모아졌다.

극장으로 들어서면 좌우 갈대 숲 사이로 객석 쪽으로 돌출 된 경사진 무대가 눈에 들어온다. 정면에 흰색의 사각 창이 걸려있고 한 줄기 빛이 그 창을 통과해 언덕진 무대를 비추고 있다. 제목에서부터 느껴지는 강한 서정성에다 전작인 〈바다〉에서처럼 이미지 중심의 전개 구도가 현대적인 감각의 세련된 무대미술(박동우)을 통해서도 감지된다.

제1장 '저물 무렵, 창' 은 김미애와 이윤수가 장식한다. 가을 냄새 물씬 풍기는 여자의 가녀린 곡선이 애잔하게 그림자를 드리운다. 회한, 고독, 그리움, 그 엇비슷한 감정의 선상에서 김미애의 몸부림, 막막하고 공허한 무대를 뒤로하고 쓸쓸함을 자아내는 그녀의 움직임은 초반부터 관객의 시선을 잡아끌었다.

김미애의 감각은 출중했다. 그녀는 드라마틱한 고전적인 사랑 이야기에서부터 현대적인 감각의 역할까지 폭 넓은 캐릭터를 소화해 내는, 내면의 감정을 몸으로 담아내 자신의 것으로 순화시킬 줄 아는 몇 안 되는 댄서 중 한 명이다.

플루트를 중심으로 한 음악 구성이 마치 스트라빈스키의 〈봄의 제전〉에서처럼 제의성과 긴장감을 불러일으키고, 솔로와 2인무에서의 느린 움직임, 회화적인 이미지와 원근을 겨냥한 동선 등 첫 장은 전작인 〈바다〉에서 안무자가 국립극장의 넓은 무대를 많은 인원으로 채우면서 보여준 다소의 진부함을 비켜 가면서 응축된 이미지를 만들어 냈다. 안무자는 또 이윤수와 김미애의 2인무를 저 만치 떨어지도록 하는, 관객들의 의표를 찌르는 구성으로 변화를 꾀했다.

피아노와 현악기, 신디사이저 등이 가세한 2장 '숲' 은 군무로 이어졌다.

붉은 석양을 뒤로하고 수많은 여자들이 열을 지어 걸어 나왔다. 안무자에 의해 조율된 움직임 구성은 빠르게 팔을 옆으로 뻗었다 가슴에 가져가고 고개를 크게 돌려 머리를 떨어뜨리는 등 현대적인 움직임이 가능한 무용수들에 초점을 맞춘 듯했다. 그 중에서도 장현수의 유연한 움직임이 군무에 활력을 불어넣었다. 군무 진을 뒤로 물리면서 앞쪽 하수에 2인무를 배열한 것이나 하수와 상수의 앞쪽에 주로 동선을 설정해 1장과 대비를 이루는, 큰 무대를 염두에 둔 안무자의 계산된 연출도 엿보였다.

안무자는 또 시종 비슷한 톤의 분위기로 작품을 끌어갔다. '들'이라는 이미지를 극도로 함축하면서 그 속에 무용수들의 감정을 담아내려는 의도가 다분히 느껴지는 구성이었다. 군무진들이 경사진 무대를 구를 때 보여지는 색다른 조형미, 맨 팔을 드러내게 하고 한 가닥의 끈으로 한쪽 어깨를 강조한 이미현의 의상 디자인과 무용수들의 금색으로 물들인 묶은 머리와의 시각적인 조화도 아름다웠다.

3장 '가는 비 오다'에서는 최진욱과 김지원의 움직임이 작품을 끌어갔다. 현악기가 주도하는 현대음악에 여성 구음이 어우러진 독특한 음악 구성(강은구)이 분위기를 주도하는가 싶더니 김지원의 흐느적거리듯 밀착시키는 호흡과 최진욱의 역동적인 움직임의 고저가 퓨전 음악과 만나면서 색다른 맛을 선사했다.

그러나 최진욱의 움직임은 어딘지 부자연스러웠다. 특유의 유연성과 순발력, 순간적으로 맺어지는 에너지의 합일에서 오는 특별한 몸의 질감은 예전 같지 않았다. 전체적으로 다소 어색한 바지 차림의 의상과 객원 무용수 김지원과의 부조화 때문인지 뛰어난 무용수로서 자신을 어필시키지 못했고 이는 잘 이어져 오던 이미지가 다소 처지는 결과를 초래했다.

4명의 무용수들이 중간에 가세에 비를 맞는 장면 역시 무대 앞쪽에서 너무 확연하게 노출됨으로써 오히려 작품의 흐름을 단절시켜 버렸다. 실루엣으로 처리해 소리의 효과를 배가시키든지 차라리 샤 막 뒤에서 행해지도록 했더라면 더욱 효과적이었을 것이다.

4장 '거울 앞 누님'에서는 이문옥이 함지박을 들고 자리하고 5명의 무용수들이 손으로 살짝 치마를 감싸안은 채 등장했다. 흰색 치마에 가르마를 곱게 탄 여인들의 느린 움직임과 다소곳함--- 낯익은 이미지이긴 하지만 경사진 무대와 리더 댄서 문창숙의 춤 태 등 전체적인 분위기는 선명하게 각인되면서 그 정감은 강렬했다. 여백의 미를 감지할 수 있는 잔잔한 흐름에다 느린 춤이 주는 맛깔과 감춰진 흥취를 음미할 수 있었던 장이었다.

적절한 시점에 소박하게 포장되어 나온 전통적인 색깔의 춤이 차별성을 살렸으나 다만 너무 이미지만 그리고 사라져버린 점은 아쉬웠다. 좀 더 춤 적인 구성이 뒤따랐더라면 몸을 매개로 하는 무용예술이 주는 특별한 감성들을 더욱 즐길 수 있었을 것이다.

제5장 '추상'(秋像)은 전편의 흐름과는 다른 색깔을 보여주고 있다. 객석 통로에서 뛰어 올라 오는 무용수들과 무릎 보호대를 착용한 무용수들은 마치 들판을 뛰어 다니는 도깨비들처럼 보였다. 안무자는 이쯤에서 놀이적인 요소를 살리면서 가벼운 터치로 풀어내는 상반된 이미지의 구성을 시도했으나 결과는 어색한 만남이 되고 말았다. 군무 구성에서 놀이성이 충분히 살아나지 못했고, 무용수들의 위축된 연기력에다 중동 지역의 민속 음악을 연상시키는 안무자가 의도한 이미지와는 동떨어진 듯한 음악 구성

등이 그 요인이었다.

마지막 장 '비어있는 들'에서는 갈대를 든 남성 무용수들이 객석의 출입구를 통해 무대로 등장했다. 무용수들의 의상은 마치 수도사를 연상시키듯 아래위 한 가지 톤으로 길게 늘어져 있었다. 무대를 사선으로 가로지르는 느린 동선과 3명의 무용수들이 갈대를 흔들면서 회전하는 등 보여주기 위한 춤보다 이미지를 만들려는 안무자의 의도가 엿보이나 음악과 의상 등이 춤의 분위기와 엇갈려 있어 시각적인 효과가 반감됐다.

초반 인도 음악과 섞인 남자 구음, 여성 가수의 노래에 스님의 독경까지 지나치게 오버랩 된 음악도 내내 부담스러웠다. 마치 음악을 듣기 위한 이미지로 춤이 만들어진 듯한 느낌이 들 정도로 음악이 춤을 압도했다. 작품의 제목처럼 인생을 관조하는 여운이 있는 장으로 마무리되지 못한 점이 두고두고 아쉬웠다.

이 작품은 조명이나 무대미술 의상과 음악 구성 등에서 전체적인 교합의 노력이 엿보였고 그런 노력만큼이나 이미지 댄스로서의 빼어난 장면도 적지 않았다. 그러나 후반부로 갈수록 이들 요소들의 교합은 그 밀도가 점점 떨어졌다.

〈비어있는 들〉은 작품 제목에서부터 강한 서정성이 묻어난다. 안무자 김현자는 현대적인 감각의 한국무용 내지는 한국인의 정서가 어떤 것인지 잘 감지하고 있었다. '들'이라는 이미지, 그것도 비어 있는 들이란 소재를 적절하게 가져왔고 이를 몸의 언어로 무난하게 풀어냈다. 사이사이에 여백의 미가 살아 있고 근래 드물게 느린 춤이 주는 맛깔도 쏠쏠했다.

그러나 추상적인 이미지를 몸으로 표현해 내는 작업의 경우 60분이란 길이는 상당히 부담스럽다. 전제적으로 4장까지는 무난하게 이어졌으나 후반부 두 개의 장은 더 많은 정리가 필요해 보인다.

그 동안 '국립무용단' 이란 이름 앞에 붙은 '국립' 이란 단어는 한국을 대표하는 단체란 상징성 때문에 한국적인 작품, 한국의 전통적인 작품을 해야 한다는 중압감에 시달려 왔다. 그러나 1962년 창단 이래 40년이 지난 이제 국립무용단은 '전통' 이란 중압감에서 벗어날 필요가 있다. 그렇다고 한국적인 정서를 벗어난 작품을 만들어야 된다는 것은 아니다. 한국을 대표하는 국립무용단이라고 해서 반드시 한국의 전통적인 색채를 담은 작품만을 공연할 필요는 없다는 것이다.

한국의 국립무용단은 이제 한국을 대표해 국제 무대에서 당당하게 경쟁하기 위해 이 시대의 춤 곧 컨템포러리 댄스로 작품의 방향을 선회해야 한다. 한국의 전통적인 감성을 담아낸 컨템포러리 댄스가 될 수도 있으며, 동서양이 공감할 수 있는 보편성을 더욱 강조한 작업이 될 수도 있을 것이다. 아니면 양쪽 모두를 적절하게 조화시킨 동시대의 춤이 될 수도 있을 것이다.

이번 공연을 통해 김현자 단장 체제의 국립무용단은 컨템포러리 댄스로 그 향방을 굳힌 듯하다. 〈비어있는 들〉에서는 한국적인 정서가 묻어난 컨템포러리 댄스의 색채를 어렵지 않게 감지할 수 있었다. 한국을 대표해 국제무대에서 경쟁할 수 있는 전통성과 보편성 모두를 겨냥한 작품을 표방한 셈이다.

이는 이 시대의 '국립' 의 새로운 위상에 걸 맞는 바람직한 선택이다. 이번 공연에서 안무자는 무용수들이 가능하게 움직일 수 있는 범위를 염두에 둔 춤 짜기를 시도했고 그에 따라 각 장마다 무용수들을 안배하고 있었다. 국립무용단의 무용수들 모두가 안무자가 요구하는 움직임을 완벽하게 소화해 낼 수는 없다. 그러기 위해서는 적지 않은 시간과 훈련을 필요로 한다. 이는 안무자에게는 분명 부담일 수 있다.

그러나 이번 공연은 그런 점에서 향후 국립무용단의 밝은 앞날을 예측하게 했다. 〈비어있는 들〉에서 일부 국립무용단의 단원들은 어떤 형태의 움직임도 소화해 낼 수 있는 몸 만들기에 빠르게 적응해 가는 모습을 확연하게 보여주고 있었기 때문이다.

이미지와 음악을 통한 몸의 확장

올해로 6회 째를 맞은 서울세계무용축제(10월 8-29일)는 한국을 대표하는 춤 국제교류의 새로운 장으로 점차 자리를 잡아가고 있다.

해외 초청 공연 팀 중 프랑스 마기 마랭 무용단과 앙즐랭 프렐조까주 발레단은 안무가의 명성도 명성이지만 최근에 안무된 작품인데다 모두 아시아 초연 작품이란 점에서 더욱 관심이 집중됐다.

마기 마랭 무용단의 〈박수만으론 살 수 없어〉(10월 17-18일 호암아트홀, 평자 18일 관람)는 안무가로서 마기 마랭의 예사롭지 않은 감각을 보여준 작품이다. 8명의 무용수들이 출연한 이 작품은 별다른 세트나 오브제의 사용 없이 무용수들의 움직임만으로 60분을 끌어간다. 드니 마리오뜨의 음악이라기보다는 음향에 가까운 일관된 흐름의 음악 구성(그것은 너무나 단순하다)과 서서히 희미해지거나 밝아지는 조명의 변화가 전부이다. 극장예술로서의 무용 작품이 보여주는 다양한 요소들이 철저하게 제한된 채 철저하게 무용수들의 움직임만으로 작품을 끌어간다.

5cm 정도의 넓이로 잘려진 다양한 색깔의 두껍고 긴 비닐이 무대의 삼면을 감싸고 있고, 그 비닐 막을 통해 수 없이 등퇴장을 반복하는 무용

수들은 다양한 관계 설정을 통해 움직임을 변주해 낸다. 그들은 빠르거나 급한 모습이 아니라 지극히 냉정하고 지극히 일상적인 흐름으로 모이고 흩어진다. 마치, 스텝과 스텝을 세기라도 하듯이 정확하게 계산된 스텝은 시간의 추이에 따라 움직이고, 형태를 만들며 만든 형태를 반복해 또 무너뜨린다.

마기 마랭은 아주 섬세하고 명확한 안무자였다. 그녀의 타이밍 감각은 섬짓할 정도로 빼어났다. 무용수의 스텝 하나까지도 계산에 넣고 있었고, 특별히 리듬감이 없는 음악인데도 다양한 이미지를 이입해 마치 몸으로 푸는 음악을 듣는 것 같은 기분이 들 정도로 확장시켰다. 그러나 한 주제를 지직거리는 소음에 가까운 음악으로 한 시간 이상을 끌고 간 데는 분명 무리가 있었다. 40분 정도가 경과되는 데도 비슷한 패턴이 계속되자 관객들의 인내심에도 한계가 생기기 시작했기 때문이다.

그럼에도 안무자는 클라이막스나 특별히 강한 에너지의 전환 없이 처음에 시작했던 느낌그대로를 무대에 잔뜩 깔아두고 무용수들을 사라지게 했다. 마기 마랭이 안무 노트에 밝혀 놓은 `남미 국가들의, 권력으로부터 희생 받는 통제와 억압의 이야기`는 구체적으로 잘 드러나진 않지만 사람들 간의 경쟁과 그 경쟁을 어루만지고 치유하는 듯한 무리들의 움직임 등 사람과 사람간의 미묘한 심리가 시종일관 긴장 속에서 이루어지고 있음은 어렵지 않게 감지되었다.

앙즐랭 프렐조까주 발레단의 〈헬리콥터〉〈봄의 제전〉

음악과 몸의 궁합. 서울세계무용축제 폐막 작품인 프랑스 앙즐랭 프렐조까주 발레단의 공연(10월 27-29일, 예술의전당 토월극장)은 현대음악과 춤이 어느 지점에서 평행선을 이루며 하나되는 특별한 체험을 선사했다.

〈헬리콥터〉에 사용된 영상은 단순한 배경이 아니라 움직임과 상호 작용을 한다. 무용수들의 발이 움직일 때마다 직선의 빛은 물결처럼 퍼져나간다. 마치 물위에서 춤추는 듯한 환상에 잠시 눈을 빼앗기다 보면 어느새 헬리콥터 엔진의 굉음과 맞물리고 있는 몸들을 발견하게 된다. 공학적인 소음과 생물학적인 신체가 30분이 넘도록 부담 없이 만날 수 있었던 것은 춤의 영역을 확장한 영상과 춤의 성공적인 융합 때문이다.

〈봄의 제전〉은 앞의 작품과는 달리 11명 무용수들의 침잠하고 분출하는 에너지의 반복이 무대를 휘어잡는다. 초원을 배경으로 제물로 바쳐진 여인이 전라로 춤출 때 군무를 통해 보여졌던 동물적 야수성과 성적 충동의 이미지는 마침내 순수의 세계로 승화된다.

두 작품 모두에서 빛난 것은 안무가의 특출한 음악성과 무용수들의 눈부신 기량이다. 어떻게 저런 음악(슈톡하우젠의 헬리콥터 현악 4중주)에 춤추려 했을까 하는 생각이 든 〈헬리콥터〉에서 안무가는 소음(프로펠러 소리)과 함께 섞인 바이올린과 인성(人聲)을 찾아내 상반된 이미지의 움직임으로 표출해 낸다. 소용돌이 같은 음악과 맞물린 움직임은 안무가의 말대로 '난기류 속을 지나는 비행의 흔들림' 처럼 위태하지만 그러나 '스릴' 이 있다.

스트라빈스키의 〈봄의 제전〉은 21세기에도 여전히 충격적이다. 음악의 강약에 따라 움직임을 분절시키고 움직임과 움직임의 간극 사이로 음악을 맞물리게 하는 안무가의 타이밍이 기막히다. 그러나 전 세계 60여 명의 안무가가 손을 댄 〈봄의 제전〉과 차별화 된, 프렐조까주만의 독창성은 상대적으로 약했다. 현대음악의 불협화음을 춤이 이겨낼 수 있었던 것은 무엇보다 순발력과 유연성, 움직임에 자신의 감정을 담아낼 줄 아는 무용수들의 출중함 때문이다.

이번 공연은 테크놀로지의 범람으로 인한 춤의 크로스오버 작업에 식상, 이제 몸으로 돌아가자는 기운이 서서히 일고 있는 세계적인 흐름 속에서 영상과 춤의 결합이 주는 건재함과 인간의 신체를 매개로 하는 무용예술의 순수함을 함께 보여주었다.

향토적, 보편적 소재의 레퍼토리화 작업

　　지역의 시립무용단들이 향토적인 소재의 작품을 개발하는 것은 시민
들과의 소통을 확대하고 타 지역 무용단들과의 차별성을 꾀하면서, 독자
적인 레퍼토리를 확보한다는 점에서 바람직한 시도이다. 대전시립무용단이
제38회 정기공연으로 무대에 올린 〈갑사로 가는 길〉(10월 24-25일 대전 문화예술
의전당 아트홀, 평자 25일 관람)은 향토적인 소재의 작품인 데다 3년 전 초연 작품
의 레퍼토리 화 작업이란 점이 주목의 대상이었다.

　　우선 이 작품은 사랑이란 보편적 소재를 적지 않은 규모의 스케일로
끌고 가면서 곳곳에 극장예술로서의 무용이 갖는 특성을 다채롭게 담아냈
다. 안무자인 한상근 단장은 사랑이란 보편적 소재를 두 주인공의 독특한
캐릭터 설정과 여기에 군무진의 움직임을 더해 은유적으로 풀어냈다. 두
주인공의 성격 묘사는 감정의 변화를 담아내는 연기의 강조로, 군무진들의
춤은 상하, 좌우, 고저 등 무대 공간을 시시각각 분할시키면서 특히 시각적
인 효과를 살려내는 쪽에 중점을 두었다.

　　안무자는 또 의상, 무대미술, 조명, 음악 등 극장예술로서의 무용극적
요소를 살려내는 스태프들의 협업 작업을 치밀하게 조율해 냈다. 팔의 한

쪽을 과감하게 노출시키고 다른 한쪽은 검정 망사로 처리해 전체적으로 곡선의 라인이 살아나도록 하면서 머리의 관이나 허리끈, 옷고름의 등의 장식을 통해 직선의 포인트를 강조한 이호준의 의상과 계단을 이용해 무용수들의 등퇴장을 정면에서 이루어지도록 해 속도감 높은 전개를 도운 송용일의 무대 디자인, 타악기와 여성과 남성의 보이스를 번갈아 사용하는 등 드라마적 요소를 살려내는 손병하의 음악 등은 특히 시각적인 이미지를 상승시키는데 기여했다.

안무가와 연출가는 이 작품의 전체적인 템포를 다소 느리게 설정했다. 수도승과 여인의 사랑이라는 골격에서 오는 두 주인공의 심리적인 흐름을 고려한 이 같은 일관된 흐름은 성(聖)과 욕(慾), 파계의 장에서 표출되는 에로티시즘과 요괴의 모습으로 표출된 분열된 자아의 격동 장면에서 보여지는 역동성을 상대적으로 돋보이게 하면서 주인공들의 감성적인 변화에 관객들이 자연스럽게 동행하도록 만들었다.

이번 공연은 또 무대 기술적인 메카니즘의 중요성을 다시 한번 확인시켜 주었다. 승강 무대에 좌우로 빠르게 이동하는 무대, 플라잉 기법에 이르기까지 새로 개관한 대전문화예술의전당의 첨단 시설과 기술 스태프들의 정확한 시스템 운용은 극장예술 작품으로서의 스케일을 살려내는데 기여했다.

스케일이 커진 만큼 보완되어야 할 점도 눈에 띄었다. 몹(Mob) 씬 등에서 세밀함을 다듬고, 드라마를 끌어가는 주인공들의 연기력이 더 살아나게 하고, 대극장 작품에 걸맞도록 좀더 볼거리를 담아내는 작업이 더해져야 한다. 도입부에 신선하게 처리된 등산복 차림의 주인공이 갑사의 흔적을 찾는 장면 설정은 등산객의 무리들을 일괄적으로 검정 의상으로 통일할 것이 아니라 각기 다른 복색으로 처리 현실 공간에서의 사실성을 더욱 사실적으로 그대로 표출시킨다면 현실과 과거를 연결시키는 매개 기능이 더욱 자연스럽게 살아날 수 있을 것이다.

대전시립무용단은 새로운 무대에서의 레퍼토리 작업을 통해 초연 때보다 더욱 완성도 높아진 공연을 선보였다. 한국의 대부분 직업무용단들이 신작 위주의 일회성 공연으로 치 닫는 것과 달리 크고 작은 기획공연을 곁들여 레퍼토리를 축적해 가는 대전시립무용단의 시도는 장기적인 면에서 보면 생산성 높은 투자가 아닐 수 없다.

이 같은 대전시립무용단의 레퍼토리화 작업은 대전 문화예술의전당을 새로운 베이스로 삼은 이 무용단의 향후 고속 성장을 점치게 한다.

역사 속에서 찾는 전통의 해체작업

　2003 정승희의 춤 〈비천사신무〉(12월 9-10일 문예회관 대극장, 평자 9일 관람)는 고구려 무덤 벽화 사신도(四神圖)를 소재로 하고 있다. 현무, 청룡, 백호, 주작 4신의 형상은 현무-물/북쪽/겨울, 청룡-나무/동쪽/봄, 백호-쇠/서쪽/가을, 주작-불/남쪽/여름으로 각각 그 속에 철학적인 의미들이 부여되어 있다. 이쯤 되고 보면 움직임을 매개로 하는 무용예술의 특성상 이 들 네 신들의 속성은 흥미로운 도전의 대상이 아닐 수 없다.

　안무자 정승희는 이 같은 소재를 1시간 동안 무용 작품으로 무대화하면서 정공법을 택했다. 새로운 해석을 통해 4신의 성격을 재창조하거나 여기에 드라마적인 구조를 덧입히지도 않았다. 각각의 신이 상징하는 의미와 형상을 무용수들의 몸과 움직임을 통해 그대로 표출되도록 했고, 결국 무대 위에 펼쳐진 색채는 무용수들의 움직임이 주가 되는 이미지 댄스였다.

　이 경우 안무자가 4신의 움직임을 어떻게 차별화 시키고 그런 차별화된 움직임들이 무용수들에 의해 어떻게 형상화 될 것인가는 작품의 성패에 큰 영향을 미친다. 또한 여러 명의 무용수에 의한 움직임이 주가 되는 이미지 댄스의 경우 의상과 무대장치, 조명 등 시각적인 요소들 못지않게 음악이 중요한 비중을 차지한다. 음악의 구조와 색채에 따라 움직임이 적절하게 조율될 때 그 효과는 배가될 수 있기 때문이다.

〈비천사신무〉에서 안무자는 윤이상의 음악을 택했다. 한국 춤을 전공한 안무가가 현대음악을 선곡하는 예는 그리 흔치않다. 메인 음악으로 선택된 윤이상의 〈영상〉(Images)은 바로 이 고구려 벽화 사신도에서 영감을 받아 작곡한 음악이다. 윤이상은 관현악곡으로 만들면서 4신을 상징하는 주 선율 악기를 배열하고 있다. 현무는 플루트로, 청룡은 오보에로, 주작은 바이올린으로, 백호는 첼로로 각각 상징화 시켰다. 이 같은 구조는 음악과 춤이 하나의 컨셉트 하에 조합될 수 있는 중요한 단서가 된다.

결국 이 작품은 제작 단계에서부터 분명한 컨셉트로 춤과 음악 등 여러 부문들이 융합될 수 있는 틀을 탄탄하게 갖추었고 이는 이미지 댄스 작업으로서 이번 작품이 절반의 성공을 보장받고 출발한 셈이 되었다.

프롤로그에서 등불을 들고 선 여인에 이어, 4신이 등장하기 전 두 개의 장면을 안무자는 남성 무용수에 의한 군무와 여성 무용수에 의한 군무로 배열했다. 남성 무용수와 여성 무용수 모두 팔의 사용에 비중을 두고 있으며 짧은 칼을 든 여성 4인무와 장검을 든 남성 6인무가 대비를 이룬다. 군데군데 한국적인 정서가 드러나는 윤이상의 음악과 소매 폭을 좁힌 대신 팔목 쪽을 넓게 처리한 의상에 전통춤 사위의 움직임이 드러나는 초반부 춤의 배열은 그 길이가 짧지 않음에도 조화의 묘미가 만만치 않다.

4신의 등장 장면은 초반 군무에서의 반복된 이미지를 상쇄시켜주는 한판 춤의 향연이었다. 다소 지루해지는 분위기를 반전시킬 만큼 그 것 자체로 즐길만한 요소가 다분했다. 느린 움직임 속에서 순간적으로 빠르게 치고 나가는 힘, 끊임없이 이어지는 민첩한 몸놀림, 무거움과 가벼움의 상극, 역동적인 에너지의 분출 등이 4신의 춤에서 고루 읽혀진다. 다음 장에 펼쳐지는 상생, 상극의 만남을 표방한 2인무와 사방을 점유한 4신 등 논리적인 구성 면에서도 안무자의 계산된 구도가 확연하게 드러난다.

4신을 맡은 무용수 안덕기, 정지은, 박재원, 조재혁은 빼어난 기량의 무용수들이었다. 이들이 돋보일 수 있었던 것은 움직임의 유연성 외에도 성격에 따라 차별화 시킨 조명(이상봉)과 의상의 공도 컸다. 빛깔 뿐 아니라 사이드 조명 등을 이용해 각기 다른 질감을 만들어내고 머리 장식과 부분적으로 포인트를 달리 두는 세심한 의상 디자인은 음악과 함께 4신의 차별화된 이미지를 만들어내는데 기여했다.

네 명 신의 등장 장면이 클래식 발레에서의 디베르티스망에 해당하는 것이었다면 이 작품의 하이라이트는 4신이 사방에 섰을 때 품어지고 생성되는 에너지이다. 시놉시스에는 이 장을 재창조(recreation)로 정리하고 있다. 안무가는 이들 4신의 중앙에 생기는 에너지를 새 생명의 탄생으로 규정, 솔로 춤(윤호정)으로 이어갔다. 안무가 손인영이 〈아바타 처용〉에서 오방 신을 상생, 상극의 개념으로 해체한 것과는 다른 해석이다.

안무가는 4신이 내려와 새 생명을 잉태한 기쁨을 남성 5인무, 여성 군무 등으로, 다시 하늘로 올라가 별이 되는 4신과 새 생명의 기운은 반고를 든 군무 등으로 처리했다. 천상의 기쁨에서 안무자는 초반 군무와는 달리 하체를 많아 사용하면서 점프 등 발레와 현대무용에서 보여지는 동작, 탈춤 등에서의 춤사위 등도 차용한 움직임을 보여주고 있다.

이 작품은 무용수들의 퇴장과 빠른 장면전환이 가능하도록 경사 무대와 좌우의 무대 공간을 효율적으로 활용한 무대 디자인(권용만), 허리와 머리 등 신체 부분 부분에 악센트를 준 고전적이면서도 현대적인 감각의 세련된 의상(장혜숙, 이희원), 〈영상〉 외에 윤이상의 다른 음악을 적절하게 편집한 음악(강은구) 등 스태프들의 능력과 이들의 성공적인 협력작업을 이끌어낸 안무가의 힘이 곳곳에서 발견된다.

여기에 무용수들의 뛰어난 기량도 그 기여도가 만만치 않다. 무용수들의 몸은 부드러우면서 강인했다. 상체의 부드러운 곡선과 팔의 꺾임은, 깊게 누르는 굴신과 맞물리면서 하체는 자유자재로 들어 올려지고 돌려졌다. 위로 솟구치는 에너지가 아닌 굴신을 하고 땅으로 들어가는 깊이 있는 에너지의 사용은 움직임의 질을 변화시키고 있었다. 상체의 특이한 움직임은 현대무용 공연에서 난무하는 일률적이고 정리된 움직임과는 분명한 차이가 있었다.

그러나 의욕적인 프로덕션인 만큼 아쉬움도 있었다. 4장 비천사신무의 구성은 4명 신의 춤이 더욱 확연하게 차별화 되었어야 했다. 이는 무용수 자신들에 의한 분명한 캐릭터 표출과 보다 더 구분된 움직임 구성에 의해 보완될 수 있을 것이다. 작품의 중심이 될 수 있는 4신의 동시 등장과 새로운 생명의 등장 장면 역시 상극, 상생의 과정에서 보여지는 움직임과 이미지가 더욱 선명하게 부각될 필요가 있다.

뛰어난 기량의 무용수들은 너무 많이 움직였고 비슷하게 너무 많은 댄서들이 연속적으로 너무 많은 것을 보여주려 했다. 전체적으로 초반 군무와 후반 군무를 줄이고 중심 장면에 더 많은 공을 들였더라면 철학적 깊이가 내재된 안무자의 독특한 해석이 있는 작품을 대할 수 있었을 것이다.

〈비천사신무〉는 역사적인 소재를 현대화 한 이미지 댄스 작업으로 한국적 컨템포러리 댄스로서의 성공 가능성이 농후한 작업이다. 김매자의 〈심청〉이 우리 전통인 판소리(성악)와 세련된 시각예술, 절제된 움직임의 표출을 통한 한국적 컨템포러리 댄스 작업이었다면, 〈비천사신무〉는 한국적인 정서가 엷게 묻어난 현대음악에 상징적인 시각 예술, 밖으로 분출되는 무용수들의 역동적이고 개성적인 움직임의 표출을 통한 한국적 컨템포러리 댄스 작업으로 안무상의 보완만 곁들여진다면 국제무대에서도 통용될 수 있는 작품이다.

오늘날 한국 창작 춤의 새로운 용트림 중 하나는 한국 춤의 움직임을 접목한 표현 가능한 몸의 언어들을 실험하는 것이다. 안무가들이 가장 고민하는 부문 역시 새로운 움직임의 언어를 찾는 것이다. 그런 면에서 한국무용은 엄청난 보석을 땅속에 묻어두고 있다. 이 보석을 하나씩 꺼내 새롭게 디자인하는 디자이너의 역할이 바로 안무가이고 그런 안무가의 부족을 절감하고 있는 것이 오늘날 한국 춤계의 현실이다.

먼저, 그런 보석의 가치를 알아야 하고 또 현대 관객의 입맛에 맞게 독특한 디자인으로 표출되어져야 한다. 그런 새로운 표현을 위해서는 다른 나라의 보석들과 우리의 것이 다른 점이 무엇인지 파악하는 일이 일차적으로 필요하다. 다르다는 것은 뭔가 새로운 것이 나올 수 있는 핵심이기 때문이다. 〈비천사신무〉는 그런 가능성과 해결 과제를 동시에 남겨준 작품이었다.

강수진으로 인해 더욱 빛난 드라마 발레

그것은 한 마디로 강수진의 화려한 개선식이었다. 강수진의 신들린 듯한 춤과 연기는 집요하게 관객들의 가슴속을 파고들었고, 관객들은 비련의 여 주인공 마르그리트에게 완전히 함몰당했다. 강수진과 세계 정상급 슈투트가르트 발레단이 펼친 〈까멜리아 레이디〉(1월 30-31일 세종문화회관 대강당) 공연은 참으로 오랜만에 드라마 발레가 갖는 각별한 재미와 감동을 우리에게 선사했다.

남녀의 사랑 얘기는 언제나 사람들의 마음을 설레게 한다. 사교계를 주름잡는 화려한 매춘부, 진정한 사랑에 눈뜨나 사랑하는 사람을 위해 그의 곁을 떠나는 여인의 순애보적인 사랑 앞에 관객들은 숨죽였고, 강수진은 현란한 기교와 심연에서 우러나는 내밀한 감정 표현으로 사람들을 울렸다. 특히 3막에서 연인 아르망이 돈으로 사랑을 보상하려 한 것을 알았을 때 그녀의 얼굴에 그려진 절망감, 병든 몸을 추스리며 옛 사랑을 회상하는 창백한 눈빛 연기는 섬뜩함을 넘어 온 몸을 전율시켰으며, 순간순간의 순발력은 누구도 흉내 낼 수 없는 카리스마로 무대 위에서 빛을 발했다.

주인공들의 내면적인 심리묘사가 특히 중요한 드라마 발레에서 음악의 역할은 무척 중요하다. 그런 점에서 〈까멜리아 레이디〉의 성공은 음악에도 힘입은 바 크다. 작품 전편에 흘렀던 프레드릭 쇼팽의 음악은 마치 〈까멜리아 레이디〉를 위해 그가 별도로 발레 음악을 작곡했다고 생각할 정도로 기막히게 춤과 조화를 이루었다.

네덜란드댄스시어터를 오래 동안 이끌었던 지리 킬리안, 프랑크푸르트 발레단의 윌리엄 포사이드 등 유럽의 일급 안무가들은 하나 같이 뛰어난 음악성을 갖고 있다. 이들과 어깨를 나란히 하며 유럽 무용계를 이끌고 있는 함부르크 발레단 예술감독 존 노이마이어 역시 예외가 아니었다.그는 2막과 3막에서는 쇼팽의 여러 종류의 음악을 사용한 대신 프롤로그와 1막에서는 각각 피아노 소나타 B 단조, 협주곡 2번을 중심으로 사용, 차별화 시키면서 춤과 음악과의 절묘한 조합을 이루어냈다.

아르망 역 로버트 퇴슬리와 강수진이 보여준 앙상블 역시 세계 정상급이었다. 연속되는 어려운 테크닉, 시시각각 변하는 감정의 교감, 자연스런 연결 동작까지 두 사람의 호흡은 시종 안정되어 있었다. 1막에서는 스타카토 식의 끊어지는 동작으로, 2막에서는 밀착한 상태에서 연속되는 고난도 테크닉으로, 3막에서는 템포와 격렬함이 더욱 강화된 움직임으로 차별화시킨 노이마이어의 2인무 안무를 그들은 눈부시게 소화해 냈다.

아쉬운 점도 없지는 않았다. 세종문화회관의 넓은 무대와 객석과 무대와의 먼 거리는 주인공의 심리적인 변화에 동화되어 시종 극의 흐름을 좇아가야 하는 이 작품의 관극 포인트를 자주 단절시켜 버렸다.

환상적인 내용의 계산된 대본, 의도된 다양한 캐릭터의 설정, 정형화된 움직임 등 클래식 발레에 익숙한 한국 관객들에게 〈까멜리아 레이디〉는 현실적인 소재와 자유로운 구성, 파격적인 움직임이 만들어내는 드라마 발레의 정수를 보여주었다는 점에서 무엇보다 의미가 있었다. 발레 무용수들의 기교적인 것만을 중시하던 국내 관객들에게 이번 공연은 주인공 역을 맡은 주역 무용수가 해석해 내는 새로운 캐릭터의 창조를 읽어내고 주인공의 심리적인 감정의 변화까지도 음미할 수 있는 심미안을 길러줄 수 있는 기회가 됐다.

강수진이 빼어난 연기와 감정표현, 거침없는 고난도의 테크닉을 통해 해석한 마르그리트는 '뉴욕타임스' 로부터 호평을 받은 〈로미오와 줄리엣〉의 줄리엣, 〈오네긴〉에서의 타티아나 역을 뛰어 넘는 것이었고, 그녀에게 왜 무용의 아카데미상으로 불리는 브노아 드 라 당스(Be nois de la danse)의 최우수 여성 무용수 상이 주어졌는지를 입증해 주는 명연이었다.

슈투트가르트발레단의 이번 내한공연은 8년 만에 이루진 것이고, 고작 두 번째 한국 방문이다. 가까운 나라 일본과 홍콩이 2-3년마다 슈투트가르트발레단을 초청하는 것과 일본이 158센티미터의 모리시다 요코를 세계적인 발레 스타로 키우기 위해 뉴욕시티발레에 거액의 개런티를 제안, 정책적으로 협연 기회를 마련해 준 것과 비교하면 한국 출신의 무용수가 12명의 주역 무용수 중 서열 제1위인 프리마 무용수로 활약하고 있는 메이저 발레단의 초청이 8년 만에 성사된 것은 참으로 안타까운 일이 아닐 수 없다.

문화예술을 통해 국가 경쟁력을 강화하려는 노력은 이미 선진 여러 나라의 중요한 문화정책이 됐다. 우리나라 예술가들의 해외진출은 한국과 세계 여러 나라와의 국제 교류 채널을 확보하는 가장 확실한 투자이다. 세계 여러 나라의 컴퍼니에서 활약하는 한국 출신의 예술가들이 많아지면 많아질수록 한국 예술계의 위상은 그 만큼 강화되고 국제 경쟁력도 그 만큼 높아지게 될 것이다. 그 들이 세계무대에서 활약하는 것 자체가 그대로 대한민국을 알리는 일이 되고, 결국에는 문화예술을 통해 국가 경쟁력을 강화시키는 작업이 되기 때문이다. 그런 점에서 세종문화회관의 이번 슈투트가르트발레단 초청 공연은 문화예술 교류를 통한 한국의 이미지 고양이란 순도 높은 정책의 수행이었다는 점에서 또 다른 의미가 있었다.

새로운 멋과 맛, 남성 춤의 또 다른 묘미

'춤 입문 50년'이란 부제가 붙은 '조흥동 춤의 세계'(3월 15-16일 문예회관 대극장, 평자 16일 관람)는 무엇보다 남성 무용수들에 의한 새로운 맛깔의 춤을 대할 수 있었다는 데 의미가 있다.

2부에 선보인 황진이를 소재로 한 짧은 무용극 〈화담시정〉 외에 1부에 선보인 8개의 소품 중 평자의 관심을 끈 것은 〈남무3대〉와 〈진쇠춤〉, 그리고 〈한량무〉였다. 조흥동이 모두 출연한 이들 세 작품은 남성 4인무, 남성 2인무, 그리고 남성 솔로 등 출연자의 구성에 따라 공간 활용에서부터 소품, 의상, 음악, 그리고 움직임 조합에 이르기까지 차별화 된 구성을 보여주고 있다.

〈남무3대〉란 제목에서 알 수 있듯 조흥동과 그의 직계 제자들의 계보를 뜻한다. 흰색으로 만들어진 2개의 소담스런 꽃이 달린 모자를 쓰고 등장한 4명의 출연자들은 빠른 장단이지만 오히려 느린 춤으로 시작하는 초반부부터 관객들의 시선을 잡아끈다. 생음악 연주가 주는 생동감에다 전체적으로 흰색을 주조로 하고 허리에 맨 띠와 머리 뒤로 늘어뜨린 두건, 그리고 짧은 소매 끝에만 둥글게 붉은 색으로 처리, 포인트를 강조한 전통적이면서도 현대적인 감각의 의상도 시각적인 아름다움을 배가시켰다.

이 춤은 무엇보다 4명의 무용수들이 만들어내는 공간의 활용이 눈부시다. 4명이 함께 추다 세 사람이 추게 되고, 두 사람이 멈추면 자동적으로 두 사람만 추게 되고, 다시 이들 네 사람이 모여지게 되는 등 모아졌다 흩어지는 그 동선 자체는 물 흐르듯 자연스러워 몸 자체가 마치 움직이는 세트처럼 보였다.

기하학적인 대형을 유지하는 듯하면서도 곡선적인 부드러움과 직선적인 날카로움이 공존하고 있는 이 춤은 뻗고 휘감고, 맺고 풀고, 올리고 내리고 히는 춤사위를 통해 남성춤의 흥과 멋을 한층 살려내고 있다.

〈남성3대〉가 맨손으로 추는 춤이었다면 조흥동과 김정학이 호흡을 맞춘 〈진쇠춤〉은 꽹과리를 활용한 대무(對舞) 구성이 일품이다. 사물놀이 연주에서 두 대의 꽹과리가 주고받는 짝쇠처럼 두 무용수의 몸이 만들어내는 대칭적인 구조와 주고받는 몸짓, 순간순간 두드릴 때 나는 짧은 꽹과리의 울림은 소리의 완급 조절이자 바로 춤의 완급조절이었고, 이는 그대로 감칠맛 나는 2인무로 변했다.

이 춤에서 발견되는 또 다른 매력은 발의 활용이다. 두 발이 부채 살의 끝 방향으로 벌어질 때 그 형상, 무대 바닥에 발뒤꿈치를 댔을 때 신발 코끝의 형상까지도 그대로 춤이 될 정도로 발의 활용이 다양하고 그 자태가 아름답다.

꽹과리와 꽹과리채의 다양한 구사도 볼거리이다. 어떤 때는 꽹과리를 수평으로 한 채 두드리고 어떤 때는 꽹과리채를 아래로 숨겨 때리고, 꽹과리를 든 손을 앞으로 쭉 뻗고 이때 꽹과리채는 수직으로 올리는 형상 등 소품의 활용도 눈부시다.

조흥동이 이전에 〈회상〉이란 이름으로 공연했던 솔로 춤 〈한량무〉는 초반부와 종반에 대금으로 연주되는 〈청성곡〉을 삽입하고 있다. 짧은 소품이지만 아쟁이 들어오고 나중에는 무속음악과 구음까지 사용되는 등 춤의 결을 살려내기 위한 예사롭지 않은 음악편성도 엿보인다.

두 팔로 툭 도포자락을 좌우로 젖힐 때 다리를 앞으로 쭉 뻗고 다시 모으는 동작, 부채를 접고 두 팔을 공중으로 들어 올릴 때의 순간적인 움직임은 요란스럽지 않으면서 선비들의 유유자적의 멋이 그대로 느껴진다. 후반부에 보여 지는 다소 장식적이 움직임이 주는 생경함만 보완된다면 이 춤은 그의 대표작으로 남을 만하다.

'조흥동의 춤세계' 는 대 편성의 생음악 연주를 곁들여 오랜 만에 우리 장단과 춤의 앙상블을 제대로 맛볼 수 있었던 무대였다. 개개 춤의 내용에 따라 빛을 각기 달리해 무대를 빛낸 조명(최형오)의 기여도 지적하고 싶다. 일반 관객들의 모습이 많이 눈에 띄고 각 지역에서 활동하는 무용가들의 얼굴도 심심찮게 목격할 수 있었다. 그리고 무엇보다 이번 공연은 예술행정가로서 보다 무용수로서 조흥동의 진가를 확인시켜주었다는데서 그에게나 우리 춤계에 시사하는 바가 컸다.

빼어난 무용수의 품격있는 춤

국립국악원의 화요상설 공연에 초대된 황희연의 춤(3월 26일 국립국악원 우면당)은 무용수 황희연의 빼어난 춤 기량과 함께 안무가 배명균의 춤 세계를 음미해 볼 수 있었다는 점에서 주목을 끌었다.

황희연에 의한 〈춘앵무〉와 〈굿거리춤〉, 4인무로 구성된 〈진주검무〉가 선보인 1부 순서의 하이라이트는 〈굿거리춤〉이었다. 경상남도 무형문화재로 지정된 〈교방굿거리춤〉 보유자인 김수악과 교방굿거리춤보존회에 의해 전승되고 있는 이 춤은 추는 사람에 따라 그 춤사위가 조금씩 다르다. 보유자인 김수악이 제자들에게 전승하는 과정에서 다소 다르게 구성된 이 춤은 그러나 그 다른 춤사위가 그 다지 문제가 되지 않는다. 어떤 형태이든 김수악 류 춤의 특성들이 조금씩은 배어있기 때문이다. 그러나 정작 문제는 춤추는 사람들이 김수악 춤의 멋과 맛을 제대로 알고 추기가 결코 쉽지 않다는 것이다.

자세히 살펴보면 이 춤은 작은 움직임들이 정교하게 맞물려 있다. 그 느리고 작은 움직임 속에 맺고 풀고 놓아주고 잡아당기는 묘미가 모두 담겨 있다. 이 같은 정교함은 춤사위의 순서를 외우고 많은 연습을 한다고 해서 표출될 수 있는 것이 아니다. 움직임이 느리고 작은 만큼 그것을 표출하기 위해 몸 속의 호흡을 다스리는 것은 엄청난 소용돌이를 요구하기 때문이다. 따라서 호흡을 자유자재로 조절할 줄 아는 만만치 않은 춤 기량과 그 호흡에 의해 미세한 근육까지도 움직일 수 있는 몸이 먼저 만들어져 있어야 한다. 더러 김수악류의 춤을 추는 무용수들에게서 흉내내는데 급급한 춤을 자주 목격하는 것도 김수악 춤의 실체를 제대로 간파하지 못했거나 설혹 이해했다 하더라도 그 것을 표출하기 위한 몸이 만들어져 있지 않기 때문이다.

황희연은 〈굿거리춤〉에서 자연스런 호흡에 따라 작은 움직임들을 절묘하게 조합해 냈다. 치마를 살짝 감아 올릴 때의 순간적인 휴지, 그것은 마치 시에서 행간의 즐거움을 발견했을 때처럼 황홀한 발견이었다.

그러나 황희연이 해석해낸 〈굿거리춤〉은 경상도 지역 특유의 흐드러진 멋과 흥이 느껴지지는 않았다. 그의 출생지가 경상도가 아니라는 것에서도 원인을 찾을 수 있겠지만 그보다는 흥이 상승되려는 순간에 그는 스스로 그것을 절제하는 것처럼 보였다. 평자에게는 그것이 박제화 된 전통이 아닌, 새롭게 재창조하는 작업을 더 중시하는, 김수악의 춤을 무조건 흥과 멋으로만 해석하지 않으려는 한 예술가의 고집처럼 보였다.

2부 순서에 선보인 배명균이 안무한 5개의 작품 중에서 평자의 관심은 황희연이 출연한 〈풀잎〉과 〈장구춤〉에 쏠렸다. 강물에 떠내려가는 풀잎의 형상을 표출한 〈풀잎〉은 음악과 맞물려 양손의 부채를 활용하는 테크닉이 찬탄을 불러일으킬 만큼 정교하게 구성되어 있다.

왼손을 통해 부채를 오므리고 오른 손을 이용해 포개는 동작, 이어 곧 바로 회전으로 이어지면서 두 개의 부채를 허벅지에 짧게 툭 치는 연속 동작 등이 일품이다. 공중에서 양손 손목을 이용해 부채를 돌리고 상체를 구부린 채 한 개의 부채는 위로하고 다른 한 개의 부채는 그 아래로 수평을 유지하는 동작, 두 개의 부채를 포개어 허리춤에 감추듯 얹는 동작 등 조형적인 아름다움을 음미하는 재미도 쏠쏠했다.

부채를 활용한 무용수의 움직임을 통해 흘러가는 풀잎을 형상화하는 작업은 결코 쉬운 일이 아니다. 〈풀잎〉에서 배명균에 의해 황희연의 몸은 물이 됐고 변화무쌍한 부채의 놀림은 그 물위를 떠다니는 춤이 됐다.

우리 춤의 호흡을 통해 빚어내는 황희연의 움직임 특성은 발과 시선 처리에서도 발견된다. 이 같은 특성이 살아난 춤이 바로 〈장구춤〉이었다. 배명균이 안무한 〈장구춤〉은 기교적인 면을 애써 강조하지 않았다. 장구는 가만 두고 장구채만 공중으로 들게 하거나, 양손으로 장구를 살포시 잡고 천천히 가슴 위까지 올리게 하거나, 깨끼걸음으로 천천히 앞으로 전진할 때, 왼쪽 손바닥을 가만히 장구의 한 면에다 살짝 대고 있게 하거나 하는 동작을 통해 안무자는 오히려 장구를 맨 무용수가 만들어내는 다양한 자태를 음미하게끔 한다. 그 사이사이에 자유자재로 무대를 휘감는 황희연의 유연한 발의 유동, 장구를 때리고 난 순간 몸의 방향에 따라 시시각각 변화시키는 황희연의 능란한 시선 처리도 이 작품의 격을 더욱 높여주고 있다. 〈장구춤〉은 배명균의 안무 감각이 무용수 황희연에 의해 또한번 빛을 발한 순서였다.

시대적으로 볼 때 배명균의 안무 작업과 연출 활동은 당시의 무용이 신무용에서 창작무용으로 가는 전환점에서 교량적 역할을 담당했고, 그것이 오늘날의 창작무용에 이르기까지 충분한 밑거름이 되었다는 데에 의미를 둘 수 있다.

배명균의 안무 작품에서는 음악과 춤과의 조화를 위한 노력이 여러 군데서 발견된다. 그의 작품에 등장하는 무용수들은 음악으로 춤춘다는 말이 맞을 정도로 음악에 영향을 받는다. 〈풀잎〉에서는 당대의 유명한 성금연 류 가야금 산조를 지영희의 연주로 녹음된 음악을 사용했다. 그리고 우리 음악의 다양한 장르 중에서 그가 유독 민요를 즐겨 사용하는 것은 충분히 주목할 필요가 있다. 이날 선보인 공연에서도 그는 〈청산별곡〉과 〈주마등〉에서 우리 민요를 사용해 춤의 분위기를 상승시키고 있었다.

배명균의 또 다른 안무 특징은 움직임 구성에서 맺고 푸는 호흡에서부터 몸에 대한 이치를 적용시키고 있다는 것이다. 그의 춤은 우선 감정에 치우치기 전에 흐트러짐 없는 움직임을 강조한다. 그 때문에 그의 춤은 추는 사람에 따라 많이 달라진다. 그의 춤이 비슷한 류의 다른 무용가들의 작품과 달리 춤추는 사람에 따라 그 품격이 살아나고 있음이 이를 입증한다.

황희연의 이번 무대는 안무가 배명균의 작품들이 배정혜-황희연으로 이어지면서 작품의 완성도에 무용수들의 예술성이 얼마나 중요한지를 그대로 입증해 보였다. 1960년대를 전후해 만들어진 배명균의 작품은 오늘날의 현대적인 감각의 무대예술 측면에서 보면 전체적인 세련미 등에서 아쉬움도 발견된다. 그러나 그가 일관되게 추구하고 있는 음악과 춤의 일체, 무용수로서 완벽한 인체에 대한 자기수련의 중요성은 가짜 춤이 난무하는 우리 춤계에 시사하는 바가 크다.

황희연의 이날 공연에서 아쉬운 점은 라이브 연주로 무대를 꾸미지 못한 점이었다. 이는 〈굿거리춤〉에서만 노름마치의 현장 반주를 했었기에 더욱 아쉬움이 컸다. 민요를 부를 수 있는 창자를 포함해 악기편성을 더욱 확대했더라면 〈굿거리춤〉을 포함해 모든 작품에서 춤의 흥취도 그 만큼 더 살아났을 것이다.

맛갈스런 소품을 만나는 제전이 되어야

춤계의 공연 횟수가 해마다 증가하고 있는 데는 개인 발표회보다 늘어난 기획 공연에 힘 입은 바 크다. 올해로 16년째를 맞은 '한국현대춤작가12인전' 은 '대한민국무용제' 의 명맥을 잇고 있는 '서울무용제' 와 '국제현대무용제' 와 더불어 우리나라 춤계의 대표적인 기획 공연 시리즈이다.

특히 '한국현대춤작가12인전' 은 많은 무용수들이 출연하고 과다한 무대세트 등이 등장하는 대부분의 춤 공연과는 달리 솔로나 2인무 위주의 작품을 선보임으로써 다른 기획 공연과는 차별화 된 특성을 유지해 왔다. 그러나 이 같은 특성은 언제부턴가 서서히 무너지기 시작했고 올해도 이런 양상은 예외가 아니었다. 그럼에도 불구하고 이 기획 공연은 12명 안무가들의 새로운 신작을 대할 수 있다는 것만으로도 평론가들이나 춤 애호가들에게는 분명 매력적인 제전이 아닐 수 없다.

올해 현대춤작가12인전 (2월 22-24일 문예회관 대극장)에서 완성도 높은 작품은 모두 2인무에서 나왔다.

둘쨋날 선보인 백연옥의 〈인연(因緣)의 주머니〉는 정형화된 발레 형식에서 탈피하고 있다. 무대 가운데에 만들어진 하얀 길은 둥근 형상 자체가 삶이란 윤회적인 것임을 은연중 암시한다. 백연옥의 뛰어난 표현력과 유연한 움직임, 작은 체구에서 만들어지는 지체의 라인은 이영일의 남성적인 선과 과도한 테크닉을 절제시킨 움직임과 어우러지면서 조형적인 아름다움을 배가시키고 있다. 중반 이후, 백연옥이 얼굴을 거의 뒤덮을 정도의 커다란 붉은 색 모자를 쓰고 나오는 장면이 주는 메시지와 무대 바닥의 흰색과 대비된 색채감도 강렬했다.

세쨋 날에 공연한 손관중의 〈적(跡) VI- 검은 호흡〉은 같은 2인무이지만 〈인연의 주머니〉와는 판이한 성격의 작품이다. 〈인연의 주머니〉가 시종 정적인, 차분한 톤의 세레나데라면 〈검은 호흡〉은 피아노 연주에서의 포르테처럼 강하고 때론 거칠게까지 느껴진다. 손관중의 그로테스크한 표정연기와 선이 굵은 춤, 서은정의 탄력적인 몸매와 순발력이 만들어내는 움직임의 조화는 무대 가운데에 위치한 계단형의 세트를 이용한 완급 조절의 효과와 맞물리면서 강한 인상을 남겼다.

두 작품 모두 조명이나 무대세트, 의상 등에서의 정교함과 미감을 보완하고 두 무용수들의 감정적인 교감이 내밀한 곳에서 표출된다면 국제무대에서도 통할 수 있는 작품들이다.

춤 작품으로 만들기에 좋은 소재였지만 과도한 무대장치나 양적인 화려함 때문에 오히려 작품의 완성도에 방해를 받은 작품도 있었다. 박경숙의 〈스페니쉬 판타지〉, 강미선의 〈데미안〉, 정혜진의 〈눈꽃〉이 이런 경우에 해당된다.

〈스페니쉬 판타지〉는 군무진들이 없더라도 작품의 분위기를 살려낼 수 있을 정도로 박경숙의 움직임과 노련한 표현력이 돋보였다. 4명의 여인들과

3명의 군인들이 추는 군무는 그것 자체로 볼거리를 준 면도 없진 않았지만, 주인공인 스페니쉬 여인과 그의 연인인 한 남자와의 춤에 대한 집중력을 흐트려버렸고 이 같은 류의 작품에서 흔히 볼 수 있는 춤 구성으로 인식하게 만든 요인이 됐다. 이날 박경숙이 보여준 춤과 연기력이라면 차라리 2인무 위주로 작품을 풀어나갔더라면 더욱 스페인의 정서를 담아낸 완성도 높은 작품의 탄생이 가능했을 것이다.

강미선이 안무한 〈데미안〉은 사춘기에 접어든 두 소년의 세상 체험과 에바 부인의 모성을 다루었다는 내용 자체가 우선 주목을 끌만했다. 헤르만 헤세의 동명의 소설에서 제목을 따 온 이 작품은 세 사람이 만들어내는 감정적인 흐름이 부각되는 심리적인 컨템포러리 댄스가 예상되었으나 막상 무대 위에 펼쳐진 장면은 화려한 색채가 주조를 이루었다.

이어부 밴드의 라이브 음악에다 움직이는 무대 세트, 현대무용을 전공한 정연희와 최우석의 역동적인 움직임, 여기에 강미선의 고혹적인 웃음과 곡선적인 움직임의 가세는 그것 자체로 분명 볼거리였다.

그러나 이 같은 의욕적인 시도에도 불구하고 〈데미안〉은 연출을 맡은 안은미가 그 동안 자신의 공연작품에서 보여주던 작품 성향과 지나치게 유사한 패턴으로 전개되어 안무가의 작가 정신이 오히려 묻혀버렸다. 학춤의 등장 등 상징적인 장치가 있긴 했지만 작품에서 다루고자 한 소재가 갖는 파동이 전해지지 않았던 것과 함께 연출가에 의해 무용수로서 강미선의 새로운 매력이 발견되지 못한 점도 두고두고 아쉬웠다.

정혜진의 〈눈꽃〉은 수십 개의 하얀 색 눈 기둥과 의상 등 백색으로 통일한 무대가 강렬했다. 초반부터 이 같은 시각적인 효과가 강하게 무대를 압도하긴 했지만, 정혜진의 지나치게 절제된, 연속된 유사한 움직임 때문에 중반 이후에는 오히려 무대 세트가 주는 중압감이 점점 더 커져버렸다.

〈선인장 꽃〉에서 각기 다른 분위기를 표출해 내는 김영미의 순발력, 〈목탄으로 그린. 山〉에서 안무자 강준하가 끌어낸 무용수 이영진의 개성, 〈꽃〉에서 방희선의 자유분방함, 보컬을 이용한 음악 구성과 독백을 연결시킨 〈노래를 할걸 그랬어〉의 안윤희의 현대적인 감각, 〈천관사〉에서 시공을 초월한 전은자의 상징적인 몸짓 등은 작품의 완성도를 떠나 그것 자체로 음미할 만했다.

오문자의 〈A Labyrinth To Love〉는 물이 담겨 있는 유리 세트와 TV 모니터 등 다양한 오브제를 사용하긴 했으나 김남식과의 2인무에서 주는 감동이 미약했고, 김장우가 안무한 〈악〉(樂)은 작품 전편을 통해 안무자의 새로운 감각을 발견하기가 쉽지 않았다.

12개의 신작이 3일 연속으로 같은 무대에서 보여진다는 것은 그 만큼 안무가들에게는 부담일 수밖에 없다. 이 같은 부담감과 경쟁의식이 많은 수의 무용수들을 출연시키고 과다한 무대세트를 만드는 요인이 되기도 한다. 그러다 보니 언제부턴가 맛갈스런 소품이 주는 잔잔한 감동의 산실이 된 이 제전의 특성이 점차 사라져 가고 있다.

'한국춤작가12인전' 의 출품작들은 또한 시간제한을 받는다. 이 경우 작가들에게는 무엇보다 소품에 걸 맞는 컨셉트의 설정이 중요하다. '한국춤작가12인전' 이 16년이란 연륜에 걸 맞는 명작의 산실이 되기 위해서는 작가 선정에서도 좀더 문호를 넓힐 필요성이 있다.

변신 성공, 만만치 않은 유럽 안무가들의 저력

유럽 무용계는 안무가의 천국이다. 일단 안무력만 인정되면 컴퍼니에서 작업할 기회도 많아지고, 여러 도시에서 앞다투어 초빙, 자신의 도시를 대표하는 안무가로 키우겠다는 야심찬 프로젝트에 따라 풍부한 재정지원을 받으며 안무할 수 있는 기회도 그만큼 늘어난다.

유럽 무용계에서 유능한 안무가들이 연속으로 배출하고 있는 데는 다음의 두 가지 원인이 있다. 하나는 직업 무용단을 중심으로 안무가들을 배출하는 시스템이 잘 갖추어져 있다는 점이며, 다른 하나는 안무가들이 한 단체의 작업에만 매달리지 않고 다른 단체의 객원 안무 등을 통해 활발한 수평교류를 하고 있다는 점 때문이다. 유명 무용단끼리의 안무자 교환은 물론이고 큰 극장과 작은 극장의 안무자 교환에 이르기까지 다양한 형태로 전개되는 객원 안무 시스템의 정착은 바로 유럽 무용단들이 동반 상승효과로 이어지고 있다.

"유럽 무용의 물결"을 주제로 내건 2002 '국제현대무용제 '(4월 24-29일 문예진흥원 예술극장, 마로니에 공원 야외무대 등)에서는 바로 이 같은 안무가들의 수평교류를 통한 유럽 무용의 힘을 느낄 수 있었던 축제였다. 유럽 무용의 진수를 만끽할 수 있었던 수준에는 못 미쳤지만 일반 대중들이나 춤을 전공하는 학도들에게 있어서는 유럽 무용의 다양한 작업 방식을 엿보게끔 했을 정도로 공연 단체의 작품이 다채로 왔다.

축제의 개막 공연을 장식한 폴크방 탄즈 스튜디오의 〈라켄할〉(Lakenhal)은 이 단체의 설립자인 피나 바우쉬의 색채를 곳곳에서 느낄 수 있었던 작품이었다. 피나 바우쉬와 함께 이 단체의 예술감독을 맡고 있는 헨리타 혼이 안무한 이 작품은 흰색 천을 여러 겹 포갠, 무대세트가 주는 시각적인 이미지와 껐다, 켰다 하는 반복적인 조작을 통해 빛을 다채롭게 활용하는 정교한 구성, 폭 넓은 공간사용, 그리고 무용수들의 역동적인 움직임과 유머스런 이미지들이 혼재해 있고 이런 여러 가지 것들은 강렬한 표현력에 의해 무대 위에서 더욱 빛을 발한다. 특히 조명을 이용해 사방에 스크린을 만들어내고 이를 통한 실루엣 처리, 음악에 따라 무대 색상이 변하는 시도 등은 눈 여겨 볼만하다. 무용수들이 서로 읊조리거나 지루할만하면 갑자기 경쾌한 음악으로 분위기 반전을 시도하는 것 역시 강렬한 무대 표현을 앞세운 작업의 연장선상에 있는 것처럼 보였다.

프랑스 로레인 국립무용단이 공연한 〈의사 라뷔〉(Docteur Labus)는 간결하고 심오한 내밀한 감정의 교감이 주는 2인무가 아름답다. 빨강 색과 감청색 의상이 주는 색채감, 물소리 등의 효과음을 이용한 주인공의 심리묘사, 적재적소에 파고드는 연기와 움직임의 조화가 보여주는 앙상블, 가슴을 만지고 입을 벌리게 하고 목을 휘감는 행위 등은 그것 자체로 조형적인 아름다움이 빼어나다.

벨기에에 근거지를 둔 코발트 웍스(Kobalt Works)의 〈Think me

Thickness)는 위에서 아래로 길게 늘어뜨린 흰색 천을 지탱해 주는, 가느
다란 줄 자체가 공간을 분할하는 세트의 역할을 한다. 4명의 무용수들은
고개를 뒤로 젖힌 채 일정한 방향으로 반복 이동하거나 두 팔을 하늘로 향
해 들어올린 채 천천히 움직이거나, 한쪽 손을 비스듬히 바닥에 대고 비스
듬히 누워있기도 한다. 이 같은 모양새는 4명의 무용수들이 함께, 때론 2
인무의 형태로 나누어 진행되는 등 다양하게 변하면서 시종 무거운 소리가
음산함을 더한다.

　　두 번째 장은 줄이 끊어지고 의자가 부서지는 등 자극적이며 움직임 구
성도 첫 번째와는 다르게 역동적이고 또한 힘이 느껴진다. 그런가하면 3장
에서는 발끝에 작은 전구를 달고 앞장과는 다르게 전후의 동선을 주로 사
용해 차별화 시키고 있다. 4명의 무용수들이 집어내는 에너지를 음미하는
묘미가 춤추기 위한 음악을 뛰어넘어 효과음으로도 중요하게 기능 하는 음
악 구성의 묘미도 감칠 맛 나는 작품이다.

　　EDDC(European Dance Development Center)가 공연한 〈조각상의 감정〉은
장 필립 부당과 양승희의 컨택트 임프로비제이션 작품이었다. 두 사람이
즉흥적으로 만들어 내는 돌발적인 움직임, 그 속에서 만들어지는 조형적
아름다움이 신선하다. 조명 빛, 빗소리와 천둥 소리를 이용, 자연과의 교감
을 유도하는 음악 구성도 신비스러운 분위기를 더했다.

　　프랑스 로레인 국립무용단의 〈엄마, 월요일, 일요일 또는 언제나〉는 리
듬에 따른 음악과 춤동작의 접합이 부담 없이 볼 수 있을 정도로 뛰어나며,
폴크방탄츠스튜디오의 〈아우프타우허〉(Auftaucher)는 난해한 현대음악의 카
운터를 놓치지 않는 무용수들의 앙상블이 특히 볼만했다. 의자를 소품으

로 활용한 공간 점유의 다양성, 무 음악에서 캐스터네츠를 이용, 청각을 자극하고, 강렬한 음악의 힘에 맞춘 군무에서의 힘있는 움직임이 일품이었다.

축제 마지막 날에 선보인 〈D.A.V.E〉(Digital Amplified Video Engine)는 디지털 영상과 몸의 결합을 통해 기상천외한 장면을 연출해낸다. 테크놀로지와 몸이 만나는 새로운 시각예술의 한 단면을 보여준 순서였다.

그러나 놀랄만한 이 같은 접목 작업은 왜 세계 무용계에 "이제 테크놀로지와 춤과의 만남에 식상했다. 다시 몸으로 돌아가자" 는 흐름이 조심스럽게 일고 있는지를 단적으로 보여주었다. 테크놀로지를 이용한 수준은 놀랍게 발전했지만, 바로 그 눈부신 화려함이 몸을 매개로 하는 무용예술의 아름다움에 대한 근본적인 가치에 대해 다시 눈뜨게 하고 있는 것이다.

유럽 안무가들의 작품에서 공통적으로 드러나는 것은 무용수들에 의한 움직임 구성 외에 도 조명이나 무대장치, 의상 등 무대예술의 여러 가지 중요한 요소들이 적절하게 조합된다는 것이다. 그 중에서도 음악 선곡은 움직임 구성과 관련, 안무가들이 가장 신경을 쓰는 부문이다. 이번에 내한한 대부분의 유럽 안무가들 대부분의 작업에서는 이 같은 공통적인 현상들을 확연하게 발견할 수 있었다.

신인발표회를 비롯해 모두 20명 안무가의 신작이 선보인 국내 안무가들의 작품은 대부분 소극장에서 치러졌다. 소극장 공간은 그것 자체로 의미가 있다. 그리고 소극장 공간에서의 안무 작업이 실상 더 어려운 경우도 많다. 대극장에서 공연해야만 단체나 안무가의 권위가 올라간다는 생각은 잘못된 발상이다. 그런 점에서 공연 시간을 다르게 하고, 소극장 공연을 대극장 공연과 비슷하게 활용해 축제 분위기를 상승시킨 주최측의 노력은 높이 살만했다.

　평자가 본 4월 26일부터 28일까지의 소극장 공연 작품 중에서 눈길을 끈 작품은 26일 방희선 현대무용단의 〈꽃밭에 든 거북〉, 27일 안신희현대무용단의 〈우물〉, 28일 정귀인 & 부산현대무용단의 〈보자기〉 세 작품이었다.

　〈꽃밭에 든 거북〉은 거북과 꽃을 연결시킨 착상도 기발하지만, 3명의 여성(꽃밭)과 한 명의 남성(거북)이 만들어 내는 공간 분할과 대사와 춤이 만들어내는 구성력이 부담 없이 즐길 수 있는 소품으로 손색이 없다. 몇 개의 가느다란 나무 가지를 군데군데 설치하고 푸르스름한 빛깔의 조명이 마치 우물 속인 듯한 배경에서 펼쳐지는 안신희의 〈우물〉 역시 안신희의 긴 지체 라인에서 언뜻언뜻 감지되는 에너지의 흐름이 소극장 공간에서 더욱 빛을 발했다.

　정귀인과 부산현대무용단의 〈보자기〉는 네팔 지역의 민속음악과 어우러진 무용수들 움직임이 특별한 감흥을 전해주었다. 한국의 전통 춤사위에서 보여지는 자태와 현대적인 감각의 움직임이 장면에 따라 교묘하게 융합되어 있으며, 실제 보자기를 활용하는 과정에서 안무자는 움직임과 연결시켜 자연스럽게 무용수들의 동선과 춤사위를 증폭시켜 나가는 재치를 보여주었다. 특히 보자기로 감싼 보따리를 든 여인들의 군무는 무용수들의 뛰어난 기량과 맞물리면서 소극장 공간에서 만날 수 있는 특별한 교감을 전해주었다.

　머리에 쓴 터반, 검정색의 통이 넓은 바지, 엑스자 형으로 각기 색깔을 다르게 한 의상의 조합도 색채감을 더욱 살려내고 있다. 이 작품은 보자기를 모티브로 한 다양한 변형미와 더불어 음악, 의상, 움직임의 조합 등도 뛰어난 걸작이었다.

올해로 21회 째를 맞은 국제현대무용제는 공연 내내 관객들이 연일 만원을 이루어 입석표까지 발매됐고, 행사의 내용 또한 워크숍과 외국 무용학교 진학을 위한 오디션, 유명 안무가의 작품 비디오 상영, 야외 공연, 카페운영 등 한층 다채로와졌다. 그러나 무엇보다 가장 중요한 변신은 `페스티벌`이란 단어에 걸 맞는 축제 분위기가 조성된 점이다.

국내외 18개 단체가 참여한 올해 국제현대무용제가 이처럼, 변신할 수있었던 것은 단체의 섭외에서부터 계약, 그리고 프로그램 전반의 구성과 행사 진행을 전문 기획사와의 제휴를 통해 시행했기 때문이다. 파트너로 선정된 가네사 프로덕션은 우선 국제현대무용제란 이름 대신 'Modafe' (Modern Dance Festival)란 이름을 앞 세워 달라진 면모를 전면에 내세워 홍보했고 예년과는 다르게 주제를 정해 페스티벌에 대한 집중력을 높였다.

그러나 아쉬운 점도 있었다. 그 첫째는, 무엇보다 많은 돈을 들여 판을벌인 만큼 일반 대중들이 이런 기회에 무용예술과 좀더 친밀하게 만날 수있는 주최측의 전략적인 노력이 부족했던 점이다. 많은 관객들이 몰려들었지만 그들 대부분은 춤 전공생들이었다. 이 같은 현상이 부정적인 것만은아니지만 겨우 일년에 두 차례 정도 있는 국제 춤 행사의 경우 홍보의 타켓을 일반 대중들에게 돌릴 경우 개인 춤 공연보다 훨씬 효과를 얻을 수 있다. 일반 대중들에게 수준 높고 다양한 춤 작품들을 만나게 할 수 있다면그들을 춤 관객으로 만드는 것도 그 만큼 쉬워질 수 있기 때문이다.

행사 진행 스태프들이 관객들의 장내 정리를 위해 극장 안에서 고성을지르는 등 미숙한 진행 태도도 시정되어야 한다. 작은 문제라고 생각할지 모르지만 극장 공간은 극장 문화라는 독특한 것이 있다. 예술 작품을 감상하기 위해 온 관객들을 향해 소란스런 분위기를 만들어내는 것은 공연자에게도 치명적인 해가 된다.

올해 국제현대무용제의 성공적인 변신은 무엇보다 주최측인 한국현대무용협회 이사진들의 전폭적인 협력이 있었기에 가능했을 것이다. 개인의 사사로운 이익을 챙기기 보다 무용계 전체의 발전을 위한 그 들의 용단이 이 같은 성공을 얻어낼 수 있었던 것이다.

그런 점에서 이번 국제 현대무용제의 변신은 협회 주최로 치러지는 연례 행사 중 매너리즘에 빠져있거나 획일적인 운영 방식을 보이고 있는 다른 축제나 기획공연에도 커다란 자극이 될 것으로 기대된다.

정제된 움직임과 맞물린 사색의 공간

제2차 세계 대전 후 태동된 일본의 부토(舞蹈)가 여전히 세계 무용계에서 주목받는 이유는 바로 느림의 미학 때문이다. 테크놀로지의 발달이 가져온 비디오 등을 이용한 춤과 영상과의 현란한 접목작업 등으로 인간의 몸을 매개로 하는 무용은 몸 그 자체보다는 다른 장르들에 의해 예술로서의 그 본질이 잠식되어 버린 듯하다. 이런 흐름 속에서 철저하게 무용수들의 몸에 의존하는 부토는 동양적인 정신세계와 맞물리면서 특히 서양의 관객들에게는 호기심의 대상이 될 수밖에 없다.

1995년에 이어 두 번째 내한한 산카이 주쿠(Sankai Juku) 무용단은 창무국제예술제 기간 중 〈히비키-태고로부터의 울림〉(7월 2-3일 호암아트홀)을 선보였다.

공연장으로 들어서면 우선 온통 백색으로 치장된 무대와 물이 가득 채워진 군데군데 놓여진 움푹 패인 유리 접시, 그리고 천장으로부터 떨어지는 한 두 방울의 물소리가 눈과 귀를 잡아끈다. 막이 오르면 부토의 특성이 그렇듯 회칠한 분장의 무용수들이 등장, 지극히 느린 움직임으로 무대를 점거한다. 안무자인 우시오 아마가츠(Ushio Amagatsu)를 포함한 6명의 무용수들은 번갈아 출연하며 1시간 넘도록 극도의 정제된 움직임을 선보였다. 특히 우시오 아마가츠의 움직임은 놀라웠다. 눈가의 미세한 떨림까지도 조율하는 듯한 그의 내밀한 움직임은 섬뜩함을 넘어 작품 속에 빨려들게 할 만큼 집중력이 대단했다. 짧은 시간 동안에도 그의 눈빛과 팔의 움직임, 한 손은 손등을 보게 하고 한 손은 바닥을 짚는 상반된 구성 등 그의 세밀한 안무 감각은 단연 빛을 발했다.

안무자는 유리 병 안에 든 물을 딱 한번 이용한다. 짧은 암전 후 밝아진 무대, 투명했던 물 색깔이 서서히 붉게 물들어 가고 양쪽 귀에 길게 늘어뜨린 커다란 귀걸이를 한 네 명의 무용수들이 등장하면서 무대는 다른 색채로 전환된다. 가슴 쪽을 붉은 색 끈으로 얽혀지게 만들고, 귀걸이와 같은 모양의 붉은 색 방울로 장식한 무용수들의 의상은 붉은 색으로 변해 가는 물 색깔과 묘한 대비를 이룬다. 유리를 통해 보여지는 붉은 색으로의 변환 과정은 여성의 생리, 양수, 자궁의 이미지로 다가온다. 이처럼 무대 전체의 시각적인 이미지를 한 순간에 변환시키는 의도는 여성성을 상징하기 위한 계산된 설정처럼 보였다.

공연은 철저하게 계산된 구도로 전개됐다. 언뜻 보면 별반 달라지지 않는 것 같지만 무대는 철저하게 세밀하게 조정된다. 무대 전면을 검정막을 이용해 종으로 횡으로 좁혀지도록 해 시간의 흐름을 꿰뚫는 것이나 인성(人聲) 등 적절한 음향의 사용, 무용수들이 바닥을 가르며 지나갈 때 뿌려 놓은 밀가루 위에 선명하게 흔적을 남도록 하는 시도 등 시각적인 것과 청각적인 것의 조화를 통한 이미지를 만들기 작업은 이 무용단의 명성이 그저 얻어진 것이 아님을 실감나게 보여준다.

95년 내한 공연 작품에 비해 이번 무대는 음악사용과 움직임의 진폭 등에서 다양해졌다. 재즈 피아노에 강렬한 전자음악, 현악기의 줄을 두드리는 것 등 선택의 폭이 넓어졌고 4인무에 이어 두 대의 재즈 피아노 연주에 맞춘 솔로 춤에서도 팔의 활용을 포함해 움직임의 변환 폭도 훨씬 확장됐다. 나는 이것을 부토 역시 무대예술로서 관객들의 기호에 순응하려는 변화로 본다.

음악과 춤의 앙상블, 그리고 빼어난 조형미

인간의 몸이 만들어내는 내밀한 끈적거림은 사람을 전율시킨다. 지리 킬리안의 안무 특성은 음악과 춤의 절묘한 결합과 무용수들의 몸이 만들어내는 빼어난 조형미로 요약된다.

네덜란드댄스시어터 메인 컴퍼니 내한공연(10월 16-19일 예술의전당 오페라극장, 평자 16일 관람)에서 지리 킬리안의 작품들은 인간의 신체를 매개로 하는 무용예술의 무한한 가능성을 다시한번 확인시켰다.

베베른의 현악 4중주를 사용한 〈더 이상 연극은 아니다〉(No More Play)와 모차르트의 피아노 협주곡을 사용한 〈작은 죽음〉(Petite Mort)은 킬리안의 정교한 안무가 빛을 발한 작품이었다. 삼각형, 사각형 등으로 교합된 빛에 의해 현대적인 감각의 차가운 이미지가 무대를 지배하는 이 작품은 적당한 느림과 부드러움, 그리고 순간적인 빠름으로 강렬하게 솟아오르는 무용수들의 인체가 무작위적으로 난무한다.

그러나 여기에는 철저하게 계산된 에너지 흐름의 기복이 관객의 감각을 좌지우지한다. 몸과 몸은 다양한 형태로 공간에 직선과 곡선을 그린다. 그리고 그것은 추상예술의 막다른 경지에까지 이르게 한다. 몸은 이제 몸이 아니라 끈적한 세포들의 접합과 이합 처럼 사지의 방향이 불분명해 보인다. 그의 대표작인 아프리카 원주민들의 움직임을 차용한 〈스태핑 그라운드〉에서 보여지는 동물적인 느낌과 공간 속에서 휘어지고 넘어지는 에너지의 파동은 무용수들의 움직임을 소름끼치도록 정교하고 아름답게 만들었다. 이에 반해 〈작은 죽음〉은 소품의 활용이 또 다른 감흥을 자아내게 했다. 펜싱 경기에서 사용되는 끝이 뾰족한 칼이 주는 날카로운 긴장감이 시작부터 시선을 끈다. 칼을 휘두를 때 나는 싸늘한 소리는 삼각형으로 정렬한 6명의 남성 무용수들의 움직임을 더욱 곧추세운다. 그러나 정작 모차르트의 음악은 지극히 여성적이며, 리듬에 따라 몸을 변화무쌍하게 변주시켜가는 킬리안의 현란한 안무 감각은 눈이 부실 지경이다.

〈더 이상 연극은 아니다〉가 현대음악의 난해함으로 인해 마치 무작위로 움직임과 음악이 공간 속에서 변주하는 듯하였다면, 이 작품은 더욱 밀접하게 리듬과 음률이 맞물려 있다. 킬리안은 소품을 활용해 움직임을 변주시켜 가는 데도 탁월하다, 날카로운 칼은 때론 수평으로 때론 수직으로 무용수들의 몸과 만나면서 긴장감을 고조시켰다. 칼을 머리 위에서 휘두른 다음에 흐르는 소리의 여운, 그 여운을 따라서 칼의 손잡이를 무대 위에 내리 누르면서 내는 둔탁한 소리, 그것은 완벽하게 계산된 소리의 향방이었다.

이 작품을 보면서 그의 다른 안무 작품인 〈스태핑 스톤스〉에 사용되었던 항아리를 기억해냈다. 놋그릇과 같은 형태로 만들어진 항아리를 처음에는 세트처럼 사용했다가 나중에는 무용수들이 다리에 끼고 춤을 추는 등 소품으로도 활용해 변화를 주고 있었고 그 것은 시각적으로도 선명하게 공간을 구획해 나갔다. 〈작은 죽음〉에서 오선지상의 음표는 그대로 움직임의 변화와 밀접했다. 음표가 길게 늘어지면, 남자 무용수에 안겨 다리를 쭉 뻗어서 공간을 채우고, 음이 짧으면 고개가 좌우로 흔들린다든지 하여 지나치다 싶을 정도로 음악과 움직임이 잘 맞아 떨어졌다.

지난해 1월 26일 헤이그에 있는 루센트 댄스 시어터에 올려진 지리 킬리안의 신작 〈Click-Pause-Silence〉에서도 그의 이 같은 특성이 그대로 드러났다. 이 작품은 두 명의 남성과 1명의 여성이 등장, 신체의 대비를 이끌어내는 신비로운 작품이었다. 바하의 프렐류드를 사용한 음악과 춤의 조합은 때로는 상충되고, 때로는 기막히게 일치되며, 조명과 무용수들의 동선에 의해 변화되는 조형미도 일품이었다.

서막을 장식했던 킬리안 안무의 80년 초연 작품 〈잡초가 우거진 오솔길을 지나서(Overgrown Path)〉는 '안토니 튜더에게 헌정' 이라는 부제가 붙어 있다. 야나첵의 피아노 곡인 '잡초가 우거진 오솔길을 지나서' 를 그대로 차용한 이 작품은 여성 4인무에서 클래식 발레 〈백조의 호수〉에서 4마리 백조의 완벽한 앙상블 대신 팔의 움직임과 발레 스테프를 활용한 대비적인 움직임들이 인상적이었지만, 나중에 공연 된 두 개의 작품에 비해 조형적으로는 다소 떨어지는 감이 있다. 개인 감정의 섬세함을 차용하려 한 흔적이 보이기도 하지만, 그 완벽성에 있어서는 다소 미흡하다. 빠른 음악의 패턴에 움직임이 빠짐없이 따라 붙음으로써 도리어 관객들의 긴장감을 흐트러 버린다. 힘과 빠르기만으로 긴장감을 오래 잡아 둘 수는 없다.

네덜란드댄스시어터가 지원하는 젊은 안무가 폴 라이트 풋의 〈쉬-붐〉(Sh-Boom)은 킬리안의 세 작품과는 그 분위기가 사뭇 다르다. 킬리안이 한 작곡가의 작품을 사용한 반면에 그는 다양한 음악들을 활용, 빠르고 흥겨운 템포로 가닥을 잡아 간다. 사이사이에 음악적인 분위기와 잘 맞아떨어지는 유머러스한 표현들이 현대적 감각의 심플한 디자인의 의상과 어우러지면서 보는 즐거움을 배가시켰다.

지리 킬리안은 조형 예술가이다. 그의 탁월한 움직이는 조각들은 마치 마술을 부린 것처럼 절묘하고 섬세하다. 그러나 거기에 나타나는 현대사회의 익명성은 무용수들을 보편적으로 보이게 한다. 그에게 무용수들은 움직임을 창출하는 마술사일 뿐이다. 거기에는 철저하게 계산된 리듬과 절묘하게 짜여진 움직임만이 공간을 채운다. 개인의 감성이 그 계산된 공간을 헤집고 들어갈 여지는 전혀 보이지 않는다.

현대예술은 개인성의 극한 지점에서 선회하여 휴머니즘으로 나아가고 있다. 익명적 회색인간보다 개인감정의 소중한 오르내림, 그리고 보편적 인간의 기계적인 움직임보다 내밀한 감정으로부터 나온 가벼운 터치가 주는 소름끼침은 현 시대가 되돌아보는 복고주의에 대한 향수일 것이다.

그럼에도 불구하고 킬리안의 존재는 건재하다. 그것은 그에 의해 창출되는 조형미의 완벽성 때문이다. 어떻게 인간의 몸을 세포가 분화해 가듯 저렇게 자유롭게 만들 수 있을까? 어떻게 저렇게 리듬과 어울리는 움직임의 조합이 가능한가?

킬리안의 작품을 다시 만나면서 2000년 12월 모나코 댄스포럼 중 하나였던 니진스키 상 시상식에서 왜 그가 그가 피나 바우쉬, 윌리엄 포사이드 등 쟁쟁한 경쟁자를 제치고 전 세계 135명 무용 전문가들에 의해 현존 세계 최고의 안무가로 뽑혔는지를 되돌아보게 했다.

협업 작업의 장단점

정신혜 무용단의 신작 〈산〉(12월 23일 부산문화회관 대강당)은 분명한 제작 컨셉트와 연출, 무대미술, 음악 등 여러 부문과의 협업 작업이 작품 전편에 걸쳐 꽤 진지하게 시도된 의욕적인 무대였다.

30대 초반 젊은 안무가의 개인 공연으로는 큰 규모인 60분 길이의 대형 작품인데다 직업 무용단에 버금가는 제작 시스템을 보여준 이번 무대는 그러나 의욕적인 시도에도 불구하고 작품의 완성도에서는 절반의 성공에 머물렀다. 그러나 '절반의 성공' 이란 표현 속에는 이 작품의 다음 수정 본에 대한 작품의 완성도에 어떤 확신을 가질 만큼 내용적인 구성 면에서나 전체 작품의 질이 일정 궤도에 올라 있다.

메인 막이 오르기 전 샤막 위 영상을 활용한 붓의 놀림에서부터 관객들은 협업작업의 흔적을 감지한다. 손인영 안무의 〈소통〉에서 서예를 이용, 문자와 인간의 소통을 움직임과 이미지의 결합으로 연결시킨 시도나 홍승엽 안무의 〈빨간부처〉에서 무대미술의 한 부문으로서 서예를 활용한 것과 비교했을 때 초반부 움직이는 수묵화의 이미지는 이 작품이 추구하는 여백에 대한 컨셉트를 상징적으로 암시하고 있는 듯 보였다.

크게 다섯 장면으로 나누어졌지만 〈산〉은 무대 위에 불쑥 솟아 있는 무대세트인 바위산을 중심으로 그 이미지들이 서로 소통하고 있다. 조명에 의해 바위산의 세트는 축소되거나 확대되면서 때로는 춤을 살려내고 때로는 춤의 영역을 제한시킨다. 그리고 이런 여러 가지 시도들은 치밀하게 계산된 연출(조주현)에 의해 질서정연하게 전개된다.

첫 장면 군무 구성에서 타이즈를 활용해 무용수들의 바디 라인을 살려내고 이 들의 몸 위로 큰 붓을 이용해 글씨를 써내려 가는 시도나 2장이 마무리 될 때 무대 앞쪽의 바위 세트 상층부에 무용수를 위치시키고 그것과 사선으로 연결된 지점인 무대 위에 또 다른 무용수를 위치시켜 상하 공간을 자로 잰 듯 분할하는 공간 구성 등은 세밀한 연출 감각이 확연히 드러나 보이는 장면이었다.

제1장 자락, 제2장 기슭, 제3장 비탈, 제4장 등성, 제5장 마루 등 다섯 장면을 춤으로 표출하는데서 오는 한계를 스태프들은 고정된 무대미술(디자인 이대엽)에 변화를 가하고 때로는 이를 이용한 무용수들의 동선을 통해 보완하고 있다.

2장에서 거대한 바위산의 형상이 드러나면서 그 밑에 붉은 색 의상의 무용수가 등장, 솔로 춤을 추는 장면은 전체 작품을 통틀어 가장 그 이미지가 선명했다. 조명을 이용해 무대 전면으로 점차 동선을 이동하면서 추는 정신혜의 솔로 춤은 넘쳐나지도 모자라지도 않게 조율되어 관객들을 압도해 갔다. 물 흐르는 듯한 굴신과 적당한 시점에서 반복되는 정지와 이동, 뛰고 솟구치고 바닥에 신체를 밀착시키는 움직임의 변환과정, 춤으로 넓은 무대를 휘어잡는 그녀의 움직임은 예사롭지가 않았다.

폭이 넓은 의상을 좌우로 이용하는 재치나 객석에 등을 보였을 때 치마를 좌우로 활용하는 구성 등에서도 안무자로서 남다른 감각을 발견하게 된다.

바위산에 달이 뜨고 어둠 속에 함박눈이 펑펑 쏟아지는 마지막 장면은 시각적으로 오래 동안 기억될 만큼 무대 스태프들의 역량이 빛났던 대목이다. 군데군데 서 있는 무용수들과 무대 바닥에 엎드려 있는 무용수들, 바위산 자락 곳곳에 보일 듯 말 듯 신체를 내 맡긴 무용수들의 구도는 화폭 위에 정밀하게 구도가 잡힌 화가의 정물화를 보는 듯 정교하게 짜여졌으며, 바위산 아래서의 정신혜의 춤과 함께 이 작품의 백미였다.

그러나 3장 타악기의 강렬한 음에 맞춘 지나치게 정형화된 움직임 구성이나 흰색 천의 단조로운 활용에서 오는 산만함은 이 작품이 추구하는 여백의 미나 이미지의 조합과는 다소 동떨어진 느낌이 들었다.

이 작품은 부산시립무용단의 〈박혁거세는 알에서 나왔다〉와 여러 면에서 비교가 된다. 개인무용단으로서 직업 무용단과 견줄 만한 프로덕션을 시도한 것도 그렇지만 무대 스태프들과의 협업작업의 성과가 〈박혁거세---〉에 뒤지지 않기 때문이다. 그럼에도 불구하고 이 작품에 '절반의 성공' 이란 표현을 쓴 데는 이 모든 프로덕션의 중심에 안무가의 모습이 잘 보이지 않기 때문이다. 이는 〈박혁거세---〉에서도 똑 같이 발견되는 점이다.

안무가들이 극장예술로서의 춤의 완성도를 높이기 위해 인접 분야 예술가들의 적극적인 참여를 유도하는 것은 무척 바람직하다. 하지만 안무가들이 그 중심에서 모든 것들을 조율할 수 있어야 한다. 안무가들의 영역을 지나치게 넘어드는 연출이나 드라마트루기, 다른 스태프들의 넘치는 의욕은 자칫 무용예술이 아닌 무대예술 작품으로 춤이란 장르를 전용시킬 위험성이 있기 때문이다.

무대예술 지원사업이 전국적으로 시행되면서 대작 위주의 제작 경향이 생겨나는 현상과 맞물려 새롭게 나타나고 있는 춤 제작에서의 이 같은 흐름은 분명히 경계되어야 한다.

정신혜의 〈산〉은 스태프들과의 협력작업이 비교적 성과를 거둔 데다 댄서들의 앙상블을 조율하고 춤으로 무대를 장악하는 안무자로서의 감각 등을 확연하게 보여준 의욕적인 작품이었다. 춤을 활용한 보다 정교한 이미지의 조합과 음악, 의상 디자인 등의 수정작업이 보완된다면 동서양의 감각이 잘 용해된 컨템포러리 댄스로 자리 매김 될 가능성이 농후한 작품이다.

인간의 감성을 터치하는 드라마적 연출

보리스 에이프만의 작품에는 2인무 또는 3인무가 많다. 무용수의 등에 사지가 붙어있거나 고개가 다른 사람의 부분 부분에 걸려있거나 돌려지기도 한다. 몸과 몸 사이의 수많은 각을 이용해 재빠르게 회전시키는 움직임 조합력은 숙련된 기능공처럼 능수능란하다.

보리스 에이프만 발레단의 내한공연(12월 3-8일 LG아트센타, 평자 4일, 8일 낮 공연 관람) 3개 작품 중 〈러시안 햄릿〉은 이 같은 색다른 2인무를 보는 즐거움과 함께 예카테리나 대제와 그의 아들 파벨을 중심으로 한 러시아 황실의 역사와 셰익스피어의 〈햄릿〉을 교묘하게 오버랩 시켜 인상적인 드라마를 펼쳐냈다. 가상의 이미지를 현실화시키는데 있어 에이프만은 가히 천재적이다. 그가 만들어낸 많은 이미지들 가운데 특히 예카테리나 대제(베라 아부조바의 춤과 연기는 특출 났다)가 외로움과 싸우는 장면, 남편인 표르트 3세의 환영이 등장하는 장면은 압권이었다.

해골을 머리로 3명의 무용수가 검은 천의 안으로 들어가 만들어내는 움직임은 정적이면서도 아메바의 부유처럼 끈적거렸으며 클림트나 에공 쉘러의 스케치에서 연상되는, 무 작위적으로 조합된 형태미도 신선했다. 반면에 베토벤의 잘 알려진 교향곡과 피아노 소나타, 말러의 교향곡을 이용한 음악 선별은 대륙적인 느낌의 풍성한 군무에는 어울렸으나 권력을 둘러싼 암투와 정신적 고립에 이르기까지 주인공들의 내면적 갈등을 담아내는 데는 한계도 엿보였다.

경제, 문화적으로 황금기를 누리던 에카테리나 2세 치하의 18세기 러시아 풍속사를 느낄 수 있는, 황금빛의 요란한 전통적인 디자인을 살리면서 아래는 움직임이 편하도록 전통과 현대의 적절한 만남을 시도한 복식과 화려한 태양을 전면에 내세운 간결한 무대세트의 다채로운 활용도 볼거리였다. 에이프만의 작품에서 군무는 주로 이미지를 만들어 내거나 연극적 분위기를 창출하는 코러스로 사용된다. 움직임이 크고 힘이 넘치며 손가락까지 사지가 자유 자재로 따로 노는 무용수들의 유연성은 〈러시안 햄릿〉에서는 물론이고 〈카라마조프가의 형제들〉이나 〈돈키호테〉에서도 빛을 발했다. 〈돈키호테〉는 현대무용의 표현력에 고전발레의 테크닉 접목이 확연하게 드러난 작품이었다. 투우 경기가 열리는 스페인 광장은 순식간에 정신병동으로 바뀌고 자신을 돈키호테라고 믿는 주인공 몽상가가 두 개의 세계를 넘나들며 드라마를 이끌어 간다. 그러나 현실세계와 상상의 세계를 의상에서부터 테크닉에 이르기까지 고전발레와 현대무용의 움직임으로 극명하게 차별화 시킨, 너무나 정직한 안무는 치밀한 구성력이 장기인 에이프만의 다른 작품에 익숙한 관객들에게는 오히려 어색했다. 이번 공연을 통해 에이프만은 대륙적, 도발적 엑스타시가 주는 다소 거친 매력, 여기에 인간의 감성을 민감하게 터치하는 따뜻함, 무용 드라마적 연출을 통해 이 둘을 중화시키는 특별한 감각을 소유한 안무자임을 다시 한번 확인시켰다.

안무가에 의해 차별화 되는 움직임의 다양성

미하일 바리시니코프가 창단한 화이트오크댄스프로젝트의 특징은 소품 위주의 레퍼토리를 다수 보유하고 있고, 수십 명의 안무가들과 교류하는 다양성에 있다.

첫 내한 공연(2월 9-11일 LG아트센터. 평자 11일 공연관람)에서도 화이트댄스프로젝트는 이 같은 단체의 성격을 그대로 드러내 보였다. 모두 5개의 레퍼토리가 선보인 이날 공연에서 가장 나의 관심을 끈 작품은 마크 모리스 안무의 〈논쟁〉과 죤 야스퍼스 안무의 〈매듭을 풀고〉였다.

죤 야스퍼스는 뉴욕의 라반센타에서 인체에 대해 연구한 탓인지 움직임의 다양한 변화와 무용수들의 몸을 이용한 조형적인 아름다움을 만들어 내는데 있어 남다른 재능을 보였다. 이는 무엇보다 5명 무용수들의 다양한 움직임이 팔, 다리, 상체와 하체의 관절을 골고루 사용하고 있는 데서 기인한다.

뒤로 보고 서있는 첫 신의 느낌이 만만치 않았고, 이어지는 2인무는 치밀하게 계산되어 있었다. 두 사람의 지체는 한 치의 오차도 없이 넘어지고 기울어지면서, 매듭지어지고 풀리기도 하면서 절묘하게 무게중심을 이어갔다.

5인무에서는 기계적인 동작의 연결들에서 벗어나 인간적인 감성이 느껴졌다. 그것은 초반부의 드라이한 움직임 보다 훨씬 다른 느낌의 직접적이고 개인적인 움직임의 특성들이 배어나는 춤이었다. 끼어있는 머리와 돌려진 팔들, 그리고 기댄 어깨와 걸려있는 다리 등의 연결은 마치 재미있는 몸들의 연작을 보는 기분이었다.

움직임이 지나치게 기계적이거나 감정적일 때 우리는 씁쓸한 뒷맛을 느끼게 된다. 야스퍼스의 반복적이고 연속적인 움직임 속에서 느껴지는 도회적 감성은 그래서 약간의 거부감을 불러일으키기도 한다.

마크 모리스는 몸으로 이야기를 만들고 대화를 한다. 과장된 몸짓과 그 몸짓으로부터 나오는 움직임 언어로 인해 관객들에게는 무대에서 벌어지는 공연이라고 느껴지지 않는 친근감을 선사한다. 그의 이 같은 안무 특징은 이번 내한공연 작품에서도 그대로 드러났다.

마크 모리스의 안무에 바리시니코프가 쳄발로 연주에 맞추어 추는 솔로 춤 〈과오〉는 바리시니코프라는 화려했던 스타의 춤을 회상하며 볼 수 있는 부담 없는 순서였다. 마크 모리스의 움직임 구성 역시 지금은 노쇠한, 절정의 기량을 과시하던 옛 스타의 움직임을 고려한 듯 무리하지 않았다. 풍자를 곁들인 마크 모리스의 안무와 바리시니코프의 정확한 움직임은 마치 마임처럼 말없는 몸의 언어가 되어 무대에서 생경하지 않은 이야기를 들려주었다.

마크 모리스 안무의 또 다른 작품 바리시니코프와 에밀리 코트스가 출연한 2인무 〈논쟁〉은 굴곡이 많은 감정의 변화를 한 겹 벗기면서 만들어지는 위트가 있었다. 왈가닥 여성의 자유분방한 움직임들, 그리고 그것을 제어하고 따르는 바리시니코프의 익살들 그사이를 파고드는 첼로와 피아노 선율은 절묘하게 잘 맞아 떨어졌다.

리듬에 따라 움직임에 변화를 가하고, 중반 이후 전체적인 작품의 분위기를 적절히 변주시킬 줄 아는 감각과 함께 안무자로서 마크 모리스의 재능을 읽을 수 있었던 수작이었다. 마크 모리스 안무의 두 작품에 출연한, 바리시니코프의 몸은 움직임이 아니라 언어였다. 오랜 동안 숙련된 몸에서 품어져 나오는 정확한 손끝의 멈춤과 부서러기 없는 동작선들이 시선을 잡아끈다. 가끔씩 초등학교 학예회 시간에 배울 법한 동작들도 보이나 이는 마크 모리스의 안무가 갖는 다양한 움직임 구성의 원천이 사소한 곳에서부터 비롯될 수 있다는 것을 느끼게 한다.

공연 리허설에서 소재를 빌려오는 것은 동서양의 많은 안무가들에 의해 시도되었다. 데이비드 고든이 안무한 〈리허설을 즐기며〉는 안무가로서 그의 재능이 다 발휘되지 못한 범작이었다. 허술한 동작 연결과 불완전한 마임, 그리고 구성에서의 다양성 부족이 이 작품을 실망스럽게 한 요인들이다.

무용이 마임을 통하여 내용을 전달 하고자 한다면 그것은 관객에게 어색함만을 줄 위험성이 높다. 마임을 통한 언어의 시화(시적 정서)가 이루어진다면 그것은 추상적 움직임이 될 수가 있겠지만, 마임을 통한 언어의 산문화가 이루어진다면, 그것은 굳이 움직임으로 표시하기보다 말로 하는 편이 훨씬 관객의 이해를 돕는다. 특히, 장르간의 벽이 허물어지는 이즈음, 굳이 발레의 마임처럼 춤의 산문화를 시도할 이유는 없다. 어색한 움직임으로 앉아있는 무용수들과 헐렁하게 누워있거나 앉아 있다가 군무에 합류하는 구성에서 형식적인 새로움이란 찾아보기 힘들었다.

60년대에 이미 독창적인 안무 기법을 선보였다는 그 한가지 이유만으로도 루신다 차일드는 대단한 발명가다. 검은 옷과 흰 옷을 입은 무용수들이 대거 출연, 나선을 무대에 그리는 그의 안무는 쳄발로 등이 가미된 빠른 템포의 음악이 주는 힘과 그 분위기에 실린 역동적인 움직임들이 무대 위로 쏟아져 넘칠 듯이 출렁거렸다.

필립 클래스의 전자 음악을 연상케 하는 헨리크 미코라이 고렉키의 음악은 군무의 에너지를 충분히 컨트롤 했다. 반복되는 움직임 프레이즈와 음악과의 절묘한 조합이 이 작품 완성도의 일등 공신이다. 경쾌한 분위기, 속도감에서 피날레 레퍼토리로도 적합했다.

춤만 보이고 '작품' 은 없었다

잘 알려진 문학 작품을 무대화하는 작업은 결코 쉽지 않다. 공연을 보러 오는 관객들의 뇌리에는 이미 자신이 알고 있는 내용들이 강하게 각인되어 있기 마련이어서 안무자나 연출가의 새로운 해석이 순수하게 먹혀들기가 힘들기 때문이다.

그럼에도 불구하고 '춘향전' 은 그 동안 수차례 무대예술 작품으로 새롭게 태어났었다. 연극, 창극, 오페라, 뮤지컬은 물론이고 국립무용단에서도 이전에 무용극으로 공연되기도 했다.

'춘향전' 이 인기를 끄는 이유는 등장 인물들의 분명한 캐릭터가 설정되어 있고, 스토리 전개상 드라마틱한 장면 연출이 가능하고 무엇보다 권선징악과 남녀간의 사랑 얘기가 보편성을 갖고 있기 때문일 것이다. 그러나 바로 이 같은 장점은 '춘향전' 을 무대화하는데 있어 오히려 걸림돌이 될 수도 있다.

국립무용단이 제81회 정기공연 무대로 마련한 〈춘당춘색 고금동〉(4월 20-25일 국립극장 대극장, 평자 20일, 25일 공연 관람)은 바로 '춘향전' 을 소재로 한 작품이다. 안무자인 배정혜는 극작가 오태석에게 연출을 맡기면서 기존 '춘향전'의 줄거리를 대폭 생략하고 작품 속에 숨겨져 있는 다양한 에피소드를 끄집어내어 춤으로 구성하는 방식을 택했다.

막이 오른 후 처음 등장한 성황당 기도 장면은 출연자들의 트레머리에서부터 촛불을 담아 둔 작은 소반의 형태미, 그리고 정적인 가운데 서서히 상승하는 움직임 구성에 이르기까지 전체적인 장면은 회화적이면서 어느 일면 세련된 현대미까지 느껴지는 빼어난 장면이었다. 판소리 '쑥대머리'에 맞추어 추는 3인무 역시 음악과 춤의 뛰어난 화음에다 길게 늘어뜨린 댕기머리가 갖는 시각적인 효과, 여기에 배정혜의 완급을 조절하는 안무가 3명 무용수들의 등장만으로도 넓은 무대를 꽉 채울 정도로 인상적이었다.

전체적으로 가장 돋보였던 것은 2부의 과거시험 장면과 어사출도 장면이었다. 과거장에서 등장하는 죽비춤과 암행어사들의 춤, 그리고 암행어사 출도장면을 상징화시킨 볏짚을 이용해 만든, 제웅을 활용한 장면은 이번 작품의 하이라이트였다.

훈령무의 춤 대형과 춤사위를 적절히 활용한 죽비춤은 모자와 복식, 그리고 소품으로 활용한 죽비 등 시각적으로 한국 고유의 전통미가 느껴졌으며, 여기에 기하학적인 춤 대형의 이동과 죽비를 이용해 무용수들이 좌, 우 어깨를 빠르게 치거나 무대 바닥을 두드릴 때 나는 청각적인 효과, 그리고 양팔을 안으로 감싸는 동작 등 죽비를 활용해 다양하게 구사하는 움직임들이 적절한 속도감과 맞물려 남성적인 역동성을 드러내 보였다.

암행어사들의 춤 역시 선명하게 각이 진 모자 위에 꽂힌 어사화의 아름다움과 복식의 조화에다 타악기 리듬에 맞춘 절도있는 움직임으로 과거 급제자들의 품격을 춤으로 표출해 냈다. 특히 이 두 춤은 '춘향전'을 무대화한 다른 장르의 공연무대에서는 볼 수 없었던 것으로 안무자의 독창성이 느껴지는 대목이었다. 탐관오리들을 상징하는 제웅의 설정을 통한 어사출도 장면 역시 흑과 백의 색채 대비를 통해 권선징악을 상징화한 연출력이 돋보였다.

이번 작업에 참여한 스태프들의 면면을 보면 각 분야에서 정상급들이 모였다고 해도 과언이 아니다. 그럼에도 공연을 다 보고 난 느낌은 춤만 보였고 작품 〈춘당춘색 고금동〉은 없었다는 것이었다.

안무자인 배정혜의 춤사위 만들기, 새로운 움직임의 창안 능력은 탁월했다. 꽃바구니춤, 물동이춤 등 다소 진부하고 지루한 구성이 눈에 띄지 않은 것은 아니지만 전반적으로 움직임 구성은 나쁘지 않았다. 전년도 정기공연 작품인 〈신라의 빛〉에서도 배정혜의 춤 만들기는 무대장치 등의 치졸함을 상쇄시키고도 남을 정도로 돋보였다. 안무자에 의해 만들어진 춤 구성에서의 문제점은 지나치게 많은 무용수들을 출연시킴으로 인해 오히려 잘 만든 춤사위가 가려지거나 그 효과가 미약하게 표출됐다는 점이다,

이번 작품에서 제작진들이 표출한대로 스토리를 생략하고 드라마 성을 약화시키는 쪽으로의 구성방식을 택했다면 무엇보다 음악이나 의상, 무대장치, 조명 등에서 그런 상징성을 확연하게 드러낼 수 있도록 하는 장치가 보완되어야 한다. 보완책은 다른 부수적인 것을 설정하는 것이 아니라 자신의 분야에서 최대의 예술성을 끌어내야 한다는 것을 의미한다.

그런 측면에서 보면 제일 문제가 되었던 것은 음악이었다. 전체적으로 춤과 음악의 궁합이 맞지 않다 보니 제작진들이 의도한 새로운 '춘향전' 보기는 절반의 성과에 그치고 말았다. 3인 3색으로 선전한, 3쌍의 춘향과

이도령의 춤 역시 음악적인 뒷받침이 되지 않아 제대로 그 차별성이 표출되지 못했다. 국립무용단이 다른 전속 예술단체와 달리 음악감독이 있음에도 음악적인 면에서 커다란 문제점을 노출시킨 것은 제작단계에서부터 충분한 준비가 이루어지지 않았음을 입증하는 것이다.

이번 공연은 특히 음악과 무대장치 등에서의 대폭적인 보완작업이 반드시 뒤따라야 하는 것과 함께 국립무용단의 앞으로의 향방에 대한 보다 분명한 좌표설정의 필요성을 함께 제기했다.

부처를 통한 동양적 정서의 육화(肉化)

　　댄스 시어터 온의 2001년 신작 무대(6월 15-16일 LG아트센터, 평자 16일 관람) 〈빨간 부처〉는 제목부터 눈길을 끈다. 멀티 미디어가 판치는 정보 사회에 부처가 갖는 구원의 이미지가 안무가에 의해 어떻게 해체될는지가 우선 관심의 대상이었다. 그리고 작품을 통해 드러난 부처의 이미지, 안무가가 해석한 부처는 멀리 있는 것이 아닌 바로 우리 인간들의 모습 그 자체였다.

　　전작에서도 그랬듯 안무가는 춤의 이미지를 여러 형태로 산만하게 나열하지 않고 각 장마다 몇 개의 중심적인 것들을 설정하고 이를 기점으로 작품을 풀어갔다. 도입부에서는 손을 허리 뒤에 댄 채 뒤뚱뒤뚱 거리며 이동하는 움직임으로, 2장에서는 부처와 똥의 관계설정을 시도했다.

　　범종 소리, 목탁 소리, 인경 소리, 가부좌 형태의 포즈 등 음악과 움직임 구성에서 불교적인 요소와의 연계성이 군데군데서 발견되지만 그것이 확연하게 표면적으로 드러나지는 않는다. 안무가는 그것을 적당히 숨기고 필요할 때 적당한 선에서 밖으로 끄집어냈다.

　　작품의 상당 부분을 할애한 진흙으로 똥을 만들고, 똥으로 80개 부처의 형상을 만드는 행위의 반복은 타락한 구도자의 모습, 내가 똥인지 부처인지 구분하지 못하는, 고뇌하는 현대인들의 자화상이다. 그리고 그런 안무자의 발상은 묵시적인 암시, 위트와 해학으로 작품의 전편을 감싼다.

무대 전체를 2등분해 오른 쪽에는 바닥에 부처의 형상을 배열하고 왼쪽에는 무용수들의 움직임을 보여주도록 한 시도는 흙으로 빚은 형상들의 정지된 형태미와 철제로 만든, 사람형상의 세트를 움직이는 무용수들의 동적인 조형미와 대비를 이루면서 매우 인상적인 장면을 연출해 낸다. 이는 작품의 종반부 한쪽 발에만 빨강 양말을 착용한 김선희와 남도욱의 2인무에서 읽혀지는 도발적이고 혼란스러운 현대인들을 희화적으로 묘사하는 안무가의 메시지와 연결되어 있다.

무용수들의 움직임 자체만으로도 즐길 수 있었던 대목도 여럿 있었다. 전작과는 달리 이번 작품에서 안무가는 특히 손과 고개를 많이 사용하는 움직임 구성을 보여주었다. 중생들에 둘러쌓인 이광석의 솔로춤과 풍부한 멜로디에 실린 김선이와 남도욱의 2인무, 작품 종반에 가부좌 자세를 응용한 듯한, 바닥에 등을 대거나 한쪽 손을 댄 상태에서의 움직임과 고개의 사용을 강조한 12명의 군무와 양팔을 뒤로 걸친 채 좌우로 흔들면서 전진하는 군무의 움직임 등은 시각적인 즐거움을 주기에 부족함이 없었다.

마지막 장에서 보여준 붓글씨 영상과 그 글씨체를 이용한 움직임 배열은 시도 자체만으로도 무척 흥미로웠다. 3장에서의 키포인트는 바로 이 영상과 글씨의 조합이다. 영상에 투사된 반야심경이 부처의 이미지와 중첩되는 면이 없지는 않았으나 객석에서 안무가가 의도한대로 글자체의 특성에 따라 차별화 된 움직임의 특질을 읽어내기란 쉽지 않았다.

40분 내외의 중편 작품에 치중하던 홍승엽이 80분이란 짧지 않은 길이의 작품을 만드는 과정에서 몇 개의 중심 이미지를 설정한 것은 무척 효과적이었다. 작품 곳곳에 안무가의 치밀한 계산이 엿보이고 이를 몸으로 표출하는 무용수들의 앙상블도 작품의 완성도에 만만치 않게 기여했다.

무용수들의 숫자나 등퇴장의 대형을 조금씩 바꾸기는 했지만, 부처의 형상을 만들고 부수는 과정이 지나치게 반복적이고, 3장에서 영상과 몸을 통한 동양적인 정서의 표출을 어떻게 보다 시각적으로, 몸으로 드러낼 것인가가 앞으로 안무가가 해결해야 할 과제이다.

이번 공연에서 몇 가지 새로운 시도들도 있었지만 여전히 작품 전체를 관통하고 있는 것은 움직임에 대한 접근이다. 부처의 이미지들은 가부좌 자세 등 불상과 스님들의 움직임 등에서 차용되고 불교에서의 동양적인 정서는 붓글씨를 이용한 서체와 수묵화에서 느껴지는 분위기에 의해 몸으로 구체화되었다. 부처를 통한 동양적 정서의 육화(肉化). 이번 작업의 화두는 결국 이렇게 요약될 수 있고 그 성과는 평균점을 웃돌았다.

분명한 목표 설정과 범상치 않은 출발

전국 곳곳에서 적지 않은 수의 춤 공연이 열리지만, 공연 전부터 특별히 평론가들의 주목을 끄는 무대들이 있게 마련이다. 안무력을 인정받고 있는 무용가들의 신작 무대나 공을 들인 후 다시 선보이는 리바이벌 무대, 그리고 새로운 무용단의 창단공연들이 주로 그런 무대들이다.

특히 새로운 무용단의 출범을 알리는 공연인 경우는 그 단체의 춤 색깔이나 앞으로의 지향점을 가늠할 수 있다는 점에서 춤 평론가들을 들뜨게 한다. 6월 13-14일 예술의전당 자유소극장(평자 6월 14일 낮 공연 관람) 있었던 LDP(Laboratory Dance Project)의 창단 공연은 이 무용단의 향후 활동을 주목해야 하는 몇 가지 이유를 제시했다.

첫 작품 〈약간의 불편함〉에서는 우선 만만치 않은 안무력이 감지됐다. 개인의 특수한 상황이 보편적인 판단과는 다르게 엄청난 불편을 초래할 수 있다는 정황을 역설적으로 표현하고 있는 이 작품은 그 중심을 맹인으로 설정하고 의자를 다양한 오브제로 활용하는 재치가 빛을 발했다.

5명의 남성 무용수가 출연한 이 작품은 무대의 한쪽 공간에 일직선으로 의자를 배치했다가 중반에는 가운데로 이동시킨 후 옷들을 걸어 놓게 하는 등 무대 세트의 대용으로 의자를 활용하면서 군데군데 대사가 있는 음악과 무용수들의 포개는 동작, 그리고 다이내믹한 움직임을 배열하고 그것들이 서로 튀지 않고 적당한 조화를 이루도록 짜여졌다. 안무자인 이상건의 과욕을 부리지 않고 명료하게 춤을 마무리하는 능력은 첫 안무 작품이라고는 생각되지 않을 정도로 세련되어 있다.

크리스틴 좀머래드가 안무한 〈감자〉는 이날 공연된 3개의 작품 중에서 가장 평자의 주목을 끌었다. 작품은 4명의 여자 무용수들이 등장 시종 감자를 깎는 행위를 반복하면서 그와 맞물려 일어날 수 있는 상황들이 아기자기하게 전개된다.

의자에 앉아 감자를 깎는 4명 여자들이 발로 바닥을 칠 때, 의자를 끌어당길 때 나는 소음, 요리에 사용되는 재료들을 읊조릴 때 나는 소리의 템포나 톤은 청각을 자극하는 효과 외에도 반복되는 일상에 대한 반항으로도 들린다. 흐트러진 감자들과 감자가 담긴 찌그러진 냄비, 냄비를 뒤집어쓰거나 반복적인 팔의 활용을 통한 지극히 자유스러운 감각이 이 작품의 매력이다. 일상적인 공간, 요리하기, 그리고 요리에 사용되는 도구들을 적절히 활용한 이 작품은 춤 공연이 가질 수 있는 다양한 표현 양식들 중 하나를 보여주고 있다.

미샤 프루커의 작품은 몇 년 전 무용원 학생들과 함께 선보였던 전작에서도 그랬듯이 다소 거칠고, 정형화된 춤 공연의 양식에서 비켜나 있다. 이번에 선보인 〈pata-bolics〉 역시 금속성의 악기, 빠른 템포의 전자음악이 나오다가 갑자기 한 밤에 듣는 듯한 풀벌레 소리의 적요가 무대를 가른다. 형광 램프를 이용한 세트, 용접 마스크, 산소 호흡기도 등장한다. 무용수들은 등퇴장의 동선을 무시하고 벽에 기댄 채 대기한다. 자유 소극장의 높은 공간을 최대한 활용하려는 듯 1층에서부터 3층까지 세트를 배치한 것이나 록음악에 맞춘 현란한 춤 구성에서는 의도된 상황 만들기가 읽혀진다.

LDP는 창단공연에 2명의 외국 안무가를 합류시켰고, 예술감독 역시 한 명의 외국인을 포함한 2 명 체제로 출범했다. 국제적인 교류 작업을 표방한 데다 기본기가 잘 다져진 댄서들이 포진하고 있는 점, 그리고 하반기에 이미 몇 개의 공연이 예정되어 발표되는 등 그 운영 체계가 동문 무용단들의 아마추어적인 시스템을 넘어서고 있다.

분명한 운영 목표를 갖고 있고, 무용단체 운영과 관련해 그 동안 문제점으로 지적되어 온 폐쇄적인 인맥 관계를 과감히 탈피하고 있는 점, 바로 이것이 이 무용단의 향후 작업에 기대를 갖게 되는 이유이다. 객원 안무 시스템을 확산하고 일정 수준의 색깔 있는 작품이 연이어진다면 국내외를 아우르는 춤무대 개척이란 이 무용단의 목표는 빠른 속도로 성취될 가능성이 그 만큼 높다.

독창성과 보편성으로 무장된 춤상품

창작 발레 〈심청〉(9월 6-9일 예술의전당 오페라극장, 평자 6일 관람)은 효녀 심청의 이야기를 다룬 한국적인 소재의 전막 발레 작품이란 점에서 우리나라 직업 발레단들이 레퍼토리로 보유하고 있는 다른 전막 발레작품과 차별화 된다.

이는 해외 무대 진출 시 한국의 발레단만이 공연할 수 있는 독창적인 레퍼토리로 경쟁력을 가질 수 있다. 그러나 해외 춤 시장에서의 경쟁력은 예술적인 완성도를 전제로 한다. 따라서 유니버설발레단이 초연 후 15년 동안 다듬어 온 〈심청〉에 대한 평가의 잣대는 무엇보다 발레 작품으로서의 완성도가 우선 될 수밖에 없다.

창작 발레 〈심청〉은 드라마틱한 소재의 전막 발레 작품이 갖추어야 할 여러 가지 요소들이 비교적 잘 융합되어 있다. 스토리 전개에 따라 자연스럽게 배열된 춤 구성도 그 중 하나다. 1막에서 남성 무용수들에 의해 추어지는 역동적인 선원들의 군무, 2막 용궁 장면에서 왕자와 심청의 2인무와 디베르티스망, 3막 대궐에서의 왕과 왕비로 분한 심청의 2인무, 봉산탈춤 등은 각기 다른 맛깔로 관객들의 기호를 자극한다.

6일 개막공연에서 심청 역을 춤춘 문훈숙은 절정의 춤과 연기를 선보였다. 풍부한 무대 경험에서 스며나오는 농익은 춤은 무엇보다 여유가 있어 보였다. 여기에다 그녀는 시시각각 변하는 심청의 감정 변화를 뛰어난 연기력으로 물 흐르듯 자연스럽게 표출했다.

특히 이 날 공연에서는 파트너와의 앙상블도 뛰어났다. 3막에서 왕과 왕비의 2인무는 기교적으로도 어렵고, 심청의 심리묘사도 곁들여져 작품 전편을 통틀어 가장 아름다운 춤이다. 황재섭과 문훈숙은 뛰어난 파트너십으로 발레 2인무가 전해주는 아름다움을 만끽하게 했다. 고난도의 연결 동작에서도 두 사람의 춤은 별다른 허점을 보이지 않았다.

용궁의 왕자 역을 맡은 엄재용은 귀족적인 외모와 선명한 라인이 돋보이는 춤으로, 심봉사 역을 맡은 부재웅은 해학적인 연기로 무대를 빛냈다. 그러나 선장 역을 맡은 권혁구는 선원들의 우두머리로서 좀더 카리스마를 드러낼 필요가 있었다. 1막에서 스토리가 지나치게 생략된 것을 감안하면 주인공들의 보다 강렬한 캐릭터 표출이야말로 극적 긴장감을 살아나게 하는 중요한 변수이기 때문이다.

춤적 구성에서 발레 〈심청〉은 유니버설발레단의 다른 레퍼토리와는 달리 전체적으로 솔리스트들과 군무진들의 춤이 무리 없이 전개된다. 조정희, 이민정, 조은주 등 솔리스트들은 2인무와 4인무 등에서 흐트러짐 없는 춤을 보여주고 있었고 군무진들 역시 편안하게 무대 위를 수놓았다.

3막 궁궐에서 피리를 연주하는 모습과 춤을 병행시킨 솔로춤 구성이나 대신들이 두 편으로 나누어 왕비를 천거하는 장면을 청과 홍의 두 가지 색상으로 대비시킨 점도 눈에 띤다. 피날레에서 두 명의 여성 무용수와 한 명의 남성 무용수에 의해 추어지는 3인무와 8쌍의 남녀 무용수들이 서로 어우러지도록 한 춤 구성은 클래식 발레의 작품에서 보여 지는 피날레와 별반 다르지 않다.

드라마틱 발레에서 중요한 극적 구성에서도 〈심청〉은 마지막 심봉사와 심청의 상봉 장면과 심봉사를 포함한 맹인들이 일제히 눈을 뜨는 장면 등 빼어난 대목을 갖고 있다. 이 장면은 또 심청과 심봉사에게만 맞추어져 있던 극중 스토리 전개가 모든 사람이 더불어 기쁨을 찾는 쪽으로 확대되면서, 관객들의 의표를 찌른다. 이 장면을 전후해 보여지는 해학적인 구성은 극적 카타르시스와 맞물리면서 관객들의 가슴을 파고든다. 가장 인간적인 감정에 호소하면서 국적과 피부색을 떠나 관객들의 심금을 충분히 자극할 수 있는 장면이다.

〈심청〉이 창작 발레로 기대 이상 분발한 것은 음악 구성에도 힘입은바 크다. 이날 최승한의 지휘로 프라임필하모닉 오케스트라가 연주한, 국악기를 배제하고 현악기와 관악기 위주의 악기 편성을 시도한 〈심청〉의 음악(작곡 캐빈 바버 픽카드)은 2인무와 솔로 춤, 군무 등 다양한 춤과 조화를 이루면서 전체 3막으로 구성된 극적 분위기를 더욱 확장시켜 주고 있다. 3막 봉산탈춤 장면에서 무용수들의 외사위 동작시 국악의 덩더쿵 장단을 관악기 등으로 편성한 작곡가의 감각은 높이 살만하다.

전막 발레 작품에서 중요한 무대장치와 의상, 소품 등에서도 〈심청〉은 평균점을 상회했다. 한국의 궁중무용에서 보여지는 화려함을 잘 살려낸 의상과 족두리, 노리개 등 소품의 적절한 활용, 2막 용궁 장면에서 물고기들의 아가미와 비늘을 형상화시킨 소품 디자인도 눈에 띄었다. 3막 시녀들의 군무에서 언뜻 언뜻 색동 무늬가 엿보이는 오색 한 삼의 너울거림도 관객들의 시선을 모았다. 이 같은 시각을 자극하는 잔잔한 볼거리는 전체적으로 한국적인 소재의 무용 작품으로서 발레 〈심청〉이 갖는 독창적인 아름다움을 은연중 과시하고 있다.

〈심청〉은 이번 공연을 통해 한국적인 소재의 창작 발레, 한국의 대표적인 춤 문화상품으로서의 성공 가능성을 확실하게 보여주었다. 독창성과 더불어 동서양이 공감할 수 있는 효라는 소재를 통한 보편성 등 양쪽 모두를 충족시켜주고 있기 때문이다.

1막 심청의 집과 선상 장면, 3막 왕궁의 뜰에서 펼쳐지는 장면이 한국의 토속적인 배경이라면, 2막의 용궁 장면은 고전발레에서 흔히 볼 수 있는 환상성을 살린 구성을 보여주고 있다. 외국 관객들이 볼 때에는 한국적인 소재의 발레에서 오는 이국적인 재미와 함께 환상적인 장면을 통해 발레 예술이 갖는 매력을 함께 즐길 수 있다.

그러나 〈심청〉은 아직 보완해야할 점도 많다. 무엇보다 2막 디베르티스망 구성에서 보다 다양한 볼거리를 제공할 필요가 있다. 무대 배경이 용궁이다 보니 바다 속의 생물들만으로 춤을 구성하는 데는 한계가 있을 수밖에 없다. 그럼에도 불구하고 어떤 형태로든 2막은 보완되어야 한다. 말미잘이나 불가사리 등을 등장시켜 외형적인 볼거리를 만든 다음 그 속에서 생명체가 튀어나와 여러 가지 춤을 추게 하는 등 다양한 아이디어들을 조합할 필요가 있으며, 기존에 등장하는 해파리 등의 형상도 좀더 세련된 재질로 시각적인 요소를 살려내야 한다.

3막 궁궐 장면에서는 한국의 전통 춤 중 왕과 왕비가 추는 태평무 등을 활용, 화려한 발디딤새를 보여주는 등 보다 다양하게 춤 적인 요소를 살려내면서 우리 전통춤과 발레와의 접목에 보다 공을 들일 필요가 있다. 또 대신들의 몹(mob) 씬 등에서도 보다 세밀한 연출이 뒤따라야 한다.

작품의 완성도를 높이려는 지속적인 수정 작업은 곧 한국 발레의 국제 무대 진출과 밀접한 관련이 있고 〈심청〉은 그런 가능성을 다분히 내포하고 있는 작품인 만큼 관계 기관의 향후 지원 정책 시행도 대표적인 춤 문화상 품으로서의 경쟁력을 강화시키는데 큰 보탬이 될 것이다.

더 다양해져야 할 아시아의 춤 교류

1992년부터 해마다 시행하고 있는 창무국제예술제는 몇 년 전부터 아시아권을 중심으로 한 페스티벌로 그 성격이 바뀌어 가고 있다. 아시아의 문화예술에 대한 관심이 높아지고 있는 최근의 세계적인 흐름을 감안할 때 이 같은 아시아권의 춤 교류를 활성화시키는 작업은 시의적절 하다. 또한 이 같은 춤 교류를 한국이 주도해 나가는 것은 국제무대에서의 한국 무용계의 위상을 높이는 일이 된다.

'미래를 향한 아시아의 열정' 이란 부제가 붙은 올해 창무국제예술제(8월 28일 - 9월 3일, 세종문화회관 소극장)는 개막 프로그램에 한국, 중국, 일본의 연주자들이 참여, 춤 위주의 프로그램에 음악이 가세한 것과 해외 무용단들의 공연을 통해 자국의 전통예술을 현대화하는 작업 경향을 지켜볼 수 있었다는 점에서 예년과 차별화 됐다.

해외 공연 단체 중 가장 관심을 모은 팀은 싱가폴댄스시어터와 일본의 부토 무용가 야마다 세츠코였다. 싱가폴댄스시어터는 안무가 고추산의 작품 〈파이브스(Fives)〉에 단연 관심이 모아졌다. 붉은 색 타이즈를 착용한 15명의 남녀 무용수들이 출연한 이 작품은 작품 전편에 걸쳐 음악과 춤의 절묘한 조화를 만들어 내는 안무가의 명성을 확인할 수 있었던 작품이었다. 무용수들의 인체가 만들어내는 다양한 움직임과 공간 분할, 완급을 조절하는 속도감까지 계산한 안무가의 감각이 돋보였다. 보이 삭티가 안무한 〈잃어버린 공간〉은 싱가폴의 민속음악을 사용한 이국적인 색채에다 손가락의 섬세한 놀림까지도 움직임으로 활용하는 안무자의 재치가 엿 보이긴 했지만 초반의 팽팽한 긴장감을 끝가지 끌고 가지는 못했다.

말레이시아의 탄닥댄스컴퍼니는 말레이시아의 전통춤인 '쿠다 게팡(kuda kepang)'의 움직임과 음악 등을 다양하게 차용한 〈관계〉에서 특히 후반부 경쾌한 리듬에 크고 빠른 움직임을 결합시켜 전통적인 요소와 현대적인 요소를 잘 조합시킨 모범적인 사례를 보여주었다.

참가 단체 중 가장 예술성이 돋보였던 작품은 페스티벌의 마지막을 장식한 야마다 세츠코의 〈꿈꾸는 대지〉였다. 1997년 창무회를 위해 안무한 〈속도의 꽃〉 이후 4년 만에 모습을 드러낸 그녀는 이 작품에서 리드미컬한 움직임과 휴지(休止)의 미가 극대화 된 수작을 내놓았다. 음악과 음악 사이, 움직임과 움직임 사이에서 발생하는 순간적인 멈춤과 정적은 극도의 긴장감과 함께 그것 자체가 표현할 수 없는 아름다움으로 다가온다. 이 같은 순간의 극도로 응축된 미는 안무가로서 그녀의 특별한 매력이다.

미세한 손가락의 빠른 놀림, 양손을 이용해 만들어내는 팔의 각도와 그 사이에서 만들어지는 조형적인 아름다움, 두 팔을 얼굴에 대고 쓸어내릴 때, 두 손으로 얼굴을 감싼 채 왼쪽에서 오른쪽으로 천천히 돌릴 때, 뒤이어 사선으로 하늘을 행해 팔을 뻗는 동작까지 그녀의 움직임은 관객들의 시선을 한 군데로 고정시킨다. 이 같은 힘은 유연한 인체와 내밀한 감정의 변화까지도 움직임에 실어내는 그녀의 집중력에서 기인된다. 무 음악 상태에서 점프한 뒤 바닥으로 착지하는 순간 쿵하고 나는 둔탁한 소리, 청각적인 자극 역시 대지의 감성을 일깨우는 계산된 안무였다. 〈꿈꾸는 대지〉는 참가 단체들의 작품이 대체로 범작에 머문 창무국제예술제의 평균점을 상당히 상승시켜주고 있었다.

한국팀으로는 서울발레시어터, 밀물현대무용단 소속의 김은희, 김나영, 창무회 등이 참여했으나 김나영을 제외하고는 대부분 기존 레퍼토리를 그대로 선보였다.

세련된 현대적 감각, 성공적인 융합

중견 무용가 김매자와 인간문화재 안숙선을 내세운 〈심청〉(9월 18-20일 LG 아트센터, 평자 19일 관람) 공연은 근래에 보기 드문 주목할 만한 프로덕션이 었다. 특히 우리나라 공연예술의 해외 무대 진출이란 점과 연관시켰을 때 이 작품은 확실히 새로운 형태의 '상품'이 되기에 충분했고 국제무대에서 의 상품성 또한 만만치 않을 것으로 예상된다.

'춤으로 듣는 소리, 소리로 보는 춤'이란 부제에서 느껴지듯 무용과 판 소리의 만남을 표방한 이번 작업은 무엇보다 단순 명료하고 간결한 구조에 다 두 장르가 갖고 있는 독특한 예술성을 비교적 성공적으로 조합시켰다.

그 동안 장르간의 만남을 표방한 공연예술 쪽의 작업은, 특히 그것이 해외 무대 진출을 염두에 두고 제작된 경우 볼거리를 만들어내기 위해 펼 쳐놓기 식의 산만한 조합이 대부분이었으나 이번 〈심청〉은 무엇보다 극장 예술 작품이 필요로 하는 여러 부문이 정확한 컨셉트 아래 일사분란하게 조율되어 있다. 이 같은 통일성은 이 작품 전체에서 보여지는 현대적인 감 각의 세련미와 한국의 전통예술 양식이 갖는 독창성과 어우러지면서 보편 적인 미로 승화됐다.

작품은 심청의 이야기 전체를 5개의 장으로 분할했고, 그 기본 틀은 완창 판소리 '심청가'에서 차용하고 있다. 무대는 아주 간결했으며 사이드 막을 포함해 공연 내내 시종 백색 톤을 유지했다. 객석 끝에서 무대까지 객석의 일부분을 가로질러 만든, 가부키에서 화도와 같은 무대 장치는 출연자들의 등장 통로로도 활용되지만 그것 자체가 하나의 작은 무대로 변하면서 전체적으로 정적인 분위기의 단선 구조에서 오는 시각적인 지루함을 상당 부분 상쇄시켜 주고 있다. 이와 더불어 전면 스크린의 3분의 1 정도 크기로 별도로 제작된 샤막 형태의 무대 세트도 주인공의 등퇴장과 실루엣 처리 등에 효율적으로 활용되면서 적절하게 공간을 분할하고 무대 전체의 시각적인 효과를 높여주고 있다.

한진국에 의해 시도된 시노그라피(Scenographie) 형식의 이 같은 무대 구성은 한국에서 옛날부터 전해 오는 효녀 심청의 이야기가 갖는 전통성을 현대적인 감각으로 살려내는데 크게 기여하고 있다. 이 같은 시도는 또한 작품 내내 거의 일관된 톤을 유지하며 관객들이 거의 눈치 채지 못할 정도로 장면마다 분위기를 바꾸는 아이카와 마사아키의 조명 디자인, 한국의 전통미와 현대적인 감각을 다양한 형태로 조합시킨 이영희의 의상 디자인과 함께 작품 전체의 시각적인 효과를 극대화시킴으로써 의사소통의 한계를 극복하고, 관객들의 상상력을 자극하는 이미지를 효과적으로 표출하고 있다.

작품 전체의 분위기에 상당한 영향을 미친 무용수들의 움직임 구성은 후반부에 역동성을 살린 춤들이 엿보이긴 하지만 전체적으로 차분하고 정적이다. 김미향과 김지영, 윤수미 등 10명의 여성 군무진들이 만들어 내는 움직임과 조안무를 맡은 김선미와 최지연의 2인무, 4명 남성 무용수들에 의한 춤과 심봉사역 최진욱, 심청역 김매자의 솔로 춤으로 대별되는 움직임은 주인공들의 심리를 표출하는 캐릭터적인 것에서부터 조형미를 강조한 것, 그리고 판소리의 운율에 따른 소리와 춤의 융합을 최대한 살리려 한 것 등으로 대별되고 있다.

안무자 김매자에 배열된 이 같은 움직임은 고수 이태백의 장단에 실린 안숙선의 소리와 맞물리면서 때로는 그녀의 소리에 가려지기도 하고 때로는 그녀의 소리를 상승시켜주기도 하면서 상호 소통을 강조하고 있었다.

안숙선의 소리 공력은 대단했다. 19일 밤 공연 때 초반부에 다소 피곤한 듯한 그의 목청은 시간이 흐르면서 제 자리를 찾기 시작했고 이후 작품의 중요한 버팀목으로 공연을 끌어 갔다. 극장 공간에서 펼쳐지는 무대 예술끼리의 융합 시 대개 음악은 시각적인 요소가 강한 여타 장르에 밀리기 십상이나 안숙선의 소리는 조금도 뒤 처지지 않았고 작품 전체에 팽팽한 긴장감을 불어넣고 있었다. 여기에 고수의 북 장단과 객석에서 자연스럽게 터져 나오는 관객들의 추임새는 춤 공연에 익숙한 관객들에게는 색다른 체험이었으며, 일반적인 판소리 공연에서의 기능을 넘어 청각적인 효과를 상승시키는 오브제로서의 기능도 했다.

김매자의 안무는 초반까지는 대부분 느린 템포의 움직임에 조형적인 미를 살리는 군집 대형을 유지하다 최진욱의 솔로와 김선미, 최지연의 2인무가 가세하면서 변화를 꾀했다. 객석을 가로지르는 무대 위에서 선보인 최진욱의 춤에서는 툭툭 꺾는 춤사위와 큰 폭의 움직임으로, 김선미의 솔로 춤에서는 즉흥성이 강조된 내밀한 흐름으로, 최지연이 가세한 두 사람의 2

인무에서는 선이 굵고 명쾌함으로 남성성과 여성성, 음과 양의 조화를 시도하고 있다.

　이 작품이 성공할 수 있었던 요인은 앞서 지적한 무대미술, 조명, 의상 쪽의 분발 외에도 판소리로서 '심청가' 가 갖고 있는 뛰어난 음악성과 인간문화재 안숙선의 출중한 소리, 솔로 춤과 2인무, 군무 등에서 차별화를 시도한 김매자의 안무, 그리고 작품 전체를 하나의 컨셉트로 조합시킨 연출가 이재환의 감각 때문이다.

　1장 생사별리(生死別離)에서 무용수들이 사선으로 정면을 응시하는 장면에서 1명만을 엎드려 있도록 한 것이나 2막 2장에서 전체 무용수들은 팔베개를 하고 누워있게 하면서 심청만 세워둔 것, 심 봉사가 눈을 뜨기 직전의 장면에서는 드라마는 극적으로 치닫는데 무용수들의 움직임은 정지시키고 오히려 심 봉사만 움직이도록 처리한 것 등은 정 중 동의 이미지를 살려낸, 이를 통해 특정 장면의 긴장감과 집중력을 더욱 부각시키는 이재환의 남다른 연출 감각이 돋보이는 대목이었다.

　3장 범피중류(汎彼中流)는 판소리 '심청가' 의 백미답게 이번 작품에서도 상당히 공을 들인 흔적이 역력했다. 이 작품에서도 무대세트와 춤, 창자의 배치 등에서 통일된 컨셉트를 위한 연출가의 의지가 읽혀졌다. 무대 가운데 원통형의 대나무가 서 있고 1장과 2장에서와는 달리 고수와 창자는 정면의 샤 막 뒤로 배치시켰다. 이 같은 시도는 고수와 창자가 무대 전면에 자리잡으면서 돌출되는 데서 오는 시각적인 중심을 무대 가운데의 춤으로 치환시키는 효과도 있지만 작품의 반환점을 기점으로 분위기를 반전시키려는 연출가의 의도가 스며있었다.

원형의 대나무 한 개가 중심을 관통하며 위로 솟아 있는 형상과 호리존트 쪽으로 갈수록 좁아지게 디자인한 타원형의 무대세트는 인생사에서 생과 사의 갈림길, 인간의 업보를 상징적으로 보여주는 철학적인 메시지까지도 담아내고 있다. 2막 1장 수중연화(水中蓮花)에서는 삼각형의 밑변을 없앤 형상의 무대 세트가 단연 눈에 띄었다. 흰 바탕의 화선지 위에 커다란 붓끝으로 흘린 듯한 색감과 형체는 수묵화에서 느껴지는, 여백의 미를 극대화시킨 듯 환상적이었고 그것 자체로 무대를 꽉 채울 정도로 압권이었다.

　　1막 3장과 이 장에서는 연속으로 이영희의 의상이 빛을 발하고 있다. 손목을 뒤덮을 정도로 길게 디자인한 소매와 각이 지도록 해 풍성함을 살리고 있는 무용수들의 덧 옷, 망사 사이로 푸른색의 띠를 보이도록 처리해 바다임을 암시하는 3장에서의 그녀의 디자인은 출중했다. 2막 1장과 2장 천지광명(天地光明)에서 비녀를 변형시킨 듯한 머리 장식을 좌에서 우가 아닌 전면에서 후면으로 장식한 것이나 허리를 잘끈 동여맨 의상, 치마의 품을 풍성하게 해서 한복이 갖고 있는 맵씨를 보여준 것은 의상만으로도 풍성한 볼거리를 선사하고 있었다. 이영희의 의상은 시종 백색 톤으로 일관하다 딱 한 차례 왕비가 된 심청을 표현하기 위해 붉은 색상을 사용, 의상 디자인 전체가 작품의 컨셉트를 위해 세밀하게 계산되어 있다는 것과 함께 그녀의 특별한 재능을 확인시켜 주었다.

　　각 분야의 예술가들이 의욕적으로 자신의 예술적인 역량을 펼쳐 보인 이번 작품은 아쉬운 점도 있었다. 범피중류(汎彼中流)에서 인당수에 빠지는 대목에서는 소리와 장단의 급박함만큼이나 속도감이나 진폭이 큰 움직임을 위해 무용수들에게 한삼을 이용하게 했으나 지나치게 많은 무용수들을 등장시켜 오히려 그 효과가 반감됐으며, 2막 1장에서는 남자 무용수 2명과 김매자의 솔로 춤, 그리고 3인무 등이 어우러지면서 전체적으로 춤의 신명성이 더욱 살아날 수 있는 대목이었으나 변주의 폭이 적어 아쉬움을 남겼다. 연출적인 면에서도 방아타령을 부르는, 흥이 고조되는 대목에서 출연자들이 댕기 머리 등으로 치장, 역동적인 분위기를 묘사하고는 있으나 놀이적인 요소를 더욱 살려낼 필요성이 있었다.

이번 작품을 통해 표면적으로는 가장 두드러지게 드러난 것은 판소리 '심청가'와 컨템포러리 댄스와의 만남이다. 연출가는 작품의 전체적인 톤을 절제와 상징으로 설정한 듯하다. 그러나 이것은 그리 쉬운 작업이 아니다. 더구나 2시간 가까운 길이를 갖고 있는 공연의 경우는 더욱 어렵다. 그럼에도 〈심청〉의 경우 여러 분야가 상당히 조화를 이루고 있다는 점에서, 이번 프로덕션에 대해 특별히 주목하게 했다.

한국의 전통예술을 현대화시키는 작업은 결코 쉬운 것이 아니다. 판소리와 컨템포러리 댄스와의 만남을 주조로 이 정도로 세련되게 현대적인 감각으로 표출한 것은 대단한 성과가 아닐 수 없다.

〈심청〉은 각 분야의 스태프진들의 뛰어난 예술적 감각이 치밀하게 융합되고 그것이 가시적인 성과로 드러난 성공작이다. 세계무대 진출을 염두에 두고 제작된 만큼 우리나라의 전통예술에서 보여지는 놀이성과 신명을 좀더 보완하는 작업이 뒤따른다면 해외무대에서 엔터테인먼트를 위한 레퍼토리가 아닌, 고급 예술로서의 성공 가능성이 다른 어떤 작품보다 높다.

이정희무용단 〈DMZ〉

선명한 이미지, 분명한 메시지

중견 무용가 이정희의 〈DMZ〉(9월 29-30일 문예회관 대극장, 평자 29일 관람)은 이산가족들의 아픔을 그린 〈살푸리 여섯〉, 한국 전쟁을 다룬 〈살푸리 아홉〉의 연장선상에 있다. 광주항쟁 등을 다룬 작품과 함께 사회성 강한 메시지를 담아내는 이 같은 일련의 작업은 '자연과 사회에 대한 끝없는 통찰'이란 이정희 작품세계의 근간이 된다.

분명한 메시지, 선명한 이미지, 강한 연극성은 안무가 이정희의 작업에서 보여지는 공통적인 요소이다. 그가 즐겨 사용하는 심플한 무대 세트는 그 만큼 무용수들에게는 강한 응집력과 많은 에너지를 요구한다. 여기에 무대의 여백을 활용하는 만만치 않은 감각이 더해지면서 이정희의 작업은 줄곧 한국 안무가들의 평균점을 상회하고 있다.

〈DMZ〉에서도 그녀의 이 같은 특성이 유감없이 발휘됐다. 무대세트는 큰 테이블 하나가 전부이다. 이 테이블은 좌우로, 전후로, 상하로 자유롭게 움직이면서 대단한 힘을 발휘한다. 분단의 과정이었던 카이로, 얄타, 포츠담으로 이어지는 회담장, 남북한의 협상 테이블로, 민간인들이 살고 있는 DMZ 부근의 대지로, 그리고 두 동강 난 한반도로 상징화되면서 작품의 흐름을 주도해 간다.

안무자는 이 사각 테이블을 중심으로 무용수들을 배열하고 그림을 만들어 간다. 초반부 5명 무용수들의 동선이 가져다주는 팽팽한 긴장감도 이 테이블에서부터 시작된다. 테이블을 중심으로 각 한 명씩, 4명씩의 무용수 배치, 이중 한 명의 무용수가 테이블 위로 갑자기 뛰어오르고 텅 빈 테이블을 손으로 쓰다듬는 광경은 관객들을 흡입시킬 만큼 상징성이 강하다. 무대의 반을 점유할 만큼 큰 사각 테이블은 그 것의 등퇴장에 따라 무대의 변화도 그 만큼 커서 시각적인 변환의 효과도 작지 않다.

안무가 이정희는 DMZ이 갖는 상징성과 현실성을 사각형의 무대세트와 출연자들의 대사, 음악구성, 그리고 코러스의 활용을 통해 치밀하게 보여주고 있다.

요란한 군무에 이어 한 밤중 귀뚜라미 울음소리와 스피커를 통해 울리는 대남 방송을 대비시킨 것은 겉으로는 평온한 것처럼 보이지만 실제로는 긴장감으로 팽배한 DMZ의 두 모습을 극명하게 보여주고 있다.

무대와 객석의 중간 지대를 활용하는 안무자의 감각도 놀랍다. 오케스트라 비트의 의자 위에 미동도 하지 않은 채 앉아 있는 18명의 무용수들은 오케스트라 비트의 높낮이 조절과 시선의 위치를 변화시키는 시도를 통해 다양한 이미지를 만들어내는데 효과적으로 활용되고 있다. 얼굴 표정을 통해 읽혀지는 이 들의 날카로운 눈매는 분단의 비극으로 인해 죽어간 원혼들이 되었다가 DMZ의 그 수많은 사연을 지켜보는 역사의 심판자가 되기도 한다. 희랍 연극의 코러스와 같은 이들의 정적이고 차갑고 냉소적인 이미지는 무대 위 무용수들의 동적인 움직임과 융합되어 인상적인 장면을 연출해낸다.

안무자는 작품을 긴장과 차가움 일색으로 전개시키지는 않았다. 젊은 이들이 본 DMZ은 그 들의 톡톡 튀는 재미있는 대사로, 남북한의 서로 다른 현실은 록 음악과 펑크 머리의 현란함과 북한의 인기 가요인 휘파람을 부는 대중 가수를 등장시켜 대비시켰다. 사이사이 각기 다른 음악 구성도 장면마다의 분위기를 반전시키고 있다. 전체적으로 첼로의 무거운 선율이 지배하는 가운데 군인들의 등장 장면에서는 타악기가 강조되고 전자음악 등도 적절하게 가미된다. 라이브 첼로 연주에 실린 이정희의 느린 솔로춤은 남북 상생의 비원을 담고 있는 듯 내적으로 강하다.

테이블이 공중으로 들어올려지고 반으로 두 동강 나는 마지막 장면 처리는 관객들의 의표를 찌르는, 상징성과 메시지가 압권이다. 무용수들의 대사 처리에서 느껴지는 어색함, 철모나 군화 등 소품에서의 부조화, 몇몇 장면에서의 미진한 조명과 장면 전환의 어수선함이 정리되고, 무용수들의 춤에서 앙상블의 힘을 극대화시킬 수 있는 연습이 보완된다면 작품의 완성도는 더욱 높아질 것이다.

박인자발레단 〈달 그림자〉

성공적으로 결합한 에로티시즘과 비극미

　박인자발레단의 〈달 그림자〉(11월 2-3일 호암아트홀, 평자 2일 관람)는 올해 초연된 창작 작품 중 수준작으로 기록될 만하다.

　이 작품의 텍스트가 된 희곡 〈보이체크〉는 24세에 요절한 천재 작가 게오르그 뷔히너의 작품으로 많은 연출가들에 의해 무대화되었지만, 연극계에서는 어려운 작품으로 정평이 나 있다. 지난해 내한했던 오를레앙 국립무용단의 안무가 조셉 나주에 의해 공연되기도 했지만 춤이라기보다는 연극 쪽에 가까운 독특한 연출이 주목을 끌었었다.

　따라서 〈보이체크〉가 발레 장르에 수용되어 국내에서 처음으로 춤으로 공연된다는 것 자체는 이 작품이 갖는 복합적인 구조와 맞물려 주목의 대상이 될 수밖에 없었다.

　안무가 박인자와 연출가 황두진은 〈달 그림자〉를 통해 우선 과욕을 부리지 않았다. 원작의 뼈대를 이루는 중심인물에 초점을 맞추고 그들을 중심으로 이야기를 전개시켜 나갔다. 그 중심 인물들이 비교적 확실하게 자신의 캐릭터를 표출해 냈고 이것이 결국 이 작품이 성공할 수 있었던 가장 중요한 요인이 됐다.

음악, 무대장치, 의상, 컴퓨터그래픽 등 스태프들의 역할 또한 완성도 높은 작품을 만드는데 큰 힘이 됐다. 스토리텔링을 지양하고 주인공들의 연기와 춤을 중심으로 이미지화 할 수밖에 없는 상황에서 이들 각 부문 스태프들의 창조력은 주인공들과 심리상태와 상황에 따른 작품의 분위기를 상징화시키는데 상당 부분 기여했다.

안무가 박인자는 〈달 그림자〉에서 에로티시즘을 용감하게 표출하고 있다. 원작인 〈보이체크〉가 담고 있는 지식인들과 부유한 자들의 오만, 권력과 지식, 자본에 의해 황폐화되고 있는 현대인들을 향한 메시지가 읽혀지지 않는 것은 아니지만, 그 강도는 에로티시즘에 비해서는 미약하다. 바로 이 지점도 〈달 그림자〉가 컨템포러리 발레로 성공할 수 있었던 요인이다. 50분 정도의 춤 작품에 나무 많은 것을 담으려할 경우 생길 수 있는 산만함을 안무가는 미리 파악했는지도 모른다.

원작과 마찬가지로 〈달 그림자〉에서도 무기력한 보이체크와 그의 아내 마리, 그리고 마리를 농락하는 군악대장, 그리고 사악한 의사 이들 4명의 인물들이 작품의 뼈대를 이룬다.

보이체크 역을 맡은 제임스 전의 연기와 춤은 이 작품의 중심에서 찬란하게 그 빛을 발한다. 돈 때문에 아내가 바람을 피우는 것을 두고 볼 수밖에 없는 무력함과 결국 이를 보다 못해 아내를 죽이고야마는 심리적인 갈등과 변화의 과정을 그는 뛰어난 표현력과 움직임으로 표출해 냈다.

마리 역을 맡은 정미란의 열연과 변신 역시 기억될 만했다. 단정한 외모에서 풍기는 인상에다 그 동안 주로 순종적인 이미지의 역할을 도맡았던 정미란의 변신은 의외였다. 그녀에 의해 드러난 요염함과 때론 퇴폐적인 미는 안무자가 요구한 에로티시즘을 전면에 부각시키는데 큰 힘이 되었다.

톳마루무용단의 주역 무용수로 악대장 역을 맡은 김형남의 춤 역시 작품을 살려내는데 일조했다. 큰 키와 근육질의 몸에서 뿜어져 나오는 진폭이 큰 라인과 남성미는 나약한 보이체크의 심리상태와 맞물려 상대적으로 빛을 발했고, 마리와의 섹스 신을 포함한 에로티시즘의 표출하는 데서도 그 격을 유지했다.

의사 역을 맡은 성악가 전순욱은 비록 짧은 시간의 출연이었지만 극장 안을 쩡쩡 울리는 웃음 소리로 섬뜩한 메시지와 함께 작품의 전개 상황을 적절하게 암시했다.

안무자에 의해 조율된 무용수들의 움직임은 그 자체로 볼거리를 주었다. 12명의 군무진들이 앙상블을 이루면서 코러스의 역할을 춤으로 대신하고 있는 것이나 군인으로 분한 남성 무용수들을 통해 역동적인 춤을 대비시키고, 이들이 여성 무용수와 짝을 이루어 추는 군무를 삽입한 것은 클래식 발레 작품에서의 전형적인 패턴을 유지하고 있다.

군인들의 남성 군무에서 다리와 팔을 이용한 절도 있는 동작과 맞물린 높은 도약은 작품의 흐름과 맞아 떨어졌다. 남성 4인무와 여성 4인무에서 8인무로, 그리고 다시 2인무로 전개되는 춤의 대형 변화를 통해 무대 위에서의 단조로움을 보완한다든지 초반 악대장의 등장 장면에서 움직임을 천천히 시작해 점차 상승시켜 가도록 하는 시도, 아내가 바람을 피고 난 후의 보이체크의 움직임을 팔을 이용한 짧게 분절되는 동작으로 차별화 시키면서 보이체크의 심리상태를 표출시킨 시도는 안무자의 세밀하게 계산된 움직임 구성을 엿볼 수 있었던 장면이었다.

스토리텔링이 아닌 주인공들에 의한 내면적인 연기와 심리상태의 표출에 의존하는 작품의 경우 자연스런 장면 전환과 관객들의 의표를 찌르는 예기치 않은 구성은 작품의 성공에 더 없이 중요하다. 이런 점에서 안무가와 연출가의 호흡 일치는 여러 군데서 느껴졌다.

작품 중반에 마리가 엉덩이를 관객들에게 보이면서 무대 위로 등장하는 것이나 세워진 벽을 두드리는 시도는 섹스 뒤의 여인의 심리상태를 묘사하는 탁월한 장면이었다. 또한 의사에게 대사를 지시하고 억제되던 보이체크의 분노가 폭발하는 마지막 장면에서 군무진들의 등을 보이게 하는 것이나 자신의 아내를 목 졸라 죽인 후 보이체크의 심리상태를 의사의 웃음소리로 대체한 것 등은 연출가의 감각이 만만치 않음을 보여주는 대목이었다.

손호성의 무대장치도 자연스런 장면전환에 상당한 기여를 하고 있다. 몇 개의 피스로 나누어 좌,우 슬라이딩을 통해 세트가 신속하게 변하고 2층에 발코니가 나타나면서 예기치 않은 의사의 출연 효과를 배가시킨 것 등에서 그의 남다른 작품 해석력을 읽을 수 있었다.

러시아의 컴퓨터 그래픽 아티스트 올가 쿠메거에 의한 비디오와 영상, 그리고 페인팅이 결합된 시각적인 작업은 마리에 대한 분노를 억제하는 보이체크의 심리상태를 색채와 선을 통해 상징적으로 묘사한 대담한 시도였고 그것은 기대 이상으로 신선했다. 올가 쿠메거는 빨강 색 바탕에 푸른 색의 굵은 선을 주로 사용했고 보이체크의 몸에 투사된 빛이 만들어내는 그림자의 크기나 색깔가지도 바탕색과 조화를 이루는 탁월한 미의식을 보여주었다.

올가 쿠메거의 작업을 안무가와 연출가는 과하지 않는, 적절한 선에서 활용했고 그때까지 고정된 세트와 무용수들의 움직임에 의존했던 무대 분위기에 일순간 변화를 주는 마치 비밀 병기처럼 사용했다.

구태환의 조명 역시 완벽한 것은 아니지만 잦은 변화가 느껴지지 않을 만큼 일관된 톤을 유지했고 강은구가 맡은 음악 구성도 군무의 분위기를 살려내고 주인공들의 심리적인 면을 드러내는데 기여했다. 처음 악대장이 자신을 드러내는 장면에서는 그의 캐릭터가 음악을 통해 읽혀졌으며, 남성 무용수들의 군무 장면에서의 음악과 춤의 조합은 일품이었다.

엄규선의 의상 역시 안무자가 요구하는 에로티시즘을 적절히 살려냈다. 하체의 라인을 선명하게 드러내는 과감한 디자인이나 군인들의 의상을 진한 회색 톤으로 일관되게 처리해 마리가 갖는 빨강 색과 대비를 이루어 상대적으로 대비 효과를 살려내고, 악대장이 붉은 옷으로 갈아입고 나오는 것으로 변화된 심리상태를 드러내는 그녀의 디자인 감각은 놀라웠다.

〈달 그림자〉는 원작이 갖는 중압감에서 벗어나 있다. 너무 연극적이지도 너무 발레적이지도 않은 중간 톤의 승리이다. 곧 박인자의 〈보이체크〉로 만들어졌고 이것이 성공의 가장 중요한 열쇠였다.

그러나 〈달 그림자〉에도 함정은 있다. 이 작품에서 에로티시즘과 함께 전반적으로 드러나는 비극미는 너무 세련되어 있다. 그리고 이 둘은 모두 주요 배역들에 의해 리드된다. 이 작품의 군무진들은 작품의 배경을 형성하는 댄서들에 역할에 머물고 있다. 군무진들에게서도 때론 비극적인 분위기들이 절절하게 배어나온다면 작품의 완성도는 더욱 높아질 수 있다. 장면에 따른 군무진들의 움직임 변화가 좀더 구체적으로 살아나는 것과 함께 표현력이 강조되고, 조명에서의 보다 세밀한 디자인도 더 보안될 필요가 있다.

발레 안무가가 부족한 한국 춤계의 현실에서 탄탄한 안무력과 세련된 감각으로 무장된 박인자의 존재는 〈달 그림자〉를 통해 다시한번 그 가치가 입증됐다.

올해 초연된 발레 작품 중에서 김긍수가 스트라빈스키의 음악을 사용해 한국의 결혼 모습을 유희적으로 표출한 소품 〈결혼〉과 함께 이 작품은 주목할 만한 수작임에 틀림없다. 또한 그 동안 제작된 장편 컨템포러리 발레 작품 중에서도 그 선두에 설만큼 완성도가 높다. 잘 알려진 원작을 토대로 한 데다 예술적인 완성도를 생각할 때 우리나라 직업 발레단의 해외 공연 레퍼토리로도 손색이 없는 작품이다.

풍성한 볼거리, 에너지 넘치는 춤

서울발레시어터와 국내 춤 단체와의 차별성은 '정형화된 형식을 벗어난 다양한 레퍼토리의 창출'로 요약된다. 이 같은 특성은 짧은 시간 안에 무용수들에게 많은 동작의 변화를 주문하고, 소재에 따라 작품을 조율해 가는 방법을 달리하는 상임안무가 제임스 전의 안무 특성과 무관하지 않다.

국내 춤계로서는 파격적인 한 달 여 동안의 장기공연을 시도 중인 〈창고〉(11월 4일까지, 한전아츠풀센터)는 서울발레시어터가 추구하는 쉽고 재미있는, 그러면서도 잔잔한 메시지를 통해 관객의 가슴속을 파고드는 작업의 연장 선상에 있다.

〈창고〉는 20여 년 전 한국 사회의 한 단면을 파노라마처럼 펼쳐놓는다. 40대 이상의 관객들은 빛바랜 앨범 속에서 설레는 첫 사랑을 다시 건져 올리고 지나간 삶의 희로애락을 반추한다. 저항과 복종이라는 암울했던 시대상도 기억해낸다. 80분 동안 많은 장면이 연출되고 그 만큼 볼거리도 풍성하다.

학생들의 단골 데이터 장소였던 빵집을 순식간에 격렬한 리듬이 난무하는 공간으로 바꾸고, 클래식 발레에서의 디베르티스망을 2대의 장구 연주로 대체하는 순발력, 군 입대를 위한 신체검사 장면에서의 유머, 학생들의 시위 장면과 진압군의 대립을 남녀 코러스가 상충하는 헨델의 음악을 통해 상승시키는 감각 등 안무자는 곳곳에서 관객들의 의표를 찌른다. 춤 구성에서도 안무자는 무용수들에게 일상적인 동작의 응용에서부터 고도로 숙련된 테크닉 등 다양한 춤들을 요구하고 있다. 이는 스트라빈스키의 〈결혼〉음악을 사용한 부분에서 더욱 두드러진다.

초반부 머리와 팔, 상체를 넓게 빠른 속도로 변환시키는 움직임은 지리 킬리안과 유사한 패턴을 보는 듯 했으나 중반을 넘어서면서 제임스 전의 독창적인 움직임으로 화려하게 채색된다. 나인호와 전선영의 2인무에서 보여지는 섬세한 배색은 이어지는 5쌍 남녀 무용수에 의한 기하학적인 군무 대형에서 절정에 이른다.

산울림의 대중가요에서부터 락, 재즈, 팝, 클래식, 굿패 노름마치의 우리 전통음악 라이브 연주에 이르기까지 다양한 음악을 듣는 재미와 가벼운 것에서부터 무거운 것까지 까다로운 안무자의 요구를 거뜬하게 소화해내는 단원들의 에너지 넘치는 춤과 연기력도 볼거리이다. 작품 전편을 통해 전문 배우 뺨치는 코믹한 연기에서부터 내밀한 춤 솜씨까지 종횡무진 무대를 누비는 전선영의 활약상을 지켜보는 것만으로도 신이 나는 무대다.

보다 참신한 아이디어와 스트라빈스키의 강렬한 리듬과 맞설 수 있는 춤의 밀도가 보완된다면 국제 무대에서도 통용될 수 있는 대중적인 레퍼토리로 자리잡을 가능성이 농후한 작품이다.

음악 춤 의상의 앙상블, 그리고 대중성

모리스 베자르가 이끄는 발레 로잔은 첫 내한공연 작품 〈삶을 위한 발레〉(11월 3-5일 세종문화회관 대강당, 평자 3일 관람)를 통해 컨템포러리 댄스가 보여줄 수 있는 다양성의 세계를 화려하게 펼쳐놓았다.

〈볼레로〉를 통해 세계적인 무용수가 된 남성 무용수 조르주 동, 영국의 유명한 록 그룹 퀸의 리드 싱어였던 프레디 머큐리 등 젊은 나이에 요절한 예술가를 추모하기 위해 만들어진 이 작품에서 안무가는 무대 전체를 어두운 분위기보다 밝은 톤으로 풀어냈다.

안무가 모리스 베자르는 퀸과 모차르트의 음악을 혼용하면서, 춤의 템포와 분위기를 조절하는 뛰어난 음악 해석력을 보여주었다. 베자르는 1시간 40분 여 동안 모두 20곡의 음악을 선곡했고 그 중 15곡을 퀸의 음악으로 채웠다. 도발적이며, 유머가 있고 사랑이 담겨 있는 퀸의 음악을 베자르는 실황 음반과 스튜디오 녹음 음반 등을 통해 선곡, 각기 다른 분위기로 춤과 조합시켰으며, 모차르트의 음악은 오페라 〈코지 판 투테〉에서부터 피아노협주곡 21번의 감미로운 선율에 이르기까지 폭넓게 선곡, 퀸의 음악 사이사이에 절묘하게 배치함으로써 고조되는 분위기를 차분하게 가라앉히는 역할과 함께 자칫 가벼워지기 쉬운 무용수들의 움직임에 변화를 주고 있다.

모차르트의 '이집트 왕 타모스'에 맞추어 추는 주역 무용수 질 로만의 솔로 춤은 45세에 요절한, 베자르가 아끼던 무용수 조르주 동을 연상시켰고 그의 높은 점프와 회전이 가미된 동작에 이어지는 2인무에서는 흑과 백의 조화가 일품이었다.

"당신 말대로 우리는 사랑을 했는데 사랑은 왜 전쟁을 낳았는가" 라고 짧게 외치는 장면은 아직도 전쟁이 난무하는 세계를 향한 안무가의 준엄한 메시지였고 뒤 이어 모차르트의 피아노협주곡 21번의 감미로운 선율로 연결되는 느린 템포의 군무가 어우러지는 구성은 춤과 음악의 뛰어난 앙상블을 연출했다. 또한 간간히 사용된 퀸의 실황음반은 관객들의 환호성이 객석 전체를 감싸 안은 생생한 현장감과 폭발적인 음량으로 춤의 분위기를 한껏 고조시키는 역할을 했다.

처음부터 끝까지 백색 톤으로 일관된 무대는, 마치 패션쇼를 보는 듯한 베르사체의 놀라운 의상과 스카프, 움직이는 침대 등 동적인 미감을 살린 다양한 소품, 사람의 관절을 촬영한 X레이 필름을 포함한 영상, 예기치 않는 각도에서 난사되는 섬세하고 화사한 조명, 그리고 이런 모든 것들을 절묘하게 융합시켜 완급을 조절하는 무용수들의 움직임에 의해 하나 둘, 채워졌다.

베르사체는 무용수의 몸을 캔버스로 삼아 그 곳에 기막힌 그림을 그리는 천재적인 화가였다. 전체적으로 백색으로 치장한 의상에다 가로, 세로, 대각선 등 검정 색이 강조되는 단순명료한 디자인, 무용수들이 착용한 신발까지도 형태와 색상에서 디자인을 강조한 감각, 그리고 솔로춤과 2인무 등에 등장하는 주역 무용수의 의상을 빨강과 파랑 등 원색을 사용하도록 했고, 이를 통해 전체적으로 무대 분위기를 전환시키는 능력은 그가 왜 세계적인 디자이너로 추앙받는 지를 여실히 보여주었다.

여성 무용수보다는 남성 무용수를 더욱 부각시키는 베자르의 안무 특성은 남성 무용수들의 에너지를 역동적으로 분출시켰다가 어느 순간에는 부드럽게 조율시키는 몇몇 장면에서 유감없이 발휘되었다.

여성 무용수가 가슴을 드러낸 채 남성 무용수와 추는 2인무는 절제된 에로티시즘을 보여주었으며, 종반부에 영상을 통해 등장하는 남성 무용수 조르주 동의 〈니진스키-신의 어릿광대〉에서의 공연 장면은, 생전에 그가 보여주었던 강렬한 카리스마가 전해주는 전율감과 더불어 넘쳐나는 휴머니즘으로 관객들을 숙연하게 만들었다.

작품의 종반부에 이 같은 조르주 동의 생전의 모습을 영상을 통해 담아낸 시도는 그를 아는 무용가와 관객들에게는 이 작품을 통해 얘기하고자 하는 안무가의 메시지를 확연히 인식하게 만드는 계산된 장치처럼 보였다.

이번에 선보인 〈삶을 위한 발레〉는 1997년 초연 당시와 비교하면 몇 군데 장면에서 달라진 구성을 보여주었다. 이 같은 새로운 개작은 일부 작품의 완성도를 높여주는데 기여한 부분도 있지만 〈삶을 위한 발레〉는 작품의 완성도나 예술 작품이 가져다주는 '감동'이란 면에서 보면 부족한 점도 적지 않다. 발레 로잔의 무용수들은 뛰어난 체격과 안정된 기량에도 불구하고 표현력과 움직임의 질적인 면에서는 유럽의 다른 일급 무용단의 무용수들에는 못 미쳤다.

그 대신 〈삶을 위한 발레〉에는 일반 관객들이 부담 없이 보고 듣고 즐길 수 있는 대중성과 어느 정도의 예술성이 공존해 있다. 자연스런 무대전환, 반복과 정지의 움직임 배열, 시각적이고 청각적인 효과를 이용한 적당한 스펙터클, 모리스 베자르에 의해 창출된 이 같은 유형의 작품들은 클래식 발레가 대중들의 인기를 얻어 가고 있는 우리나라의 경우 컨템포러리 댄스가 갖는 다양성과 철학적인 세계를 이해하기 위한 중간 단계의 작품으로는 더 없이 적합한 것이었다.

문학적 향기, 앙상블을 통한 잔잔한 감동

조성주의 안무 특성은 논리적이고 작품 전체에 문학적인 향기가 담겨 있다는 것이다. 댄스컴퍼니 조박의 송년 무대인 〈그림자 파티〉(12월22-30일 유 시어터, 평자 29일 관람)에서도 안무자로서 그녀의 이 같은 특성이 그대로 드러 난다.

〈그림자 파티〉는 마치 한 편의 단편 드라마를 보는 듯하다. 한 명의 주 인공과 그 주변인들이 펼쳐놓은 삶의 한 부분들, 한 명의 사내와 6명의 그 림자 등 8명 출연자들의 움직임과 들의 이야기는 가슴속에 잔잔한 파동을 일으키며 소극장 공간을 차지한 관객들과 더욱 내밀하게 교감한다.

안무자 조성주는 7명 출연자들의 짧은 독백을 통해 그 들의 파편 같은 인생을 들려준다. 왼 손 손가락이 여섯 개인 육손의 사내는 도입부와 마지 막에 등장, 자연스럽게 시작과 마무리를 맡고, 다른 한 명의 사내는 무대 구 석구석을 누비며 준비된 소품과 세트를 이용해 소리와 음을 조율해 낸다.

이런 모든 구성들은 드라마 성을 살리기 위한 다분히 계산된 구도이다. 출연자들의 대사나 얼굴 표정, 움직임, 중간 중간에 군무 형태로 만들어지 는 춤의 대형까지도 다분히 보여주기 위한 것보다는 일정한 드라마의 흐름

을 겨냥한 설정처럼 보였다. 따라서 〈그림자 파티〉는 여느 춤 공연 작품과
는 확실히 다른 맛깔을 보여준다.

극장에 들어서면 우선 유리 장식이 눈에 띈다. 각기 다른 모양과 크기,
색깔의 유리 공예품이 무대의 3면과 정면 좌우를 가로지르는 경사진 계단
에 수북하게 장식되어 있다. 무대 좌우 면에 설치된 8개의 커다란 양철 판
들은 무용수들의 등퇴장을 위한 닫힌 공간으로 활용되기도 하지만, 북채를
이용해 두드릴 때 또는 무용수들이 손으로 혹은 몸으로 툭툭 칠 때 나는
반향(反響) 음은 청각적인 효과로 이어지기도 한다. 와인 잔을 부딪칠 때 나
는 청명한 소리도 관객들의 청음을 자극한다.

안무자는 무용수들에게 소품으로 사용된 의자를 다양한 방향으로 옮
기도록 해 움직임에 변화를 주고 있다. 무용수들이 의자 위에 올라서게 하
는 것에서는 눈높이 이상의 공간을 점유하며 술잔을 든 춤추기와 의자 위
앉기를 통해서는 그 보다 낮은 눈높이의 공간을 점유한다.

안무자는 한 명의 사내와 6명의 그림자들의 독백 장면마다 분위기가
다른 공간을 연출하고 있다. 육손 이야기를 하는 사내와 조성주의 2인무에
서는 손가락 놀음까지도 시각적으로 선명하게 드러나도록 했고, 무용수들
이 코트를 입었다 벗었다 하는 시도, 의자를 활용한 2인무 변주, 무대 바닥
과 계단의 중간에 무용수들을 위치시키는 것, 독백에 따라 양철 판 뒤로
몸을 숨기는 무용수들의 숫자를 달리한 것 등이 그런 예들이다.

특히 의자 6개를 가운데에 몰아 놓고 춤출 때의, 사선으로 옮겨 놓고
그 위를 남자가 걸어가게 할 때의, 그리고 의자의 한 축을 회전시킬 때의 공
간의 활용과 전체적인 분위기 설정은 다양한 볼거리였다. 코트를 벗었다 입

었다 하는 시도 역시 분위기 전환에 중요한 역할을 한다.

〈그림자 파티〉에서 담아 낸, 목소리의 톤 조절과 섬세한 감정표현까지도 요구되는 무용수들의 춤과 연기, 소품을 이동시키고 옷을 벗고 입고, 양철판을 두드리는 등 출연자들이 끊임없이 무엇인가를 해야 하는 시도 등은 프랑스를 주 무대로 활동하는 조셉 나쥬의 작업 스타일에서 볼 수 있는, 연극인지, 춤인지, 아니면 퍼포먼스인지 구분이 안 되는 공연의 성격과 어느 일면 유사하지만 유리 공예품의 사용, 소극장 공간에서 작은 나무 한 그루가 주는 압축된 이미지 등 신선한 발상은 흥미를 끌만했다.

〈그림자 파티〉는 장면 장면의 연결에서 발견되는 다소 거친 이어짐과 무용수들의 연기력과 움직임의 편차, 그리고 독백에서 춤 공연으로서의 특성을 보다 더 살려낼 수 있는 차별화 된 내용 구성에서 더욱 보완의 필요성이 보였다. 반면에 작품 전체에서 느껴지는 잔잔한 문학적인 색채와 실험성은 이 작품의 레퍼토리 화 가능성을 한층 높게 해준다.

댄스컴퍼니 조박은 일정 수준을 유지하는 작품의 질, 요란스럽게 홍보하거나 겉으로 치장하지 않는 공동대표 조성주와 박호빈의 예술가적 기질, 그리고 진지한 창작 작업 자세 등이 신뢰를 갖게 한다.

특히 이번 〈그림자 파티〉의 경우에는 단원들의 결집력이 전보다 훨씬 성숙됐고 앙상블의 밀도도 높아졌으며, 전문 춤 단체로서 일정한 틀을 갖춘 프로덕션 시스템이 가동되고 있어 앞으로의 작업에 더욱 기대를 갖게 한다.

현대판 악가무의 재미

안애순현대무용단의 〈굿-PLAY〉(4월 5-6일, 호암아트홀, 평자 5일 관람)는 초연 (2001 서울세계무용축제, 토월극장) 때보다 공연 길이도 길어졌고 음악과 춤과의 소통성도 더욱 확대되었다.

〈굿 - PLAY〉는 2000년에 안애순이 안무한 〈비명-기억의 놀이〉의 연장 선상에 있는 작품처럼 보였다. 라이브 음악과 무용수들의 소리를 이용한 것이나 놀이적인 요소의 차용, 그리고 즉흥적인 움직임의 결합 등이 바로 그런 요소들이다.

〈비명 -기억의 놀이〉가 어린이들의 숨바꼭질을 모티브로 풀어냈다면 〈굿 - PLAY〉는 한국에서 행해지는 굿에서 놀이적인 요소를 끌어왔다. 또한 〈비명-기억의 놀이〉가 사회적인 메시지를 담아냈다면, 〈굿 - PLAY〉는 메시지보다는 무용수들이 소리와 대사를 통해 즉흥성을 더욱 배가시키고 있으며, 작품구성에서 보여 지는 논리성에서도 〈비명-기억의 놀이〉 보다 그 진폭이 엷다. 이 작품은 무엇보다 라이브 연주가 주는 생동감과 즉흥성이 무용수들의 움직임과 맞물리면서 새로운 감흥을 전해준다.

여기에 무대 정면에 설치된, 그리고 좌우 사이드의 노출된 조명 기재의 활용을 곁들인 금속성의 세트가 주는 현대적이고 날카로운 이미지와 그 곳에 매단 장구 등을 통해 전해지는 전통적이고 곡선적인 이미지가 묘하게 결합되어 있다.

원형의 빛 안에 누워있는 무용수, 그 주변을 6명의 무용수가 등을 보인 채 반원 형태로 서 있는 초반부의 이미지는 제의적인 느낌마저 든다. 남자 무용수 1명이 다소 동적인 움직임으로 가세하지만 초반부는 다소 느린 템포가 무대를 지배한다. 남녀 무용수가 서로 어울리는 것으로 확대되는 과정은 움직임과 음악과의 융합이자 굿에서 보여지는 악가무적 요소의 절묘한 만남이었다. 이 과정에서 안무자가 펼쳐 놓은 놀이, 곧 PLAY는 다른 작품과 차별화 되는 키워드가 된다.

이 작품에서 보여지는 놀이적인 요소는 전작 〈비명- 기억의 놀이〉에서 보다 구체적으로 드러나지는 않았다. 무용수들이 무대 바닥을 두드릴 때, 여자 무용수가 남자 무용수의 등을 두드릴 때, 그리고 철판을 두드릴 때의 행위와 소리는 그것 자체가 하나의 놀이이다. 여기에 무용수들이 내뱉는 대사 역시 하나의 듣는 놀이로서 관객들의 청각을 자극시킨다.

이 작품에서 읽혀지는 악가무적 요소에서 튀는 것은 역시 춤이다. 안무자에 의해 조율된 무용수들의 움직임은 즉흥적인 요소들이 강하고 지극히 자연스럽다. 순간순간 만들어지는 조형적인 아름다움 역시 의도적으로 만들어진 것처럼 보여지지 않았다.

이윤경은 여전히 특유의 탄력적인 움직임으로 무대를 휘어잡았고, 무언가를 중얼거리면서 이동하는 박소정의 힘이 넘치는, 중성적인 매력의 움직임도 탄탄하게 무게 중심을 지탱하고 있다.

70분 가까이 이어지는 동안 안무자는 단 한차례 큰 장면변화를 시도한다. 커다란 흰색공이 등장하는 장면이 바로 그것이다. 이 장면은 몇 개의 TV 모니터와 연결되어 있다. 안무자는 이 대목에서도 관객들의 시각과 청각을 묘하게 자극시킨다.

　　커다란 공이 무대 왼쪽에서 오른쪽으로 이동하는 동안 모니터를 통해서는 사람의 입 모양이 비쳐지고 스피커를 통해서는 짧은 단어들이 반복적으로 들려온다. 커다란 공은 하나의 스크린이 되고 시계의 초침이 돌아가는 듯한 일정하게 반복되는 효과음은 극도의 긴장감을 유발시킨다. 시계 바늘 소리가 갖는 규칙적인 반복성, 둥글게 움직이는 스크린, 큰 공 위에서 떠다니는 영상, 반복되어지는 단어의 나열, 이들과 어울린 무용수들의 움직임은 청각적, 시각적 배합의 절정을 보는 듯했다. 이 장면을 통해 안무자는 굿판에서 신이 오른 무당의 엑스타시, 그것을 지켜보는 사람들의 고양된 기분을 생생하게 펼쳐놓은 듯 보였다.

　　김기영, 달파란, 고구마가 만들어내는 보이스와 신디사이저 등을 활용한 라이브 음악은 굿판에서의 현장 연주가 주는 상승되는 분위기를 고스란히 무대 위로 옮겨 놓은 듯 전체 작품에서 큰 힘을 발휘하고 있다.

　　선미수의 세련된 의상도 시각적인 효과 창출에 만만치 않은 기여를 하고 있다. 전체적인 톤은 한국의 전통적인 분위기를 주조로 삼고 있다. 그러면서도 하체의 경우 바지 형상이간 하지만 치마처럼 풍성하게 만든 데다 그 길이를 다 다르게 디자인, 역동성을 살려내고 있으며, 상체 의상은 몸에 딱 달라붙도록 디자인, 현대적인 색채를 강조했다. 상하의 대비를 통한 전통과 현대가 만나는 선미수의 특별한 감각은 컨템포러리 댄스로서의 이 작품의 가치를 더욱 높여주고 있다.

굿판은 흥과 신명, 슬픔과 기쁨이 공존한다. 띄우는 것이 있으면 반드시 풀어주는 것이 있다. 악가무적인 종합예술의 여러 요소들이 오롯이 담겨 있으며, 신과 인간이 교감하는 하나의 장이다. 안애순은 굿판에서 보여지는 한판의 놀이를 무대 위로 끌어냈고 그것은 앞서 언급한대로 새로운 볼거리를 만들어주고 있다.

그러나 안애순이 만든 70분 굿판은 보완할 점도 많다. 무엇보다 한, 두 개의 과장(科場)이 더 필요하다. 반복되는 이미지를 절제해 공연 시간을 줄이든지, 아니면 새로운 이미지들로 변주시킬 소프트웨어들을 보충해야 한다. 남성 무용수를 다른 형태로 비중 있게 활용하는 것과 영상이 아닌 다른 장르와의 접속을 시도하는 것도 한 방안이 될 것이다. 이 같은 작업을 통해 안무자는 풀어줄 때 더 충분히 풀어내지 못한 것과 이미지의 중첩으로 인해 군데군데 집중력이 떨어진 이번 공연의 문제점들을 보완할 수도 있다.

한국의 전통적인 요소들을 안애순 만큼 현대적인 감각으로 세련되게 풀어내는 안무가는 흔치않다. 그런 점에서 최근 들어 라이브 음악과 즉흥적인 움직임, 그리고 놀이적인 요소를 살려내는 안애순의 일련의 작업은 충분히 주목할 만하다.

우리 춤의 다양성을 엿본 무대

우리나라 민속춤의 단아함과 신명, 컨템포러리 댄스가 주는 거침없는 파격, 젊은 안무가들의 다소 거친 구성력과 세월의 연륜이 묻어난 원로들의 넉넉한 춤. 12명 무용가들이 출연, 갈라 공연 형태로 펼쳐진 '우리시대의 무용가 2000' (5월 19일, 21일 토월극장) 공연은 부담 없이 즐길 수 있는, 다양한 먹거리를 고루 갖춘 한 판 춤잔치였다.

장르를 망라한, 연령을 초월한 출연자 선정이 그렇고 그 들이 보여준 춤의 색깔, 그리고 무엇보다 이 공연이 갖는 성격 자체가 그랬다.

6명 무용가들이 출연한 첫 날 공연에서 평자는 막을 연 박경랑의 춤을 유심히 지켜보았다. 부산 지역을 주 무대로 활동하는 그는 서울 무대에서 전통춤 발표회를 가진 적이 있었지만 다른 출연자들과 비교해 공연을 접할 기회가 없었던 만큼 평자의 관심이 쏠릴 수밖에 없었다.

검정색 치마에 노랑 저고리을 입고 춤춘 〈교방춤〉에서 박경랑의 만만치 않은 기교와 뛰어난 음악적인 감수성을 읽을 수 있었다. 팔목 관절의 유연성과 손가락의 미세한 놀림, 그리고 회전 동작에서의 자유스런 호흡 조절 등은 그가 빼어난 춤꾼임을 단번에 알게 했다.

홍승엽의 〈멀리있는 무덤〉은 언제 보아도 맛깔 나는 작품이다. 김영동의 독백과 노래, 김영태의 시가 주는 운율미는 음악 자체로도 사람들의 심성을 자극한다. 여기에 음악 빛깔에 따라 변주시키는 홍승엽의 춤이 곁들여지면서 음악과 춤이 충돌되는 색다른 체험을 갖게 했다.

중견 무용가 배정혜의 춤 〈불의 여행〉 중 '꽃춤'은 분홍색 아래 위 의상 밑으로 보여지는 현란한 발 디딤새 만으로도 볼거리를 주었다. 이번 무대가 갈라 공연의 성격을 띤 데다 그가 빼어난 춤을 소유한 무용가란 점을 고려한다면, 대작 중에서 부분적인 춤을 발췌하기 보다는 배정혜의 온전한 솔로춤을 만날 수 있었다면 더욱 그의 무대가 빛났을 것이다.

첫날 공연 마지막을 장식한 최현의 〈비상〉은 춤과 음악의 녹녹한 결합이 주는 흥취가 특별한 경험을 갖게 한다. 맺고 푸는, 엄격한 것 같으면서도 그 속에 여유가 있는, 고고함이 깃든 품격 높은 춤은 명무로서 최현의 존재를 선명하게 각인시켰다.

첫날 공연에서는 이밖에도 윤미라의 〈목가〉와 서울발레시어터 나인호 윤미애 황정실이 출연한 〈1X1〉(안무/제임스 전)이 재공연 되었다.

둘쨋날 전반부 공연의 백미는 황희연의 〈진도북춤〉이었다. 꽹과리와 태평소가 곁들여진 생 음악 리듬에 실린 그의 〈진도북춤〉은 양손으로 잡은 북채로 직접 북을 가격할 때 생기는 음악적 효과와 공중으로 양 팔을 들었을 때 생겨나는 춤의 태가 소품 없이 추는 다른 민속춤들과는 달리 확연한 차별성을 갖는다.

〈진도북춤〉에서 황희연의 춤은 추임새에 실리면 회오리 바람이 되고 굿거리 장단에서는 미풍이 되었다가 무 음악에서는 순풍, 숨을 멈출 것 같은 적요를 넘나든다. 10분 남짓한 시간 속에 춤과 음악의 절묘한 앙상블이 무지개 빛깔의 춤을 선사해준 순서였다.

　장단을 넘나드는 우리 춤의 매력은 이윤석의 〈덧배기춤〉에서도 그대로 실현된다. 펴진 손가락이 아닌 주먹 쥔 팔의 움직임, 하체를 이용한 선 굵은 동선의 이동, 느린 장단에서의 발 디딤새 등 이윤석의 춤은 마당춤에서 보여줄 수 있는 자유스러움과 함께 거친 듯 하면서도 유연함이 읽혀지는 큰 춤이었다.

　전체 공연의 대미를 장식한 김백봉의 산조 〈청명심수〉는 아주 세련된 맛이 있다. 긴 수건을 들고 움직이는 선과 안개 속 정지된 상태에서의 몸의 태는 예술 작품으로서의 단아함과 함께 유유자적 한 예인이 살아온 인생의 편린을 읽게 했다.

　둘쨋날 공연에서는 첫날 공연과는 달리 초연작들도 여럿 선보였다. 제임스 전은 〈아(我)〉에서 극장의 여러 요소를 다양하게 활용했다. 사각 조명과 양철로 된 세트, 회칠한 분장을 배경으로 자신의 춤을 변주해 간다. 보이스와 몸을 부딪칠 때 나는 자연스런 소리를 효과음으로 사용하는 것도 10분 이상을 자신의 솔로춤으로 끌어가는데서 오는 부담감을 떨쳐버리려는 안무자의 재치이다.

　안은미가 안무하고 이준규가 춤춘 〈빈사의 백조〉와 안은미가 출연한 〈Please, Help me〉는 안무자의 트레이드 마크가 되다시피 한 의외성이 어느 정도 엿보인 무대였다.

　이번 무대는 뒤집어 보면 MCT라는 한 무용 기획사의 출범 5주년을 기념해 그 동안 이 기획사와 인연을 맺었던 무용가들이 마련한 축하무대이기도 했다. 그런 점에서 이번 공연은 전문 기획자의 중요성, 기획 공연의 효율성에 대해 생각하게 해주는 계기가 됐다. MCT의 대표를 맡고 있는 장승헌은 무용 전문 기획자로 그 동안 '우리 시대의 춤꾼, 우리춤 빛깔찾기' '춤의 고을, 고성 사람들' 등을 기획했다.

이들 기획 공연이 당초의 시행 목표를 유지한 채 꾸준히 지속되지 못하고 있는 아쉬움은 있지만, 제작 시스템이 열악한 한국의 공연예술계 현실에서 전문화된 시스템을 만들어 나가는 한 기획자의 노력과 스태프들의 노고는 제대로 평가되어야 한다.

이번 무대에서도 특히 전통춤 계열에서, 각기 다른 색깔의 춤을 간직하고 있는 빼어난 무용수들을 골라내고 레퍼토리를 구성하는 기획자의 역할이 단연 돋보였다. 덧붙여 이번 공연은 무용계에서 공연 기획자의 중요성을 새롭게 인식하는 계기가 될 수도 있다. 대부분의 무용공연 제작 시스템이 아마튜어리즘에서 벗어나지 못하고 있는 현 상황에서 전문 기획자에 의한 제대로 된 제작 시스템 확보는 한국 무용계의 경쟁력을 강화시키는 작업과도 긴밀한 연관성이 있다.

그런 점에서 무용 단체에다 일정한 금액을 나누어주는 지원방식을 30여년 가까이 지속시키고 있는 문예진흥원의 지원정책의 틀은 어느 일부분 전문 기획사들에 의한 프로젝트별 지원 방안 제도를 시행하는 것을 신중하게 검토해볼 필요성이 있다. 이번 공연은 전문 기획자들에 의한 공연 제작이 갖는 효율성과 그 필요성을 함께 부각시켜준 무대였다.

의욕에 못 미친 절반의 성공

재단법인으로 새롭게 출범한 국립발레단이 의욕적으로 선보인 〈로미오와 줄리엣〉(9월 1-3일, 예술의전당 오페라극장)은 고전 발레 레퍼토리에 익숙해 있던 단원들에게는 다소 버거운 도전이었다.

국립발레단의 무용수들은 그동안 〈에떼르니떼〉〈까르미나 브라나〉 등 비교적 긴 작품과 남정호, 제임스 전, 게이코 야가미 등의 안무를 통해 짧은 모던 발레 작품을 접하긴 했었다. 그러나 드라마틱한 스토리 전개와 등장인물들의 분명한 성격 설정이 요구되는 셰익스피어 원작의 〈로미오와 줄리엣〉을 토대로 섬세한 감정표현을 곁들인 자유로운 테크닉의 연속성을 요구하는 장 크리스토퍼 마이오의 새로운 안무를 소화해 내기에는 여러 면에서 역부족이었다.

셰익스피어의 작품은 분명한 캐릭터가 설정되어 있다. 따라서 그 것이 어떤 장르의 예술로 무대화되더라도 충실한 인물묘사가 대단히 중요하다. 〈로미오와 줄리엣〉의 경우도 예외가 아니다. 이 작품은 극의 구조와 개개 인물의 성격적인 표현이 뛰어난 프로코피예프의 음악에 힘 입어 1940년 레오니드 라브로프스키에 의해 발레로 초연 된 이후 그 동안 여러 명의 안무가들이 새로운 작업에 도전했다.

1996년 몬테카를로발레단의 예술감독인 장 크리스토퍼 마이오가 바로 이 프로코피예프의 음악을 토대로 새롭게 안무한 〈로미오와 줄리엣〉 역시 작품을 풀어나가는 핵심은 바로 주인공인 로미오와 줄리엣이다. 마이오는 여기에 캐플릿 부인과 로렌스 신부의 비중을 높여 극을 이끌어 가는 브릿지 역할을 맡겼다. 이들의 움직임 구성에서나 연기의 비중 등에서 안 무가의 의도는 충분히 감지되었다. 또한 이 같은 설정은 다른 안무가와 작업과 차별화 되는 포인트가 됐다.

작품 전편을 통해 우선 눈에 띄는 것은 스피디한 전개와 무대 전체를 흑과 백의 색채 대비로 전개시키고 있는 점이다. 이는 로미오와 줄리엣으로 대비되는, 몬테규 가문과 캐플릿 가문의 대립적인 양상, 삶과 죽음을 상징화시키기 위한 가장 일반적인 패턴이다.

모던 발레의 대부분 작품이 그렇듯 이 작품에서도 지나치게 사실적이거나 거대한 것이 아닌, 아주 간결한 무대세트(무대미술 어니스트 피뇽)는 백색으로 채색되어 다양한 분위기를 연출해 낸다. 전후로, 좌우로 이동되는 이 가변형의 백색 무대 세트는 여러 각도, 여러 색조의 조명과 어우러진다. 때로는 무용수들의 흑색 의상과 대비되면서 출연자들의 심리적인 감정의 변화와 극적 분위기를 설명해 주도록 치밀하게 계산되어 있다.

간결한 무대장치는 많은 수의 무용수들을 출연시키지 않더라도 그들의 움직임이 훨씬 선명하게 무대 위에서 드러나게 하는 효과도 얻고 있다. 또한 이 같은 설정은 이 작품이 지나치게 설명적이지 않음에도 드라마의 전개를 무리 없이 끌어 나간 요인이 됐다.

첫날 공연에서 줄리엣 역을 맡은 김지영과 로미오 역을 맡은 김용걸은 안무자가 요구하는 테크닉을 비교적 무난히 소화해 냈다. 그러나 주인공으로서 무대를 장악하고 작품 전개에 활력을 불어넣을 수 있는 새로운 캐릭터의 창조는 보여주지 못했다.

이는 안무자가 요구하는 테크닉을 무용수 자신의 춤으로 걸러내지 못한 데다 동작에만 쫓겨 주인공의 심리적인 면까지 표출할 수 있는 여유가 없었기 때문이다. 마이오의 줄리엣, 마이오의 로미오에 그쳤지 김지영의 줄리엣, 김용걸의 로미오를 표출하지 못했던 것이다. 그러다 보니 극적 전개상 대단히 긴장된 분위기임에도 그런 긴장감이 무대 위에서 제대로 살아나지 못한 채 제각기 표류하고 말았다.

개플릿 부인 역을 맡은 김주원의 춤과 연기는 극의 전개에 활력을 불어넣었다. 검정색이 주조를 이룬 의상에서 풍겨져 나오는 현대적인 분위기와 편안하게 움직임을 소화해 내는 김주원의 몸이 만들어 내는 선명한 라인은 백색 무대에서 더욱 강하게 빛났다.

로렌스 신부 역을 맡은 이원국의 춤과 연기 역시 자신이 가진 제 역량을 다 보여주지 못했다. 이 작품에서 로렌스 신부는 사실 그리 쉬운 캐릭터가 아니다. 성직자로서 아주 상반된 갈등 속에서 고민하고 이를 조정하고, 풀어나가야 하는 인간적인 고뇌가 요구되는 배역이다. 우리가 이원국에게 기대하는 것은 오랜 무대경험에서 나오는 관록이 붙은 내면적인 연기와 춤이다.

전체적으로는 국립발레단 군무진들의 춤에 가장 아쉬움이 많이 남았다. 마이오의 쉽지 않은 테크닉을 받아들여 그것을 드라마적인 전개로 소화해 내기에는 단원들의 기량이나 앙상블 면에서 모두 문제점을 드러냈다. 그들은 무대 위에서 벌어지는 상황에 대해 그 분위기에 젖어 드는 여유가 부족해 보였다. 그저 안무자가 짜 놓은 동작을 채워나가는데 급해 보였다.

이 같은 움직임을 위한 움직임 만들기에 급급한 무용수들의 동체는 관객들로 하여금 극의 전개에 빠져들게 하기보다는 무용수들의 춤만 그저 바라보게 만들었다. 셰익스피어의 비극이 주는 사람의 감정을 전율시키는, 그런 춤과 느낌은 찾아보기 어려웠다.

안무자 마이오는 주인공들의 캐릭터를 정확하게 표현한 프로코피에프의 섬세한 음악을 안무과정에서 때로는 정공법으로 공략하고 때로는 역으로 이용하고 있었다. 로미오와 줄리엣의 2인무에서는 클래식 발레의 버전과는 다르게 격렬하고 세찬 움직임으로 차별화 된 구성을 보여주기도 하다가 두 사람의 침대 신에서는 아주 서정적인 분위기로 끌고 간 것이 전자에 해당된다면, 캐플릿 가문과 몬테규 가문 사람들의 싸움 장면 등에서는 느린 움직임으로 처리한 것이 후자에 해당된다.

줄리엣과 로미오의 2인무에서 손바닥을 부딪치는 장면이나 스카프와 작은 의자를 활용하는 초반부 솔로춤 구성, 마지막 장면에서 줄리엣이 뒷걸음질로 무덤으로 들어오는 장면은 마이오의 생략과 절제를 통한 안무 감각이 돋보였던 대목이었다. 인형극의 공연 장면을 설정해 이후 전개될 비극적인 결과를 암시한 것 역시 드라마에 복선을 까는 남다른 연출 기법이었다.

'로미오와 줄리엣' 처럼 우리에게 잘 알려진 내용의 작품은 그 만큼 공연하기가 더 부담스럽다. 더구나 이번 작품에서처럼 장 크리스토퍼 마이오의 지극히 단순화시킨 구성과 추기 위한 춤의 나열이 아닌, 현대적인 감각의 안무는 무용수들의 감정이 묻어나는 연기력이 뒷받침되지 못하고 자연스런 움직임이 가세하지 않으면 지루한 작품이 될 가능성이 높다. 국립발레단의 이번 공연은 바로 그 같은 위험성을 그대로 드러내 보였다.

국립발레단 단원들이 전체적으로 이번 공연에서 모던 발레가 주는 자유분방한 매력적인 춤과 '로미오와 줄리엣'이 갖고 있는 극적 재미를 충분히 전해주지의 못한 이유는 그 만큼 안무자의 테크닉을 자유롭게 받아들일 수 있을 만큼 몸 훈련이 안되어 있었던 데 기인한다. 여기에 모던 발레에서 필요로 하는 연기력이나 표현력에서도 부족함을 드러내 보였기 때문이다. 국립발레단의 단원들은 열연했지만 자연스럽게 우러나오는 표현력에서나 춤의 질 면적인 면에서는 분명 어색함이 엿보였다.

코리안심포니오케스트라의 미진한 연주 역시 작품의 완성도를 떨어뜨린 요인이 됐다. 프로코피예프의 음악은 연주가 만만치 않은 어려운 곡이다. 지휘자 최승한은 다른 클래식 발레 작품에서 보여주었던 순발력과 바톤 테크닉을 보여주지 못했으며 연주자들은 곳곳에서 실수를 범하는 등 최선을 다하지 않는 것처럼 보였다.

예술의전당에 새로운 둥지를 튼 국립발레단이 의욕적으로 준비한 〈로미오와 줄리엣〉은 그 의욕에 비해 작품을 무대에 올리기까지 준비 기간이 너무 짧았다. 두 달 전에 트레이너가 오고 한 달 전에 조 안무자가 오고 그리고 마지막 단계에 원 안무자가 와서 전체적인 흐름을 조정해야 하나 원 안무자는 끝까지 공연장에 모습을 나타내지 않았다.

그 동안 모던 발레 작품의 경험이 많지 않고 평소에 현대무용 테크닉 등을 훈련하지 않은 국립발레단 단원들의 상황을 생각했다면 이는 무리한 시도일 수밖에 없었고 기대한 만큼의 작품성을 보여주지 못할 것은 이미 예견된 것이나 다름없다.

그러나 3억 원이 넘는 제작비를 들인 이번 공연은 바로 이런 이유 때문에 전적으로 실패한 공연은 아니다. 국립발레단은 이번 제작을 계기로 국립발레단 단원들의 훈련 프로그램을 전면적으로 재검토해야 한다.

현대 발레는 무용수들에게 어떤 형태의 춤도 출 수 있도록 요구한다. 국립발레단이 영원히 클래식 발레만을 할 것이 아니라면 단원들에게 클래식 발레의 기본 뿐 아니라 안무자가 요구하는 어떠한 형태의 춤도 출 수 있는 다양한 춤 테크닉을 익힐 수 있도록 해야 한다. 여기에 단원들의 연기력과 표현력을 강화시킬 수 있는 별도의 훈련 프로그램도 병행해야 한다.

이번 공연을 통해 국립발레단의 단원들이나 관계자들이 이에 대한 필요성을 인식했다면, 그리고 그 필요성을 실천에 옮길 수만 있다면 3억 원이 넘는 제작비는 오히려 거듭 태어나기 위한 국립발레단에게는 전혀 소모적인 투자가 아니다.

관객과의 약속인 더블 캐스팅에 의한 공연이 이루어지지 못한 과정 역시 국립발레단으로서는 오점을 남겼다. 애당초 이 정도의 준비 기간밖에 없었다면 더블 캐스팅을 고집한 것 자체가 잘못된 판단이었다. 더블 캐스팅 약속이 지켜지지 못한 이유가 알려진 대로 안무자의 허락을 받은 조 안무자의 결정에 의한 것이었고, 한 남성 주역 무용수가 리허설 시간을 지키지 않는 것이 그 이유였다면 그 1차 책임은 단원 관리에 허점을 보인 국립발레단의 관계자가 져야 한다. 이런 일련의 사태 역시 국립발레단이 명실상

부한 프로 단체로 거듭나기 위한 전기로 삼아야 한다.

밖에서 보기에 재단법인 체재로 새로 출발한 국립발레단은 전체적으로 너무 들떠 있어 보인다. 자생력을 키워야한다는 강박관념 때문인지 너무 외형적으로 발레단을 드러내 보이는데 에너지를 소비하고 있는 듯하다.

지나치게 과장된 홍보도 그렇고 외국 발레단의 레퍼토리 유입 속도도 너무 빨라 보인다. 국립발레단에게는 '국립'이란 명칭이 갖는 중압감이 분명히 있을 것이다. 그 명칭 때문에 지나치게 부담감을 느낄 필요는 없지만 그 명칭 덕택에 누리는 혜택도 만만치 않다는 것을 알아야 한다. 단체의 성격을 망각하고 지나치게 개인적인 퍼스낼리티를 내세우는 것은 '국립'의 위상을 떨어뜨릴 수 있다는 것을 알아야한다.

이번 공연에서의 실패를 계기로 국립발레단은 전체적인 발레단 운영과 관련, 무게중심을 내실을 다지는 쪽으로 잡아나가야 할 것이다. 국립발레단의 성공적인 운영은 '작품'이 말해 주는 것이지 관객 수가 많고 적음에, 공연 작품이 외국 안무가의 것이냐 아니냐에 기인하는 것이 아니다.

극장예술에서 협업 작업의 중요성

서울시립무용단 〈밝산〉

　　서울시립무용단 정기공연 작품인 〈밝산〉(11월 10-11일, 평자 12일 관람)은 오랜만에 세종문화회관 대강당에 올려진 대형 춤 작품이었다. 임학선이 서울시립무용단장으로 부임한 후 처음 갖는 창작 무대란 점에서 관심을 모았던 이번 공연은 대형 무대에서의 대형 작품이 갖는 장점과 단점 모두를 한꺼번에 드러내 보였다.

　　이번 공연의 프로덕션에서 돋보이는 것은 대본(박희준)이었다. 대본에 나타난 작품의 뼈대는 학술적 연구를 바탕으로 분명하게 설정되어 있었다. 등장인물 개개의 분명한 성격 표출이 가능하고 많은 볼거리, 그리고 스펙터클한 구성이 가능하도록 되어 있었으며, 현대무용이나 발레로 제작해도 될 정도로 춤 대본으로서의 갖추어야 할 여러 가지 것들을 제대로 수용하고 있었다.

　　작품의 전개는 대체로 대본에 있는 대로 충실하게 따랐으며, 나래이터를 통해 스토리 전개를 암시하는 것으로 막이 오른다.

　　세종화회관 대강당 무대의 높은 공간을 처리하기 위해 연출가는 중간

높이에 삼신을 상징하는 인물을 설정, 작품 중간 중간에 이를 활용함으로써 효과를 보고 있다. 문명을 상징하는 수레바퀴의 등장 장면도 볼거리였다. 수레바퀴가 전후, 좌우로 이동하면서 관객들의 시선을 끌었고, 빠른 템포로만 전개되던 극의 흐름을 조율하는 기능도 했다. 수레바퀴를 단순히 움직이는 세트로만 활용할 것이 아니라 무용수들의 점유 공간으로 설정, 이를 보다 적극적으로 활용하는 시도가 있었더라면 더 많은 볼거리를 만들어냈을 것이다.

스펙터클한 분위기는 조명의 비중에서도 드러났다. 다양한 조명기기를 이용한 여러 각도에서의 빛의 난사는 어느 장면에서는 환상적이고 신비스러운 분위기를 연출했으나 어느 장면에서는 그 자체로 너무 튀어버려 작품의 완성도를 저해하는 요인이 되었다.

춤 구성의 경우 안무자에 의해 다양한 움직임들이 만들어지긴 했으나 어떤 영문인지 무대 위에서 보여지는 춤은 그 춤이 그 춤 같은 유사성이 지나치게 강했다. 무대 위의 무용수들은 바쁘게 많이 움직이는데 실제로 객석에서 보여지는 움직임의 형태는 그다지 특별하게 느껴지지 않았다.

이는 각 장면에서의 출연 무용수들의 수를 비슷하게 구성한 점, 솔로춤 부분에서 각 등장 인물의 캐릭터를 춤을 통해 더욱 확연하게 표출하지 못한 점, 그리고 의상이나 조명 등으로 부터 춤을 선명하게 드러나게 하는 도움을 받지 못한 데서, 또 어느 일면에서는 의상이나 조명이 춤을 더 위축시켜버린 데서 기인한다.

바람, 구름, 번개, 비가 등장하는 장면 구성은 이전 국립무용단의 무용극 공연 등에서 보여지는 그것과 별반 달라 보이지 않았다. 움직임 구성에서나 의상 디자인 등에 있어서 지나치게 사실적으로 묘사하려다 보니 차별화 되지 못했다. 서로 다른 캐릭터가 더욱 분명하게 드러날 수 있도록 하기 위해서는 의상의 디자인에서나 움직임 구성, 무용수들의 등 퇴장 공간이나 등장 후 동선의 처리 등에 있어서 각기 다른 형태를 취할 필요가 있었다. 움직임 구성이나 의상 디자인 등에 있어서 보다 현대적인 감각을 수용하는 것도 한 방안이 될 수 있을 것이다.

많은 장면에서 안무자는 대부분의 군무를 20명이 넘는 무용수들로 구성했다. 그러다 보니 안무자의 노력에도 불구하고 각 장면마다 춤의 차별성이 표출되지 못했다. 무용수들의 라인도 선명하게 드러나지 않았고 통일된 앙상블의 묘미를 발견하기도 쉽지 않았다. 무용수들의 움직임이 중첩됨으로 인해 객석에서는 안무자가 의도한 각기 다른 춤의 맛깔을 제대로 즐길 수가 없었다. 〈승무〉를 군무로 공연할 경우 〈승무〉의 매력 중 하나인 장삼을 공중에서 흩뿌렸을 때 공중에 머무르는 그 순간의 라인과 여지를 즐길 수 없는 것과 같은 맥락에서 아쉬움이 남는다는 말이다.

큰 극장에서 공연할 경우 안무가들이 넓은 무대에 대한 부담감을 출연자들의 숫자로 채우려 하는 것은 잘못된 발상이다. 단 한명의 출연자만으로도 무대를 장악할 수 있다. 비애의 춤 장해숙의 등장은 이전까지의 빠른 템포 일색의, 다소 산만한 전개에 대한 대비적인 효과, 여기에 현악기를 오히려 둔탁한 선율로 처리한 음악(신혜영, 홍동기)의 도움까지 가세해 무대 위에서 그의 움직임은 적어도 초반부까지는 흡인력이 있었다.

치우천왕과 황제헌원과의 전쟁 씬에서 치우 천황의 솔로 춤(김재득)은 주인공으로서 그의 카리스마를 가장 강하게 부각시킬 수 있었고, 전체적으로 춤으로 볼거리를 줄 수 있는 장면임에도 주인공이 무대를 장악하지 못했다. 군무 구성에서도 군집 대형을 이용해 도전에 대한 응전의 대비효과를 살릴 수 있었으나 무대 위에서의 표출은 미약했다. 음악적인 구성에서도 음향의 부풀림으로 인해 도발성을 드러내기보다는 치우천왕과 황제헌란이란 인물의 성격적인 대비를 끌어낸, 서로 상반된 악기편성을 통한 우회적인 표출도 가능했을 것이다.

전체적으로 안무자의 공이 엿보였던 곳은 부적춤 장면이었다. 단오풍습에서 부채를 주고받는 의식을 응용한 무당들의 부적춤은 완급을 조절하는 춤사위 구성에서나 단색으로 각기 색깔을 달리해 입은 무용수들의 의상 등이 그것 자체로 아름다운 풍광을 연출했으며, 음악 역시 놋그릇 등 생활 도구를 이용해 변화를 꾀하고 있었다. 이 부분은 따로 떼어내 소품으로 공연해도 좋을 만큼 구성의 묘미가 빼어났다.

그러나 이 장면은 이 작품 전체의 트레이드마크로서의 효과를 제대로 살려내지 못했다. 조명이 상승적인 효과를 방해했기 때문이다. 무대 위 의상의 빛깔 자체가 지나치게 화려하지 않고 그윽한 아름다움이 있어 그것 자체를 그대로 보여주어도 됨에도 불구하고 형형색색 회전 조명의 요란스러움으로 인해 무대 전체가 마치 나이트 클럽의 광란함으로 변해버렸다. 시각적으로 가장 돋보이는 장면임에도 가장 산만한 장이 되어버리고 만 것이다.

이 작품은 전체적으로 넓고 높은 무대를 충분히 활용해 스펙터컬한 구성을 시도한 점은 돋보였으나 대형 무대에서 1시간이 넘어가는 작품을 만드는 과정에서 생기기 쉬운 위험성을 결국 극복하지 못했다.

조명, 의상, 춤 등이 저마다 의욕을 보였지만 그것이 조화를 이루어 서로 상승효과를 만들어내지 못했다. 오히려 서로 어긋남으로 인해 작품의 완성도에 치명타를 가한 꼴이 되어 버렸다. 따라서 프로덕션의 최대 실패는 극장예술의 중심을 이루는 여러 가지 요소들을 유기적으로 연결시키지 못한 데 있다. 이는 연출가의 책임일 수도 있고 안무가가 책임져야할 내용일 수도 있다. 그러나 그 보다는 이런 통합된 상승효과를 만들어내기 위해 필수적인 충분한 무대 연습 여건을 만들어주지 못한 극장측에 더 많은 책임이 있다.

국립국악무용단〈우륵〉

국립국악원무용단이 가을 시즌 정기공연 무대에 올린 〈우륵〉(11월 2-3일, 국립국악원 예악당, 평자 3일 낮 공연 관람)은 국립국악원무용단의 활동 영역과 작업 성격에 관해 다시 한번 생각하게 한 작품이었다.

'탄금대의 소리 별' 이라는 부제가 말해 주듯 이 작품은 가야금을 이 땅에 뿌리내리게 한 악성(樂聖) 우륵을 소재로 하고 있다. 역사 속의 실존 인물을 내세운 데다 1시간이 넘는 작품 길이로 보았을 때 국립국악원무용단의 창작 작업 시 흔히 보여주었던 스토리텔링 위주의 무용극 스타일을 예상했으나 실제 작품은 그 동안 보아왔던 무용극과는 그 스타일 면에서 다소의 변화를 꾀하고 있었다.

중심인물 위주의 전개 방식을 택하긴 했으나 스토리텔링 위주를 지양하고 주요 장면 엮기를 중심으로 보여주기 식 구성을 택한 것이 우선 눈에 띄었다. 스피디한 장면 전환도 돋보였다. 회전 무대와 이동 무대, 오케스트라 비트 등 무대 메카니즘의 활용이 속도감 있는 전개에 일조를 하고 있었다. 여기에 레이저를 이용한 현란한 조명이 가세하면서 무대 위에 펼쳐지는 장면은 그 옛날 한국 역사 속의 인물을 소재로 한 무용극에서 보여주는 정형화된 형식의 틀을 벗어나고 있었다.

역사 속의 인물이나 역사적인 사실을 소재로 한 창작물의 경우 현재 시점과의 연계성은 작품의 성패를 가늠할 만큼 중요하다. 이 경우 연출가들이나 안무가들의 고민은 도입부와 종결부의 모양새를 어떻게 만들 것인가 하는 점이다. 작품 초반부터 관객들의 시선을 잡느냐 못 잡느냐, 공연 막이 내리기 전에 예술성으로 관객들에게 여운을 남기느냐 마느냐 하는 문제가 모두 이 모양새 만들기에서 결정되기 때문이다.

〈우륵〉의 대본 작가(국민성)는 드라마의 앞뒤에 프롤로그와 에필로그를 통해 현대적인 장면을 설정하고 있다. '가야금을 배우는 찢어진 청바지 차림의 소녀 아미가 거리에서 우연히 악성 우륵의 추모제 포스터를 보고 영생의 상징인 요정의 도움으로 아름다운 나비에 의해 과거 속으로 이끌려간다' 는 것이 그것이다.

그러나 이 같은 설정은 연결 과정에서 자칫 진부해지기 십상이다. 그러나 연출가(문석봉)은 프롤로그에서는 나비를 최대한 이용하고 에필로그에서는 아미의 연주 장면을 강조함으로써 산만한 전개의 위험성에서 벗어나는 재치를 보였다.

프롤로그에 이어 제1장 가야의 탄생에서부터 경사진 회전 무대와 레이저 조명이 빛을 발한다. 가야의 궁궐, 전쟁터, 신라의 궁궐, 탄금대 등으로 이어지는 주요 배경에서의 춤 구성은 의도적으로 볼거리 위주로 구성됐다.

안무자 김영희는 주인공들의 심리적인 묘사를 위한 개개인의 세밀한 움직임보다는 전체적으로 군무 위주의 움직임에 초점을 맞추고 있다.

동물의 탈을 이용한 춤, 장중한 음악에 느린 춤사위 위주의 기하학적인 춤 대형이 돋보인 죽비춤, 툇마루무용단의 현대춤 전공 무용수들이 객원 출연한 전쟁터에서의 초반부 느린 움직임과 후반부 빠른 템포에 맞춘 춤의 대비, 선무도와 두 개의 칼과 봉술 등을 이용한 전통 무예에서 차용한 움직임, 화살춤과 향발무 등이 시각적으로 볼거리를 담아냈다.

전체적으로 연출가의 역할이 돋보였다. 자칫 느슨해지기 쉬운 전개를 속도감 있게 끌고 가면서 출연자들의 등퇴장을 좌,우,앞,뒤 사방으로 적절히 분산시켜 변화를 꾀한 것이라든지 회전 무대에서의 높낮이를 이용한 출연자들의 배치, 과거와 현재를 넘나드는 브릿지 장면에서의 깔끔한 연결 동선 설정 등에서 만만치 않은 연출 감각을 보여주었다.

무용음악 역시 작품의 전개에 적지 않은 보탬이 됐다. 가락의 다양성 면에서는 부족함이 엿보였지만 주 선율 사이사이에 효과음 등을 집어넣어 변화를 주고 있었고 부분적으로 주인공들의 심리 상태를 묘사하는 대목에서도 악기 편성의 변화를 통해 분위기를 전환하는 재치를 보였다.

춤 구성에서의 다채로움은 무엇보다 안무자의 공로이다. 그러나 무용수들에 의해 걸러진 춤의 질에 있어서는 '국립' 단체라는 외형적인 명성이 주는 수준에는 못 미쳤다. 무용수들의 움직임은 작품 전개상의 시대성에서나 작중 장면의 분위기에 충분히 젖어있지 못했다. 동작의 나열에만 머문 듯한 느낌이 강했다. 주역 무용수들 역시 연기적인 면에서 극의 흐름과 무대를 장악하지 못했다. 객원 무용수들의 경우는 그렇다 하더라도 국립국악원 무용수들 모두 '프로 무용수'란 점에서 보면 아쉬움이 클 수밖에 없다. 그들의 움직임은 전체적으로 극의 분위기에 적응하는 순발력이 떨어져 보였고 경직되어 있었다.

이는 작품을 충분히 연구할 수 있는 연습기간의 부족일 수도 있고, 궁중무용에 익숙한 단원들이 여러 스타일의 작품 공연을 자주 접해보지 못한 데서 오는 창작 작업에서의 경험 부족일 수도 있다.

대본 구성과 연출 면에서 우륵과 과거와 현재를 넘나드는 주인공 아미, 거칠부 등 주요 인물들의 캐릭터를 끌어 내 이를 춤과 음악 등으로 연결시켜 완급을 조절하고 음양을 조화시키는 설정이 없었던 점도 부족했던 부분이다. 이는 작품 전체가 외형적으로 드러만 냈지 내적으로 관객들의 마음을 진동시키는 잔잔한 감동으로 이어지지 못한 요인이 됐다.

〈우륵〉은 그 전에 선보였던 국립국악원 무용단의 창작 춤 작업과 비교해 전체적인 작품의 완성도 면에서, 그리고 다양한 무대 메카니즘을 활용한 볼거리 설정 면에서는 분명히 발전된 모습을 보였다. 그러나 이번 공연이 국립국악 무용단의 정기 공연 무대이고 창작 작업이란 점에서 보면 반드시 지적되어야할 것들이 있다.

국립국악원이 전문 연주단을 갖고 있다는 점에서 더구나 이번 작품의 소재가 가야금을 충분히 이용할 수 있었던 작품이란 점에서 악기로서 가야금을 활용하고 이를 돋보이게 할 수 있는 라이브 연주가 함께 충분히 이루어지지 못했다는 것이다. 종반부 6명 가야금 연주자의 무대 위에서의 실제 연주는 규모 면에서나 내용 면에서 작품의 완성도에 그 다지 영향을 미치지 못했다.

국립국악원이 다른 기관과 차별화 될 수 있는 것은 자체 극장을 갖고 있고, 공연장에 전속된 스태프진을 갖고 있고, 적지 않은 수와 만만치 않은 기량의 연주자와 무용수를 갖고 있다는 것이다. 그리고 많든 적든 일정한 액수의 공연 제작비를 확보하고 있다는 것이다. 이런 요소들을 적어도 1년에 두 번 있는 정기공연에서는 충분히 활용할 수 있어야 하고 기획 단계에서부터 이 같은 것들이 서로 직접 만나 어우러질 수 있는 무대가 준비되어야 한다.

직업 예술단체는 공연 수도 중요하지만 특히 '국립' 자가 붙은 국가의 직접적인 재정 지원을 받고 있는 직업 예술단은 무엇보다 공연의 질, 작품의 질이 다른 무엇에 우선해야 한다. 한국의 전통적인 것을 갖고 있다는 것만으로 국제무대에서 그 독자성이 보장된다고 생각하는 것은 크나큰 오산이다. 독창성 외에 그 독창성을 받쳐줄 수 있는 '예술성'이 있어야 비로소 예술상품으로서 가치가 있는 것이다.

국립국악원무용단의 활동 범위에 대한 논란이 제기된 것은 어제오늘의 일이 아니다. 10년 전에 평자는 대한민국 춤 발전을 위한 전체적인 역할 분담의 차원에서 서울을 중심으로 활동하는 대표적인 직업 무용단의 성격 정립에 관한 개편 필요성을 제기했었다. 한국춤 전공의 무용수들을 중심으로 운영되는 국립무용단, 국립국악원무용단, 서울시립무용단, 서울예술단 등의 성격을 보다 분명히 할 필요성이 있다는 것이 그 요지였다.

그런 점에서 국립국악원무용단의 역할은 궁중무용의 발굴과 보존, 그리고 이의 전승이라는 기능, 여기에 전국 곳곳에 산재한 민속춤의 발굴과 이의 무대화 작업으로 요약된다. 그리고 무대화 작업의 범주에서 민속춤의 재현 이외에 생각할 수 있는 것이 우리나라의 전통 악기나 성악(민요나 가곡, 판소리 등), 놀이적인 요소들을 이용해 춤과의 접목을 시도하는 작업일 것이다. 그런 점에서 이번처럼 가야금을 소재로 한 작품의 경우는 어떤 형태로든 가야금의 활용이 더욱 확대됐어야 했다는 것이다.

이 같은 관점에서 보면 국립국악원무용단이 반드시 1시간이 넘어가는 대형 작품을 고집할 필요는 없다. 필요하면 10분 - 30분 내외의 작업을 통해 어떤 경우는 춤이 악기를 빛내주고 어떤 경우는 노래를 빛내주고, 또 어떤 경우는 인간의 소리와 악기의 도움으로 춤이 살아나는, 교향적 예술(symphonic arts)로서의 가치를 추구하는 작업이 되어야 한다.

내년 시즌에는 적어도 정기 공연 무대에서만큼은 국립국악원 전속 단체의 통합된 기획력에 의한 작품을 만날 수 있기를 기대한다.

2

시평

건강하고 정직한 춤 문화를 위해

이즈음 들어 한국 춤계에 나타나고 있는 가장 두드러진 흐름은 한국의 춤 문화를 둘러싼 제반 환경이 무척 다양화되고 있다는 것이다.

- 문화역서울 284, LIG아트홀 합정, 강동아트센터, 성균소극장 등 춤 공연이 열리는 공연장의 확산
- 문화체육관광부의 창작산실과 상주예술단체 지원사업, 한국공연예술센터의 대관지원, 서울문화재단의 커뮤니티 댄스 프로젝트, 홍은창작센터의 레지던시 지원, 한국문화예술위원회의 크라우드 펀딩, 대전문화재단의 젊은 무용가 지원, 예술경영지원센터의 센터스테이지와 컨넥션 프로그램 등 공공 지원기관들에 의한 차별화 된 춤 지원 증가
- 해외에서 활약하고 있거나 활약했던 무용가들을 중심으로 한 국내무대로의 리턴 공연 증가
- 국제현대무용제(Modafe), 서울세계무용축제(SIDance), 서울국제공연예술제(SPAF), 서울국제즉흥춤축제(Simpro) 등 국제 춤 축제에서의 국가간 공동제작 프로그램 증가

- SPAF의 서울댄스콜렉션, SIDance의 Who's Next, 한국현대무용진흥회의 국제안무가페스티벌 등 젊은 안무가들을 위한 프로그램과 국제공연예술프로젝트(ipap)의 Kore-A-Moves와 서울댄스플랫폼(SDP) 등 한국 안무가들의 해외무대 진출을 위한 전략적 프로젝트 등 국제교류 패턴의 다양화
- 커뮤니티 댄스의 확산과 관련 프로그램의 다양화
- 가네사프로덕션, 정아트비전, 유네스코한국무용협회(CID-Unesco), ipap, 디아츠앤 코, LIG문화재단 등 제작기능과 국제교류 네트워킹을 가진 민간 전문 에이전시들에 의한 무용가 지원 확대
- 케이블 TV의 춤경연 프록그램인 〈댄싱 9〉, 무용을 활용한 상업광고 제작 증가 등 대중 매체에 의한 춤 수용 확대 등이 모두 그런 춤 환경의 새로운 변화를 보여주고 있는 사례들이다.

이 같은 변화는 궁극적으로는 국내외에서의 경쟁력을 그만큼 높일 수 있다는 점에서 향후 한국 춤계의 발전에 큰 동력이 될 것으로 기대된다.

이 같은 변화 속에 2014년 새 해를 맞으면서 한국 춤계가 당면한 몇 가지 시급한 사안들을 뽑아 보았다.

- 창작산실 사업의 운영체계 대폭 보완
- 한국공연예술센터(Hanpac)와 춤계와의 연계성 확대
- 대한민국무용예술대상, 서울무용제, 전국무용제 등 춤계 전체를 대상으로 하는 공적 지원금 수혜 시행사업의 효율성 배가
- 280여개에 달하는 전국 문예회관 등 공공 극장에서의 춤 공연(유통) 확대

- 국립무용단, 국립발레단, 국립현대무용단, 서울시립무용단 등 공공 직업무용단 공연의 예술성 확보

- 춤 지원금 심사위원들의 공정성, 책임성 강화

- 예술인복지재단 등 예술관련 기관과 춤계와의 공조 확대

- 대중들을 위한 질 높은 춤 교육 프로그램의 확산

- 공공 지원지관과 민간 전문 기획사, 에이전시(Agency)와의 협력사업 확대

- 댄스하우스 설립, 춤 콘텐츠 개발 등 춤 인프라와 소프트웨어 개발에 대한 지원 확충

- 해외에서 활약 중인 한국 무용수들에 대한 지원 확대

- 춤 저널리즘과 춤 비평의 건강성 회복

- 퇴임하거나 퇴임한 중진, 원로 무용가들의 긍정적 역할 모색

언듯 많아 보이지만, 이는 한국의 춤이 국내 공연예술의 변방이 아닌 중심으로 이동하고, 국내가 아닌 글로벌 춤 시장에서 논의되고, 세계 여러 나라의 작품과 경쟁하기 위해서는 반드시 짚고 넘어 가야할 사안들이다

창작산실 사업은 서울문화재단 등 각 지역 문화재단들의 춤 창작 지원이 소액 다건에 의해 시행되고 있는 현실에서, 유능한 안무가의 지원을 통한 우수한 춤 작품의 확보와 이를 레퍼토리화 시킬 수 있다는 점에서 중요하다. 그동안의 시행착오를 토대로 문제점을 보완하는 작업이 반드시 뒤따라야 한다.

우선은 국립발레단(발레), 국립현대무용단(현대무용), 한국전통예술진흥재단(한국무용)으로 흩어져 있는 시행 주체를 바꾸는 작업이 급선무이다. 한국

문화예술위원회와 같은 공공 지원기관으로 사업의 주체를 이행하고, 그 안에 민간전문가들이 참여하는 사업추진단을 구성해 전문성과 행정적인 지원을 보완하는 것도 하나의 방법일 것이다.

한국공연예술센터는 춤 공연에 적합한 4개의 극장과 연습실을 확보하고 있고, 우수한 무대 스태프들을 보유하고 있다는 점에서 춤 창작에서 가장 중요한 인프라이다. 이사장과 사무국장 등 핵심 경영진들이 새로 선임되고도 수개월이 지난 후에야 대관 공고가 나고, 책임자의 계속된 춤 매체의 인터뷰 요청 회피가 이어지더니, 급기야 11월에는 모일간지에 한국공연예술센터를 둘러싼 파워게임이란 기사가 보도되었다. 얼마 전 발표된 대관료와 스태프를 지원해주는 한팩 기획공연의 선정결과 역시 도대체 어떤 기준에 의해 선별된 것인지 알 수 없을 정도로 불신감을 초래, 향후 한팩의 운영에 대한 춤계의 우려의 목소리가 높다.

아르코예술극장을 춤 중심극장으로 운영한다는 정부(문화관광체육부)의 정책 발표가 있었던 만큼, 한팩은 춤 예술을 중심으로 공연과 교육, 그리고 유통 기능을 더욱 강화해야 할 것이다. 공연기획 팀장, 서울국제공연예술제의 프로듀서 등이 선임되어 있는 만큼 행정적인 업무와 예술적인 업무 등이 직책에 따라 분리되어 그 전문성을 발휘하도록 하고, 무용감독을 선임해 춤 중심극장으로서의 효율적인 운영을 위한 실질적인 전략 등을 수립하고 운용하는 것도 하나의 방안이 될 것이다.

새 해에는 교직이나 공직에서 퇴임하는 또 퇴임한 중진, 원로 무용가들이 개인의 영향력을 키우기 위해 과욕을 보이는 일이 없어졌으면, 일부 춤 매체나 큰 춤 단체의 수장들이 사사로운 이익을 위해 무용가들을 이용하고, 편을 가르고, 지원기관을 힘들게 하는 볼미스러운 모습도 멈추어졌으면 좋겠다.

지원금 심사에 참가하는 심사위원들 역시 개인의 이해관계에 의해 심사위원으로서의 공정성과 책임감을 저버리는 잘못을 되풀이 하지 않기 바란다. 생색내기로 지원금 수혜자들에게 부담감을 주고, 무용가들이 쓸데없는 줄서기를 하지 않도록 눈치 보기를 부추기는 행위도 근절되어야 할것이다. 유망한 무용가들은 여기저기서 부른다고 모두 달려가지 말고, 무대를 두려워하며 진중하게, 단 한편의 작품을 공연하더라도 혼신을 다해 만든 창작의 산물을 보여주길 기대한다.

새해에는 우리 춤계의 모퉁이에 여전히 도사리고 있는 모함과 질투, 대립과 시기가 사라졌으면 좋겠다. 한국 춤계의 발전을 위한 진솔한 생각들이 많이 모아지고 이를 통해 건강한 한국의 춤 문화를 만들어 가는 그런 한해가 되기를 기원한다.

'National' 이란 명칭이 부끄럽지 않으려면

2014년 4월과 5월에 걸쳐 춤 현장에서 캐치한 이슈는 국립무용단의 〈회오리〉와 국립현대무용단의 〈이미아직〉 공연이었다. 무용가들과 춤 비평가들, 춤 공연 기획자, 그리고 춤 마니아들 사이에서 이들 작품과 두 단체는 적지 않은 국고를 지원받는 MODAFE와 대한민국발레축제, 그리고 공공극장으로는 유일하게 춤 축제를 개최하고 있는 강동아트센터의 강동댄스페스티벌에 대한 이런저런 얘기를 뛰어넘는 뜨거운 화제였다.

두 단체의 공연은 MODAFE가 끝난 후 프로그래밍을 포함한 공연의 질이 예전 한국현대무용협회 이사들과 그 식구들의 잔치로 돌아가버린 듯 하다는 우려의 소리, 대한민국발레축제의 프로그래밍이 예년에 비해 진일보했음에도 지역의 단체와 무용인들이 제외되고 서울 발레인들만의 잔치가 되어버렸다는 아쉬움, 강동댄스페스티벌이 세월호 참사로 인해 대폭 프로그램이 축소된 배경의 이면에는 지방자치단체 선거에서의 득표 전략과 맞물려 있다는 의혹의 눈길을 잠재울 만큼 강했다.

논의의 초점은 우선 〈회오리〉와 〈이미아직〉 두 작품이 갖는 예술적인 완성도였다. 〈회오리〉는 국립무용단이 창단 이래 처음으로 외국의 안무가를 초청해 장편을 만들었다는 점에서, 〈이미아직〉은 지난해 새 예술감독으로 부임한 안애순 감독이 처음 만든 새 장편 작품이란 점에서, 이들 공연은 과연 몇점 짜리 인가? 곧 작품의 질에 쏠렸다.

두 작품 모두 엄청난 홍보 물량을 투입했다는 점도 춤계의 관심을 끌었다. 마치 경쟁이라도 하듯 신문과 방송에서 이들 공연을 다루었고, 지면에 인색한 일간지에는 공연 리뷰가 실리기도 했다.

이들 두 작품은 컨템포러리 댄스로서의 성향이 농후했다. 〈회오리〉는 그동안 국립무용단이 보여주던 무용극 스타일이 아닌 유럽의 컨템포러리 댄스 작품들이 보여주는 댄서들의 움직임 조합에 초점을 맞추었으며, 〈이미아직〉은 '전통에 바탕한 동시대 춤'을 표방했다. 두 작품만 놓고 보면 국립무용단과 국립현대무용단이 갖고 있던 고유성, 단체에 대해 갖고 있던 고정관념을 서로 뒤바꾸게 했고, 결국 두 단체를 더욱 비교의 대상으로 부각시켰다. 두 작품에 대한 현장의 목소리를 종합해 보면, 〈회오리〉의 경우 부정적인 시각이 만만치 않으면서도 긍정과 부정이 다소 엇갈리는 반면, 〈이미아직〉에 대해서는 부정적인 반응이 대세였다.

국립무용단은 지난해 안성수를 객원 안무가로 초청해 장편 〈단〉을 만들었고, 6월초에 다시 리바이벌 공연을 무대에 올린다. 안성수는 국립현대무용단 창단 때부터 예술감독으로 물망에 올랐었다. 그러나 그는 국립현대무용단이 아닌, 국립무용단에서 연이어 안무를 하고 있다.

국립무용단의 영문 표기는 National Dance Company of Korea이다. 국립현대무용단은 Korea National Contemporary Dance Company로 사용한다. 'Dance'와 'Contemporary Dance'가 다르다. 국립무용단의

'Dance' 에는 Traditional Dance와 Contemporary Dance 모두를 아우른다는 개념이 포함되어 있을 수 있다.

그러나 이 같은 단체의 영문 표기— Dance 혹은 Contemporary Dance는 사실상 그리 중요하지 않다. 중요한 것은 어쩌면 'National' 이다. 국립무용단이나 국립현대무용단이나 궁극적으로는 'National', 즉 대한민국을 대표해 당당히 세계 춤시장에서 경쟁할 수 있는 단체로, 그에 걸맞는 완성도 높은 작품(상품)을 보유하고 있어야 한다는 것이다. 그리고 공공성의 실현이란 차원에서 이 같은 수준 높은 예술 작품을 많은 국민들과 공유하도록 해야 한다.

나는 국립현대무용단의 창단 때부터 국립무용단과 언젠가 그 작업 방향이 충돌할 것이라고 예견했고 이를 지적했었다. 적지 않은 사람들이 "기우이다. 엄연히 전공이 다른 무용수들인데---"라며 섣불리 동의하지 않았다. 그러나 나의 이같은 예견은 의외로 빨리 수면 위로 도출되었다.

이제는 국립무용단과 국립현대무용단의 정체성에 관해 굳이 이를 구분할 필요는 없다. 그들이 만들어 내는 작품은 결국은 컨템포러리 댄스의 범주로 보면 된다. 프랑스 정부가 안무가 19명에게 국립무용단이란 이름을 사용하도록 한 정책과는 조금은 다른 개념이지만, 결국 한국의 춤계는 이름이 다르다는 점에서는 둘이지만, 컨템포러리 댄스를 지향하는 국립 춤단체란 점에서는 하나인 두 개의 국립무용단을 가진 셈이 되었다.

국립발레단(발레)과 국립국악원무용단(전통무용), 그리고 두 개의 국립무용단(컨템포러리 댄스)이 프로페셔널한 단체로 국가의 지원을 받고, 국립무용단은 50여명 무용수가 상주 단원 체제로, 국립현대무용단은 상주 단원 없이 프로젝트 무용단으로 운영되는 모양새를 갖게 된 셈이다.

국립현대무용단의 안애순 예술감독이 핀란드 안무가 테로 사리넨의 안무 작품 〈회오리〉를 국립극장 대극장에서 주의 깊게 지켜보는 현장에, 국립무용단의 윤성주 예술감독이 안애순이 안무한 〈이미아직〉의 공연을 아르코예술극장 대극장에서 주의 깊게 지켜보는 현장에 공교롭게도 함께 있었던 나는 이들 두 예술감독이 각각의 공연을 보면서 어떤 생각을 했을까 무척 궁금했다.

안호상 국립극장 극장장이 〈회오리〉 공연을 가리켜 "프랑스 샤이오 극장 등 세계 유수의 공연 관계자들이 테로 사리넨과 국립무용단의 작업을 지켜보고 있다" 고 말하는 시점에 국립현대무용단은 샤이오 극장에서의 공연 계획을 발표했다.

'National' 이란 타이틀이 붙어 있는 만큼 이들 두 단체의 해외 무대 진출은 좀더 신중할 필요가 있다. 민간 춤 단체들이 우후죽순 해외 공연을 가는 것과 '국립' 단체의 해외 진출은 그 의미가 다르기 때문이다.

베이징 국립발레단이 코벤트가든에서 일주일 넘게 공연하면서 전회 매진을 기록하고 언론의 호평을 받으면서 세계 주요 공연예술 시장인 런던 무대에 진출한 것, 일본의 가부키가 뉴욕무대에 진출할 때 '뉴욕 타임스'에 전면 광고를 수차례 게재하면서 '국립' 단체 공연을, 문화예술을 통한 국가의 이미지 고양과 연계시킨 사례를 되돌아 볼 필요가 있다.

'국립' 예술단체의 해외 무대 진출은 검증된 작품이 만들어졌을 때, 재공연 등을 통해 레퍼토리로서의 상품성을 확보했을 때, 국제무대에서 확실한 경쟁력을 확보했다는 판단이 들 때 모양새를 갖추어 나가야 한다.

혹여 자신의 임기 중에 어떤 새로운 '성과'를 위해, 준비되지 않은, 무리한 해외무대 진출을 시도한다면 이는 결국 국제무대에서 한국 춤계의 경쟁력을 약화시키는 부메랑으로 되돌아 올 것이다.

오늘날 공연예술 시장에서 'National' 단체가 의미하는 것은 전통성보다는 현대성이 농후하다. 향후 국립무용단과 국립현대무용단 두 단체의 작업은 그것이 한국의 전통적인 것을 베이스로 한 컨템포러리 댄스가 되든 아니면 현대적인 색채의 컨템포러리 댄스가 되든 이제 서로 다름을 주장할 명분이 없어졌다. 두 단체의 위상은 결국은 어떤 단체가 '국립'의 위상에 걸맞은 작품을 만들어 내는가에 달려 있다.

그런 점에서 〈회오리〉와 〈이미아직〉은 그 예술성 면에서 기대에 못미쳤고 초라했다. 국립무용단이 내세우는 '창단 52년 만에 처음 갖는 해외 안무가 초청작업'이란 글귀는 결코 자랑할 만한 것이 아니다. 아주 오래전부터 그런 작업은 이미 시행되었어야 했다.

국립현대무용단 역시 팸플릿에 요란한 글을 넘쳐나게 담아냈지만 정작 무대 위에서 관객들과 만난 작품의 질은 "프로페셔널한 단체가 맞는가?"라는 의문이 들 정도로 빈약했다. 세계 춤시장에서 유통되는 컨템포러리댄스의 작품 수준에 비추어 보면 평균점을 밑돈다.

관객들을 감동시키지 못하는 작품이 계속 되풀이 되면 단체의 존재 가치도 미약해진다. 돈과 시설, 그리고 전문인력을 보유하고 있는 만큼 그 이점을 살려 제작과정에서의 꼼꼼한 프로듀싱과 창작 작업에 올인 할 수 있는, 안무가를 포함한 제작진들의 정신적인 재무장이 절실히 필요한 시점이다.

강수진 단장이 보여준 유연한 리더십

2014년 7월 4–6일 동안 예술의전당 오페라극장에서 국내 초연된 강수진 & 인스부르크발레단의 〈나비부인〉(안무_Enrique Gasa Valga)은 컨템포러리 발레 공연으로는 드물게 전석 매진이란 기록과 함께 공연 후에도 그 관심이 계속 이어졌다. 공연 후 언론에서는 발 빠르게 공연 리뷰 성격의 후속기사를 내보냈다. 평소 무용예술에 매우 인색했던 관례에서 보면 이는 매우 이례적인 것이었다.

물론 2014년 국립발레단의 새로운 수장으로 부임한 강수진이, 무용수로서 출연하는 데다 안무가가 오직 강수진을 위해 만든 발레 작품이고, 그작품이 오페라로 유명한 〈나비부인〉이란 점에서 충분한 뉴스거리가 될 만했다. 기사는 공연 리뷰 성격을 띠긴 했지만 대다수 중요 논점은 작품의완성도와 함께 이 작품이 국립발레단의 내년 정기공연 레퍼토리로서의 적합성 여부에 맞추어져 있었다. 매체마다 다소의 차이는 있었지만 대부분"지나치게 일본 색이 강해 작품의 완성도에 문제가 있으며, 따라서 국립발레단이 공연하기에는 적합하지 않다" 는 것이었다.

2015년 국립발레단의 공연 일정과 레퍼토리가 무엇인지 공식적으로 발표되지 않은 상황에서 일간지의 기사로 마주친 발레 〈나비부인〉의 내년 3월 국립발레단 공연 소식은 당혹스러운 면이 없지 않았다. 후에 확인한 바로는 발레 〈나비부인〉과 관련된 기자회견에서 강수진 예술감독이 〈나비부인〉의 주인공을 국립발레단의 새로운 무용수가 맡아 공연하게 될 것이고 이는 무용수의 발전을 위한 기회가 될 것이다라는 취지의 발언이 있었다는 것이었다.

공연이 끝난 한참 뒤인 7월 23일 국립발레단은 내년도 일정과 공연작품을 공식적으로 발표했다. 배포 자료엔 발레 〈나비부인〉은 빠져있었다. 〈나비부인〉을 공연할 것이라고 했던 3월 정기공연 작품으로는 〈지젤〉이 명기되어 있었다. 이를 발표하면서 언론은 하나같이 새 작품의 라인업 보다 강수진 단장이 〈나비부인〉을 포기하고 〈지젤〉을 선택했다는 것을 헤드라인으로 뽑았다. 그만큼 발레 〈나비부인〉의 국립발레단 공연에 대한 거부감이 강했음을 언론 스스로 인정한 모양새가 되어버렸다.

일본색이 공연작품의 예술적 완성도를 판단하는 잣대가 될 수 있는가?

공연 작품의 예술적인 완성도와 작품성에 대한 평가는 외부적인 요인에 의해 좌지우지 되어서는 안된다.

발레 〈나비부인〉은 인구 11만의 작은 도시 인스부르크에 베이스를 둔, 20여명의 단원들이 활동하고 있는 인스부르크발레단의 공연 작품이고 이 발레단의 예술감독인 안무가가 무용수 강수진을 위해 특별히 안무한 작품이다. 한 무용수를 위해 만든 작품이라고는 하지만, 강수진 이외의 무용수는 결코 춤출 수 없다고 선언한 점도 바로 여타 작품의 제작배경과는 확연히 다르다.

'발레단'이란 명칭이 붙어있지만 유럽에서 'Ballet'는 'Dance'의 개념으로 사용되고 있는 것을 감안하면 정작 이 단체는 클래식 발레가 아닌 컨템포러리 발레를 공연하고, 우리가 흔히 말하는 현대무용 작품도 공연하는 단체이다. 이는 인스부르크발레단이 우리나라의 현대무용 안무가 신창호의 〈No Comment〉와 〈Platform〉을 공연했던 사실에서도 드러난다.

그리고 안무가 엔리케 가사 발가는 2012년 8월 발레 EXPO 때 내한, 아르코예술극장대극장에서 자신이 안무한 〈카르멘〉을 통해 뛰어난 안무력을 보여주었고 인스부르크발레단의 댄서들 역시 만만치 않은 기량을 선보여 예술성 등에서 이미 검증을 받은 단체이다.

작품이 갖는 다양한 양식과 안무가의 자유로운, 독창적인 해석의 여지를 즐기는 컨템포러리 발레의 특성을 감안한다면 일본 색채가 너무 강하다는 이유만으로 작품의 예술성에 문제가 있고, 따라서 국립발레단의 레퍼토리로는 적합하지 않다고 단정하는 것은 오늘날 동시대의 예술을 바라보는 시각에서 보면 지나치게 편협한 사고일 수 있다.

원작이 갖는 예술작품의 배경은 고려하지 않은 채 무조건 일본색이 강하니까 작품에 문제가 있다는 논리는 글로벌 시대를 살아가는, 예술을 통해 삶의 질을 높이고, 다른 나라의 고유한 문화를 존중하는 문화다양성의 시대를 살아가는 오늘날의 우리들에게는 결코 득이 되지 않는다. 예술가들의 자유로운 정신 만큼이나 그 예술을 감상하고 즐기는 관객들의 시각도 성숙되고 유연해져야 한다. 오페라 〈나비부인〉과는 또 다른 해석이고, 시작부터 한 무용수를 염두에 둔 컨셉트로 제작한 유럽 안무가의 작업이란 점을 감안하면 발레 〈나비부인〉은 안무가로서 나름대로의 독창적인 예술성이 스며든 작품이다.

국립발레단의 정기공연 작품으로 발레 〈나비부인〉이 적합하다, 적합하지 않다고 판단하는 것은 다른 잣대가 필요하다. 대한민국과 일본이 갖고 있는 역사적인 문제, 두 나라 국민들이 갖고 있는 민족적인 정서가 작품 선정시 고려될 수 있을 것이다.

한 편의 예술 작품은 초연으로 생명이 끝나는 것이 아니다. 더구나 소품이 아닌 한 시간이 훨씬 넘어가는 작품의 경우는 더욱 그렇다. 재공연을 통해 부족한 점이 보완되고 또한 새로운 것들이 더해지면서 하나의 완성된 '상품'으로 자리잡아 간다. 장대한 오페라와는 다르게 90분 남짓의 컨템포러리 발레 작품으로서 〈나비부인〉은 일본문화에 대한 거부감이 없는 관객들이 본다면 대한민국의 관객들이 보인 반응보다 훨씬 덜 민감할 수 있다.

발레 〈나비부인〉을 대한민국 뿐 아니라 일본과 적대적 관계에 있는 나라에서 공연하기 위해 마음만 먹는다면 안무가는 두 가지 다른 버전으로 무대에 올리는 방안을 생각할지도 모른다.

강수진이 내년 3월 발레 〈나비부인〉을 공연하지 않는 것으로 결정한 것은 단장으로서의 유연한 리더십을 보여준 것이고 그것은 옳은 선택으로 보인다. 예술을 정치적인 논리로 재단하는 것에 대한 반발로 예술감독으로서의 고집을 내세우는 대신 강수진은 국립발레단의 운영을 책임지는 단장으로서 쉽지 않은 결정을 한 셈이다.

예술과 행정 모두를 아우르는 강수진의 이같은 탄력적인 리더십은 국립발레단 수장으로서의 앞으로의 행보에도 긍정적으로 작용할 것이다.

프로페셔널리즘의 재무장이 필요하다

대한민국에 다시 춤의 부흥기가 도래한 것일까? 2014년 9월에 이어 10월에도 춤 공연은 그야말로 봇물 터지듯 넘쳐나고 있다.

서울세계무용축제와 서울국제공연예술제가 올해도 어김없이 같은 시기에 맞불 작전을 펼치고 있고, 여기에 10주년을 맞은 서울아트마켓(PAMS)이 가세했고, 국립발레단·국립현대무용단·국립국악원무용단 등 국립 단체들의 공연이 연이어졌다.

이렇듯 많은 수의 공연만큼이나 춤 현장에서는 탈도 많고, 걱정도 많아 보였다.

발레 대중화에 찬물, 한 유명 스타 무용수의 빈약한 춤

(사)한국발레협회가 주최했던 K Ballet World(8월 22일 - 9월 5일)는 다른 장르에 비해 상대적으로 위축된 발레 안무가들에게 창작의 장을 마련해주는 것과 함께 공연이 중심이 되는 프로그래밍으로 대중과의 소통을 확장시키는데 기여하고 있는 국고 지원 행사이다.

9월 5일 이 행사를 마무리하는 폐막공연을 장식한 〈김주원의 마그리

트와 아르망〉은 평균점 이하의 공연으로 축제의 의미를 퇴색시키는 안타까
운 모습을 연출했다. 출연 무용수들의 앙상블은 차치하고라도, 작품이 갖
고 있는 기본적인 내용이나 성격조차도 제대로 표출하지 못해 엉성한 공연
이 되어버렸고, 이는 결국 대중적인 스타로 자리매김 하고 있는 김주원의
이미지에도 큰 타격을 안겼다.

이름이 잘 알려지고 고정 팬들이 많이 생길수록 스타급 예술가에게는
그만큼 철저한 자기관리와 책임이 뒤 따른다. 쉼 없이 자신을 연마하며 최
선을 다해 무대를 준비하는 철저한 프로정신이 있기에 대중들은 그들을 존
중하고 환호를 보내는 것이다. 행사를 주최한 한국발레협회 역시 적어도 이
날 공연 만큼은 스타 마케팅을 통한 득보다는 오히려 적지 않은 부담을 안
게 되었다.

예술가들에게 무대는 스타로 발돋움하는 디딤돌이 될 수도 있지만, 한
순간 나락으로 추락할 수 있는 무서운 곳이다. 무대 위에서 혼신을 다하는
아름다운 예술가로 다시 무대에서 마주하기를 기대한다.

기본을 무시한 대중화? 국립무용단의 컨템포러리 댄스 작업

안호상 국립극장장 취임 이후 지난 3년여 동안 국립중앙극장의 전속
단체 중 가장 많은 변화를 시도하고 있는 곳은 아마도 국립무용단일 것이
다. 1시간이 훨씬 넘는 정기공연 작품의 안무를 국내외 현대무용 안무가에
게 맡기고, 의상 디자이너에게 안무와 연출을 맡기는 파격적인 시도를 연속
적으로 하고 있기 때문이다.

국립극장은 얼마 전 공연한 〈토너먼트〉에서는 '판타지를 소재로 두 안

무가의 서로 다른 스타일의 춤 대결 형식'을 내세우며 춤에 익숙하지 않은 관객을 위한 '한국춤 입문작'이라고 안내했다. 그러나 이 작품은 공연 후 춤계에 적지 않은 파장을 남겼다.

공연 도중에 실린 한 일간지의 리뷰에는 '명작'이라는 단어까지 등장했다. 그러다 보니 뒤늦게 공연을 챙겨보는 비평가나 무용가들의 숫자도 많아져 국립극장 측에서는 티켓 확보를 위해 곤혹을 치루기도 했다. 그러나 공연을 본 대다수 전문가들의 반응은 냉담했다.

중국의 경극을 새롭게 각색해 유럽에 소개하기도 한 네덜란드의 공연 프리젠터인 에밀 바렌젠(Emiel Barendsen)은 〈토너먼트〉에 대해 "성공하지 못한 실험"이라고 말했다.

국립무용단의 컨템포러리 댄스를 향한 실험은 권장할 만하고 계속 해나가야 하는 것이지만 작품의 셋팅에서부터 한국춤 입문작이란 홍보 문안을 내세우며 지나치게 흥행을 위한 구도로 몰고 가는데 대한 비판의 목소리가 적지 않았다.

발 빠른 호평 일색의 일간지 리뷰와 국립무용단의 프랑스 공연을 과대 홍보하는 것 등을 놓고 공연예술계 일각에서는 국립무용단이 "예술"을 이용한 행정가의 이해관계에 놀아나는 것이 아닌가 하는 우려의 목소리도 제기되었다.

과장된 홍보를 통한 관객 끌어 모으기도 좋지만, 국립 예술단체들의 대중화 작업은 다른 무엇보다 완성도 높은 예술작품을 통해서 이루어져야 한다는 사실을 잊어서는 안 될 것이다.

뜨거운 감자, 국립발레단과 유니버설발레단의 창작발레 작업

한국적 소재의 창작발레 작업은 대한민국에 적을 두고 있는 메이저 발레단에게는 일종의 의무감처럼 다가오는 것이 사실이다. 한국적 소재의 창작발레는 해외시장 진출 시 중요한 무기가 될 수 있다.

외국의 일급 메이저 발레단들이 보유하고 있는 정통 클래식 발레와 유명 안무가들의 컨템포러리 발레 작품과 경쟁하기란 현실적으로 버거운 것이 사실인 상황에서 한국의 발레단만이 공연할 수 있는 단독 레퍼토리의 확보는 그 자체로 훌륭한 상품이 될 수 있기 때문이다. 유니버설발레단이 1986년 초연한 〈심청〉을 오랜 동안 몇 차례의 개작을 거쳐 가장 많은 해외 공연을 갖는 레퍼토리로 활용하고 있는 것이 그 좋은 예이다.

한 달 여 사이에 국립발레단의 〈왕자호동〉(8월29-30일 성남아트센터 오페라하우스)과 유니버설발레단의 〈발레 춘향〉(9월 27-28일 세종문화회관 대극장)이 잇따라 공연되었다. 〈왕자호동〉은 지난해 최태지 예술감독이 재임 시 이미 계약된 공연이었으나 〈발레 춘향〉의 경우는 초연 이후 처음으로 대대적으로 개작을 시도한 공연이었다.

국립발레단의 〈왕자호동〉은 초연 이후 별반 달라지지 않은 상태에서 여전히 많은 문제점을 노출시켰다. 음악에서부터 춤, 그리고 무대미술과 의상에서까지 많은 것을 수정한 유니버설발레단의 〈발레 춘향〉 역시 의욕에 비해 보완해야할 점이 여럿 눈에 띄었다.

〈왕자호동〉은 대본에서부터 연출, 음악 그리고 안무에서 대폭적인 개편이 필요하다. 〈발레 춘향〉 역시 대본에서부터 연출, 음악, 안무, 의상, 무대미술 등에서 대폭 또는 부분적인 보완이 이루어져야 한다.

이들 창작발레 작품은 두 발레단에게는 '뜨거운 감자'이다. 공연을 안 할 수는 없고, 개작을 위해서는 만만치 않은 제작비가 들어가고 무엇보다 제대로 된 개작을 위해서는 일부 제작진의 교체 등 용단을 내려야 하는데 그것이 그리 쉽지 않기 때문이다. 유니버설발레단은 〈심청〉을 개편하면서 작곡가를 바꾸고 여러 명의 연출가를 초빙했다. 국립발레단의 〈왕자호동〉 역시 필요하다면 〈심청〉의 이 같은 전철을 밟을 필요가 있다.

전막 발레 창작은 그리 만만한 작업이 아니다. 가장 기본이 되는 대본과 안무의 중요성은 아무리 강조해도 지나치지 않다. 과감한 개편 작업이 뒤따르지 않고서는 2시간 여에 이르는 스토리텔링을 곁들인 창작발레 작업은 요원하다. 적지 않은 예산의 확보가 수반되어야 하는 만큼 국립발레단으로서는 새 단장의 단안이 필요하며, 유니버설발레단 역시 단계적인 보완 작업에 계속 공을 들여야 할 것이다.

서울세계무용축제(SIDance)와 서울국제공연예술제(SPAF)의 막이 올라가면서 벌써부터 초청 작품들에 대한 수준과 예술성 문제가 심심찮게 거론되고 있다. SIDance의 경우 한국을 넘어 아시아에서도 가장 많이 알려진 축제로 자리 잡으면서 초청 작품의 질에 대한 관객들의 눈높이가 더욱 높아진 듯 보이며, SPAF의 경우 공모를 통해 선정된 작품을 첫 무용공연으로 무대에 올렸으나 기대 이하의 수준을 보여 시작부터 축제의 위상에 타격을 받고 있다.

춤 마니아들이 점점 늘어나면서 무용가들과 기획사, 축제와 극장은 이들의 날카로운 시선으로부터 자유롭지 못하게 되었다. 춤계 각 부문에서의 진정한 프로페셔널리즘의 재무장이 절실히 필요한 시점이다.

국가 이미지 하락시키는
문화예술 국제교류의 허상

암울했다.

박수소리는 작았고 불이 켜지자 객석의 분위기는 싸늘했다. 웃음을 머금은 관객들의 모습은 찾아볼 수 없었다. 로비로 나오면서 2층에서 내려오는 외국의 델리게이트들과 마주쳤다. 모두들 말이 없었고, 표정은 한결 같이 어두웠다. 10월 7일 낮 PAMS(Performing Arts Market in Seoul)의 개막식을 마친 세종문화화관 M시어터의 현장 분위기는 이러했다.

2013 서울아트마켓. 참가자 리스트에 보면 280여명의 외국인들을 포함, 1,200여명의 델리게이트들이 등록한 것으로 되어 있다. 2013 서울아트마켓 추진위원회가 주최하는 이 행사는 지난 9년 동안 한국의 공연예술을 해외 무대로 진출시키고 외국과의 인적 네트워킹을 형성하는데 기여해 오고 있다.

2013년의 경우 10월 11일까지 계속된 이 행사의 개막식은 운용하기에 따라 문화융성을 내건 새 정부의 문화예술정책을 알리고, 세계를 향해 예술담론을 생성시키고, 그리하여 대한민국이 세계 공연예술계의 중심부로 진입할 수 있는 교두보를 만들 수 있는 기회였다.

그러나 이날 개막식은 이 같은 기대는 고사하고, 행사의 실질적인 주최자인 예술경영지원센터의 이사장과 대표, 문화체육관광부 차관의 인사말도 모자랐던지 공공 극장과 예술단체의 장들이 잇따라 등장해 판에 박힌 인사말을 남발하더니 급기야 서울시극단의 실망스러운 무대로 대한민국의 국가 이미지를 실추시켰다. 서울시 극단의 개막 공연은 배우들의 연기나 공연의 양식, 작품을 풀어나가는 아이디어 등 어느 것 하나 내세울 것이 없는 수준이하의 공연이었다.

PAMS를 통해 한국의 공연예술 작품을 자국으로 초청하고 인적 네트워크를 쌓으려 했던 외국의 델리게이트들에게 이날 개막식은 한국의 공연예술에 대한 기대감을 여지없이 무너뜨렸다. 주최측과 자청해서 자신들의 공연물을 올리기를 주장했던 서울시극단은, 불러들여 하는 국제교류에서 정말로 중요한 것이 무엇인지를 놓치고 있었다.

주최측은 시간, 세러머니를 곁들인 행사, 쇼케이스 실연을 위한 악기 세팅 등이 되어진 무대에서의 공연, 그리고 무엇보다 국제 예술행사란 특수한 상황과 성격을 고려한 개막식 프로그램을 셋팅했어야 했다. 굳이 자신들의 작품을 국제행사의 개막식에 공연하길 주장한 공연단체 역시 작품 선정에 보다 신중을 기했어야 했다.

PAMS 기간 내내 개막공연에 대해 수군거리던 외국의 델리게이트들은 그들의 자국으로 돌아가서도 이를 가십거리로 삼을 것이다. 그리고 세계 도처에서 열리는 축제형 마켓의 개막식에 참가할 때마다 PAMS에서의 유쾌하지 못한 기억을 떠올릴 것이다.

무엇보다 억울한 것은 대한민국의 공연예술 수준이 이날 개막식에 올려진 작품보다 절대 떨어지지 않는다는 것이고, 그것을 눈앞에서 보여주지 못한 것이다.

공연예술 축제의 개막행사 망치는 주요 인사들

수년 전 부산국제무용제에 초청된, 유럽 19개 춤 전용극장 대표들로 구성된 EDN(European Dance Network)의 베트람 뮐러 회장은 해운대의 아름다운 바다를 배경으로 치러지는 국제 무용제의 개막 행사가 부산시장을 시작으로 국회의원, 지방의회의원, 조직위원장 순으로 무려 8명의 인사말이 30분 이상 계속되자 급기야 "이 아름다운 바다 휴양지 축제가 성공하려면 우선 저들이 입은 검은 양복과 넥타이부터 벗어던지게 하라" 라고 조언했다.

몇해 전 발틱 3개국에서 치러진 춤 공연을 취재하던 중 라트비아의 교민들이 던진 뼈아픈 한마디도 잊을 수 없다. "차라리 대한민국의 공연단들을 보내지 말아 주세요. 몇주 전 일본의 무용단이 수도인 리가의 오페라 하우스에서 공연했습니다. 그런데 보다시피 우리나라 국립 예술단체는 3류 극장에서 공연했어요. 공연 수준은 비교도 안될 만큼 우리가 훨씬 뛰어났지만, 그 공연을 못 본 대다수의 라트비아 국민들은 최고로 유명한 극장에서 공연한 일본과 한국을 비교, 일본을 훨씬 문화 우위국으로 생각할 것입니다."

준비 없이, 갑작스레 정해지는 행사의 홍보사절단 파견과 같이 졸속으로 결정하는 국립 예술단체의 해외 파견이 대한민국의 국가 이미지를 오히려 격하시키고 있음을 그들은 준엄하게 꾸짖고 있었다.

몇해 전 독일의 한 일간지 1면에 독일 대통령과 일본 총리가 바그너의 오페라를 함께 보고 바이로이트축제가 열리는 극장 앞에서 나란히 포즈를 취한 사진이 커다랗게 실린 것을 본 적이 있다. 두 정상이 만나 외교적인 문제를 장시간 논의했다는 장문의 기사보다 이 한 장의 사진은 독일 국민은 물론이고 유럽의 여러 나라를 향한 일본 문화외교의 승리였다.

문화예술을 통한 국가 이미지의 고양과 이를 통한 국가 경쟁력의 강화는 이제는 선진 여러 나라의 중요한 정책이 되었다. 대한민국 공연예술 분야의 국제교류는 질적인 성장 못지않게 운용에서의 내실을 기하는 탄탄한 정신무장이 필요해 보인다.

정부가 바뀔 때마다 시시각각 변하는 한국의 문화예술 정책은 "문화융성"이란 요란한 구호 이전에 문화예술계 안으로부터의 진솔한 변화, 권위주의를 탈피한 예술인들 스스로의 거듭나기가 선행되어야 비로소 성공할 수 있다.

움직임 자체에 주목,
독일 컨템포러리 댄스의 새 양상

이번에도 예외가 아니었다. 새로운 경향의 컨템포러리 댄스를 주도하는 진원지로서 독일의 위상은 흔들림이 없어 보였다. 작품마다 편차가 있긴 했지만 새롭고 신선한 작업들이 적지 않았다.

2012년 2월 23일부터 26일까지 드레스덴에서 열린 2012 독일 탄츠 플랫폼(Tanz Plattform Deutschland)은 출품작들의 다양성에서나 질적인 면에서, 무용 관계자들의 국제적인 네트워킹을 위한 교류의 장으로서 확실히 자리매김 했다.

"440명의 극장, 축제 감독과 기획자들이 등록을 했고, 기자와 평론가 등 저널리스트들의 수도 88명이나 된다"는 사무국의 발표와 참가자들의 반응, 한껏 고무된 행사 관계자들의 만족스러운 표정은 그들이 기대했던 것 이상의 성과를 얻었음을 충분히 가늠하게 했다.

독일의 탄츠 플랫폼은 2년마다 독일의 여러 도시를 순회하면서 개최된다. 올해는 Hellerau-European Center for the Arts Dresden을 중심으로 드레스덴에 있는 4개의 극장에서 열렸다. 공식 초청 작품은 14개이며 특별

순서로 드레스덴 오페라 발레단의 "윌리엄 포사이드 프레미어" 공연이 포함
되었다.

공연 프로그램 외에도 자신의 안무 작업 과정을 실연을 곁들여 선보이거나, 자국의 무용계나 추진 중인 프로젝트를 소개하는 프레젠테이션도 여러 개 마련되었으며, 참가 아티스트와 기획자, 축제나 극장의 감독 등이 만날 수 있는 리셉션이 매일 두 세개씩 열리곤 했다.

헬라우 예술센터의 공연예술 프로그램 감독이자 이번 플랫폼을 준비하는데 핵심적인 역할을 한 Carmen Mehnert는 "참가 작품 선정은 나를 포함한 4명의 위원들이 했다. 이번에 초청된 작품 뿐 아니라 이전 탄츠 플랫폼에 초청된 작품들도 별도로 관리되고 있다. 어디서든 해당 작품의 초청을 원하면 관련된 정보를 얻을 수 있다" 라며 독일 탄츠 플랫폼이 단순한 1회성 행사가 아닌, 독일 안무가들의 작품을 해외로 진출시키기 위한 마케팅을 염두에 두고 있음을 분명히 밝혔다.

인상적인 작품들과 컨템포러리 댄스의 새로운 경향

이번 드레스덴 탄츠 플랫폼 초청작품을 통해 본 독일 컨템포러리 댄스의 새로운 경향은 독창적인 컨셉트와 무브먼트 조합의 다양성으로 요약된다.

4년 전 하노바에서 열린 2008 독일 탄츠 플랫폼에서 목격되었던 테크놀로지나 크로스오버를 배제한 순수한 움직임 중심, 무용수들의 몸에 대한 집요한 탐구 경향은 올해 초청 작품들에서도 더러 목격되긴 했지만, 그보다는 안무가들의 독창적인 컨셉트 설정을 통한 무용예술의 확장과 무용

수들의 움직임의 질을 담보로 한 작업들이 많아진 것이 여러 작품들에서 발견되었다.

개막 공연 작품은 2월 23일 밤 헬라우 극장에서 열린 Constanza Macras/Dorky Park 컴퍼니의 〈Berlin Elsewhere〉였다. 이 작품은 안무가 콘스탄자 마크라스(Constanza Macras) 특유의 와일드한 움직임의 연속, 무대 위 설치물을 활용한 공간 구성과 퍼포머의 조합이 돋보였다. 중간 중간 다소 산만한 장면 전개의 약점은 댄서들의 능란한 춤이 커버했다.

10명의 출연자 중 가장 돋보인 댄서는 한국인 무용수 김형민이었다. 지난해 9월 서울국제공연예술제 개막 공연 작품인 이 컴퍼니의 〈메갈로 폴리스〉에서 단연 두각을 나타냈던 김형민은 이 작품에서도 열연, 무용수로서 만만치 않은 존재감을 헬라우의 관객들 외에도 400명이 넘는 극장, 축제 관계자와 저널리스트들에게 강하게 각인시켰다.

Antonia Baehr의 〈For Faces〉는 블랙박스 형태의 갤러리에 객석을 타원형으로 배치, 모든 관객들이 무대 가운데를 응시하도록 한 공간 구성과 의자에 앉은 4명의 댄서들이 거의 미동도 하지 않은 채 얼굴 표정의 변화만을 지켜보게 하는 독특한 컨셉트로 주목을 끌었다. 공연 시작후 10분이 훨씬 지나서야 댄서들의 표정변화를 처음 발견할 정도로 별난 이 공연은 시종 긴장감과 흥미로움이 작품의 전편을 지배했다.

느린 속도감, 4명 댄서들의 얼굴 표정의 형태와 그 변화의 타이밍이 절묘하게 계산되어 있는 점, 무대 위 무용수들의 움직이는 지체에 의한 구성에 익숙해진 춤 관객들에게 인간 신체의 한 부위인 얼굴 표정의 변화까지도 몸의 움직임으로 해석한 안무가의 독창적인 컨셉트와 이를 풀어내는 아이디어는 신선한 충격이었다.

　Malou Airaudo가 안무한 〈Irjendwo〉는 박스 형태의 블록과 힙합 등 대중무용과 순수무용을 결합한 작품이다. 힙합이나 브레이크 댄스 등을 순수무용과 접목시키는 작업은 이제 유럽에서는 더 이상 새로울 것이 없지만, 3명의 여성 무용수들에 의해 추어지는 팔의 움직임을 활용한 춤은 작품의 성격을 바꿀 정도로 인상적이었다.

　이 작품은 이들 세 명 무용수의 긴밀한 움직임을 통해 만들어지는 곡선적인 조형성과 움직이는 무대세트가 만들어내는 직선적인 조형성의 시각적 조합, 순수무용과 대중무용의 각기 다른 움직임을 혼합시킨 구성으로 관람의 재미를 더해주었다. 유연한 움직임으로 관객들의 시선을 잡아끄는 세 명 무용수 중에는 한국인 무용수 이진도 포함되어 있다.

　윌리엄 포사이드가 안무한 〈N.N.N.N〉은 20분 동안 쉼 없이 움직이는 4명 남성 무용수들의 움직임의 질이 절로 탄성을 자아내게 했다. 윌리엄 포사이드가 안무한 이 작품은 움직임과 움직임 사이의 연결 동작과 그 동작의 변이를 이끌어내는 절묘한 타이밍과 댄서들의 빼어난 움직임이 압권이었다. 인간의 몸을 매개로 하는 무용예술이 다른 예술장르보다 왜 차별성이 있는가를 여실히 보여주었으며, 안무가로서 윌리엄 포사이드가 왜 위대한가를 각인시켜준 작품이었다.

　14개의 공식 초청 작품 중 유일하게 드레스덴의 중심가에 있는 샤우스필하우스에서 공연된 샤샤 발츠 (Sasha Waltz)의 〈Metamorphoses〉는 음악과 무용을 접목한 작업이었다. 안무가는 샤우스필 하우스의 발코니 객석을 포함한 통로 곳곳에 연주자를 배치, 공연 전부터 라이브 연주를 하도록 했다.

안무가는 4개의 소품을 통해 현악기 중심, 타악기 중심 등으로 악기 군을 다르게 편성하고 무용수들의 즉흥적인 몸짓에 의한 조합을 시도했으나 전반적으로 공연의 완성도는 기대에 못 미쳤다.

반면에 특별 순서로 마련된 드렌스덴 오페라 발레단의 윌리엄 포사이드 프레미어 공연은 안무가로서 포사이드의 존재감을 확인시켜준 출중한 무대였다. 공연 타이틀만 보아서는 안무가 포사이드가 드레스덴 발레단을 위해 처음 안무한 작품이 올라가는 것으로 기대했으나 모두 그의 구작들이었고, 한 개 작품(Neue Suite) 만이 처음으로 이 극장 무대에 오르는 것이었다.

포사이드는 뛰어난 음악 해석력을 토대로 30여 명의 군무진들을 활용한 큰 스케일의 작품(Artifact Suite)과 남녀 무용수 다섯 커플의 2인무와 1개의 트리오를 엮은 작품(Neue Suite), 무대장치와 음악, 무용수들의 강렬한 움직임을 전면에 내세운 작품(Enemy in the Figure) 등 서로 다른 맛깔의 춤으로 컨템포러리 발레가 갖는 특별한 앙상블을 선사했다.

어두운 조명과 여러 차례 극장의 메인 막을 올렸다 내렸다 하며 장면 전환을 시도하고, 시종 같은 템포로 연주되는 피아노의 강렬한 포르테에 춤을 접목시킨 〈Artifact Suite〉에서는 유독 키가 큰 두 명의 여성 댄서가 눈에 띄었다. 큰 키와 팔을 이용한 그들의 춤은 오페라 발레 극장의 넓은 무대에서 빛을 발했고, 두명 댄서 중 한명은 한국인 이상은이었다.

국제교류를 위한 네트워킹의 장

이번 드레스덴 탄츠 플랫폼에서 나는 독일 전역과 인근의 여러 나라의 안무가와 컴퍼니 매니저, 극장과 축제의 감독, 그리고 비평가와 기자들을 만날 수 있었다. 그들과 일일이 짧은 인사를 나누기에도 4일 동안의 시간은 절대적으로 부족했다.

자국의 무용 단체와 안무가를 세계 여러 나라에 알리고 이를 통해 해외 무대 진출을 확대하려는 시도는 전 세계적으로 점점 더 늘어나고 있다. 마켓(Market)이나 플랫폼(Platform), 프린지(Fringe)란 이름을 내건 이 같은 성격의 행사들은 숫적인 증가 뿐 아니라 이를 조직하고 운영하는 면에서도 점점 더 전략화 되고 있다.

미국의 뉴욕에서 열리는 APAP이나 독일의 뒤셀도르프에서 열리는 탄츠 메세 등과 같이 수 백개의 부스와 많은 쇼케이스 공연 등이 마련되는 대형 마켓과 달리 댄스 플랫폼은 국가별 또는 지역별로 묶여진다는 점에서 차별성이 있다.

2월에 런던에서 열린 영국의 댄스 플랫폼, 6월에 폴란드에서 열리는 댄스 플랫폼이 자국의 무용을 집중 소개하는 장이라면, 7월의 바로셀로나에서 열리는 Come and See, 12월 핀란드 헬싱키에서 열리는 노딕 탄츠 플랫폼은 각각 스페인 북부 권역과 북유럽의 국가의 무용단체와 안무가를 집중적으로 소개하는 장이다. 2월에 요코하마에서 열리는 요코하만 댄스 콜렉션 역시 문호는 모든 나라에 개방되어 있지만 일본 안무가들의 작품이 주축이 되고 있다.

이번 드레스덴 탄츠 플랫폼에서 중국은 2시간에 걸쳐 자국의 안무가 6명의 작업을 소개하는 프레젠테이션을 가졌다. 아프리카의 춤을 소개하고 이들과의 네트워킹을 위해 시도한 'Dance Dialogues Africa', 그리고 한국의 컨템포러리댄스 안무가 8명의 작업을 2013년 유럽에 집중 소개하는 'Kore-A-Moves' 프레젠테이션도 특히 관심을 모았다.

독일의 Tanzhaus nrw와 한국의 국제공연예술프로젝트(iPAP) 주최로 2월 25일 열린 독일의 Kore-A-Moves(KAM) 프레젠테이션에는 30여명의 무용극장 및 축제 관계자, 기획사 대표들이 참석했다. 이들은 2013년 2월부터 한 달여 동안 북유럽을 중심으로 펼쳐지는 한국 안무가들의 2차 유럽 진출 프로젝트에 큰 관심을 표명했다.

적지 않은 수의 일본 춤비평가들과 공연 기획자들이 새로운 경향의 공연을 목격하고 있었고, 중국의 대규모 프레젠테이션에 한국의 전략적 국제교류 프로젝트 설명회까지 드레스덴 탄츠 플랫폼은 아시아 3국의 국제교류를 위한 적극적인 의지가 가시적으로 드러난 장이기도 했다.

여기에 세 명 한국인 무용수들의 뛰어난 활약상을 목격하면서, 해외에서 활동하는 우리나라 무용수들의 위상에 대해서도 다시 한번 인식하는 계기가 되었다.

이즈음 들어 국제교류에서 네트워킹의 중요성이 날로 높아지고 있다. 레지던시, 공동제작 등 점점 더 많아지고 있는 국제교류의 새로운 양상 역시 네트워킹과 밀접한 관계가 있다. 예전의 일대일 교류에서 벗어난, 성격이 유사한 집단과의 통합적인 교류의 확대는 사람들이 많이 모이는 국제행사에 대한 관심을 더욱 증폭시키는 요인이 되고 있다.

국내외 다양한 유형의 춤 소개

　서울의 대표적인 공연장 중 하나인 호암아트홀이 2011년말 문을 닫았다. 호암아트홀은 새로 출범한 종합편성 TV 방송국의 스튜디오로 변신했다. 처음 TBC방송국의 스튜디오에서 공연장으로 탈바꿈했다 다시 방송국 시설로 제자리를 찾아간 셈이다. 춤 공연이 타 장르에 비해 많진 않았지만, 기억에 남는 공연도 적지 않다.

　극장은 아티스트, 무대기술 스태프, 그리고 관객들에게 소중한 공간이다. 평론을 업으로 하는 비평가들에게도 극장은 새로운 창작 공연들을 만나는 보고(寶庫)나 다름없다. 그곳에서 본 작품이 좋으면 좋을수록, 만났던 예술가들이 특출 나면 특출 날수록 공연의 여운도 길고 오래 남는다.

　무용가들에게 호암아트홀은 서울 도심에 있는, 중극장 규모의 공연장이란 점이 가장 매력적이었다. 단발성의 대관 공연이 거의 대부분이었고, 연중 10회 내외의 그리 많지 않은 무용 작품을 만날 수 있었지만, 돌이켜 보면 기억에 남는 공연도 적지 않았다.

　1985년 개관 공연 무대에 오른 홍신자와 래핑스톤 무용단은 당시 뉴욕을 중심으로 유행하던 전위무용의 한 유형을 보여주었다. 2002년 7월에 있었던 일본의 산카이 주쿠 무용단, 2003년 10월에 있었던 프랑스의 마기 마랭 무용단의 공연도 인상적이었다. 해외 무대에서 일본을 대표하는 무용단체인 산카이 주쿠 무용단은 당시 창무 국제예술제에 초청되어 투명한 유리병을 오브제로 한 강렬한 비주얼의 무대와 특유의 느림과 여백을 살린 작품으로 관객들의 시선을 잡아끌었다.

2003년 7월에 있었던 〈한국을 빛내는 해외무용스타 초청공연〉에 초대된 해외 한국인 무용수들의 무대도 인상적이었다. 당시 파리오페라발레단의 유일한 동양인 단원이었던 김용걸이 보여준 모리스 베자르의 작품 〈Arepo〉는 짧지만 강렬했다. 세계 최고의 발레단 역사를 가진 파리오페라발레단의 무용수로 우뚝 선 김용걸은 지금은 한국예술종합학교무용원의 교수이자 간간히 국립발레단의 게스트무용수로 또 안무가로 변신해 국내에서 맹활약 중이다.

그런가하면 당시 영 스타로 무대에 섰던 서희는 미국 아메리칸발레씨어터(ABT)의 솔리스트로 간간이 주역을 맡기도 하는 등 해외 무대에서 활발하게 활동하고 있다.

호암아트홀은 2002년 재개관을 계기로 창무국제술제, SIDance(서울세계무용축제), 그리고 국립발레단의 상설 프로그램이 연계되면서 무용 공연이 더욱 늘어났다. 특히 SIDance 는 2002년 이후 올해까지 매해 이곳에서 열리면서 호암아트홀은 국내외의 다양한 춤들이 소개되는 장으로 거듭났다.

2002년부터 2005년까지 이어진 국립발레단의 '해설이 있는 발레 공연' 시리즈는 발레 관객들을 호암아트홀로 불러오는 기폭제가 되었다. 2003년에는 〈지젤〉〈백조의호수〉〈해적〉 등의 작품 일부가, 2004년에는의 마리우스

프티파, 조지 발란신, 유리 그리가로비치 등 유명 발레 안무가들의 작품이 잇따라 공연되었다.

2005년에는 국립발레단과 함께 〈무용평론가 장광열이 풀어주는 현대 발레〉란 제목으로 이틀 동안 내가 직접 해설을 맡아 다양한 유형의 컨템포러리 발레 작품을 소개하기도 했다. 이틀 동안 진행된 공연 때 어린이부터 장년층에 이르기까지, 발레 문외한에서 전공인에 이르기까지 다양한 층의 관객들이 몰려와 어디에 맞추어 해설을 진행해야 할지 무척 고민했던 기억이 생생하다.

2008년에 내한한 에곤 마젠-에릭 고띠에의 발레공연 〈돈큐〉는 독특한 형식의 1인 발레 공연으로 치밀한 컨셉트와 아이디어, 그리고 안무가이자 무용수인 에릭 고띠에의 뛰어난 순발력이 결합된 작품을 선보여 그해 내한한 해외 공연단 중 기억할 만한 무대로 남아 있다. 에릭 고띠에는 지금 슈투트가르트를 기점으로 안무가로 활발한 공연을 펼치고 있다.

호암아트홀은 2010년부터 안애순무용단과 상주단체 계약을 맺고 작품 창작을 위한 공간으로서의 역할을 더욱 확대했다. 올해 10월 서울세계무용축제 기간 중에는 힙합의 진화에서부터 해외 무용단, 우리춤 빛깔찾기 공연 등 대중무용과 순수무용의 접합에서부터 국내외 컨템포러리 댄스까지 다양한 장르의 춤들이 소개되었다.

그러나 이 공연장은 종편 방송이 시작되면서 텔레비전 방송국의 스튜디오로 변신했다. 가뜩이나 도심 속에 중극장 규모의 쓸만한 공연장이 부족한 현실에서 호암아트홀이 공연예술인들로부터 멀어진 것은 안타까운 일이 아닐 수 없다.

춤 저널리즘과 크리티시즘,
모두에게 유익한가?

2012년 가을의 문턱에서, 비평가 이순열의 글을 찬찬히 다시 보게 된 것은 예기치 않은 기쁨이었다.

문학 미술 음악 등 예술 전반을 아우르는, 선생 특유의 감각도 감각이지만, 한국의 춤 사회를 바라보는 열린 시각, 비평의 본질을 간파하는 시선은 정확하고 날카로웠다. 그것은 나에게 비평, 비평가의 역할이 얼마나 중요한가를 새삼 인식하는 계기가 되었다. 창작가와 비평가와의 관계, 좋은 평문이 갖추어야 할 요건, 비평적 글쓰기 등등---.

선생이 남긴 글들을 메모하면서 내내 머리 속을 떠나지 않았던 것은, 시급히 달라져야 할 우리나라 춤 비평 전반의 어두운 현실이었다.

1999년, 두 개의 춤 잡지가 새롭게 태동해 4개의 춤 전문지를 갖게 되었을 때 한국의 춤계에는 춤 비평 지면의 확대, 춤 비평을 기고하는 인적 자원의 증가, 그리고 이를 통한 춤 비평 작업의 활성화에 대한 기대가 분명히 있었다.

그러나 새로운 춤 전문지의 창간은 발행횟수가 거듭되면서 그것이 가져오는 역기능에 대한 우려- 비평의 질 저하, 자격 미달의 비평가 양산, 편집권의 남용, 저널리즘의 사유화, 지나친 상업주의가 현실로 나타났다. 이같은 신생 전문지의 편향된 편집 방향은 기존 춤 전문지에도 나쁜 영향을 미쳐, 이즈음 이들 한국의 춤 관련 매체들의 실상을 보면 안타깝기 그지없다.

대부분의 춤 전문지는 저널리즘의 기본 정신을 잊은, 집단 이기주의가 앞서면서, 공적 기능이 약해지고, 특정 평론가 집단을 고의적으로 배제한 비평 지면의 운영으로 저널리즘 스스로 비평작업에 대한 불신을 조장하는 모습을 보여주고 있기 때문이다.

이즈음 한국의 무용계에는 인터넷 웹진 등의 창간으로 춤 지면이 확대되고 더러 신진 평론가들의 가세가 이루어지긴 했으나, 지면이 늘어난 데 따른 과도한 글쓰기 등을 포함한 비평의 질적인 문제와 매체 간 경쟁으로 인한 비평가 남발, 발행인과 편집자의 편향된 방향에 의한 비평가에 대한 월권 행위 등 춤 비평 작업에 대한 우려와 경계의 목소리가 만만치 않다.

자원 낭비로까지 비쳐지는 무분별한 공연 화보의 남발, 변화되지 않는 천편일률적인 기사 구성과 레이아웃, 빈약한 정보, 무엇보다 질 낮은 기사와 평문 등등--, 기존 춤 전문 매체의 지면 구성은 국내외로 엄청나게 신장하고 있는, 이즈음 한국 춤계의 다양성을 수용하기에는 턱없이 부족해 보인다.

한국 무용계의 미래에 큰 영향을 끼칠 만한 중요한 사안에 대해 제대로 된 분석이나 여론 수렴 없이 매체의 이해관계에 따라, 편집인 한 사람의 시선에 따라 그것이 마치 무용계 전체의 여론인 것처럼, 거짓이 진실로 둔갑하기도 한다.

'무용평론가'란 직함을 달고 활동하던 비평가들의 수는 1990년대에는 10명을 조금 넘었다. 2000년대에는 20여 명 정도였으나 최근 2,3년 사이에 이름도 생소한 인물들이 인쇄 매체와 인터넷 매체에서 '무용평론가'란 단어를 들이밀고 있고 그 수도 빠르게 증가하고 있다. 그러나 이들 중에서 제대로 된 통찰력을 갖고, 실제로 현장에서 춤 공연을 보고, 지속적으로 비평 작업을 하고 있는 비평가들의 수는 손으로 꼽을 정도이다.

일간지 등 신문 문화면의 춤 공연 리뷰에 대한 인색 현상은 여전히 계속 되고 있다. 고정적인 비평 난이 운용되고 있는 신문은 없고, 이따금 있는 춤 공연 리뷰는 거의 담당 기자들의 글로 채워지고 있다.

기자들에 의한 글쓰기 작업은 공연 작품에 대한 다각적인 분석을 토대로 한 비평 행위라기보다는 공연의 스케치 정도에 머무는 경우가 대부분이며, 작품에 대한 자문을 받을 경우에도 특정 분야의 인사들에 치중, 객관적인 평가가 이루어지지 않고 있는 사례도 자주 목격된다.

한국의 춤 비평문화, 건강한가?

이밖에도 춤 비평과 관련된 문제점은 평문의 객관성 결여, 비평가들의 도덕성 문제, 특정 장르에 대한 비평 부재, 지역 춤 평론가들의 부족 등이다. 이중에서 춤 비평가들의 자질과 도덕성, 평문의 객관성 문제는 비평이 기록 작업의 기능을 담당한다는 점에서 보면 결코 간과해서는 안 될 중요한 사안이다.

비평가 이순열은 "무용과 비평의 기능"이란 글에서 이렇게 쓰고 있다.

"벤저민 디즈레일리(Benjamin Disraeli)가 비평가에 대해 말했던 것처럼 '문학이나 예술에 실패한 무리들'(Those who have failed in literature and art)이 득실거리는 난민수용소라면, 그리고 그 난민수용소에서 화려한 외계를 선망하면서 욕구불만을 털어놓고 있는 낙오자라면, 그리고 이따금 그 화려한 무대에서 던져주는 뇌물이라는 이름의 빵부스러기를 굶주린 아귀처럼 게걸스럽게 탐식하는 기생충이라면 그런 비평가는 없어져서 마땅할 것이다.

비평이란 예술의 대열에서 낙오한 패잔병이 은거하면서 예술행위나 공연에 대해서 게릴라 전술로 뒤통수를 치고 헐뜯는 악담이어서는 물론 안 된다. 비평 또한 창조 작업이어야 하며, 그렇게 될 때만 비평의 기능은 살아날 것이다. 가끔 비평이 공연과 영합하여, 동원된 박수부대의 역을 감수하고 신나게 박수를 쳐대는 경우를 우리는 목격한다.

어느 나라에서도 어느 시대에서도 공연자는 자신이 동원한 박수부대에 대해서 욕설을 퍼부었다는 예는 없다. 그러나 그런 행위야말로 자신의 예술에 대한 더없이 치욕적인 모독이 될 것이다. 정당한 판단과 정당한 평가야말로 공연자나 비평가가 다 같이 생명으로 삼아야 할 소중한 비평의 기능일 것이다.

누구나 칭찬을 받고 싶어 한다는 것은 지극히 자연스러운 일이며, 자신이 공들이고 땀 흘려 마련한 무대에 대해서 좋지 않은 평이 나왔을 때 기분이 좋을 수 있는 사람은 없을 것이다. 그러나 예술은 자선사업가가 북을 울리면서 거금을 희사하고 여기 저기 플래시가 터지는 가운데 포즈를 취하면서 흐뭇해 할 수 있는 그런 보상을 받는 행위는 아니다. 모처럼 공들여 우물을 파고도 수맥(水脈)이 없는 곳에서 땀을 흘렸기 때문에 목마른 관객에게 물 한 모금 마시게 해주지 않는 공연이 많다. 그럴 경우에도 관객은 버미사이드(vermicide)처럼 포식한 체 해야 된다고 우길 수는 없다. 관객이 허기에 시달리건 네 목이 마르건 비평가는 버미사이드의 시늉을 하는 얼빠진 시녀가 되어서도 안 된다."

우리나라 춤 전문지의 발행인은 공교롭게도 대부분 무용가들과 춤비평가들이다. 그리 크지 않은 춤 시장에서, 잡지의 발행과 운영의 대부분을 광고에 의지할 수밖에 없다. 광고 수입이 결국은 잡지 운영의 가장 큰 버팀목인 셈이다. 그러나 문제는 그 광고란 것이 여성지 등 다른 잡지 매체와는 달리 기업 등에서 얻어지는 것이 아니리 대부분이 개인 무용가들이나 무용단체의 공연 광고로 채워지고 있다는 점이다. 바로 이 과정에서 춤 저널리즘이나 크리티시즘도 그 건강성을 위협당할 수밖에 없다.

한국의 춤 전문지가 바로 무용가들이 선사(?) 혹은 기부(?)하는 30만원, 50만원, 100만원 짜리 광고에 의존하는 과정에서 생기는 상거래의 이해관계는, 50점 짜리 작품이 90점으로 바뀌고, 졸속 공연이 우수 공연으로, 빈약한 안무가 최고의 안무로 둔갑하기도 한다. 자주 광고를 게재하는 춤 단체의 공연에는 한 명도 모자라 두, 세명의 전속 비평가들의 평문이 가세하기도 한다.

어느 듯 무용가와 비평가의 관계는 창작자와 비평가와의 관계가 아니라 광고주와 사업주의 관계가 된다. 춤 전문지가 거느린 비평가들, 특정한 매체에 종속된 비평가들은 사업주의 눈치를 보게 되고, 평균점 미달의 공연을 평균점 이상으로, 때론 아주 화제가 된 공연도, 무용사적으로 어떤 의미가 있는 공연도 때론 침묵으로 일관한다.

　나이든 비평가들이나 이제 막 비평을 시작한 젊은 비평가들이나 저널리즘의 보이지 않는 황포에 휘둘리게 되는 것이다. 주례사에 가까운 비평, 칭찬 일색의 비평, 본문의 내용과는 다른 제목 붙이기 등이 모두 저널리즘이 크리티시즘을 지배하는, 그런 잘못된 폐해가 만들어낸 결과물들이다.

　그렇다. 춤 저널리즘과 춤 크리티시즘, 춤 매체의 오너와 무용가와의 불건전한 상관관계는 작금의 우리 무용계가 안고 있는 가장 큰 병폐이다.

　저널리즘은 속성상 여론을 주도하고, 감시하는 기능을 갖는다. 신문이나 잡지 등 활자 매체를 이용한 출판 저널리즘 역시 예외가 아니다. 따라서 그런 기능 수행을 위해 저널리즘은 비평과는 뗄래야 뗄 수 없는 상관성을 갖는다. 전통적으로 저널리즘과 비평 작업은 서로 의존관계이면서 때로 극도로 대립되기도 한다. 그러나 한국의 춤 전문지로 그 범위를 한정했을 때 한국의 춤 저널리즘과 크리티시즘은 '대립' 관계보다는 '밀월' 관계가 더욱 강하다.

　일부 매체의 편집진에서는 비평가들에게 특정 무용가들의 작품에 대한 호의적인 평을 부탁 혹은 요구하고, 일부 비평가들은 그런 요구 또는 강요를 선불리 묵살할 수 없는 상황에 맞닥뜨리기도 한다.

　반면에, 비평가들에게 무한정 지면을 오픈하고 있는 매체의 경우 비평가들 스스로 그 것을 잘못 인식하는 사례도 목격하게 된다. 편집자의 입장에서 보면, 평문의 질이 떨어지거나, 글의 내용이 잘못된 논지를 펼치고 있거나, 평자 스스로 너무 흥분해 개인적인 편견이 지나치게 앞서는 경우가 이에 해당한다.

내용의 변질까지 가져오면서 필자의 원고를 마구 난도질하는 것도 문제이지만 게재지를 마치 자신의 발표지인 양 착각하는 필자의 태도에도 문제가 없는 것은 아니다. 비평가는 다수의 독자층에 막대한 영향을 끼칠 수 있다는 매체의 특성을 항시 염두에 두어야 한다.

앞서 언급한데로 춤 관련 매체가 증가하면서 무용·예술과 관련된 글을 기고하는 사람들의 수도 늘어나고 있다. 평문을 게재하는 필자들의 경우 작품에 대한 다른 시각이나 그것을 평하는 방법적인 면에서, 물론 다양한 패턴을 시도할 수 있다. 그러나 그것이 평문이 아닌 이른바 시평 형태의 글이나, 정책적인 내용들을 제안하는 것이라면 평자의 잘못된 판단과 활자 매체를 통한 그 내용의 기술은 엄청난 폐해를 가져올 수 있다.

한 편의 공연을 보고 그 작품에 대해서만 기술하는 공연 리뷰와는 달리 시평 형태의 글은 무용계 전체의 흐름을 제대로 조망할 줄 아는 능력을 필요로 한다. 짧은 시간 동안, 무용계 안을 들여다 본 단편적인 인상만으로 무용계 전체의 흐름을 판단하는 것은 위험하다.

시평 형태의 글을 쓰는 사람에게는 시의 적절한 주제를 고르고, 그것에 대해 진단하고 문제점을 해결할 수 있는 방안을 제시하는 안목을 필요로 한다. 만약 그 내용이 한 나라의 문화 정책을 좌우할 수 있는 것이라면 글 쓰는 사람에게는 그에 상응하는 책임이 뒤따른다.

잘못된 판단력으로 왜곡된 글을 쓰는 것은 차라리 글을 안 쓰는 것만

못하다. 비평가들에 의한 글쓰기 작업과 정책적인 자문에 참여하는 것은 그만큼 신중해야 한다는 말이다.

　　새로운 세기를 맞은 한국의 무용계는 무엇보다 총체적으로 양보다 질적인 면에서의 변화가 절실히 요구된다. 여기에는 공연에서부터 교육을 포함한 제반 여건의 변화는 물론이고, 세계 무대에서 한국 무용계의 위상을 높이는 작업까지도 포함된다. 이 같은 여러 가지 사안에 대해 고민하고, 그에 대한 해결점을 찾고 이를 실천적으로 수행해 나갈 주체자 중에는 저널리즘과 크리티시즘도 포함된다.

　　춤 전문지가 저널리즘 고유의 책무를 소홀히 하고 크리티시즘을 구색 맞추기의 하나로 인식하는 것을 견제하는 것 못지않게, 잘못된 크리티시즘에 대한 저널리즘의 견제 기능도 강화되어야 한다.

　　글을 쓰는 사람에게나 그 글을 갖고 잡지를 만들어야 하는 편집자에게나 그 지면이 소중하기는 마찬가지이다. 이제 한국의 춤 저널리즘과 춤 크리티시즘은, 창작가와 비평가는 은밀한 밀월관계에서 벗어나 상호 견제의 수위를 더욱 높여야 한다.　건강한 저널리즘과 크리티시즘의 회복이야말로 한국 춤 문화의 경쟁력을 좌우할 만한 파괴력이 있고, 그래서 그 만큼 중요하기 때문이다.

　　이제, 한국의 춤 비평은 어디로 가야하나? 비평가 이순열이 쓴 글에서 우린 그 해답을 찾을 수 있다.

　　"창조자나 공연자에게 자기 비평의 능력이 요구되는 것과 마찬가지로,

비평 또한 창조력이 요구되는 또 하나의 창조 작업이라는 엄연한 장르로 존재하고 있다는 사실, 비평과 공연 사이의 관계는 맹목적인 대립이거나 야합이어서는 안 되며 궁극적으로는 항상 청중을 위해서 존재한다는 것을 잊지 말아야 할 것이다." (무용과 비평의 기능 중에서)

Modafe 30년, 이후의 향방

서울국제현대무용제(Modafe)가 30주년을 맞았다. Modafe 30주년을 기념한 2011 서울국제현대무용제는 5월 19일 Chunk Move의 공연을 시작으로 5월 29일까지 아르코예술극장을 중심으로 펼쳐졌다.

Modafe는 한국의 춤계에서 중요한 국제 무용축제로 자리매김 했다. Modafe의 모태가 된 '한국 현대무용협회 향연' (1982년 5월 21-25일 문예회관)에서부터 '국제 현대무용제' 란 타이틀로 개최되기 시작하던 2001년까지 이 행사는 한국현대무용협회 소속 단체의 결속력 강화, 현대무용 공연 양식의 다양화에 기여했다.

2002년 21회 서울국제현대무용제 때부터 축제 명칭을 'Modafe' 로 사용하기 시작한 이후 이 행사는 한국의 현대무용이 중심이 되는 축제로 브랜드화 되면서, 앞선 두 가지 순기능 외에 국내외 무용계에 국제교류의 중요한 채널로 조금씩 그 위상을 강화하고 있다.

그러나 30년이 된 Modafe는 향후 달라지고 있는 국내외 춤 환경을 반영, 내연과 외연 모두에서 확장을 전제로, 새롭게 정비할 필요가 있다.

하나는, 축제의 성격을 아시아 컨템포러리 댄스 플랫폼으로 전환하는 것이며, 다른 하나는 한국 무용계의 경쟁력 강화를 위한 국내외 유관 기관과의 연계를 확대하는 것이다. 이를 위해 Modafe는 다음의 몇 가지를 새로운 세팅 작업을 위한 현안으로 적극 검토할 필요가 있다.

첫째, Modafe는 '현대무용' 의 개념을 'Modern' 에서 'Contemporary' 로 더 확장할 필요가 있다. 프로그램 기획과정에서 한국 무용계에서 행해지고 있는 '동시대의 춤' 을 모두 대상으로 해야 하며, 이들 공연물들의 축제 프로그램 수용 범위 또한 확대해야 한다.

둘째, Modafe는 질 높은 작품의 산실이 되어야 한다. 오랜 전통에 양질의 작품이 탄생하는 베이스 기능이 더해진다면 축제의 권위는 배가될 수 있다. 한국의 무용계가 공연의 홍수에 처한 상황에서, 국제적인 춤 축제가 계속해 생겨나는 상황에서 Modafe의 차별성이 부각되기 위해서는 한국을 대표할 만한 작품들이, 내한 공연 중에서 최고의 작품들이 관객과 소통해야 한다.

셋째, Modafe는 국내외 컨템포러리 댄스의 유통의 장(Platform)이 되어야 한다. 이를 위해서는 다양한 상품과 함께 양질의 상품 확보가 가장 중요하다. 국내 각 공연장과 축제 프로그래머들에게, 그리고 외국의 축제 및 극장 관계자들에게 Modafe는 하나의 마켓이 되고 큰 에이전시로서의 역할을 수행할 수 있어야 한다. Modafe가 국제무대에서 위상을 강화하기 위해서는 국내 작품 뿐 아니라 아시아 컨템포러리 작품의 유통지로서의 역할을 더할 필요가 있다. 아시아가 더해지면 국내 춤 상품의 해외 진출과 교류도 덩달아 확충될 것이다.

넷째, Modafe는 컴퍼니와 아티스트를 위한 관리운용 체제를 필요로 한다. Modafe가 발굴한, Modafe를 통해 성장한 컴퍼니와 아티스트들을 지속적으로 지원해 주는 시스템이 그것이다. 이는 Modafe의 대외적인 이미지 고양을 위해서도, 전략적 국제 교류를 통한 프로그램의 생산성 배가를 위해서도 필요하다.

다섯째, Modafe는 국제적인 춤 네트워킹의 새로운 거점이 되어야 한다. 곧 Modafe는 21세기 국가와 기업의 화두로 제시되고 있는 '글로컬라이제이션'을 염두에 둘 필요가 있다. 곧 세계화(Globalization)와 현지화(Localization)의 동행(同行)이다. 세계와 한국이 섞이되 고르게 섞여야 경쟁력이 있다는 말이다. Modafe는 세계 춤 관계자들이 만나고 소통할 수 있는 교두보, 또는 세계 여러 나라의 춤 작품들이 뒤섞일 수 있는 생산기지로서의 역할을 수행할 수 있어야 한다.

여섯째, Modafe는 축제관련 정책 및 지원기관과의 연계를 대폭 강화해야 한다. Modafe는 일정한 예산과 인력을 확보하고 정례적으로 크고 작은 국제교류 업무를 시행하고 있는 공공 기관과 연계해 프로그램의 다양화에서부터 예산 확충까지 예상되는 현안들을 안정적으로 해결할 수 있도록 해야 한다. 문화체육관광부, 한국국제교류재단, 예술경영지원센터, 한국문화예술위원회, 광주아시아문화중심도시, 지역의 문화재단, 주한외국문화원 등이 그 대상이 될 수 있을 것이다.

이제 우리나라 무용계의 국제교류는 양보다는 질이 중시되고, 그 추진 방향도 단기적, 산발적이던 데서 벗어나 더 다양하게, 구체적이고 또 전략적으로 추진되어야 한다. 이 과정에서 대한한국 내에서 치러지는 국제적인 무용 축제의 역할은 더욱 중요해질 수밖에 없다.

　　Modafe는 더 이상 현대무용 장르만의 축제로 머물러서는 안 된다. 한국 무용계 전반의 힘을 상승시킬 수 있는 새로운 장으로서, 향후 보다 더 큰 역할을 수행할 수 있어야 한다.

서울시무용단, 어디로 가고 있나

서울시무용단이 의욕적으로 선보인 창작품 〈백조의 호수〉(5월 28-29일 세종문화회관대극장)는 기대에 훨씬 못미쳤다. 서울특별시가 운영하는 공공 예술극장(세종문화회관)에 소속된 직업무용단(시립무용단)이란 단체의 성격에서 보자면, 서양의 고전 명작을 새롭게 해석한 작품 제작은 일반 대중들의 관심을 끌만한 시도란 점에서 긍정적으로 평가할 만하다.

그러나 제작과정과 무대에 올려진 공연의 완성도를 보았을 때 이번 작품은 사무국 스태프와 일정한 숫자의 훈련된 전문 무용수들이 포진된, 전속 극장과 기술 스태프들을 확보하고 있는, 더구나 동일한 예술감독이 3년 넘게 단원들과 호흡을 맞추고 있는, 오랜 전통의 공공 직업무용단의 제작물이라고는 상상할 수 없을 정도로 허술했다.

명작발레 〈백조의 호수〉는 결코 만만한 작품이 아니다. 명품에는 그만한 이유가 있다. 서울시무용단이 원작으로 삼은 발레 〈백조의 호수〉는 음악과 정교하게 맞물린 춤, 현실과 환상을 넘나드는 장면설정, 그리고 극적 반전과 드라마가 있는 이야기 구조, 출연자들의 분명한 캐릭터 설정이 치밀하게 맞물려 있는 작품이다. 이 같은 명작을 토대로 한 재구성 작업은 대본이나 안무, 연출의 방향에서부터 작품의 강점들이 치밀하게 구축된, 분명한 제작 컨셉트가 설정되어야 한다. 그러나 서울시무용단의 〈백조의 호수〉(안무 임이조)는 허술한 대본, 드라마를 살려내지 못한 연출, 그리고 춤 어휘의 빈곤 등으로 인한 안무력의 부재로 인해 한국 무용계에서 공연되고 있는 최근 창작 작품들의 평균점에도 못 미치는 무대를 만들어냈다.

고전발레 〈백조의 호수〉의 음악을 그대로 사용하는 것을 전제로 했다면 인물설정이나 이야기의 전개구도, 그리고 작품을 풀어내는 방식 등에 있어서 새로운 틀이 적용되었어야 했다. 애매한 시대적 배경이나 고전발레 〈백조의 호수〉에 등장하는 유사한 인물, 유명한 장면들을 조금 비튼 구성으로는 한계에 부딪힐 수밖에 없다.

서울시무용단의 〈백조의 호수〉는 극적인 구조를 갖고 있는 작품임에도 불구하고 관객들은 작품의 흐름에 자연스럽게 동참하지 못했다. 음악과 춤의 부조화, 주인공들의 개성적인 캐릭터 창출 실패도 한 요인이다.

이번 공연은 서울시무용단이 갖고 있는 총제적인 문제점- 방향성 부재, 단원들의 기량 부족, 안무에서의 문제점, 기획 운영 능력의 부재 등-을 그대로 드러내 보였다. 문제는 서울시무용단창작 작업의 예술적 완성도 미진이 비단 이번뿐만이 아니라 최근 4,5년 동안 계속 이어지고 있다는 것이다. 이번 공연은 이 같은 문제점이 더 이상 방치되어서는 안 된다는 것을 분명하고 확실하게 보여주었다.

서울시무용단은 이제부터라도 이 같은 문제점이 어디에서부터 연유되었는지 확실하게 진단해야 한다. 우선 그동안의 공연이 기획에서부터 제작과정에 이르기까지 치밀한 준비가 동반되어 이루어졌는지, 스태프진 구성 등에는 문제점이 없었는지 심각하게 되돌아 볼 필요가 있다.

예술감독의 역할에 대해서도 점검해볼 필요가 있다. 현 예술감독은 전통무용 부문에서 명인의 반열에 오르내리는 무용수이다. 그가 극장예술에서 필요로 하는 여러 가지 제작 시스템을 조율하고, 90분이 넘는 대형 창작 작업을 컨트롤 할 수 있는 연출 감각, 작품의 소재에 따라 다양한 춤 어휘를 생성할 수 있는 안무력을 갖추고 있는 지 되돌아 볼 필요가 있다.

서울시무용단은 그동안 작품 제작에 객원 안무가들을 초빙하긴 했으나 그들을 부분적인 장면의 수혈에만 활용했다. 예술감독이 작품 전체를 하나의 흐름으로 조율하는 역할을 제대로 수행했는지, 그러한 작업들이 실제적으로 예술적인 완성도와 연계되었는지를 점검해 볼 필요가 있다는 말이다. 오히려 현 예술감독 부임 이후 서울시무용단은 전통무용 공연에서 예전보다 훨씬 더 정갈하고 완성도 높은 작업을 보여주고 있다는 것은 우리에게 많은 것을 시사해 준다. 서울시무용단의 적지 않은 무용수들이 현대적인 감각의 움직임을 소화해낼 만한 능력을 제대로 갖추지 못하고 있는 점, 공연 때마다 많은 수의 객원 무용수들을 쓰게 되고 이 과정에서 기존 단원들은 그들이 춤출 수 있는 장면만 출연하게 됨으로써, 스스로 한계를 노출시키는 안타까움이 되풀이되고 있는점도 그냥 지나쳐서는 안 될 일이다.

〈백조의 호수〉에서의 상징적인 장면 중 하나는 24마리의 백조가 만들어내는 앙상블이다. 이번 작품에서 그나마 볼만했던 것은 이 장면을 염두에 두고 만든 군무였고 여기에 출연한 무용수들 대부분은 외부에서 선발한 객원 무용수들이 었다. 이들의 움직임 구성은 현대적인 감각이 다분히 가미되어 있었다. 결국 체격적인 면에서나 현대적인 움직임을 소화해내는 능력 등에서 기존의 일부 서울시무용단 무용수들이 가진 한계를 스스로 드러낸 셈이 되어버렸다. 주역급 캐릭터 무용수의 경우도 외부에서 객원으로 초청하였으나, 정작 서울시무용단의 주역급 무용수는 캐스팅에서 제외되고, 오히려 무용과는 관계없는 제작 스태프로 참여한 것도 이 같은 문제점을 보여주는 사례이다.

한국의 춤 환경은 많이 변화했다. 상주예술단체 지원제도, 극장을 통한 간접지원 등 민간 전문무용단의 자생력이 강화되었고, 국가간 대등한 국제교류 역시 이들을 중심으로 활발하게 이루어지고 있다. 서울시무용단이 연륜만을 믿고 내실보다는 홍보 등 외형적인 것에만 치중한, 외화내빈의 허술한 창작 공연을 반복한다면 그 존립 자체가 흔들릴 수 있다. 서울시무용단은 강도 높은 오디션을 통한 단원들의 재정비, 단장과 예술감독의 역할 분담, 기획에서 제작까지 철저한 사전 준비, 그리고 매너리즘에 빠진 총제적인 운영시스템의 개혁 등 당면한 현안들을 가능한 빨리 해결해야 한다.

이즈음 들어 적지 않은 예산 증액과 늘어난 공연 횟수로 인해 언론에 노출되는 빈도는 늘어 났으나 정작 중요한 작품의 완성도에서는 문제점을 보여주고 있는 국립발레단이나 최근 몇 년간 신작 공연에서 '국립' 단체에 걸맞지 않는 빈약한 작품 수준으로 실망감을 안겨주고 있는 국립무용단 등 메이저 공공 직업무용단들의 부진은 결코 간과해서는 안 될 일이다. 이로 인한 문제의 심각성에 대해 침묵하고 있는 비평가들과 춤 저널리즘 역시 한국 춤계가 당면한 '총체적인 매너리즘' 에 대한 지적으로부터 자유롭지 못하다.

누구를 위한 지원정책인가

–한국문화예술위원회 • 서울문화재단의 지원행정

이즈음 공연예술계 현장의 화제는 단연 지원금에 관한 것이다. 해마다 이 맘 때가 되면 공공 지원금의 심의결과가 발표되고 그에 따라 돈을 받는 단체와 받지 못하는 단체가 정해진다. 특히 올해는 한국문화예술위원회 2 기 위원회가 본격 가동된 데다 지난 3년 동안 문화예술위원회가 담당하던 공연예술집중육성단체 지원사업과 예술표현활동지원영역이 지역 문화재단 (서울의 경우 서울문화재단)으로 처음 이관되었다.

최대 지원기관인 한국문화예술위원회와 서울문화재단의 지원금 심의 결과가 발표된 지금, 예술가들은 이들 지원기관의 행정미숙과 일부 직원들 의 매너리즘에 대해 강한 우려를 표명하고 있다. 특히 무용계는 심의위원 선임과 선정 결과, 지원금 배분 등에서의 극심한 편향성으로 인해 마치 벌 집을 쑤셔놓은 듯 소란스럽다.

한국문화예술위원회와 서울문화재단은 지원금 공고 및 심의, 그리고 최 종 발표에 이르는 과정에서 제기된 문제점에 대한 현장의 소리에 귀 기울여 야 한다. 대표자에서부터 담당자까지 공공기금의 운용과 집행에 대해 막중한 책임을 통감해야 한다.

첫째, 신청에서 발표까지 공표된 일정을 준수하라

올해 한국문화예술위원회는 12월 30일 발표하기로 했던 심의결과를 해를 넘겨 1월10일에야 발표했다. 서울문화재단은 3건의 지원사업 결과를 모두 예정보다 늦게 발표했다. 공공기금을 집행하면서 약속된 일정을 지키지 않는 것은 예사 일이 아니다. 서울문화재단에서 시행한 무대제작지원사업의 경우 5~6명을 한자리에 모아 한꺼번에 인터뷰 심의를 하는 웃지 못할 광경도 벌어졌다. 입사 면접시험도 아니고, 예술가와 예술공연의 특성을 고려하지 않은, 시간절약을 위해 행해진, 행정편의주의적 발상이 아닐 수 없다.

둘째, 심의과정에서 규정된 원칙을 지켜라

올해 한국문화예술위원회 공간지원 부문에 선정된 한 단체는 "연간 8개월 이상 운영하는 극장으로 해당 분야에 120일 이상 대관 혹은 자체 기획공연을 하여야 함" 이란 심사규정을 위반한 단체들이 모두 지원단체로 선정되었다며 한국문화예술위원회에 이의를 제기했다.

지난해 무용전용 공간으로 지원받은 P극장은 1년 중 45일을, T극장은 25일만 무용공연에 사용했음에도 가장 많은 지원금(4천만원)을 받은 것으로 드러났다. 이같은 규정은 지원신청서 접수 때부터 사무처의 행정 담당자에 의해 점검이 되었어야 하고 심의 전 심의위원들에게 충분히 설명이 되었어야 했다. 2차 인터뷰심의까지 진행하면서 이런 규정들이 확인되지 않고 자격미달의 단체를 선정 발표했다는 것은 사무처 직원이나 심의위원들 모두에게 불행한 일이 아닐 수 없다.

셋째, 심의위원 선정에서 균형감을 유지하라

무용계에서 제기되는 편파적인 심의위원 선정 논란은 충분히 설득력이 있어 보인다. 12월말부터 2월초까지 발표된 한국문화예술위원회와 서울문화재단의 4개 지원사업 심사에 중복으로 참여한 3명의 심의위원 모두가 특정 단체의 부이사장과 이사들이란 점, 서울문화재단에서 시행한 시민축제 지원사업의 심사에 유독 무용 관계자만 배제된 점, 100건이 넘게 접수된 무용전담부문의 심사에 특정 공연장 관계자가 심의위원으로 선임된 점 등이 그것이다.   또한 한국문화예술위원회에 위해 선임된 7명의 심의위원 중 5명 이상이 문화예술위원회 무용소위원과 같은 단체에 소속한 이사이거나 직계 제자, 논문지도를 받고 있는 교수로 구성되어 있다는 지적은 친분관계에 의한 편중된 선임이라는 의혹을 불러일으킬 만하다.

전통무용 부문은 별도로 전통예술분야에서 따로 심의하는데도 불구하고 궁중무용을 전공한 교수를 무용창작 부문의 심의위원으로 선임한 것 역시 행정의 비전문성을 보여주는 사례이다.

넷째, 비효율적인 운영은 과감하게 개선하라

2009년 1월에 시행하는 국제교류 사업에 대한 지원여부가 2009년 1월에 들어서야 이루어지고, 특화된 사업으로 매년 지원금을 받던 국제 축제가 갑자기 지원에서 탈락되어 이미 약속된 외국단체의 내한을 취소하는 등 국제적인 망신을 초래하는 사례 역시 국제교류의 특성을 반영하지 못한 지원사업의 운용 때문이다.

서울문화재단의 경우 100건 내외의 지원서류를 검토한 심의 총평이 200자 원고지 2매의 분량도 되지 않고 1개 단체에 7천만원을 지원한 사업의 경우는 최종 선정에 관한 심사평은 아예 없고, 1차 심사평은 원고지 1매 분량도 채 되지 않았다. 무사안일한 예술행정과 심의위원에 의한 무책임한 심의 관행이 우리 예술계에 얼마나 만연되었는지 가늠할 수 있는 사례이다.

누구를 위한 문화정책인가

올해 한국문화예술위원회의 심의위원은 사무처에서 5배수를 추천했고 이를 토대로 위원들이 선정했다. 각 장르별 소위원회가 없어진 상황에서 위원들에 의한 선정은 전문성을 고려했을 때 해당 장르 1인 위원의 입김이 강하게 작용할 수밖에 없다. 수십억의 공공 기금이 한 사람에 의해 좌지우지될 수 있다는 말이다. 공정한 심사를 위해서는 심의위원들끼리도 서로 견제가 필요하듯 지원정책의 효율성을 높이기 위해서는 행정부처와 의결기관사이의 견제 기능 역시 중요하다.

공연예술집중육성단체에 선정된 전국의 34개 예술단체가 한국문화예술위원회와 지역문화재단, 그리고 문화체육관광부 사이의 미숙한 행정처리로 인해 계약된 극장대관과 해외 공연을 취소하는 등 무더기로 표류하고 있다. 이것이 간접지원, 집중지원, 사후지원을 표방한 현 정부 문화정책의 한 단면이다.

건강한 춤 비평문화 정착을 위해

- 3년의 임기 기간 동안 주력하고픈 일은 무엇인가?

우선, 건강한 춤 비평문화를 정착시키는데 힘을 보태고 싶다. '건강한 비평' 이란 객관성과 균형감을 유지하면서 질적으로도 우수하고 다양한 시각을 엿볼 수 있는 비평작업을 말한다. 그러기 위해서는 비평작업을 위한 여건 개선이 선행되어야 한다. 편집자들의 건강한 마인드와 원고료의 현실화 등도 여기에 포함될 것이다. 비평가들의 저술작업 지원, 신진 비평가들을 양성하기 위한 프로그램도 염두에 두고 있다. 현장 비평활동을 하는 인물을 대상으로 새 회원을 영입하고자 하는 회원들의 의사도 존중할 것이다.

- 비평가의 입장에서 현재의 춤 비평계를 진단한다면?

어느 젊은 무용인의 논문에서 보니 현재 춤평론가로 거론한 인물이 39명이었다. 그들 모두를 춤평론가로 지칭한 것에 무리가 있지만, 실제 고정적으로 비평작업을 하는 사람들은 그 절반에도 미치지 못한다. 춤 평론계가 양적으로 늘어나는 것이 꼭 나쁘지는 않지만 새로운 춤평론가들의 등단 경로가 체계적이지 못하고 무질서하다는 지적은 설득력이 있다.

춤 평문이 실리는 매체가 거의 춤 전문지로 국한되어 있는 점, 이들 전문지의 발행인들 대부분이 무용가들과 춤 평론가들이란 점도 비평의 다양성을 저해하는 요인이 되기도 한다. 대학 무용과의 파워가 강하고 여러 성격의 춤 단체들이 유독 많은 한국적 상황에서 평론가들과 무용가들이 한 단체에 소속해 있거나 스승과 제자 관계가 형성되고 있는 것도 비평의 객관성을 떨어뜨리는 요인이 되고 있다.

분석적이고 아카데믹한 평문, 춤계의 전체 흐름을 통합 분석하는 시평 형태의 글은 거의 없는 대신, 리뷰 위주의 짧고 가벼운 터치의 평문이 거의 대부분을 차지하고 있는 점도 개선이 필요해 보인다.

- 젊은 비평가를 키우고 비평계 현실을 개선하기 위해서 구체적으로 어떠한 방안이 있을까?

비평 워크숍을 실시한다든지, 대학원 과정에 비평 전공을 개설하고 멘토 시스템을 통해 그들을 교육하는 방법이 있을 것이다. 현재 한국문화예술위원회에 극작 비평 연수과정이 개설되어 있고 서울국제공연예술제에서 축제 초청 대상 작품의 춤 평문을 공모하기도 한다. 이런 제도를 널리 알릴 필요가 있고 단발적으로 시행하는 춤 비평워크숍이나 포럼도 보다 그 프로그램을 다양화할 필요가 있다.

전문 비평가를 꿈꾸는 이들을 위한 중간 과정으로 그들의 평문을 발표하는 장이 확대되는 노력도 필요해 보인다. 한국춤평론가회에서 회원들의 글 위주로 편집되던 〈춤저널〉을 앞으로는 2회 발간으로 늘리고 비회원의 평문도 수용, 궁극적으로 지면 확대를 꾀할 생각이다.

- 춤 비평가에게 가장 중요한 자질은 무엇이라고 생각하는가?

작품에 대한 통찰력과 심미안이라고 생각한다. 가장 적절한 어휘를 골라내고 글의 흐름을 조율하는 문장력과 함께 최근 들어서는 급변하는 세계 춤계의 흐름과 창작 경향을 읽어낼 수 있는 국제적인 감각도 점점 중요해지고 있다.

- 우리나라에는 메타비평이 활성화되지 못하고 있는 것 같다.

용기의 문제일 것이다. 여기에 나이, 선후배 관계 등으로부터 자유롭지 못한 우리나라의 민족 기질이나 사회적인 통념 등에도 영향이 있을 것이다.

- 객관성 이야기를 하셨는데, 기획자 역할도 하는 입장에서 비평 작업과의 균형을 어떻게 유지하는지?

아마도 내가 대표로 있는 국제공연예술프로젝트가 '서울국제즉흥춤축제'와 '한국을 빛내는 해외무용스타 초청공연'을 주최하다 보니 평론가가 기획을 한다고 생각하는 것 같다. 난 내가 전문 공연기획자라고 생각해본 적이 없다. 일 년에 두 개의 공연을 주관한다고 전문기획자가 될 수 있는 것도 물론 아니다.

이 행사들은 상업적인 것을 염두에 둔 공연이 아니라 '즉흥'이란 차별화된 형식, 그리고 해외에서 활동하는 한국인 무용수를 국내 무대에 소개한다는 공공성이 앞선 것들이다. 사무국과 운영 스태프들이 따로 상주하고 있어 그들에 의해 모든 행정이 처리된다.

몇몇 지역에서 열리는 해외 무용축제에 해외무용단 초청과 관련된 일을 지원하고 있는데 이는 말 그대로 도와주는 일이다. 춤평론가 중에는 무용축제의 예술감독을 맡아 한국을 대표하는 무용축제로 세계무대에서 한국 무용계의 위상을 높여주고 있는 분도 있다. 평론가라고 해서 기획을 하면 안 된다는 발상보다는 그가 기획자로서, 프로그래머로서의 자질을 갖고 있는가 하는 것이 판단의 기준이 되어야 할 것이다.

- 무용가를 배우자로 둔 입장에서, 비평가로서 어려움은 없는지?

아내가 무용가이고 무용계 안에서 적지않은 활동을 하다 보니 예상치 않은 곤혹스러운 일이 더러 생긴다. 이 때문에 두 사람 모두 상처를 입은 적도 적지 않다. 나보다 아내가 더욱 많은 스트레스와 불이익을 당하고 있는 것 같아 늘 미안하다.

- 공연을 볼 때, 혹은 비평을 할 때, 어떤 기준으로 장르 구분을 하는지? 혹은, 오늘날에는 그러한 장르 구분이 굳이 필요치 않은 것은 아닐까?

특별히 장르구분은 하지 않는다. 그리고 오늘날에는 한국무용 현대무용 발레 등의 삼분법에 의한 구분은 필요하지 않다고 생각한다. 이 같은 구분은 글로벌적인 춤 환경에도 걸림돌이 된다. 현실적으로, 보는 춤 공연 전부를 비평 대상으로 하기 힘든 상황에서 나의 경우는 크게 전통춤과 컨템퍼러리 댄스, 직업무용단과 그렇지 않은 무용단, 신작 공연과 레퍼토리 공연 등으로 분류해서 비평 대상 작품을 선별한다.

- 마지막으로, 저널리즘과 크리티시즘이 어떠한 방식으로 상호 관계를 맺을 수 있을지, 선생님의 생각을 듣고 싶습니다.

언젠가 원로평론가 한 분이 이 문제와 관련해 '견제와 밀월' 이란 단어를 사용하신 적이 있다. 그러나 작금의 춤 전문지를 중심으로 한 크리티시즘과 저널리즘의 관계는 '견제' 는 사라지고 '밀월' 만 넘치는 것 같다. 모든 매체에 해당하는 것은 아니지만, 적지 않은 편집자나 발행인, 그리고 평론가 모두 저널리즘 혹은 크리티시즘 본연의 책무를 망각하고 있는 듯하다. 공연비평이란 무대에 올려진 '공연작품' 이 대상이지 그것을 만든 '사람' 이 아니다. 그러나 이해관계에 연연하다 보면 평론가들은 '사람' 으로부터 자유로울 수 없다.

평론가들은 '사람' 에 대한 비평이 아니라 '창작행위' 와 '작품' 그 자체에 대한 비평에 익숙해져야 한다. 지금은 그 어느 때보다 한국 춤계에서 저널리즘과 크리티시즘은 '견제와 균형' 이 필요한 시점이다. (2009년 4월 〈몸〉지)

국군예술부대 창단, 왜 필요한가

춤추고 노래하는 군인들!

대다수 우리나라 국민들은 이 같은 모습이 어딘지 모르게 어색하고 어울리지 않는다고 생각할지 모른다. 대한민국의 군인은 녹색 제복을 입고 짧은 머리를 철모로 가린 채 실탄과 총으로 무장하고, 철조망 앞에서 밤낮으로 보초를 서는 그 모습으로 강하게 각인되어 있기 때문이다.

대한민국의 군인들이 몸에 쫙 달라붙는 타이즈를 입고 웅장한 군무를 통해 역동적인 앙상블을 보여주거나 발레 〈백조의 호수〉에 등장하는 남자 주인공 지그프리드 왕자가 되어 차이코프스키의 음악에 맞추어 춤추는 모습을 상상하는 것은 정말 불가능한 일일까? 최근에 남성 무용수들의 군복무 혜택을 놓고 사회적으로 논란이 일고 있다. 올해 1월1일부터 시행되고 있는 병역법 개정안에 따라 그동안 예술분야의 일부 국내 대회 우승자들에게 주어 온 병역 특례가 폐지되었기 때문이다.

무용 분야의 경우 지난해까지 동아무용콩쿠르, 서울무용제, 전국신인무용콩쿠르 등 국내 대회 우승자는 현역 복무 대신 공익근무요원으로 34개월간 복무하는 대체복무제도를 시행했었다. 그러나 올해부터 시행된 새로운 병역법은 국제대회 우승자에게만 이러한 혜택이 주어지도록 했다.

특히 국립발레단과 유니버설발레단·서울발레시어터 등 직업발레단들을 통한 한국 발레의 활성화에는 여성 무용수의 전유물로만 여겨졌던 발레에 대한 인식을 떨쳐버린 남성 무용수들의 역할이 크게 작용했다. 국내 발레계에서 남성 무용수들의 역할 증대에는 국내 주요 콩쿠르 1위 입상자에게 주어지던 병역특례로 인해 안정적으로 무용에만 전념할 수 있도록 한 병역법 규정이 크게 작용했었다.

인간의 몸을 매개로 하는 무용예술의 경우 신체적인 특성상 군에 징집되어 복무기간 동안 무용을 못하게 될 경우 그 기량이 쇠퇴할 가능성이 높다. 아무리 재능이 있더라도 군복무로 공백이 생긴다면 세계적인 수준의 무용수로 성장하는 데는 걸림돌이 될 수밖에 없다.

국내에서 행해지는 대표적인 무용경연대회 1위 입상자들에게 공익근무요원으로 대체복무를 할 수 있게 한 것은 신체를 매개로 하는 무용예술의 특성상 한참 기량을 연마해야할 재능있는 무용수가 군 복무로 인해 극심한 예술성의 저하를 초래, 세계적인 무용수로 성장하지 못하는 폐단을 개선하기 위해 취해진 조치였던 셈이다. 병역법 개정안을 주도한 병무청은 스포츠의 경우 올림픽, 월드컵 등 국제대회 입상자에게만 병역 특례 혜택이 주어진다는 점을 들어 국내 대회 입상 예술인들에게 병역 특례를 인정한다면 이는 형평성 원칙에 어긋난다는 점을 내세우고 있다

국방부가 예술경연대회 입상자들에 대한 병역특례를 시행한 것은 1973년부터이다. 그로부터 지난 2006년 9월 30일 현재까지 병역 특례를 받은 예술인들의 숫자는 총 420명으로 이중 무용수들의 수는 총 135명이었다. 음

악 분야의 경우는 총 262명으로 무용보다 약 2배 정도가 많으며 음악과 무용 부문이 전체의 95% 정도를 차지하고 있다.

러시아의 레드아미앙상블, 춤과 연주·노래로 세계순회공연

병역특례를 놓고 대립하고 있는 예술가들과 병무청의 혼전을 해결할 수 있는 근본적인 방안은 없는 것일까? 무용수들이 군에 입대해 신성한 국방의 의무를 이행하면서 자신들의 기량을 계속 연마할 수 있도록 한다면 이는 일석이조의 효과를 얻는 일이 될 것이다.

실제로 러시아에서는 이 같은 제도를 시행하고 있다. 레드아미앙상블(Red Army Ensemble)이 바로 그것이다. 우리나라에도 몇 차례 내한공연을 가진 이 단체는 1977년 러시아 로켓부대 소속으로 창단된 예술단으로 합창단과 무용단, 연주단으로 구성되어 있다. 이들은 함께 공연하기도 하지만 합창단과 연주단, 그리고 무용단이 각각 별도로 공연을 하기도 한다.

러시아의 전통음악과 무용은 물론이고 현대적인 감각의 레퍼토리들을 보유하고 있으며 단원들의 뛰어난 기량과 예술성으로 명성을 얻고 있다. 그 때문인지 공연 때마다 객석은 대부분 만원사례를 기록한다.

러시아 군인들의 사기 진작과 국민들을 위해 수준 높은 예술 공연을 제공하는 국내공연 활동 외에도 해외 공연을 통해 러시아를 알리고 러시아의 높은 예술 수준을 자랑하는 등 문화예술을 통한 러시아의 국가 이미지를 고양하는 선봉장 역할을 하고 있는 셈이다.

최근 들어 레드아미앙상블은 러시아의 색채가 강한 민속적인 레퍼토리와 러시아 작곡가와 안무가들의 작품을 더욱 보완, 러시아의 예술을 해외 무대에 알리는 첨병으로서의 역할에 더 많은 비중을 두고 있다. 소속 단원들은 병역 의무를 이행하는 군인들 중에서 선발되며 이들은 복무기간 동안 계속되는 훈련과 훌륭한 예술가들로부터 지속적인 지도를 받아 기량을 연마함으로써 복무 종료 후에는 곧바로 직업예술단체로 입단한다.

레드아미앙상블 운영은 러시아 전역에 있는 국립발레단의 남성 무용수 100명에게 병역 혜택을 주는 제도와 함께 남성 아티스트들을 보호 육성, 러시아의 예술을 살찌우게 하는 든든한 버팀목 역할을 하고 있다. 중국에서는 우수한 남성무용수들의 경우 각 지방에 흩어져 있는 국립 예술단체에서 활동하는 것으로 병역 의무를 이행하도록 하고 있다.

우리나라의 경우도 외국의 이 같은 사례를 참조해 새로운 방안을 시행할 필요가 있다. 현재 운영하고 있는 국군체육부대(상무)와 같이 국군예술부대(러시아의 레드아미앙상블과 유사한 단체 설립)를 창설하거나 기존 운영하고 있는 군악대 등을 확대 편성, 여기에 무용 전공자들을 수용(군악대처럼 군무대 창설)하는 것도 하나의 방안이 될 수 있을 것이다. 입대 후 국립발레단이나 국립무용단 등 국립 단체의 단원으로 활동하는 것을 전제로 그 숫자를 확대하는 방안도 검토해 볼 수 있다.

위에 제시한 방안들은 모두 병역을 면제받는 것이 아니란 점에서 주무 부서인 국방부에서는 적극 검토해 볼만하다. 뛰어난 기량을 갖춘 무용수들도 당당하게 군에 입대해 병역 의무를 이행하되 기본적으로 무용수로서의 기능 연마와 공연 활동을 복무하면서도 계속할 수 있는 방안이기 때문이다. 춤추고 노래하는 군인들, 병영문화 개선 차원에서도, 군인들에 의한 대민봉사 차원에서도 이젠 발상의 전환이 필요한 때이다.

전문 무용수 지원, 왜 중요한가

　'전문 무용단' 이란 용어가 국내 매체에 등장하기 시작한 것은 불과 10년 밖에 안 된다. '전문 무용수' 란 용어가 등장한 것은 이후였고, 전문 무용수들의 직업전환 등에 관한 내용들이 논의되기 시작한 것은 이 보다도 뒤였다.

　'직업무용단' 이란 용어가 오래 동안 통용되어 왔지만 직업무용단에 소속되어 있는 무용수들의 경우 '단원' 으로 명기했지, '전문 무용수' 란 용어를 사용하지는 않았다. 2000년대로 접어들면서 독립 안무가들의 활동이 부상하고 이들을 중심으로 완성도 높은 작품들이 만들어지면서 무용계에 '전문 무용단' 이란 용어가 등장했다.

　또한 이를 전문 무용단의 활동이 활발해지면서 소속 무용수들이 이곳저곳 객원으로 출연하는 횟수가 많아지고, 어느 곳에 소속되지 않으면서 무용수로서 자유롭게 활동하는 프리랜서 무용수들이 하나 둘 늘어나기 시작해서 '전문 무용수' 란 용어가 전면에 등장했다.

　우리나라에서 전문 무용수들에 대한 정책이 중요한 이유는 이의 시행이 한국의 무용계가 처한 여건 중 비생산적인 요소들을 해결할 수 있는 방안이 될 수 있기 때문이다. 전문 무용수들에 대한 새로운 정책 시행은 단지 예술인들의 복지 차원에서 뿐만이 아니라 한국 무용계의 경쟁력을 강화할 수 있는 처방이 될 수 있다.

직업무용단의 비생산적인 노조 운영, 아마튜어리즘에 안주해 있는 동문 무용단을 중심으로 한 소모적인 컴퍼니 운영의 개선방향이 모두 전문 무용수들의 지원 정책과 연계되어 있기 때문이다.

전문 무용수 지원정책과 관련, 전문 무용수의 범위를 어디까지로 설정할 것인가 하는 논의도 선행되어야 할 중요한 사안이다. 한국적인 상황에서 '전문 무용수' 들이라고 했을 때 그 범위의 설정은 재단법인 전문무용수 지원센터의 향후 사업 개발 및 운용과도 연관이 있다.

전문 무용수 대상의 각종 사업 시행 시 연간 일정일 이상을 지속적으로, 전적으로 춤추는 일에 소모하고 있는 10년 경력의 무용수나 똑 같은 조건을 충족했으나 이제 1년, 2년밖에 안된 무용수의 경우 그 적용범위는 달라져야 하기 때문이다. 이는 1년에 절반 이상을 전문 무용수로서의 활동에 소비하는 무용수나 3분의 1 정도를 소비하는 무용수나 고작 한 달 정도를 소비하는 무용수에게 똑같이 '전문 무용수' 란 자격을 부여할 것인가 하는 문제와도 연관성이 있다.

매일 출근해 고정적인 급여를 받거나 일주일에 2일 혹은 3일 이상 컴퍼니의 정기적인 연습에 참여하고 있는 직업무용단이나 전문 무용단 소속 무용수들이 아니라, 프리랜서 무용수들의 경우 지원대상의 자격과 범위를 설정하는 것 역시 지원정책 개발 못지않게 중요한 사안이다.

무용수들의 여건을 고려한 맞춤형 프로그램의 운용은 아무리 강조해도 지나치지 않다. 그러나 전문 무용수들에 대한 지원정책과 관련해 가장 중요한 것은 한국적인 상황을 고려한 정책 개발과 운용이 이루어져야 한다는 것이다. 그리고 그것은 구체적이고 실질적인 정책이어야 한다. 과시형이나 실적위주, 효율성이 떨어지는 정책은 금물이다. 전문무용수들의 직업 전환정책 역시 예외가 아니다.

1년에 1천 명 정도의 대학 졸업생이 배출되고 그 절반 정도가 무용계에 진입한다고 하지만 그들 모두를 전문 무용수의 범위에 포함시키는 것은 무리가 따른다. 그들 중에는 공연준비를 위한 연습과 리허설, 공연 활동 등에 지속적으로 참여하는 무용수가 있는가 하면, 무용수가 되기를 희망하는 학생들이나 일반인 대상의 레슨 등에 의존하는 졸업생들의 숫자도 결코 만만치 않기 때문이다.

전문 무용수들의 직업 전환에 대한 구체적인 정책 개발 시 외국의 사례 등을 참고할 필요는 있지만 그것을 그대로 모방하기 보다는 우리나라의 실정에 맞는 정책을 개발, 시행해야 한다. 일반인들의 무용예술에 대한 인지도, 무용공연의 유형이나 제작과 유통 체계, 시장 규모, 그리고 무용수들의 경제적인 여건 등을 고려한 프로그램이 개발되어야 한다.

전문 무용수 직업전환 지원정책과 관련 우선 무용과 연계된 다른 직종으로의 진출 프로그램 시행을 제안한다. 외국 직업무용단에 소속된 무용수가 무용행정 담당자로 일하는 사례가 무척 많은 데서도 보듯 생소한 직종에 대한 이질감을 덜 수 있기도 하지만, 예술행정이나 공연예술 분야의 전문 인력을 필요로 하는 극장이나 기관이 점점 늘어나고 있기 때문이다.

재교육 프로그램 운용은 (재)전문무용수지원센터에서 직접 시행하는 것도 바람직하지만 직종에 따라 관련 기관에서의 인턴십 제도 등을 활용하는 것도 하나의 방안이 될 수 있을 것이다. 한국문화예술위원회나 한국국제교류재단 등 공공기관, 국립극장이나 국립국악원 등 공연장, 서울세계무용축제나 서울국제공연예술제 등 축제 상설 사무국, 서울문화재단이나 경기문화재단 등 공공재단 등에서 인턴사원으로 근무하도록 주선하거나, 국립무용단이나 국립발레단 등에 무용지도자 과정을 위탁 운영하게 하는 방안도 고려할 수 있을 것이다.

이들은 과정 이수 후 경우에 따라 전국에 설립되어 있는 문예회관이나 문화예술 관련 재단, 기관 등에 무용 전문인력(전문위원 등)으로 취업할 수도 있을 것이다. 우선은 국공립직업무용단에 소속된 무용수들을 대상으로 먼저 시행하는 것이 효율적일 것이다.

전문 무용수들의 지원정책 개발과 관련, (재)전문무용수지원센터의 활동은 중요하다. 이것저것 많은 사업을 계획하기 보다는 전문 무용수들의 피부에 와 닿는 구체적인 아이템들을 발굴해 심도 있게 논의하고 이를 정책으로 개발해야 할 것이다.

공공 공연장 문턱, 어떻게 낮출 것인가

대한민국은 새 정부가 바뀔 때마다 '정책'이 요동쳤다. 방대한 내용들이 담겨진 페이퍼와 신조어들이 등장했다. 문화예술 부문 역시 예외가 아니었다. 장관의 취향과 관심도에 따라 새로운 부서들이 출범하기도 했다. 그러나 꼼꼼한 검토와 미래에 대한 진단이 생략된, 과시형의 생색내기 정책 운용은 국민의 혈세를 낭비하는 주범이나 다름없다.

유인촌 장관 취임 이후 가장 피부에 와 닿는 정책 운용은 국립극장을 기업형 책임운영기관에서 행정형 책임운영기관으로 변경토록 한 것이다. 재정 자립도 제고를 빌미로 전속예술 단체를 가진 극장으로서 본연의 기능을 상실하고 있는, 국립극장의 회생을 위한 조치가 될 수 있기 때문이다. 새 정부의 문화예술 정책은 거창한 구호보다, 새로운 것을 만드는 것보다 기존의 비생산적인 제도나 운영 개선을 통해 생산성을 높이는 것이어야 한다.

점점 높아지고 있는 공공 공연장의 문턱을 낮추는 것 역시 이에 해당한다. 국가의 지원을 받는 공공 공연장이 재정 자립도를 명목으로 관객들의 문화 지출비, 예술가들의 공연 제작비에 대한 부담을 점점 더 가중시키고 있다. 더욱 우려되는 것은 그 과정에서 개개의 공연장이 갖고 있는 고유한 기능과 특성이 점점 사라지고 있다는 점이다.

주차료에서부터 대관료, 편의시설 임대료 등이 잇따라 인상되었다. 너도나도 뒤질세라 수입 뮤지컬 장기대관에 동참하고 있고, 서울특별시 도심에 개관한 구민회관은 아예 뮤지컬 전용극장을 표방하고 있다. 최근 들어서는 '공동기획' '공동주최' 란 용어로, 예술가들과 예술단체들의 대관공연을 통한 이속 챙기기 등 공공 공연장의 운용은 한마디로 위험수위를 넘어섰다. 예술가들은 "이제는 공공 공연장들마저 노골적으로 돈벌이에 나섰다" 는 말로 불편한 심기를 토로하고 있다.

그 이면에는 공연장의 부대비용 인상이 대학로의 소극장과 사설 공연장들은 물론이고 구민회관, 국립극장이나 예술의전당 등 공공 공연장까지 전방위적으로 나타나고 있는 데다 이로 인해 작품을 올릴 공연장을 구하기가 어렵고, 여기에 스태프들의 인건비까지 천정부지로 치솟아 공연 한번 하기가 더욱 버거워진, 제작경비 상승에 숨을 헐떡이는 예술가들의 하소연이 숨겨져 있다.

예술의 전당에서 주차의 전당, 임대의 전당으로

공공 공연장에 대한 불만은 관객들도 예외가 아니다. 기본적으로 주차 공간이 모자라는 데 따른 불편함은 차치하고라도, 주차료는 티켓 값과 더불어 그 자체가 관객들의 문화지출비에 대한 부담으로 고스란히 이어지기 때문이다. 관계자들은 예술의전당을 가리켜 '주차의전당' '임대의 전당' 이란 말이 공공연하게 떠돈다는 사실을 간과해서는 안 된다.

올해 개관 20주년을 맞은, 문화체육관광부의 지원을 받는 대표적인 공연장인 예술의전당 의 경우 관람객 주차료는 5천원이다. 공연장 안 정산소에서 사전 정산을 하더라도 4천원을 내야 한다. 책임자가 바뀔 때마다 주차료와 대관료는 꾸준히 상승되었다. 지난 한 해 동안 예술의전당 주차료 수입은 20억원을 넘었다. 주차료 인상은 관객들을 위한 배려가 아니라 순전히 공연장의 수입 증대를 위한 발상인 셈이다.

수년 전 나는 호주 브리즈번에 있는 퀸슬랜드 아트센터를 방문한 적이 있다. 공연장에 제일 가까운 위치에 렉서스(Lexus) 라고 쓰여져 있는 파킹장이 있었다. 렉서스 자동차를 타고 오는 관객들만이 무료로 주차할 수 있는 공간이었다. 퀸슬랜드 문화센터는 렉서스 자동차를 생산하는 도요타 자동차 회사로부터 연간 스폰서를 받는 대신에 그 회사의 자동차를 타고 오는 관객들에게는 전용 주차 공간을 제공하는 서비스를 해주고 있었다. 특혜라면 대단한 특혜일 수 있다. 그러나 그로 인한 수입을 사용하는데 있어서는 우리나라의 공연장과는 전혀 달랐다. 퀸슬랜드 아트센터는 그렇게 해서 번 돈을 다른 회사의 자동차를 타고 오는 관객들이 무료로 차를 파킹하고 공연을 보도록 하는데 사용하고 있었다.

주차는 자동차와 관련된 것인 만큼 자동차 회사를 상대로 한 스폰서 확보를 통해 극장수입을 증대시키고, 관객들의 편의제공과 연결시킨 이 같은 사례는 링컨센터에서 시행하는 주차 예약제와 함께 예술경영의 모범사례이다.

예술의전당은 지난해 재정자립도 77%를 달성했다. 공연, 대관, 강좌 사업 등에서 모두 흑자를 기록했다. 재정 자립도 77%는 사실 예술의전당이 얼마나 잘못된 경영을 하고 있는지를 보여주는 사례이다. 이는 공공 기관으로서의 책무를 망각하고 있지 않는 한 나타날 수 없는 수치이기 때문이다.

미국의 케네디센터나 링컨센터, 영국의 바비칸센터 등 외국의 유명 공공 공연장의 경우 재정 자립도는 결코 30%를 넘지 않는다. 돈을 벌어들이는 것보다 공공성을 위한 경영과 프로그램 운영을 더욱 중요하게 생각하기 때문이다. 이들 공공극장들은 어린이 청소년들을 위한 프로그램, 학생들을 위한 저렴한 티켓 운용, 전속, 상주 예술단체들을 통한 수준 높은 공연으로 국민들의 문화예술 생활화에 기여하고 있다. 그것이 곧 예술을 통한 국민들의 창의력 신장과 연계되고 이는 곧 국가의 경쟁력을 높이는 고부가 가치의 정책임을 잘 알고 있기 때문이다.

지금 대한민국 공연예술계의 최대 관심은 한국문화예술위원회가 주관해 완공을 눈앞에 두고 있는 대학로의 2개 공공 극장이다. 운영주체가 한국문화예술위원회가 될지 외부에 위탁운영을 하게될 지 아직 결정이 되지 않았다. 외부에 임대 혹은 위탁 운영을 할 경우 이 공간이 가뜩이나 공연장 부족에 허덕이는 순수예술 쪽으로 활용되기는 어려울 것이란 의견이 지배적이다. 공공성을 담보로 한 운영을 위해서는 정부나 자치단체의 지원이 필수적이기 때문이다.

문화예술지원사업 운영 기관에 의해 선정된 각종 사업과 연계한 극장 운용, 돈과 시설을 함께 지원하는 극장 운영을 통해 지원정책의 효율성을 더욱 높이는 장으로 활용하는 것도 하나의 방안이 될 것이다. 새 정부는 과시형의 새로운 정책보다 기존 정책의 부가가치를 높이는, 실질적인 정책을 통해 문화예술의 실용주의를 구현해야 할 것이다.

꼭지점 댄스와 썰렁한 춤 공연장

대한민국에 봄기운과 함께 춤바람이 거세게 불고 있다. 며칠 전에는 '꼭짓점 댄스' 라는 신조어가 신문 지면을 장식했다. 꼭짓점 댄스는 독일 월드컵 D-100일을 기해 열린 한국과 앙골라 축구 대표 팀의 경기에서 그 실체를 드러냈다. 서울 상암 경기장에 몰려든 수많은 관중들은 리더의 움직임에 따라 스탠드 위에서 연신 흥겹게 몸을 흔들어댔다.

오는 6월 독일 월드컵에서는 2002년 온 국민을 하나로 만들었던 "대-한민국" 에다 춤이 곁들여질 것 같다. 이른바 응원춤이다. "대-한민국" 이란 구호가 연령과 계층을 초월 한국민들을 한마음으로 만들었다면, 꼭짓점 댄스는 한반도를 넘어 세계인들과 그 율동을 공유하게 될지도 모른다. 몸짓은 그 자체로 이미 세계 공통어이기 때문이다.

불과 몇 년 전만해도 일반인들이 몸을 움직이는 것은 에어로빅을 하는 것 정도가 고작이었다. 그것도 즐기기 위한 춤이라기보다는 살을 빼기위한, 궁여지책으로 유행했던 주부들의 동호회 같은 분위기였다. 그러나 이즈음엔 재즈댄스, 밸리댄스, 팝핀, 탭댄스, 힙합, 브레이크댄스, 탱고에다 살사와 차차차 등의 스포츠 댄스까지 여러 종류의 춤들이 대중들과 만나고 있다. 살을 빼기위한 수단으로 강습실을 드나들었던 예전과는 달리 스트레스 해소와 취미 생활로, 더 나아가 춤 그 자체를 즐기기 위해 춤추는 사람들이 늘어나고 있는 것이다.

전국을 강타하고 있는 이 같은 춤바람은 비단 대중춤에서 뿐만이 아니다. 중년을 넘어 선 주부들은 우리나라 전통춤의 매력에 푹 빠져들고 있다. 그런가 하면 예쁜 몸매를 위해 발레를 배우는 여성들의 숫자도 점차 늘어나고 있다.

세계 정상급 뉴욕시티발레단이 직장 여성들을 대상으로 한 다이어트 발레 비디오를 출시하자 금세 20만개가 팔려나갔다. 건강과 연계한 발레 배우기 상품이 히트를 친 셈이다. 고난도의 테크닉과 고급예술로 인식되던 발레가 대중들 스스로 생활 속에서 즐기는 예술로 바뀌어 가고 있는 것이다.

그러나 우리나라의 경우 이 같은 춤바람이 아직은 순수예술로서의 춤 공연 감상으로까지는 이어지지 못하고 있다. 전국에서 1년에 1,600회의 춤 공연이 열리고 있고 해외 단체의 내한 공연도 200회가 넘어설 정도로 춤 시장이 팽창했지만 춤 공연장의 객석 점유율은 연극이나 음악에 비해 훨씬 뒤떨어진다.

이는 우리나라 춤 지원정책의 경우 춤 장르 자체의 특수성이나 환경적인 변화를 고려하지 않은 채 음악·연극·전통예술 등과 함께 공연예술이란 큰 테두리 안에 한데 묶여져 시행됨으로써 그 효율성이 떨어지고 있는 것과 무관하지 않다.

그러나 한국 무용계의 미래는 그리 어둡지만은 않다. 지난해 국회에서 문화예술교육진흥법이 통과되면서 예술교육으로서 무용교육의 중요성이 새롭게 인식되기 시작했고, 이를 계기로 체험형 무용교육과 공연 프로그램이 전국적으로 확산될 조짐을 보이고 있기 때문이다. 많은 사람들이 움직임에 대한 감각을 터득하다 보면 춤을 잘 추는 사람들을 보는 즐거움도 갖게 될 것이다. 새롭게 일고 있는 춤바람을 문화예술을 향유하는 단계로 잇기위해서는 이렇듯 국민들이 직접 춤을 추어보는 체험을 하는 것이 무엇보다 중요하다.

인터넷, 디지털, 테크놀로지가 발달하면 발달할수록, 사이버 공간이 확대되면 확대될수록 순수의 세계, 감성, 휴머니티에 대한 갈망은 더욱 거세질 것이고 이는 자연스럽게 인간의 몸을 매개로 하는 춤에 대한 관심으로 이어질 것이다.

우리 민족은 고대로부터 노래하고 춤추는 것을 즐겼다. 전국에 이는 춤바람은 이 같은 민족적인 정서와 무관하지 않다. 어릴 때 쥐불놀이를 하며 마을 동산을 뛰어다니면서 느끼던 아우라, 달리는 버스에서도 일어나 춤추고 노래하는 아줌마 아저씨들의 끼, 젓가락 장단과 손바닥 장단만으로도 흥을 돋우는 즉흥성, 이 같은 민족적인 기질은 언제든 국민적인 에너지로 결집될 수 있는 잠재력을 갖고 있다.

한국인들의 춤바람은 바로 이 같은 민족적인 기질, 주체할 수 없는 끼와 예술적인 에너지의 충만함에서 나온다. 이것이 신명으로 이어지고 창의력으로 연계되면 그것은 대단한 힘을 발휘하게 될 것이다. 전국을 누비는 춤바람은 그래서 움직임을 찾아다니는 춤 평론가에게도 즐거운 현상이 아닐 수 없다.

창무회 30년과 춤 국제교류

　　지금부터 20여 년 전의 일이다. 1989년 당시 공연예술전문지〈객석〉의 무용 담당기자였던 나는 창무회의 유럽 순회공연을 동행 취재했었다. 헬싱키와 큐오피오, 부다페스트, 모스크바와 상트 페테르부르크, 그리고 팔레르모와 시실리아까지 무려 40여일에 이르는 대장정이었다. 큐오피오댄스페스티벌 등 정기적으로 열리는 유명 축제에서부터 여름 시즌을 겨냥한 기획공연, 그리고 창무회의 단독공연까지 다채로운 성격의 공연에 참가했고, 레퍼토리도 그 만큼 많았다.

　　지금이야 우리나라 춤단체들의 해외 공연이 적지 않게 이루어지고 있고 정부나 관련 기관에 의한 지원 등도 풍족하지만, 당시만 해도 예술단체들의 해외 공연은 그리 많지 않았다. 더구나 정부 관련 행사가 아닌 민간 무용단이 이처럼 장기 해외공연을 갖는 것은 지금도 찾아보기 힘들다.

　　당시 창무회의 레퍼토리는 〈소고춤〉 등 민속춤 외에도 〈춤, 그 신명〉 등 우리나라의 전통예술을 토대로 한 창작춤, 그리고 〈어디만치 왔니〉 등 현대적인 색채의 작품까지 무척 다양했다. 당시 나를 놀라게 했던 것은 여러 유형의 레퍼토리를 자유자재로 소화해내는 단원들의 기량과 순발력, 일

산분란하게 움직이는 조직력과 기획력이었다. 모든 것이 지금보다는 열악했던 그 시절에 창무회는 이미 전문 무용단 체제를 가동하면서 그렇게 세계를 무대로 우리 춤을 팔고 있었다.

이런 창무회가 창단 30주년을 맞았다. 30년을 기념하는 별다른 행사없이 해를 넘기는가 싶더니 새 해를 맞자마자 창무회 30주년을 기념하는 국제 예술제 보따리를 풀어놓았다.

창무회의 지난 30년 여정은 크게 한국 창작춤이란 장르와 무용의 국제교류로 요약된다. 전통춤과 신무용을 넘어 새롭게 태동한 한국 창작춤은 창무회를 중심으로 활발하게 모색되었고, 창무춤터 등 소극장 춤을 중심으로 한 기획공연은 그 같은 실험의 폭을 확장하는 산실이었다. 창무춤터 기획 시리즈인 '춤과 시의 만남' '춤과 미술의 만남' '춤과 연극의 만남' 등이 그런 예들이다. 삐걱거리는 소리를 들으며 가파른 계단을 오르내리고, 먼지 쌓인 좁은 객석에 앉아 무용수들의 숨소리와 한올한올 맺혀지는 땀방울을 지켜보며 예술가들의 치열한 창작 정신을 만끽하던 그 시절은, 그래서 참으로 행복했었다.

지금 춤현장에서 활발하게 활동하는 중견 지도자들과 주목할 만한 안무가들을 꼽을 때 창무회의 출신들이 적지 않음은 이들의 창작 정신과 그 능력을 가늠하게 해준다. 1980년대 실험의 장이었던 창무춤터는 지금도 포스트 극장에 의해 그 맥이 유지되고 있다.

지난 30년 동안 창무회의 국제교류는 항상 한국 무용계의 국제교류의 중심에 서 있었다. 거의 매해 해외공연이 이루어졌고, 창무회의 수장인 김매자는 미국에서 발간되는 〈댄스 메거진〉의 표지인물로 등장하기도 했다. 북경 무용학원에 한국춤 과목을 개설하는 그 중심에도 창무회가 있었다.

1979년 뉴욕공연을 시작으로 뉴욕 리버사이드댄스페스티벌, 핀란드 큐오피오 댄스 & 뮤직 페스티벌, 일본 동경국제연극제, 인도국제무용제, 광동 현대무용제 등의 초청공연과 런던 및 독일 오페라 하우스와 이집트 카이로 오페라 하우스, 러시아 모스크바의 공연 등이 이어졌다.

2000년대로 접어들면서 창무회의 국제교류는 더욱 다양한 형태로 전개되고 있다. 유럽 무용의 중심지인 프랑스의 유명 극장과 페스티벌에 진출했고, 유명 컴퍼니와의 공동 제작, 아시아를 중심으로 한 공연과 워크숍 프로그램을 병행하는 다목적 국제교류가 그것이다.

2000년 리옹댄스비엔날레에 초청되어 공연하더니 2006년에는 리옹에 있는 무용의 집에 공식 초청됐다. 또 카롤린 칼송이 이끄는 국립 루베무용센터와 공동제작으로 〈느린 달〉을 한국과 프랑스에서 각각 공연했다. 〈느린 달〉은 한국의 강강술래를 모티브로한 유명 안무가와의 공동 작업이란 점, 극소수로 이루어지는 무용계의 공동제작과는 그 규모나 성과 면에서 또 다른 면모를 보였다는 점에서 주목을 끌었다.

아시아를 중심으로 한 창무회의 춤 국제교류는 2005년 〈심청〉으로 도쿄 등 일본의 3개 도시에서 공연한데 이어 중국, 인도네시아 등을 중심으로 한국무용 강좌개설에서부터 강습회 개최 등으로 교류의 프로그램을 다양화시키고 있다. 그런가하면 올해로 14회 째를 맞은 창무국제예술제는 아시아 쪽을 중심으로 한 프로그램 구성으로 여타 축제와의 차별성을 살리고 있다.

창무회의 실험 정신도 여전히 조용히 살아 숨쉬고 있다. 〈얼음강〉 등에서 보인 고도의 응축적인 이미지, 〈심청〉 등에서 보인 음악과 시각예술, 그리고 움직임의 조합을 통한 장르간의 융합, 〈느린 달〉에서 보인 동서양의 정서적 교감을 통한 새로운 조형성 구축 작업 등이 그런 예들이다.

그러나 어떤 형태이건 창무회 창작 작업의 중심에는 탄탄한 무용수들의 기량과 집중력이 있다. 바로 이런 앙상블의 힘이 오늘날의 창무회를 있게 한 원동력이었고 지금도 든든한 버팀목이 되고 있는 것이다.

이 같은 창무회의 근성과 국제교류의 면면은 새해 벽두부터 펼쳐 보일 제14회 창무국제예술제에서도 그대로 드러난다. '아시아 컨템포러리 댄스 페스티벌'이란 부제가 붙은 이번 축제는 창무회 단원들의 공동창작 작품에서부터 일본 산카이주쿠무용단, 북경현대무용단, 국수호디딤무용단 등 국내외 무용단들의 공연, 그리고 창무회의 메소드를 중심으로 한 아시아 여러 나라 무용가들이 참여하는 워크숍 등이 준비되어 있다.

아시아 컨템포러리 댄스의 경향을 살펴보고 창무회 30년을 진단하는 심포지움이 함께 개최되는 것도 주목할 만하다. 이는 한국이 아시아 무용의 중심으로 떠오르는 기회가 될 수 있으며, 70여 년 전 최승희가 주창했던 동양무용론을 다시 부활시키는 정거장의 역할을 할 수도 있기 때문이다. 이런 모든 것들을 제쳐두고라도 이론적인 배경을 병행한 창작 작업이야말로 방향성 찾기와 단체의 정체성 확립에 중요한 계기가 될 수 있다.

'창작춤'이란 용어가 새로운 양식을 지칭하는 말이긴 하지만, 지나치게 그런 카테고리에 함몰되는 것은 우리춤의 해외무대 진출과 실험의 폭을 넓혀가는 작업, 춤의 표현영역 확장을 저해하는 면이 있음을 오래전부터 지적해 온 나는 '창작춤' 대신 '컨템포러리댄스'라는 보편적인 용어 사용을 주장하고 있지만, 창무회는 이미 오래전부터 그들만의 독창적인 컨템포러리댄스 작업을 실천해 오고 있다.

창무회의 지난 30년은 새로운 작업을 향한 의지로 점철되어 있다. 옛날에 비해 단원들의 개인 작업이 줄어들긴 했지만 이는 창무회의 활동 반경이 그만큼 넓어졌고 앙상블 구축을 통한 창작작업에 들이는 공력이 그만큼 길어졌기 때문일 수도 있다.

국제교류를 통한 창무회의 폭넓은 인적 교류와 네트워크는 그대로 한국 무용계의 자산이나 다름없다. 그들이 이룬 성과에 대한 제대로 된 평가가 이루어져야 하겠지만, 이들이 지난 30년 동안 쌓아온 경쟁력을 향후 국내외 무대에서 어떻게 활용할 것인가가 더욱 중요하다.

창무회를 위시해 공연예술 교육기관인 창무인스티튜트, 춤 전문소극장인 포스트극장, 무용전문 월간지 〈몸〉, 창무국제예술제 등 종합무용센터 체제로 운영되는 사단법인 창무예술원의 앞으로의 행보가 주목되는 것도 바로 이 같은 이유 때문이다.

SIDance 9년,
한국 무용계 대표 브랜드로 키워야

    지난 6월, 몽펠리에댄스페스티벌에 다녀왔다. 1997년에 처음 이 축제를 참관한 이후 이번이 4번째 방문이었다. 1997년 이 페스티벌에서 인상 깊었던 것 중의 하나는 일본의 한 프로듀서를 향한 세계 여러 나라에서 온 무용단 관계자들의 대단한 관심이었다. 그의 주변에는 자료를 한 아름 안은 컴퍼니의 매니저, 제작 담당자, 안무가들이 항상 서성거렸다. 당시 한국에서 온 저널리스트에게는, 내로라는 컴퍼니들이 그토록 아시아의 춤 시장에 많은 관심을 갖고 있다는 사실은 전혀 예상밖의 일이었다.

    그로부터 10여 년이 지난 지금 나는, 해외 무용계에서 달라진 한국 무용계의 위상을 여러 군데서 목격하고 있다. 올해 몽펠리에댄스페스티벌에서도 예외가 아니었다. 그동안 한국에서 날아온 저널리스트들에게는 눈길도 주지 않던 컴퍼니의 매니저들이 너도 나도 달려와 한국의 무용계에 대한 이모저모를 물어 왔다. 그들이 원하는 것은 한국에서 공연을 하는 것이었고 그들의 입에서는 하나같이 '씨 댄스' '미스터 리' 라는 말이 터져 나왔다.

올해로 9회 째를 맞은 서울세계무용축제(SIDance)는 이제 국제무대에서 가장 잘 알려진 한국의 춤 축제가 됐다. 외국의 무용가들이 한국의 춤 혹은 한국의 무용계를 떠올릴 때 적어도 SIDance는 가장 빨리 떠올릴 수 있는 브랜드가 됐다.

SIDance는 출범 이후부터 지금까지 종합적인 무용 축제를 지향하고 있다. 핀란드의 큐오피오댄스페스티벌이나 프랑스의 리옹댄스비엔날레처럼 그때마다 주제를 정하는 것이 아니고, 3년마다 열리는 일본의 월드 발레 스타 페스티벌처럼 특정한 장르만을 고집하는 춤 축제도 아니다. 영국의 에딘버러축제나 독일의 베를린페스티벌처럼 여러 장르의 예술 속에 무용이 뒤섞이는 형태도 아니다.

SIDance는 한마디로 무용예술의 종합선물세트 같은 성격을 지닌다. 그러다 보니 매해 어떤 프로그램들이 짜여질지, 어떤 부대행사들이 만들어질지 그 만큼 관심이 집중된다. 이 같은 SIDance의 종합화는 해외 무대에 축제를 알리는 데는 다소 시간이 걸리긴 했지만, 국내에서 인지도를 높이는 데는 훨씬 유리하게 작용했다.

여기에 SIDance는 축제를 통한 예술성과 대중성을 표방하고 있다. 그러다 보니 여러 장르의 춤, 대륙별 초청 단체 안배, 그리고 각기 다른 성격을 가진 단체들을 고르게 된다. 종합화에 의한 다채로운 상차림은 그 자체로 무용 전문인들과 일반 대중들 모두에게 호기심을 불러일으키는 요인이 됐다.

이 같은 SIDance의 특성은 2006년 올해 프로그램 편성에서도 그대로 입증된다. 유럽을 중심으로 한 초청 무용단 선정과 우리나라에 생소한 아프리카 무용단 초청, 외국 컴퍼니와 페스티벌과의 공동 제작, 아시아 문화 중심을 표방한 기획 프로그램, 국내 안무가 초청무대, 워크숍과 대화모임 등이 그렇다. 지난해에 이어 한국의 전통춤을 소개하는 프로그램도 빠지지 않았다.

그동안 SIDance는 정통의 일급 무용단에서부터 실험적인 시도, 크로스오버 작업 등을 표방한 소규모 컴퍼니의 초청 공연 등을 통해 지구촌 곳곳의 춤 경향들을 소개했다. 싱가폴과 일본, 멕시코 등과의 공동 제작 등을 통해 우리나라와 외국 무용가들과의 직접적인 교류도 시도했다.

아시아 젊은 안무가들의 공동 안무 프로그램 등을 통해 한국이 아시아 무용의 중심을 향해 자리잡아가도록 한다는 전략적 프로그램 기획도 눈에 띈다. 프랑스 외무부 예술진흥협회, 일본 재팬 파운데이션 등 외국의 유수한 문화예술 지원 기관과 주한 외국 대사관 등과의 협력을 통해 한국 무용계의 교류 채널을 확장한 공로도 결코 간과할 수 없다.

SIDance는 중견에서부터 젊은 안무가에 이르기까지, 국제무대에서 경쟁력 있는 국내 단체들에게도 문호를 개방하고 있다. 국내 춤 단체들의 축제 참여는 이 행사가 홈그라운드에서 개최된다는 점을 최대한 이용, 국제적인 수준에 걸 맞는 뛰어난 작품의 출품과 생산, 이를 통한 세계 무대 진출이란 두 가지 목표 설정이 가능할 수 있다.

기획에서부터 홍보, 행정 등 전문 인력을 양성하는 인큐베이팅 기능도 SIDance가 한국 무용계를 위해 기여하고 있는 것이다. 춤 작품의 유통과 춤 시장 확장을 위해 가장 필요한 전문 인력 양성 역할을 해내고 있는 셈이다.

다른 무엇보다 SIDance가 한국 무용계에 가장 기여한 것은 축제를 통해 춤 대중화를 주도하고 있는 것이다. SIDance는 지난 9년 동안 일반 대중들이나 예술계 주변인들이 무용예술에 관심을 갖게 하는 기폭제 역할을 톡톡히 해냈다.

그러나 SIDance의 가치가 중요해진 만큼 SIDance를 향한 무용계의 기대치 역시 그만큼 높아지기 마련이다. 불러들여 하는 국제교류 못지않게 내보내는 국제교류에도 신경을 써야한다는 것, 초청 단체의 질을 업그레이드시키는 것을 통해 전체적인 평균점을 상승시키는 노력, 아직 손길이 미치지 않은 경쟁력 있는 국내 춤단체와 안무가의 픽업, 국내 춤 시장 확장을 위한 타 지역 연계 공연과 국내 유관 기관과의 협력작업 확대를 통한 시너지 효과 배가, 한국 춤의 국제무대 진출을 위한 전략적 프로젝트 보완 등에 대한 주문 등이 이에 해당하는 것들이다.

이제 SIDance는 프로그램 편성 능력이나 축제의 운영 노하우, 마케팅 기법 등에서 국제적인 수준에 올라 섰다. 하나의 국제적인 축제가 제자리를 잡으려면 7-10년 정도 걸린다는 것을 감안하면 서두르지 않고 차근차근 준비해 온 셈이다.

올해 SIDance는 그동안 지적되었던, 전체적으로 행사 기간이 너무 길어(약 3주 정도) 지속적으로 축제에 대한 관심을 집중시키기가 어려웠다는 지적을 반영했는지, 16일 동안 열린다. 대신에 공연 장소가 여러 곳으로 확대되어 보다 많은 일반 대중들을 불러모으는 계기가 될 것으로 기대된다.

SIDance는 한 개인의 힘으로 시작해 이제 내년이면 10년을 맞는다. 적은 예산에 이만한 규모로 성장시킨 것은 축제를 만들어가는 책임자(예술감독

이종호)와 사무국 스태프들의 자기희생이 없이는 불가능한 일이었다.

국제적인 무용 축제는 한국 무용계의 총체적인 힘을 국제무대에 알리는 교두보 역할을 할 수 있다. 또한 잘만 활용하면 한국 무용계 전체의 자생력을 강화시키는 디딤돌이 될 수도 있다. SIDance는 이미 세계 예술시장에서 한국 무용계의 경쟁력 있는 브랜드로 자리 잡아 가고 있다. 한국에서 SIDance를 개최하고 있는 것만으로도 국제무대에서 한국 춤의 위상은 그만큼 높아지고 있는 것이다.

이제는 이 축제에 대한 전폭적 지원을 통해 세계적인 축제로 발전시켜 한국 문화예술계의 튼실한 인프라로 육성해야 한다. SIDance는 지난 9년 동안 그 같은 경쟁력을 충분히 갖고 있음을 이미 분명하게 보여주었다.

피나 바우쉬와 전략적 국제교류
- 한국 소재의 작품 〈러프컷〉 제작에 붙여

인간의 몸으로 표현할 수 있는 움직임은 이제 더 이상 존재하지 않는
가? 기계적인 테크닉에서부터 동물적인 동작에 이르기까지 인간의 몸으로
만들 수 있는 모든 움직임을 만들어 본 안무가들은 이제 조금은 지쳐있는
것일까? 지난 여름, 유럽의 몇몇 유명 댄스 페스티벌에서 만난 새로운 경향
의 작품들을 보면서 스스로에게 던진 의문이다.

장르 통합의 새 조류와 피나 바우쉬 & 탄츠테이터

타 예술 장르와의 접목을 넘어, 유럽의 혁신적인 안무가들은 완전히 다
른 방향으로 변모를 꾀하고 있었다. 무용예술이 중심이 되는 크로스오버
작업의 일환으로 빔 반데키부스가 영화, 샤샤 발츠가 건축, 요하임 쉴로머
가 오페라, 시디 라르비 셰르키위가 다문화적인 캐릭터를 활용하는 차별성
을 보이고 있다면, 아비뇽페스티벌에서 만난 콘스탄자 마커스와 얀 로워서
는 현실과 초현실의 꼴라쥬, 장르간의 교합을 더 확대한 구도에다 치밀한
연출력으로 새로운 판을 짜고 있었다.

공연 양식에 Dance-Theater-Music으로 표기된 이들의 작품은 무용이 주가 되면서 연극과 음악이 접목되는 것이 아니라, 어느 장면에서는 연극이 되고 어느 장면에서는 춤이 되며, 또 어느 장면에서는 마치 연주회를 보는 듯한 착각이 들게 했다. 음악과 연극 무용이 일정 비율 교묘하게 배합되어 있고 출연자들은 이런 모든 부문들을 자유자재로 넘나들면서, 자신의 강점을 선보이는 장면에서는 철저한 프로페셔널리즘으로 한층 강하게 무장했다.

그러나 이들의 작업에는 앞서 언급한 네 명의 안무가들과 마찬가지로 그 베이스에는 여전히 피나 바우쉬가 주도하는 탄츠테아터의 흔적이 자리 잡고 있었다.

1990년대 중반에 접어들면서 비록 개척 세대들의 혁명적인 열정이 소진된 점, 장르의 일회적인 구조와 대중문화의 포용, 그리고 삶에서 영감을 받은 동작 등이 주류를 차지하고 있다는 이유로 피나가 주도하던 탄츠테아터가 비판을 받긴 했지만, 여전히 그녀의 작업은 세계 곳곳의 연출가와 안무가들에게 적지 않은 영향을 미치고 있다. 무용이 중심이 되는 새로운 공연양식의 창출, 그 중심에는 탄츠테아터가 있고 탄츠테아터의 계보는 이제 댄스-시어터-뮤직 이라는 새로운 장르를 창조하고 있는 셈이다.

한 시대를 풍미하고 있는 탄츠테아터, 그 끈질긴 생명력은 도대체 어디에서부터 나오는 것일까?

예술가의 눈을 통해 보는 세상은 온통 기호 투성이이다. 현상은 이미지화되고 그 이미지는 의미의 대상으로 형태지워 진다. 2주 동안 한국의 문화를 보고 느낀 피나와 부퍼탈 탄츠테아터 단원들이 본 한국의 모습은 어떤 것일까? 각자 다른, 문화적 다양성을 가진 다민족 무용수들로 이루어진 개개 단원들이 체험한 한국에 대한 인상을 피나 바우쉬는 스크랩하고 분류, 조합해 형태지워 진 하나의 '작품'으로 만들어 냈다.

부퍼탈에서 초연된 공연사진 가운데는 여자들이 남자 등목을 시켜주는 장면도 보였다. 시골에서 흔히 볼 수 있는 모습으로 한국인에게는 익숙한 것이나 그것을 처음 본 사람에게는 충격으로 다가왔고, 이를 문화적 기호로 만들어 낸 피나의 관찰력과 상상력, 그것이 어쩌면 예술인지도 모른다. 등목을 하는 것과 같은 일상의 일들, 이것을 춤화시키는 추상화 작업에는 말로 표현하지 못하는 풍부한 감성적 경험도 물론 포함됐을 것이다.

독일의 예술은 역사적 상황과 비껴갈 수 없었다. 유럽이 겪었던 18세기 말의 공포감과 세계대전은 독일의 표현주의 미술을 싹트게 했고 이는 극무용 개념인 탄츠테아터가 형성되는데 지대한 역할을 했다. '충격'을 표현하기 위해 탄츠테아터에는 브레히트의 '낯설게 하기'나 포스트 모던 댄스의 '해프닝'이 자주 차용됐다.

피나의 작품에서 우리가 주의 깊게 보아야 하는 것은 바로 안무가로서 그녀의 남다른 감수성이다. 영화 〈그녀에게〉에서 보여지는 피나의 작품 '카페 뮐러'의 한 장면은 인간의 처절한 아픔을 가장 아름답게 표현하고 있다. 넋이 나간 두 여자, 그녀들이 품어내는 극도의 아픔은 내면으로 깊이 숨어들어가 있고, 그것을 지켜보는 한 남자가 그녀들이 의자에 걸려 넘어지지 않게 하기 위해 열심히 의자들을 치워준다. 여기에는 많은 함축된 기호들이 산재해 있지만, 그 기호보다 더 중요한 것은 바로 감성의 흔들림이다. 감각의 우위를 외치는 메를로 퐁티처럼 춤은 계산하면서 보는 것이 아니라 그저 느껴지는 것이라고 피나는 외치고 있다.

피나의 독특한 감성은 무대로부터 관객에게로 고스란히 전달된다. 물, 꽃, 양파, 흙 등등 오감을 자극하여 감성의 신비를 체험하게 하려는 피나는 삶 속에 묻어 있는 고통을 위트로 해소하고, 아픔을 아름다움으로 장식하며, 처절함을 유쾌함으로부터 드러내는 이중구조를 작품 속에 삽입, 관객으로 하여금 더 많은 고통, 아픔, 처절함을 느끼게 한다. 피나는 또 일상에 산재한 재료들을 염탐하고 다닌다. 보고, 듣고, 냄새 맡았던 다양한 경험은 충격으로 다가오고 모든 충격은 작품으로 산화되어 자기가 본 얘기를 무대에서 이야기한다.

롤랑 바르트가 일본을 방문한 충격을 그림 언어로 썼듯이 비록, 피나의 한국 체험담을 춤으로 이야기 하는 것을 부퍼탈 동네의 관객들이 이해하지 못한다 하더라도, 그들은 감성적으로 그 이야기에 호기심을 가졌을 것이다. 롤랑 바르트의 그림을 보면서 일본이 어떨까라는 호기심을 느끼듯이---. 어쩌면 피나의 이러한 새로운 것에 대한 끊임없는 호기심이 한국을 소재로 한 작품을 탄생시키게 했는지도 모른다.

피나의 작품에서 가장 진하게 풍겨오는 것은 바로 '인간' 에 대한 탐구이다. 사람들이 살아가는 진솔한 모습을 보기 위해 그녀는 부퍼탈 단원들과 보리밥을 먹고, 등목을 하거나 김치 담그는 것을 구경하고, 초고층 건물들을 보면서 한국의 전통과 현대 그리고 그 사이에 팽배한 마찰 에너지를 직접 보았던 것이다. 감각적으로 받아 들이고 또 감각적으로 풀어내는 피나의 작품 중심에는 이렇듯 '살아있는 인간' 의 진솔함이 있다.

피나 바우쉬의 한국 소재 작품 제작, 그 의미와 파장

3년 전 피나 바우쉬는 나와 함께 임진각을 방문했었다.

인천 공항에서 호텔로 가는 차에 동승했던 나는 "여기서 40분만 가면 우리는 같은 민족인데도 서로 총을 겨누고 서 있다"며 한국이 세계 유일의 분단국가임을 상기시켰다. 그가 한국 소재의 작품 제작을 앞두고 있는 시점임을 의식한 발언이었다. 피나는 당장 차를 돌려 그곳에 가고 싶다고 했다. 일요일이라 판문점과 DMZ 방문은 이루어지지 못했지만 피나는 임진강을 중심으로 늘어선 철조망과 경계 초소, 도라산 역을 오가는 열차, 북쪽 땅 곳곳의 모습을 카메라에 담았다.

피나가 한국의 이산가족 상봉에 대해 소상하게 알고 있다는 사실도 놀라웠다. 그녀는 CNN뉴스에서 보았다며 "가족이 북쪽에 남아있는 사람은 얼마나 그 슬픔이 컸겠느냐"며 안타까워했다. 바닷물이 빠져 바닥이 드러난 서해 갯벌, 북쪽이 고향인 사람들이 제사지내는 곳, 하늘에서 내려다 본 한반도 지도도 낱낱이 카메라에 담았다. 한국의 무용가들과 어울려 밤을 보내면서 우리 전통춤도 보고 즉흥적으로 함께 춤을 추기도 했다.

지난해 단원들과 함께 내한했을 때는 2주일 동안 머물며 본격적으로 한국을 체험했다. 1978년 〈봄의 제전〉으로 한국을 찾았을 때 그녀는 사랑하는 사람과 헤어진 뒤였다며 당시 한국에 대한 인상이 참 좋았다고 회고하기도 했다.

피나의 작품 〈배와 함께〉에는 우리나라의 강강술래에서 보여 지는 동작들이 군무로 차용됐으며, 헝가리를 소재로 만든 작품 〈바이젠랜드〉에서는 한국인 단원 김나영이 작은 손수건을 들고 마치 살풀이춤을 추는 듯한 동작과 함께 〈진도 아리랑〉을 부르는 장면도 있다. 이 장면은 특히 민요를 즐기는 헝가리 국민들의 민족적인 정서를 담아내는 시도와 맞물려 대단히 강렬한 인상을 남겼다. 이렇듯 피나는 오래 전부터 한국인들과 한국문화에 대한 인상을 가슴 속에 담아 두고 있었다.

세계적인 예술가들에게 새로운 작품 제작을 의뢰하는 것은 선진 여러 나라의, 국제교류를 통한 문화정책의 한 유형이 되고 있다. 그런 점에서 LG 아트센타와 피나 바우쉬 부퍼탈 탄츠테아터, 주한독일문화원이 공동 제작한 한국을 소재로 한 작품 개발은 한국 공연예술사에서 그 의미가 결코 작지 않다.

첫째는, 제작비 10억원을 포함 무용예술이 프로덕션 시스템에 의해 하나의 문화상품으로 기획됐다는 점이다. 무용예술이 세계 시장을 겨냥한 하나의 '상품' 으로 본격 제작되기는 대한민국 무용 역사상 처음 있는 일이다.

둘째로, 이번 시도는 문화예술을 통한 국가 이미지 고양이란 보다 넓은, 장기적인 문화정책이 갖는 목표와도 연계되는 작업이다. 선진 여러 나라에서는 문화예술을 통해 국가 이미지를 높이고 이를 통해 국가 경쟁력을 강화시키는 정책을 운용하고 있다. 비록 민간 차원에서 시도되긴 했지만, 해외무대를 겨냥한 한국 소재 작품 제작은 투자 대비 이익 창출면에서도 결코 손해보는 프로젝트가 아니다.

셋째로, 이번 작업은 국제무대에서의 한국 공연예술의 위상을 크게 강화하는 전기가 될 것이다. 한국을 소재로 한 작품이 세계적인 아티스트에 의해 무대화 되어지고, 그런 프로덕션이 국제적인 네트워크를 통해 한국의 주도로 이루어진 과정은 국제교류에 있어서의 전략적, 탄력적 운용의 한 사례이다. 곧 한국 공연예술계의 축적된 힘과 만만치 않은 노하우를 국제무대에 과시하는 것이다. 이는 무용 장르를 넘어 한국 공연예술계의 역량을 세계에 당당히 보여주는 것이며 한국의 공연예술 시장을 해외에 드러내 보이는 것이다.

결국 이번 프로젝트는 향후 내보내는 국제교류는 물론이고 불러들여 하는 국제교류에서도 대한민국의 위상을 높이는 효과로 이어질 수도 있다.

넷째로, 이번 기획은 전략적 국제교류를 통한 문화예술 장기투자 활성화의 시발점이 될 수 있다. 어떻게 보면 유형·무형의 수익 창출을 위한 장기적인 투자이자 어떻게 보면 전략적인 프로젝트이다. 상품 가치가 높은 외국의 저명한 예술가에게 한국을 소재로 한 작품을 만들게 하고, 그 예술가의 명성을 이용해 영향력 있는 외국의 극장에 진출하고, 이를 통해 그곳 사람들에게 한국(한국인과 한국의 문화)이란 나라를 알릴 수 있도록 그 큰 틀이 짜여져 있는 것으로 볼 수도 있다.

자국의 공연예술을 해외무대에 진출시키고 이를 통해 국가의 이미지를 개선하려는 노력은 대표적인 국제교류의 한 전략이다. 일본이 모리스 베자르와 지리 킬리안, 프랑코 제피렐리를 초청해 일본을 소재로 한 작품을 만들고, 유명 오페라 연출을 의뢰하는 하는 것도 그런 일환이며, 피나 바우쉬의 국가 시리즈 역시 이 같은 여러 나라의 문화정책이 맞아떨어졌기 때문에 가능한 것이었다.

그러나 이 같은 전략이 성공하고 기대한 효과를 얻기 위해서는 우선 만들어진 작품을 자주 공연되도록 하는 것이 중요하다. 국가 시리즈로 이미 제작된 작품만도 12개에 이른다. 이들 작품들보다 한국 소재의 이번 신작이 더 많이 공연되도록 해야 한다. 문화상품을 통한 국가 이미지 고양이란 큰 목표를 위해서는 사후 관리가 중요하다는 말이다. 그런 점에서 올 10월에 개최되는 독일 프랑크푸르트 도서전 문화행사와 관련, 피나의 한국 소재 작품 공연이 독일 내에서 이루어지지 못한 점은 두고두고 아쉽다.

연암문화재단이 운영하는 LG아트센터의 국제 네트워킹을 통한 이번 프로덕션은, 앞선 전략적 국제교류의 새로운 유형을 보여주는 것이며, 문화 인프라의 중요성과 전문 인력에 의한 문화 마케팅의 또 다른 유형을 보여주는 모범적인 사례이다.

이제부터는 정부에서, 어렵게 만들어진 고 부가가치의 문화상품에 적극 관심을 갖고 지원해야 한다. 어떤 유통 경로를 통해 어떤 곳에 수출할 것인지, 상품의 부가가치를 높이는 일은 정부와 예술경영 전문가들에게 남겨진 몫이다

문화예술위원회의 출범과 공연예술 지원정책

흔히 21세기는 문화예술을 통한 문화 경제의 시대, 문화다원주의가 힘을 갖는 시대가 될 것이라고 말한다. 이즈음 들어 정부는 새 예술정책 발표를 통해 문화예술 교육과 기초예술 진흥을 강조하는 등 달라진 행보를 보이고 있다.

현재 한국 문화예술계의 최대 관심은 이달 말 출범하는 문화예술위원회에 쏠려 있다. 지난 30년 넘게 한국 문화예술계의 지원 업무를 총괄했던 한국문화예술진흥원이 해체되는 대신 새로 생겨난 문화예술위원회는 1천억 원에 이르는 지원금의 집행 등 향후 대한민국 문화예술 활성화의 키를 쥐고 있기 때문이다.

문화예술위원회의 신설을 계기로 문화예술 지원정책 전반에 대한 틀이 새롭게 짜여져야 한다는 데는 이론의 여지가 없다. 문화예술위원회를 통한 정책 운용에 있어 민간 전문인들이 참여할 수 있도록 길을 열어 놓은 것 또한 이 같은 긍정적인 변화에 대한 기대감을 불어넣는 플러스 요인이다.

문화예술위원회의 새로운 지원정책은 크든 작든, 기존 정부의 문화정책과 연계성을 갖지 않을 수 없다. 따라서 새로 출범하는 한국문화예술위원회의 정책 운용의 최종 목표점은 '문화예술을 통한 국가 경쟁력 확보와 국가 이미지 고양'이란 쪽으로 잡혀져야 할 것이다.

문화예술을 통해 국민들의 창의력을 함양하고 이를 토대로 국제무대에서 한국의 국가 경쟁력을 높일 수 있도록 한다는 미션을 전제로, 지원정책에 대한 전면적인 개편을 시도해야 한다. 기존처럼 예술가들과 예술단체에 기금을 배분하고 형식적으로 그 지원사업을 평가하는 기능에만 머물러서는 안 된다는 말이다.

그렇다고 해서 그동안 지속적으로 추진해 오던 정책의 틀을 무조건 무시하고 의욕만 앞세운 개혁을 소리쳐서도 안 될 것이다. 사안에 따라서는 무조건 새로운 것을 시행하는 것 보다는 기존의 것들을 조정과 통합을 통해 생산성을 높이도록 변혁을 꾀하는 정책이 더욱 효과적일 수 있기 때문이다.

예를 들어 전국에 산재한 120여개가 넘는 문예회관 중 1년에 50일 이상 가동되는 곳이 절반에도 못 미치고 있는 현실을 고려, 이들 공연장 시설을 제대로 활용할 수 있는 지원 방안(공연, 교육, 체험, 인턴십 프로그램 제공 등)을 보완, 전 국민의 문화예술 생활화와 지역 문화 활성화를 촉진시키는 정책 등을 시도할 필요가 있다.

예술가와 예술단체에게 직접 돈을 주는 것만이 지원의 전부가 아니라는 인식전환도 필요하다. 공공 공연장의 대관료를 낮추어 주고, 유능한 기술 스태프진들을 상주하게 하고, 충분한 훈련을 위해 저렴한 비용으로 사용할 수 있는 연습실 공간을 확충해 주는 것 역시 예술가들을 위하고 예술작품의 질을 높이는 지원방안 임을 인식할 필요가 있다.

문화관광부에서 집행하던 사업의 상당 부분이 문화예술위원회로 이관되는 데다 특히 정부가 무게를 실어 운용할 예정인 문화예술교육 관련 정책 등 정부의 문화정책 기조와 연계성을 살려 전체적인 틀을 짜는 작업은, 문화예술위원회 출범의 성패를 가늠하는데 있어 가장 중요한 사안이 될 수 있다

이런 점에서 새로 출범하는 문화예술위원회가 시행해야할 지원정책 개편의 중심은 정부가 중점 시행하는 문화정책과의 연계성을 통한 생산성 증대, 각 지원 사업 간의 조정과 통합을 통한 시너지 효과 창출, 사안에 따른 구체적이고 세분화 시킨 전략적 정책 운용, 환경의 변화에 순발력 있게 대응하는 탄력적 정책 운용으로 요약할 수 있다.

문화예술위원회의 지원 정책은 좁게는 한국내의, 서울 중심이 아닌 전국 각 지역의 문화발전을 고려한 운영, 넓게는 국내 뿐 아니라 해외의 예술 환경을 고려한 포괄적인 것이 되어야 한다. 그리고 그 안에는 양보다는 질이 무게중심에 있어야 한다. 그래야 앞서 제시한 '문화예술을 통한 국가 경쟁력 강화' 란 궁극적인 정책 목표를 성취할 수 있기 때문이다.

한국문화예술위원회의 지원 정책은 현재의 한국적인 상황을 충분히 고려한, 아주 구체적이고, 전략적인 것이 되어야 한다. 때로는 장기적, 때로는 중기적, 그리고 때로는 단기적인 운용의 묘가 발휘되어야함은 물론이다.

무용교육, 대대적 개혁 필요하다

국내외 문화환경이 급변하고 있다. 문화예술을 통한 국민들의 창의력 함양과 국가 이미지 고양, 이를 통해 궁극적으로 국가 경쟁력을 강화하려는 시도는 이미 선진 여러 나라에서는 국가의 중요한 정책 목표가 되고 있다. 미국과 독일, 프랑스 등 문화 강대국에서는 이미 이 단계를 넘어 교육적인 차원에서 '예술'을 다양하게 활용하는 프로그램들이 구체화되고 있고 학교와 공공 기관 등에서 실행되고 있는 새로운 프로젝트들도 많다.

국가 상대 예술교육의 중요성 인식시키고 지역사회 안으로 파고들어야

4년제 대학을 비롯해 전문대학, 예술 중 고등학교 무용과의 정원 미달 사태와 무용전공 인력의 급속한 감소는 이미 되돌릴 수 없는 지경에 이르렀다. 한 학기를 마치면 폐과 되거나 교수가 타 학과로 발령 나거나 학과 명칭이 바뀌는 학교가 날로 늘어나고 있다.

호남 지역에까지 발품을 팔아 정원을 겨우 채우는 영남의 모 대학 교수, 30만원씩을 봉투에 담아 고등학교 무용 선생을 찾아 학생들을 보내달라고 사정하는 K 대학 무용과 교수들, 전화번호를 연신 눌러대며 편입생 보내 달라 사정하는 눈물겨운 노력(?)은 더 이상 대안이 되지 못한다.

이제 한국의 무용계는 무용교육의 개혁에 운명을 걸어야 한다. 무용교과 독립도 물론 그중 하나이다. 국가를 상대로 주장하고 설득하고 이해시키고 또 주문해야 한다. 우선 국민들의 정서를 함양하고 어린이 청소년들의 창의력을 함양하는 전인교육으로서 예술의 중요성을 알리고, 더불어 몸을 매개로 하는 무용예술의 가치를 적극적으로, 그리고 제대로 이해시켜야 한다.

필요하면 미국에서 시행 중인 새로운 예술교육 프로그램인 A 플러스 프로젝트나 SCHOO VISIT 프로그램을 통한 다 문화 교육 프로젝트, AIDS 환자나 정신 질환자, 청소년 범죄자들을 위한 치유 기능으로서 무용예술의 활용 사례 등을 소개하고 국가에서 이를 시행할 수 있도록 전략적인 연대를 추진해야 한다.

학교 현장에서 뿐 아니라 지역사회 주민들을 위한 생활교육으로서 무용교육의 중요성과 그 시급함에 대해서도 무용계 스스로가 그 필요성을 인식해야 한다. 이제 대한민국의 모든 무용교육자들은 무용교육 개혁을 위해 철저하게 정신적으로 재무장해야 한다.

문화관광부에서 문화예술 교육의 중요성을 알고 이미 전담 부서를 발족했고, 참여정부가 곧 시행할 새 예술정책에도 '문화예술 교육' 이란 단어가 처음으로 삽입되었다. 이런 흐름을 놓치지 말아야 한다. 2002년에 결성되어 지난해부터 본격적으로 활동을 시작한 무용교과독립추진위원회도 무용교과 독립이 1차 목표이지만 향후 정부와 사회를 향해 예술교육으로서 무용의 중요성을 알리고 그 필요성을 주장하는 사업 쪽에 비중을 둘 것으로 알려졌다.

춤 관객 확산과 춤 전공 인력의 확충 역시 무용교육 개혁과 밀접하게 연관되어 있다는 점에서 무용교육의 대대적인 개혁에 대한 범 무용계의 의지 결집은 빠르면 빠를수록 좋다. 현장 곳곳에서 들여다보는 한국 무용사회의 와해, 그 속도와 폭은 생각보다 심각하다.

지원금을 탐하지 말라

지난 1월 2004년 문예진흥원 지원심의 결과가 발표된 데 이어 문화관광부와 각 지방 자치단체가 매칭 펀드 형식으로 시행하는 무대예술지원사업의 대상 단체가 선정됐다. 각 지역 마다 다소의 차이는 있지만 많은 단체에 골고루 나누어주는 소액다건에서 탈피, 비교적 큰 규모의 작품에 많은 돈을 주는 무대예술지원사업의 경우 올해로 시행 5회 째를 맞으면서 이제는 한국 무용계의 중요한 지원 채널로 자리 잡았다.

IMF 발생 후 위축된 문화예술계를 활성화시키기 위해 시행된 이 지원제도는 100억원(국고 50억원, 각 시도 50억원)이란 적지 않은 예산과 각 지역별로 동시에 시행된다는 점에서 차별성을 가지면서 지역 무용계 활성화에 큰 기폭제가 되고 있다.

나는 그 동안 춤 지원 정책과 관련 문제점 및 해결방안 등을 각종 세미나와 글쓰기, 그리고 문화관광부 관련 회의 참가 등을 통해 수차례 지적했었다. 그러다 올해 처음으로 서울특별시의 무대예술지원사업 무용 부문 심의에 참여, 80여 개가 넘는 지원신청 단체의 서류를 검토하고 인터뷰 심사를 진행하면서 우리나라 춤 단체들의 비 전문성에 적지 않게 놀라게 됐다.

우선, 같은 내용의 공연으로 문예진흥원 지원이 확정된 단체가 20여 개나 됐다. 이들은 무대예술지원사업과 문예진흥원 일반지원 사업 모두에 서류를 내고 먼저 심의가 진행된 문예진흥원 쪽의 지원 사업에 선정된 단체들이다. 중복 지원 배제 원칙에 따라 결국 4분의 1 가량의 단체들이 서류심사조차 받지 못하고 탈락한 것이다.

여기도 내고 저기도 내고 다 내보자는 식의 태도는 그만큼 제작 시스템의 비 전문성을 드러내는 것이다. 무용가와 단체들은 두 사업의 지원금 규모나 성격 자체가 다른 만큼 적합한 곳 한곳에만 지원서를 냈어야 했다. 무대예술지원사업에만 신청했으면 더 많은 지원금을 받을 수 있었던 공연들이 문예진흥원 지원사업에서 소액을 받은 사례들이 심심찮게 목격됐다.

사업 신청서의 내용이 지나치게 부실한 것도 큰 문제였다. 가장 기본적인 내용조차도 담지 않아 서류 심의과정에서 결국 손해를 본 단체들이 적지 않게 생겨났다. 사업 내용에 비해 지나치게 과다하게 예산을 책정한 경우도 허다했다. 예전처럼 예산이 깎일 것을 생각해 무조건 많이 쓰고 보자는 식의 방식은 이제 통하지 않는다.

예산 규모의 적절성도 심사의 중요한 잣대가 된다. 1시간 동안의 소극장 공연에 별다른 무대장치나 다른 매체와의 협력 작업이 없음에도 단지 라이브 연주를 시도하는 것만으로 1억원이 훨씬 넘는 돈이 든다고 한 단체가 있는가 하면 지원 요청 금액 6천만원에 자체 부담 1천만원으로 자체 부담률이 20%에 못 미치는 경우도 있었다. 외부에서 2억원을 협찬받겠다 하고 정작 인터뷰 심사 때는 그에 대한 구체적인 계획을 설명하지 못한 무용가도 있었다. 부풀리기 식 서류 작성은 이제 지양되어야 한다. 더구나 올해부터는 지원금 정산 시 신청 당시의 예산과 비교 실제 60% 이상 시행되지 않은 사업에 대해서는 신뢰성 문제를 들어 서울특별시의 경우 내년부터는 심의에서 제외한다는 방침을 정해 놓은 상태다.

인터뷰 심의에 참석한 단체의 대표자나 안무가들이 제출한 서류의 내용에 대해 자세히 알지 못한 경우도 적지 않았다. 서류 제출을 대행사에 전적으로 맡기다 보니 정작 제출한 서류의 내용에 대해 소상하게 파악하지 못한 그들은 엉뚱한 답변을 했다. 예년의 경우 인터뷰 심의는 거의 형식적이었으나 앞으로는 인터뷰 심의에 의해 지원단체 선정이나 최종 지원금이 배분될 공산이 높아진 만큼 기획 단계에서부터 무용가들의 철저한 준비가 요망된다.

정부나 각 지방 자치단체, 지원 기관에서 중복 지원을 지양하고 지원할 만한 사업에 제대로 돈을 주어 생산성을 높이자는 의지가 보다 분명해지고 있는 만큼 이제 무용가들이나 기획자들도 여기 저기 문어발식으로 지원금을 신청하는 폐단은 사라져야 한다.

국민의 세금을 특정 학교의 교수들이 돌아가면서 독식하는 사례, 더 많은 지원금을 받기 위해 적지 않은 수의 심의위원들이 심의 후 확정한 지원금을 반납하는 무용가, 지원금을 받아 실제 공연에 사용하지 않고 다른 데 유용하는 사례 등은 지탄받아 마땅하다.

어느 사이에 한국 무용계에는 지원금을 받으면 공연하고 그렇지 않으면 공연을 안 한다는 식의 생각, 여기저기서 지원금을 많이 주니 공연을 많이 하고 보자는 식의 생각, 지난해 지원금을 받았으나 대관을 하지 못해 올 초에 공연하면서 신규 사업인 것처럼 다시 신청, 또 다른 지원금을 받아내는 두둑한 배짱의 젊은 무용인들까지 지원금에 대해 무감각적으로 욕심을 내는 무용가들의 숫자가 점차 늘어나고 있다.

무용계에도 한때는 적은 액수의 지원금이지만 큰 힘이 된다며 창작에 대한 의지를 불태우던 시절이 있었다. 우선 많이 받고 보자는 식으로 각 지방, 각 기관 등 지원금을 주는 곳마다 무차별적으로 지원금을 신청하는 작금의 풍토와는 확연하게 그 정신이 달랐다.

경제 규모에 비해 예술가들에게 풍족하게 돈을 주는 나라, 신청서류를 대충 만들어도 지원금을 주는 나라, 지원 신청서를 제대로 읽어보지도 않고 심의하는 나라, 힘있는 예술가들이 공무원과 결탁 지원금을 마구 주무르는 나라, 선정 사업에 대해 제대로 평가도 하지 않는 나라는 아마도 대한민국밖에 없을 것이다.

꼭 필요한 사업에 필요한 만큼의 지원금을 신청하는 무용가들의 양심이 완성도 높은 작품의 탄생과 결코 무관하지 않음을 되돌아 볼 필요가 있다.

안무가가 작품의 '중심'에 있어야

　　서울세계무용축제 폐막 공연을 장식한 앙즐랭 프렐조까주가 수년 전 내한공연을 가졌을 때 그를 인터뷰한 적이 있다. 당시 그는 30분짜리 작품을 만드는데 18개월의 준비 기간을 갖는다고 말했다. 18개월을 어떻게 나누어 쓰느냐는 질문에 그는 두 가지 놀라운 사실을 들려주었다. 그것은 무용수들과 실제 연습하는 기간은 2개월밖에 되지 않는다는 것과 1년 전부터 시작되는 스태프들과의 미팅을 통한 제작 경로였다.

　　소재에서부터 전체 작품의 컨셉트가 정해지면 실제 작업을 위한 스태프 구성에 적지 않은 시간을 사용한다는 그는 공연 1년을 남겨 놓은 1차 스태프 미팅 때는 몇 장의 시노십스 만을 던져놓는다고 말했다. 3개월 후 열리는 2차 스태프 미팅 때 그들은 안무자가 건넨 시노십스를 보고 각자 자신의 아이디어를 내놓는다. 2차 미팅은 다른 사람의 아이디어를 듣는 것이 전부이다. 토론은 없다. 다시 3개월 후 스태프들의 미팅이 열리고 그때 그는 다른 사람의 의견을 들은 후 재수정한 자신의 컨셉트를 내놓는다. 스태프들의 토론은 이때부터 이루어진다. 여러 의견이 충돌될 때도 있지만 그 수위의 조절과 넣고 안 넣고 등 최종 결정은 그(안무가)의 몫이다.

자신이 구상한 작품에 가장 적합한 스태프들을 고르고 그런 스태프들의 아이디어와 생각들을 최대한 끌어내 작품의 완성도를 높이는 측면에서 보면 안무자 프렐조까주는 리더십을 갖춘 CEO인 셈이다.

이즈음 들어 한국의 춤 작품은 조명이나 의상, 무대미술, 음악 등 춤 주변 예술의 발전으로 인해 작품의 질이 높아진 것이 사실이다. 아주 드물긴 하지만 이들 스태프들과의 협력작업으로 극장예술로서의 무용의 특성들이 세련되게 조합되고 그것이 결국 작품의 완성도로 이어진 예도 있다. 최근에는 무대기술 쪽의 작업을 중요하게 인식하고 스태프들과의 협업 작업에 공을 들이는 무용가들이 점점 많아지고 있다. 이는 바람직한 현상이다. 그러나 우리 나라 안무가들은 스태프들과의 협업을 앙즐랭 프렐조까주처럼 유용하게 활용하지는 못하는 것 같다.

연출가, 스태프의 춤 작품이 되는 것을 경계해야

최근 몇 달 동안 춤 공연 작품을 보면서 무대 스태프들과의 협력 작업에서 안무가의 역할과 그 범위에 대해 다시 생각하게 된다.

첫 개인 발표회를 가진 한 젊은 안무가의 경우 자신의 작품이라기보다는 연출가의 컨셉트에 휘둘린 듯한 인상을 지울 수 없었다. 경연에 참가한 한 중견무용가의 작업에서는 상을 받아야 된다는 강박관념 때문이지 여러 가지 것들을 펼쳐놓으면서 춤보다는 부수적인 것들이 더욱 우위를 점하는 불균형을 초래했다. 페스티벌에 초대된 이름이 꽤 알려진 중견 안무가의 작품에는 외국 안무가의 작품에서 보여진 유사한 장면들이 여러 군데서 차용되고 있었다.

젊은 안무가들의 경우 1시간이 넘어가는 작품을 안무하게 되면서 느끼는 부담감 때문에 철없이 조력자에 지나치게 기댄다 치더라도 이름이 알려진 중견 안무가의 경우 남의 작품을 그대로 모방해 사용하는 모험은 하지 않을 것이다. 이는 안무가 자신도 모르는 스태프의 아이디어일 수 있다. 기발한 착상이라고 생각한 안무자가 스태프의 의견을 받아들이게 되고 그것이 여과 없이 또는 약간의 변형을 거쳐 작품 속에 담겨지게 되는 것이다. 이러는 과정에서 안무가는 남의 작품을 모방했다는 누명을 고스란히 뒤집어쓰게 된다.

춤 창작에서 그 중심은 안무가여야 된다. 균형의 추는 안무가가 쥐고 있어야 한다. 안무가가 중심을 잡고 조율하지 못하면 그 작품은 자칫 연출가의 작품, 스태프의 작품이 될 수 있기 때문이다. 최근 나타나고 있는 안무가의 중심 잃기는 많은 제작비가 투여되고 30분이 넘어가는 길이의 작품 제작이 많아지면서 더욱 증가하는 양상을 보이고 있다.

안무가에게는 완성도 높은 작품보다 자신의 독창적인 색깔이 묻어난 작품이 더 중요할 수 있다. "잘 만들었다"는 칭찬보다 "독창적인 작품"이란 지적이 더 좋은 평이란 말이다. 공연을 마치고 난 후 "차라리 내가 하고 싶은 대로 해 볼걸---" 하고 탄식하는 무용가들의 소리를 심심찮게 들으면서 춤 창작에서 스태프들과의 협업작업의 중요성을 다시 한 번 생각하게 된다. 안무란 결코 간단한 작업이 아니다. 훌륭한 안무가가 나오지 않는다며 안달하는 선진 외국의 사례를 보면서 안무 작업을 너무 쉽게 생각하는 한국 무용계의 잘못된 풍토가 안타깝기만 하다.

직업무용단 파행운영과 무용계의 위기의식

한국의 직업무용단들이 심상치 않다. 울산시립무용단은 오디션에 응시하지 않은 단원의 해고로 인해 농성중이고, 창원시립무용단은 새 단장의 선임과 관련 시끄럽다. 국립발레단은 단장의 업무용 자동차 구입 등 몇 가지일로 노조가 외부에서 기자회견을 갖는 일까지 생겨났다. 부산시립무용단은 새 단장 최종 후보 3인을 골라 놓고도, 1년 계약의 임시운영이라는 이상한 처방을 내렸다. 새 정부가 들어 선지 얼마 되지 않았고, 한국의 춤 문화전반에 걸쳐 새로운 변동이 일어나고 있는 시점에서 직업무용단의 중요성은 아무리 강조해도 지나치지 않다.

전국의 예술 중 고등학교 춤 전공 신입생들의 숫자가 해마다 줄어들고있고, 모집 정원 미달의 대학 무용과가 날로 늘어나고 있는 와중에 얼마 전모 대학 무용과에서는 한국무용과 현대무용 전공 교수 2명이 교양과목 담당 교수로 전보되는 일까지 발생했다. 우려하던 것들이 현실로 하나 둘 나타나기 시작한 것이다. 전문 무용수의 자질을 갖춘 뛰어난 무용수들이 졸업 후 전용 극장과 일정한 고정 예산을 확보하고 있는 직업 무용단에 입단, 마음껏 자신들의 기량을 과시하고 그들 중에서 훌륭한 안무가가 배출되도록 하는 것은 바로 건강한 춤 문화를 만드는 채널이고 춤 사회에 튼실한 인프라를 구축하는 일이다. 바로 이것이 무용계 지각 변동의 중심에 직업무용단이 당당히 자리 잡아야 하는 이유이다.

더구나 지금은 새 정부가 들어서서 본격적인 개혁을 시도하고 있는 때이다. 전국에 124개의 문예회관이 만들어져 있지만 실제로 이곳에 시립이든 도립이든 직업 무용단이 만들어져 있는 곳은 10여 개에 불과하다. 당장 이들 비어있는 문예회관을 중심으로 비록 규모가 작더라도, 또 당장은 비상임 체제로 출발하더라도 직업 무용단이 만들어질 수 있도록 해야 한다.

그러나 작금의 무용계 흐름은 그리 밝지 않다. 노조가 생긴 이후 파행을 거듭하는 직업무용단들이 날로 늘어나고 있기 때문이다. 배정혜 전 국립무용단 단장이 임기 중에 스스로 사표를 던진 것도 결국 노조가 주장하는 오디션 폐지가 불씨가 됐고 울산시립무용단, 창원시립무용단, 전북도립예술단, 국립발레단, 서울예술단, 서울시립무용단 등 홍역을 치르고 있거나 치룬 적이 있는 단체들은 모두 노조와 연계되어 있다.

지방 자치제가 자리 잡기 시작하면서 자치단체의 장들은 앞 다투어 다른 지역과의 차별화 정책을 세우고 그 과정에서 문화예술은 중요한 수단으로 인식되기 시작했다. 이런 흐름에 편승해 그 어느 때보다 도립, 시립, 군립, 구립 무용단의 창단이 용이한 시점이다. 그러나 일부 직업무용단들의 파행 운영은 이 같은 흐름에 찬물을 끼얹고 있다.

"무용단 만들면 골치 아프다" 라는 말이 공무원들 사이에 떠돌고 있는 것은 무용계로서는 치명타이다.

며칠 전 모 시립무용단의 상임안무자 재위촉을 위한 심사에 참여했다.

재위촉을 결정하는데 있어 단원들의 의사가 40%나 반영되도록 되어 있는 것을 보고 깜짝 놀랐다. 외국의 직업무용단에서는 상상도 할 수 없는 일이다. 단장 선임이나 재위촉과 관련 단원들의 의사를 파악하는 것은 있을 수 있다. 그러나 이것은 단지 참고사항이 되어야 한다.

이 같은 사실을 알고 직업무용단의 새로운 단장 선임이 실력보다는 단원들의 이해관계에 의해 좌우될 수도 있구나 하는 생각이 들었다. 담당 공무원들이 "유능한 단체장을 영입하기보다 그저 시끄럽지 않게 넘어가려면 단원들이 요구하는 사람 뽑으면 된다" 라는 안이한 생각을 가질지도 모른다는 우려도 들었다. 이럴 경우 한국의 직업 무용단 발전은 요원하다. 지금 있는 단장이나 새로 오는 단장이나 단원들의 눈치를 볼 수밖에 없기 때문이다. 그러나 이는 단지 나의 우려일 가능성도 있다. 직업무용단 무용수들은 스스로 프로의식을 갖추고 있다고 생각하고 있고 자신들의 주장은 결국 우리 무용계가 잘 되고 자신들이 몸담고 있는 직업무용단의 발전을 위한 일이라고 말하고 있기 때문이다.

임기가 만료된 단장들은 재계약이 이루어지지 않았을 경우 후임자가 편안하게 작업할 수 있도록 여건을 마련해주는 아량이 있어야 한다. 경쟁자 이전에 모두들 '무용' 이라는 한 울타리 안에서 생활하는 동지이기 때문이다. 결국 노조와 비 노조를 떠나 '무용' 이 좋아서 모였다는 동지의식이 직업무용단의 파행 운영을 해결하는 열쇠이다. 지금은 소란스런 직업무용단들이 하루빨리 정상 가동될 수 있도록 무용계가 힘을 모아야 할 때이다. 아니면 어렵게 만들어진 직업 무용단이 해체되는, 스스로 자폭하는 일이 생길지도 모른다. 새 정부의 개혁 행태나 속도를 보면 충분히 그럴 수 있다.

해외에서 활약하는 한국 무용수들의 부가가치

외국의 직업 무용단에서 활약하는 한국인 프로 무용수들이 출연하는 〈한국을 빛내는 해외 무용스타 초청공연〉이 7월 16일부터 18일까지 호암아트홀에서 열린다. 2001년 LG아트센터에서 첫 공연을 가진 이후 2년 만에 다시 개막되는 무대다.

현재 외국의 크고 작은 직업 무용단과 계약을 맺고 정식 단원으로 활약하고 있는 한국인 무용수는 30여명에 이른다. 첫 해에 초청된 9명의 무용수들은 모두 기존의 컴퍼니에서 그대로 활약하고 있고 올해 초청대상에 올랐던 무용수들의 숫자는 내한하는 7명 보다 훨씬 많았다.

소속 발레단의 공연 일정 때문에, 출연키로 했다 막판에 부상 때문에, 준비된 컨템포러리 작품이 없어 이번 축제에 함께 하지 못한 무용수들도 있다. 강수진이 전자의 케이스이며, 네덜란드국립발레단에서 활약 중인 김지영의 경우는 파트너와 함께 내한할 예정이었으나 부상 때문에 아쉽게 다음 기회로 미루었다.

외국 직업 발레단에 소속되어 있는 무용수들 중에는 국내에서 프로 무용수 생활을 했던 무용수들이 대부분이다. 한국의 직업발레단이 빠른 속도로 성장하면서 단원들의 기량도 일취월장했다. 클래식 발레 작품보다 컨템포러리 계열의 작품이 크게 인기를 얻으면서 동양인 무용수에 대한 선호도가 높아진 것도 한국인 무용수의 해외무대 진출을 유리하게 하는 요인이다.

국내 직업 발레단의 입장에서 보면 소속 단원들이 해외로 진출하면 아무래도 공백이 생길 수밖에 없지만 지금은 무용수의 층도 넓어졌고 해외에서 활동하는 단원들이 발레단과의 연계를 계속 유지하고 있어 때에 따라서는 더욱 생산적일 수 있다. 올 6월의 경우에도 미국 애리조나발레단에 소속되어 있는 권혁구와 새크라멘토발레단에서 활약 중인 조주환과 조은주가 귀국, 유니버설발레단의 일본 공연에 함께 출연했고, 스웨덴왕립발레단 전은선도 〈한국을 빛내는 해외무용스타 초청공연〉이 끝나면 유니버설발레단의 모던 발레 축제 공연에 참가할 것으로 알려졌다. 이들은 모두 유니버설발레단 출신의 외국 컴퍼니 소속 프로 무용수들이다.

그런가하면 파리오페라발레단의 데미 솔리스트로 이번 공연에서 모리스 베자르의 작품을 소개할 김용걸의 경우도 국립발레단의 객원 주역 무용수로 지속적인 관계를 유지하고 있으며, 첫 해에 초청되어 마츠 에크의 작품을 국내에 처음 소개한 뒤셀도르프발레단 허용순도 서울발레시어터의 객원 안무가로 지난해에 이어 새 작품의 안무를 위해 내한할 것으로 알려졌다.

직업 무용단의 프로 무용수들은 경쟁의 연속이다. 국내도 예외는 아니지만 다국적 무용수들로 이루어진 외국의 경우는 그야말로 피를 튀길 정도로 치열하다. 자신이 태어난 나라에서 자신에게 관심을 가져준다는 것만으로도 큰 위안이 되고 국가적인 차원에서 해외 무용수들을 위해 이 같은 공연무대를 마련한다는 것이 알려지면 무용단 내에서의 입지도 그 만큼 높아진다.

〈한국을 빛내는 해외 무용스타 공연〉 초청장이 예술감독들에게 보내지면 이들이 보여주는 반응도 갖가지이다. 공공성이 강한 페스티벌의 성격을 파악한 예술감독들은 해외 투어에서 빼주거나(독일 자브뤼켄주립발레단 이용인의 경우), 초청 단원을 위해 새 작품을 안무해 주거나(스웨덴왕립발레단 전은선과 프랑스 조엘부비에국립무용단 이은영의 경우), 공연 일정을 조정해(파리오페라발레단 김용걸과 벨기에 레 발레 세 드 라 베 김남진) 주기도 하면서까지 단원들을 지원해 준다.

해외 무용수들을 통한 국제 무대에서의 위상 강화

우리나라 무용수들의 해외진출은 한국과 세계 여러 나라와의 춤 교류 채널을 확보하는 수단이 된다. 공연 교류에서부터 무용수와 안무가들의 교류, 나아가 교육적인 프로그램의 교환에서부터 공동 제작까지도 가능하다. 새로운 경향의 작품들이 이들을 통해 소개될 수도 있고 국내 안무가들의 작품이 이 들을 통해 해외로 진출할 수도 있다.

올해의 경우도 공연장인 호암아트홀의 특성을 고려해 컨템포러리 작품 위주로 레퍼토리를 구성했고, 외국의 최신 춤 동향을 알 수 있도록 유명 안무가들의 작품을 포함시켰다. 그 결과 초청 스타들의 공연 작품 대부분이 국내에 처음 소개되는 것이며 이 중 절반이 세계 초연 작품들이다. 안무가 유병헌의 신작이 독일 베를린국립발레단 안은영을 통해 첫 선을 보이기도 한다.

해외에 진출해 있는 한국 무용수를 지원한다는 것은 단순히 그 무용수 개인에 대한 후원이기보다는 뒤집어 보면 국내 무용계 발전에 대한 장기적인 투자가 될 수 있다. 세계 여러 나라의 컴퍼니에서 활약하는 한국 출신의 무용수들이 많아지면 많아질수록 한국 무용계의 위상이 그 만큼 높아지게 되고 이는 결국 문화예술을 통해 국가 경쟁력을 강화시키는 작업이 된다.

따라서 우리 모두가 해외에서 활약하고 있는 우리나라 예술가들의 작업을 존중하고 그 들의 가치를 새롭게 인식할 필요가 있다. 대한민국이라는 국가적인 이미지가 열악한 상황에서 고군분투 하고 있는 해외 무용가들의 귀국 무대를 지켜보아 주고 따뜻한 격려의 말 한마디를 건 내야 할 때이다.

무용 교과목 독립과 무용계의 시선

오늘날 학교나 사회교육 현장에서 몸으로 부딪히면서 체험하는 교육의 비중은 얼마나 될까? 최초의 미의 창조는 원시적인 생산노동과 원시적인 가무의례, 즉 신체활동을 위주로 한 형식의 창조였다. 발을 구르고 몸을 비틀며 함성을 지르며 신을 부르던 제사장은 최고의 '미' 를 가진 자였다. 그의 영적인 힘은 몸으로부터 또 춤으로부터 나온 것이다.

개인의 주체성을 최고 가치로 여겼던 실존주의 철학이 퇴색되어가고 있는 오늘날, 아동 심리교육에 있어 신체 동작 활동은 대단히 중요한 교육으로 제시되고 있다. 점점 활동반경이 줄어드는 현대인들에게 이렇듯 춤은 여러모로 중요하게 다가오지만 '강자' 키우기에 혈안인 우리나라 학교교육에 춤이 끼어 들 틈은 아직도 묘연해 보인다.

무용 교과목 독립을 위해 상설 기구로 결성된 무용교과목 독립기구(공동대표: 김화숙, 서차영, 조흥동)의 행보가 만만치 않다. 지난해 12월 무용 교과목 독립을 위한 범 무용인 결의대회 및 심포지움을 가진 이후 이 일을 보다 체계적으로 추진하기 위해 올 1월 새 대표를 선출하고 상설 기구로 새롭게 출발한 무용교과목독립추진위원회(이하 무교추)는 오는 5월 27일(화) 12시 서울

세종문화회관 광장과 4층 컨퍼런스홀에서 '무용 교과목 독립을 위한 전국 무용인 결의대회 및 현장보고 대회'를 가질 것으로 알려졌다.

그 동안 무교추는 김천흥, 강선영, 김백봉 선생을 비롯한 12명의 원로 무용가들로 이루어진 고문단과 운영위원(무용 관련 21개 단체의 장)을 비롯해 전국 52개 대학의 무용학과장과 11명의 교육대학 무용담당 교수, 24명의 전국 예술 중고등학교 무용학과장들로 이루어진 실행위원, 그리고 재정분과, 기획 홍보분과 등 사무국을 포함 총 124명이 참여하는 무용교과목독립추진위원회 기구를 확정했다. 상설 기구 조직을 만들기까지 두 달이 소요된 만큼 이 기구에는 계파와 학연을 초월한 범 무용인들이 참여하고 있다.

무교추는 그 사이에 수차례에 걸친 운영위원회의와 전국 무용학과장 회의, 전국 무용과 학생회장단 회의를 잇따라 개최, 무용 교과목 독립의 필요성과 향후 추진 방향 등에 대해 논의했다. "모든 국민은 무용교육을 받을 권리가 있다"라고 쓰여진 차량용 스티커와 무용 교과목 독립의 필요성과 정당성을 담은 전단을 제작 배포했으며, 효율적인 사업 추진을 위한 모금 운동도 시작했다.

무교추는 일간지와 교수 신문 등의 칼럼난에 예술교육의 중요성과 무용교육의 필요성에 대한 글을 기고하는 것 외에도 각 대학 주최의 세미나 주제로 무용 교과 독립에 관한 내용이 채택되도록 했으며, 공연예술 관련 전문지의 좌담에서도 이 문제가 논의되도록 하는 등 단계적인 홍보 활동을 펼치고 있다. 오는 6월 12일(목) 한국춤평론가회가 서울 세종문화회관 컨퍼런스홀에서 시행하는 '새 정부의 춤 정책 개혁 방안'에도 무용 교과 독립은 4개의 중요한 주제에 포함되어 있다.

'무용 교과목 독립'은 비단 이번에 새로 도출된 사안이 아니다. 이미 30년 전부터 꾸준히 주장되어 온 것이다. 그러다 보니 무용계 내부에서도 "옛날부터 떠들었는데 아직도 안 되고 있는데---"라며 부정적인 시각도 적지 않은 것 같다. "나 몰라라" 하거나 "나하고는 상관없는 일"이라며 멀리서 바라보고만 있는 사람들도 있다. 또 힘든 일을 도맡아 열심히 뛰고 있는 사람들과의 이해관계 때문인지 헛소문을 퍼뜨리며 혼란을 가중시키는 사람들도 더러 있다.

무용 교과 독립보다 예술교육으로서 무용의 중요성 알리는 것이 목표

무교추는 무용 교과목 독립을 내세우곤 있지만 그 이면에는 예술교육의 중요성과 예술교육으로서 무용예술의 중요성을 인식시키는 것을 제일 큰 목표로 삼고 있다. 특히 새 정부는 지금 교육 정책의 개혁을 강도 높게 추진할 예정으로 있어 이 일은 무척 중요하고 또한 시급한 사안이다. 무용 교육뿐만이 아니라 미래의 관객개발을 포함해 우리나라 무용사회 전반에 큰 영향을 미칠 수 있는 일이기 때문이다. 교수라고 해서, 교사라고 해서, 직업무용단의 무용수라고 해서, 춤 평론가라고 해서 팔짱만 끼고 쳐다볼 사안이 아니다.

외국 여러 나라의 무용인들도 무용계의 권익을 위해 필요한 일이라면 손을 걷어붙이고 거리로 나서 정당하게 적극적으로 자신들의 뜻을 국민에게 알리고 정책 관계자들에게 알린다.

우리 역시 이제는 "무용교과 독립은 단순히 무용계의 밥그릇 챙기기가 아닌 국민들을 위한 예술교육을 위해 중요하다"는 참뜻을 적극 알려야 한다. 따라서 이 일에는 개인의 사심이나 이해관계가 존재할 수 없다. 스승과 제자가 따로 일 수 없고 남녀 무용수, 나이든 무용수와 젊은 무용수들이 따로 일 수 없다. 기득권자와 비기득권자의 차별도 무의미하다. 필요하고 시급한 일을 위해 진정으로 함께 힘을 모으는 범 무용계의 공동체 의식이 그 어느 때보다 절실한 시점이다. 무용인들 모두 "모든 국민은 무용교육을 받을 권리가 있다" 라고 쓰여 진 스티커 한 장을 부착하는 정성이 필요한 때이다.

무용 콩쿠르, 교육적 기능 회복해야

　　며칠 전 동아 무용 콩쿠르가 막을 내렸다. 동아일보사가 주최하는 이 콩쿠르는 33년의 역사가 말해 주듯 한국을 대표하는 가장 권위 있는 무용 콩쿠르이다.　언젠가 필자는 우후죽순처럼 난무하는 무용 콩쿠르에 대한 경계의 필요성과 함께 외국과 비교, 우리나라 무용 콩쿠르의 교육적인 역할 부재를 지적했었다.

　　심사위원으로 동아 무용 콩쿠르를 참관하고 난 소감은 한마디로 지나치게 획일적이라는 것이다. 작품을 풀어나가는 스타일이 거의 유사했다. 움직임 구성에서도 뛰고 돌고 뻗고 등 거의가 유사한 패턴을 반복했다. 예술가들이 정형화 된 스타일에 안주하는 것은 죽은 예술을 하는 것이나 다름없다.

　　현대무용과 한국 창작무용 부문의 경우 작품 제목이 다르고 선곡한 음악도 다르고, 춤추는 무용수도 다른 만큼 무용수의 개성을 살려내는 안무나 작품을 풀어나가는 스타일이 달라야 함에도 작품의 유형은 거의 일률적이었다.

　　현대무용 부문의 경우 80명이 넘는 참가자들이 제시한 작품의 제목은 실제 무용수들이 보여준 춤의 내용과는 연계성이 별로 없어 보였다. 무용수들의 움직임이나 감정 표현 역시 작품의 내용과 의미를 전달하는 적절한 소통의 수단이 되지 못했다. 결국 근사한 제목에 움직이기 쉬운 음악 선곡에 자신이 가장 잘하는 동작들을 조합한 경우가 대부분이었다. 작품들은 마치 맞춤형 주문 상품을 보는 듯했다. 같은 부문의 심사위원이었던 한 교수는 "마루운동을 보는 듯했다" 고 말하기도 했다.

너도나도 콩쿠르에서의 입상 자체를 최고의 목표로 삼다 보니 심사위원들의 취향에 맞는, 때로는 무용수의 반복된 훈련 동작에 의존하는 작품 구성이 난무한 셈이다. 한국 창작 춤 부문에서도 전년도에 대상을 받은 작품의 스타일이나 안무 구성을 기본으로 움직임만 조금 다르게 배열한 작품이 많았다는 심사위원들의 지적이 있었다.

기본기가 제대로 갖추어지지 않은 무용수들도 적지 않게 발견됐다. 짜여진 작품 위주로 반복된 훈련을 거듭한 무용수들은 순발력 부족과 과장된 감정 표현 등으로 금방 그 어색함이 드러나기 마련이다.

체격과 테크닉에만 심사의 초점이 맞추어지고 있는 일부 관행도 바뀌어져야 한다. 짧은 시간 안에 무용수들의 기량이나 개성을 드러내 보여야 하는 만큼 무용수의 테크닉도 적지 않은 비중을 차지하겠지만 감정표현과 연기력을 포함한 무용수만의 독특한 개성(움직임의 질을 포함) 등도 중요한 심사의 대상이 되어야 한다. 키가 크고 시각적으로 늘씬한 체형의 무용수가 아니더라도 자신의 개성을 살린 독특한 유형의 작품과 기량을 선보일 가능성은 얼마든지 있을 수 있기 때문이다.

기본기의 중요성 이해하고 개성 살릴 수 있는 과정 중시해야

이 지점에서 우리는 무용 콩쿠르의 교육적 기능에 대해 다시한번 생각하게 된다. 스위스 로잔 국제 발레 콩쿠르의 경우 1차전은 무용 클래스를 통해 심사가 이루어진다. 이 과정에서 무용수의 기본기 등이 자연스럽게 체크된다. 또한 1, 2차전에 탈락하더라도 그들을 위해 유명 선생들의 실기 클래스가 제공된다. 탈락자들은 그 클래스를 들으면서 공개로 진행되는 다음 단계 참가자들의 춤을 보고 자신이 부족한 점 등을 다른 무용수들과 비교해 보게 된다. 3차전 탈락자들은 주최측이 마련해준 심사위원들과의 개별 면담시간을 통해 자신이 부족했던 점이 무엇인가를 들을 수 있는 기회도 갖는다. 다분히 교육적이다.

콩쿠르에서의 '입상' 이 전부가 아니라 콩쿠르를 준비하고 치르고, 그리고 치르고 난 후까지 모든 과정과 절차가 교육적이다. 참가자들은 콩쿠르 탈락의 후유증에 시달리지 않고, 콩쿠르 참가를 통해 오히려 발전해 가는 자신의 모습에 성취감을 느끼며 더욱 분발하게 된다.

동아 콩쿠르 주최측은 최근 이전 콩쿠르 입상자들의 공연을 시도하거나 출연자들과 직접 연관된 심사위원의 배제 등 나름대로 공정성을 기하고 교육적인 기능을 살리려는 노력을 시도하고 있다. 그러나 동아 콩쿠르는 운영과 관련, 더 많은 개혁을 시도, 교육적인 기능이 한층 보완된 한국적인 콩쿠르의 모델을 제시할 필요가 있다.

우리나라의 무용 콩쿠르는 빠른 속도로 그 숫자가 늘어났지만 거의 대부분이 유사한 운영방식을 택하고 있다. 전국의 각 대학에서 주최하는 콩쿠르의 경우도 차별성을 살리지 못하고 그 운영 방식이나 대상이 거의 대동소이하다. 최근의 무용 콩쿠르는 지나치게 경제적인 이해타산에 집착해 있다. 교육적인 기능보다는 경제적인 수지타산이 앞서고 운영의 책임을 맡고 있는 무용가와 무용 관계자들마저도 이 부분에 대해 민감하다.

무용 콩쿠르는 참가자들이 무용수로서 기본기의 중요성을 일깨우고 이를 통해 창의력을 배양하고, 결국 뛰어난 무용수로서 성장할 수 있는 기회를 제공하는 순수한 교육적 과정이 되어야 한다. 교육적인 목표보다 병역 혜택이라는 현실적 이익이 앞서고, 경쟁 학교끼리의 채점결과에 지나치게 민감해 하는 일부 지도자들의 과열된 경쟁 심리는 무용가들 스스로 콩쿠르의 역기능을 부추기는 요인이 된다.

참가자 모두가 입상하는 사이비 무용 콩쿠르가 난무하는 것도 문제이지만, 탈락자가 훨씬 많은 권위 있는 무용 콩쿠르의 경우 참가자들이 그 과정 자체를 소중하게 생각하는 교육적 기능의 회복이 다른 무엇보다 급선무이다.

직업무용단 노조 설립, 어떻게 볼 것인가

1990년 11월. 미국 마사 그레이엄 무용단의 내한 공연은 대단한 화제를 모았었다. 이 무용단의 명성도 명성이지만, 당시 춤 전문 기자들은 유일한 한국인 단원이었던 유영하의 춤을 볼 수 있다는 것과 함께 고령의 마사 그레이엄이 직접 내한을 한다는 것에 더 큰 의미를 부여했었다. 그러나 정작 당시 나를 더욱 놀라게 했던 것은 이 무용단에 노조가 설립되어 있었고 이들 노조에 가입해 있는 무용수들이 공연을 앞두고 요구한 내용이었다.

직업 무용단들의 노동조합 설립에 관한 것이 무용계의 이슈로 떠오르고 있다. 서울시립무용단이 처음 노조를 설립했을 때도 "예술가들에게 노조가 과연 필요한가?" 라는 논쟁이 일기도 했다. 이후로 전속 극장을 갖고 있는 단체들을 중심으로 노조 설립을 둘러싼 갈등은 계속 발생했다. 전북도립예술단 단원들이 오디션 실시를 거부하자 당시 전라북도 도지사는 12월이 넘어가도록 단원들 모두와 재계약을 하지 않는 파격적인 조치를 취해 단원들 모두가 한동안 실직자가 되어 버린 경우도 생겨났다.

올해 들어 국립발레단과 서울예술단의 노조 설립 소식이 알려졌을 때만 해도 재단법인 소속인 서울시립무용단의 예를 들며 "있을 수 있다" 는 담담한 반응을 보이던 무용가들도 국가 공무원 신분인 문화관광부 소속 국립무용단의 노조 설립 얘기가 불거져 나오자 성사 여부에 비상한 관심을 표시했다. 설마설마 하던 국립발레단과 서울예술단이 노조를 출범시켰고, 지방 시립무용단들의 연쇄적인 노조 설립 움직임과 함께 국립무용단의 노조 설립이 점점 구체적으로 수면 위로 부상했기 때문이다.

이런 와중에 9월 16일 정부는 공무원 단체들이 요구해온 공무원 노조 설립과 관련해 '노조' 란 명칭을 사용하지 않고 그 명칭을 '공무원조합' 으로 확정하는 내용의 '공무원 조합 설립 및 운영에 관한 법률안' 을 확정했다. 정부의 공무원 단체 설립 안에는 단체 명칭을 '공무원 조합' 으로 한다는 것 외에도 공무원 조직을 구성할 수 있는 '단결권' 과 보수 및 근무조건에 관해 협상할 수 있는 '단체교섭권' 을 인정하고 있다. 반면에 단체 협약을 체결한 수 있는 권한인 '협약체결권' 과 파업, 태업, 쟁의 행위 등을 할 수 있는 단체 행동권은 제한, 가장 중요한 기능을 인정하지 않음으로써 공무원 노조의 설립을 완전하게 인정하지 않겠다는 여지를 남겼다.

직업무용단들의 잇단 노조 설립에 대해 무용계의 시선은 일단 그리 곱지 못하다. 이는 무용계 최초의 노조인 서울시립무용단이 노조 설립 이후 끊임없이 갈등에 휩싸였고 이로 인한 공연활동의 위축으로 단체의 위상이 크게 낮아졌기 때문이다. 더구나 노조 설립 이후 채택한 단원들의 55세 정년 보장은 세계 어느 직업무용단에도 없는 조항이다.

55세 정년 보장으로 단원들은 "불공정한 오디션으로 인한 불안감 없이 예술활동에 전념할 수 있다" 고 할지 모르나 오디션의 불공정성이 문제가 된다면 제도적으로 이를 개선할 수 있는 방안을 찾아야 한다. 직업 무용단에 한번 입단만 하면 55세기 되도록 무조건 무용단에 남아 있을 수 있다는 일종의 특권을 갖는 것만이 개선방안의 전부는 아닐 것이다.

서울시립무용단의 무용수들 전부가 55세가 될 때까지도 프로 무용수에게 요구되는 여러 가지 기능들을 유지할 수 있을 것인가도 의문이지만, 그 사이에 새로운 상임 안무가나 예술감독이 부임했을 때 단원 모두가 그들이 요구하는 스타일의 춤을 출 수 있다는 보장도 없기 때문이다.

외국의 경우에도 노조가 설립된 직업 무용단들은 많다. 직업 무용단의 노조 설립 자체는 부정적으로 볼 사안도 아니다. 그러나 문제는 노조가 어떤 내용들을 중요한 협약 대상으로 삼느냐 하는 것이다. 외국의 경우 직업 예술단체나 전문 극장의 그 어떤 노조에도 정년 보장이란 조항은 없다. 그리고 모든 단원들은 오디션을 통해 그 능력을 평가받고 있고 이를 토대로 재계약 여부가 가려진다.

마사 그레이엄 무용단이 내한했을 때 단원 노조가 내세운 요구 사항은 "공연장의 온도가 너무 추워 무용수로서의 기량을 최대한 발휘할 수 없으니 무용단이 당초에 요구했던 데로 극장의 온도를 적정하게 올려 달라" 는 것이었다.

새로 출범하는 직업무용단들의 노조는 그 모습을 새롭게 할 필요가 있다. 노조가 직업 무용단의 상임 안무가나 단장의 입력단체로 군림하려 한다면 제반 창작활동을 위축시킬 수밖에 없다. 또한 노조원과 비노조원과의 갈등을 야기 시켜 결과적으로 단체의 전체적인 결집력을 해친다면 이에 대한 책임은 노조 스스로가 져야하기 때문이다.

언젠가 직업 무용단의 한 무용수로부터 "프로 무용수로서, 직업 무용수로서 내가 이 단체에서 필요로 하는 무용수인가를 묻는 오디션을 거부하는 것은 스스로 자존심을 해치는 것이고, 다른 직업 무용단의 무용수들에게도 부끄럽다"는 내용의 말을 들은 적이 있다. 맞는 말이다. 오디션을 보지 않는 정년 보장 요구는 프로 무용수들에게는 설득력이 없다.

새로운 예술감독 영입을 1년 전에 결정하고 신임 예술감독이 1년 전에 단원들의 오디션을 실시, 재계약 여부를 결정하고 재계약이 이루어지지 않은 단원들은 이 기간 동안 다른 무용단의 오디션을 보고 성사된 단원들은 새 감독의 안무 스타일을 익히는 독일 슈투트가르트 발레단의 운영 방안은 우리에게 많은 것을 시사해 준다.

"만약 신임 단장이 오게 될 경우는 반드시 일정 기간 전에 그 사실을 밝혀주고 단장 교체와 동시에 정상적인 공연활동이 가능할 수 있도록 해달라"는 것은 바로 직업 무용단 노조의 건강한 요구사항이 될 수 있기 때문이다.

2년 전에 출범한 울산시립무용단이 최근 신임 상임 안무가의 부임과 관련, 그 절차 과정에서 단원들과의 갈등이 불거지면서 노조 문제가 다시 수면 위로 떠 오른 것은 일부 단체이긴 하지만 "오디션을 받지도 않고 직업 무용수로서 정년을 보장받는 나라"라는 창피한 현실과 함께 더욱 우리를 우울하게 만든다.

전국무용제, 새롭게 태어나라

올해로 10회 째를 맞은 전국 무용제가 9월 27일 천안에서 막을 내렸다. 1992년 '춤의 해' 때 태동한 전국무용제는 '춤의 해'가 거둔 가장 가시적인 성과로 꼽힌다.

나를 포함 당시 문예진흥원을 출입하던 일부 언론사 기자들도 '춤의 해' 사업과 관련, 연극계에서 시행 중인 지방 연극제의 예를 들며, 지방 무용제의 개최 필요성을 제기했었다. 연극과 춤 분야의 형평성의 문제, 1회성의 행사 보다 무용계 발전을 위한 실질적인 사업의 필요성 등이 전국무용제 개최를 부추기는 요인이었다.

이 같은 무용계의 여망을 받아들여 태동한 전국무용제는 소수의, 이른바 제도권의 중심에 있는 무용가들의 춤 제전인 기존의 서울무용제와 차별성을 가지며 지역 무용계의 중심에 있던 무용가들이 전면으로 등장하는 행사로 자리 잡아 왔으며, 이런 저런 구설수에도 불구하고 '젊은 안무가 창작 공연'과 더불어 문예진흥원과 한국무용협회가 공동으로 추진하는 지원사업 가운데 가장 부가가치가 높은 사업의 하나로 평가받고 있고, 지난 10년 동안 몇 가지 괄목할 만한 성과도 거두었다.

첫째, 전국무용제는 지역 무용계 활성화에 큰 기폭제가 됐다.

개인 무용가들 위주의 소규모 공연이나 지역에서 치러지는 문화 행사 시 맛 뵈기로 간간이 끼어들던 춤 공연이 전국무용제의 개최를 계기로 공연의 규모에서나 횟수 면에서 괄목할 만큼 성장하기 시작했다. 새로운 춤 단체들이 생겨나기 시작했고, 안무가와 무용수의 필요성은 고향을 떠나 활동하던 무용가들과 지역 무용계와의 교류 확산으로 이어졌다.

둘째, 지역 주민, 관련 문화 기관들의 무용예술에 대한 인식을 바꾸게 했다.

지역 대표를 선발하는 춤 공연이 페스티벌 형태로 그 규모가 커지고 지역의 중요한 행사의 하나로 자리 잡기 시작하면서 평소 춤에 대해 문외한이던 지도급 지역 인사들과 관계 공무원들의 춤에 대한 인식이 달라지기 시작했고, 지역 주민들의 관심도도 더욱 높아지기 시작했다.

셋째, 각 지방자치단체로부터 창작 지원금이 춤계로 유입되기 시작했다.

각 시도 대표를 선발하기 위한 지역 예선, 그리고 선발된 지역 대표 단체들에 대해 해당 자치단체로부터 별도의 창작 지원금이 지급되면서 중앙에 비해 엄청나게 열악했던 지역 무용가들의 작품 제작 여건이 어느 정도 개선되기 시작했다.

넷째, 무용 사회의 테두리를 종래 서울 중심으로 인식하던 데서 벗어나 대한민국 무용계 전체를 아우르는 쪽으로 변화시켰다.

이 같은 변화는 춤 공연 기획이나 정책 수립에 있어 지역 춤 단체의 수용 폭을 넓히는 계기가 됐고, 지역 무용가들의 작품이 중앙 무대와 직접 교류할 수 있는 채널을 확대하는 요인이 됐다.

올해 예산 4억5천만원, 전체 무용인들의 축제로 거듭 태어나야

전국무용제는 문예진흥원의 춤 부문 지원 사업 중 단일 행사로는 가장 많은 2억8천만원을 배정 받는 가장 큰 춤제전으로 발전했으며, 해마다 본선에 진출하려는 지역 춤 단체들의 경연이 치열해 지고 있다.

출범 첫해 1억원이었던 예산은 올해 4억5천만원으로 늘어났고 대상 단체의 상금도 1천만원에서 2천만원으로 늘어났으며 명칭도 대통령상으로 격상됐다. 그러나 전국무용제는 규모나 그 중요성에 비해 그 동안 대한민국 전체 무용인들의 잔치가 되지는 못했다. 특정한 심사위원이 6년 동안 계속 심사위원을 맡아 물의를 빚었고, 3차례 이상의 심사를 맡은 무용가들도 3-4명에 이르고 있어 주최측인 한국무용협회의 지나친 입김이 작용하고 있다는 의혹도 사고 있다.

지역 대표의 자격으로 출전, 경연 형태로 치러지는 행사인 만큼 참가 단체들의 과다한 경쟁은 피할 수 없는 상황이고 보면 앞으로 전국무용제는 세부적이고 객관적인 심사 기준에 대한 보완과 함께 심사의 투명성을 높이려는 노력이 더욱 배가되어야 한다. 전국무용제는 또 장기적인 면에서 지역 무용계의 발전을 위한 실질적인 춤 정책과 연계되어 치러져야 한다.

이와 함께 지역 예선을 주관하는 한국무용협회 산하 지부들의 지역 무용계 전체를 끌어안는 변신 또한 중요하다. 일부 지부의 경우는 춤 단체와 무용가들과의 불화로 인해 지역 춤 페스티벌을 지역의 전체 무용인들이 참여하는 행사로 치러내지 못하고 있다.

행사의 규모나 의미에 걸맞게 홍보활동도 더욱 강화해야 한다. 전국무용제는 단순히 지역의 일개 도시에서 행해지는 지역 춤 잔치가 아니다, 각 시도를 대표해 출전하는 전국 규모로 치러지는 우리 라에서 유일한 경연 형태의 춤 페스티벌이다. 따라서 홍보 또한 전국적인 차원에서 대한민국 국민 전체를 대상으로 이루어져야 한다. 그러나 그 동안 전국무용제는 주최측의 무관심과 소극적인 태도로 인해 지역 행사로 전락, 그 격이 격하되어 버렸다.

전국무용제의 높은 부가가치에 대한 검증이 끝난 만큼 운영과 관련, 축제적인 분위기 조성을 위한 개혁과 보수를 절실히 필요로 한다. 현 주최측인 한국무용협회의 부족한 인력과 조직을 보완해 줄 수 있는 전문 기관의 행사 대행과 축제적인 분위기 조성을 위한 다채로운 아이디어를 모으는 프로그램 공모제의 검토도 이에 해당될 수 있다.

남북 예술교류, 과시형 공연보다 인간적 만남이 더 중요

평양학생소년예술단의 서울 공연에 이은 평양교예단의 방문과 남북 정상 회담 성사, 북한국립교향악단의 내한 공연 등 북쪽 열풍이 강하게 휘몰아치고 있다. 신문이나 방송 매체 등에서는 남북 교류, 남북통일에 관한 기사가 거의 매일 등장한다. 문화예술계도 예외가 아니어서 각 장르별로 남북 예술교류에 관한 이런저런 생각들이 거침없이 쏟아져 나오고 있다.

남북의 문화예술 교류와 관련, 해당 분야의 전문가들은 지나치게 자기 분야, 자신이 소속한 단체와 연계시킨 일방적인 의견 개진은 자제해야 한다. 남북 문화예술 교류는 단체나 개인의 이해관계에 따라 어느 한쪽에 무게중심이 쏠릴 사안이 아니다. 몇몇 예술단체에서 앞 다투어 북쪽에서의 공연 계획을 표방하는 것 등은 그런 점에서 성급한 면이 없지 않다.

남북 문화예술 교류 문제와 관련, 남쪽에서는 이미 오래 전부터 크고 작은 세미나, 그리고 비공식적인 워크숍 프로그램 등을 통해 문제점 도출에 서부터 구체적인 프로그램 제안에 이르기까지 어느 정도 축적된 내용이 있다. 급작스런 변화에 따른 새로운 교류방안도 물론 필요하지만 정책 당국과 문화예술계에서는 이미 개진된 다양한 제안과 분석 등을 점검하고 그에 대한 미비점을 보완하는 노력을 경주해야 한다. 언론 역시 구색 맞추기 식의 일회성 보도 기사보다는 기획 시리즈 등을 통해 보다 심도 깊은 진단을 시도해야 한다.

동서독이 통일되기 전까지 두 나라는 무려 6백 여 개에 이르는 문화예술 교류 프로그램을 시행했다. 그 중에는 동독의 바이올린 수리 전문가가 서독에 있는 바이올린 수리 전문가의 집에 6개월 동안 기거하며 서로의 기술을 전해 주고 전해 받는 프로그램도 있었다.

연극의 경우 브레히트의 작품이 양국에서 공연되었고, 동독의 작가 뮐러의 작품이 서독에서 자주 공연되기도 했다. 그런가 하면 서독의 연출가가 객원 연출가로 초빙되어 동독의 바이마르 국립극장에서 공연하고 동독 텔레비전은 이 공연 실황을 방영하기도 했다. 서독의 연주가가 동독에서 연주회를 개최하는 등 이들 두 나라는 1972년 양국 정부가 기본 조약을 체결하기 이전부터 빈번한 문화예술 교류를 지속해 왔다.

지금 시점에 있어 남북 문화예술 교류는 여러 사람들이 움직여야 하는, 떠들썩한 대형 공연 보다 겉으로 잘 드러나지는 않지만 차분한 인적 교류가 먼저일 수도 있다. 앞서 언급한 동서독 바이올린 장인들의 교류 프로그램이 그 좋은 예이다.

불과 몇 년 전, 북쪽에서 귀순한 무용수 신영희가 남쪽 예술단이 제작한 뮤지컬 〈시집가는 날〉에 주인공으로 출연해 색다른 연기와 춤을 보여주었던 기억이 아직도 생생하다. 북쪽이 개발한 한글의 자음과 모음을 이용한 무용표기법은 세계적으로 그 과학성을 인정받고 있다. 몇 년 전 북쪽에서 세계 여러 나라의 무용표기법 전문가들을 초청해 평양에서 대대적인 세미나를 통해 이 메소드를 소개하기도 했었다. 만약 남쪽의 무용가들과 무용학자들이 북쪽에서 개발한 이 표기법을 배울 수만 있다면, 한글을 사용한다는 이유 하나 만으로도 남쪽의 무용가들과 무용전공 학생들은 라반이 개발한 노테이션보다 더욱 효율적으로 활용할 수 있다.

평양학생소년예술단 서울 공연과 남북정상회담 시 남쪽 대표들에게 선보인 북쪽의 무용 공연 등이 영상물 등을 통해 소개되자 무용계의 관심은 자연스럽게 북쪽 무용수들의 훈련 방법과 안무 작업 등에 쏠렸다.

우선 가장 눈에 띄는 것은 무용음악이었다. 그들의 무용음악은 작품의 내용을 표현하고 그에 걸맞게 춤의 분위기를 상승시켜주는 역할을 톡톡히 해냈다. 이는 무용을 아는 작곡가들의 층이 넓고 우리 전통 악기의 성공적인 개량 작업을 통해 다양한 음색을 만들어 낼 수 있었기에 가능한 것이었다. 남쪽 무용단들의 무용극 공연 시 북쪽의 무용음악 전문 작곡가에게 무용음악을 의뢰할 수도 있을 것이다.

완벽한 앙상블을 만들어내는 무용수들의 훈련 메소드 역시 남쪽의 무용계가 배워야 할 것들이다. 최승희가 만든 '조선민족무용기본'을 통해 무용수로서 탄탄한 기본기를 다지고 강도 높은 훈련을 통해 무용수들의 시선 처리를 포함한 방향 감각을 기르고, 그로 인해 탄탄한 앙상블을 만들어내는 그들의 훈련 방법은 신체의 각 부분을 골고루 발달시켜주는 효율성이 여러 곳에서 엿보였다.

북쪽에서의 무용수들의 훈련 메소드가 이처럼 발달된 것은 1958년 최승희가 만든 '조선민족무용기본'의 영향이 컸다. 발의 사용에서부터 손동작에 이르기까지 1단계에서부터 12단계로 나누어진 '조선민족무용기본' 은 체계적인 연구를 통한 실용성에다 그림과 필름 등을 이용한 교재 개발, 그리고 교사 양성 등이 함께 이루어져 일본과 중국 등으로 급속도로 확산할 수 있었다.

북한의 최승희 무용기본을 가르칠 수 있는 지도자를 초빙해 남쪽 무용수에게 그 것을 가르치도록 하고 남쪽의 훈련 메소드를 북쪽에서 가르칠 수 있도록 하는 것 역시 쌍방에게 서로 유익한 교류 프로그램이 될 것이다.

작곡가 윤이상, 무용가 최승희는 남북 예술교류에 있어 가교 역할을 할 수 있는 예술가들이다. 남북 양쪽에 그들의 창작의 원천이 됐던 지역이 그대로 있고, 그들이 남긴 작품들, 그리고 그 들이 길러낸 제자들도 생존해 있다. 무엇보다 한국 민족의 민족적인 정서들이 그 들의 작품을 통해 오롯이 남겨져 있고 두 사람 모두 세계무대에서 그 예술성을 이미 검증 받았다는 공통점도 갖고 있다. 이 들과 연계된 다양한 교류 프로그램은 비단 남쪽과 북쪽에서만이 아니라 세계무대를 향해서도 이루어질 수 있다는 점에서 남북 교류에 있어 새로운 전기가 될 수도 있다.

국악기 개량을 위한 전문가 교환, 남북의 대표적인 희곡의 교환 제작, 창작음악의 교환 연주 등은 많은 인원이 이동하고 많은 돈이 들어가는 것들이 아니다. 이 같은 작은 만남은 서로의 이질화된 문화의 간극을 좁혀줄 수 있다.

그 들이 앞서 있는 것, 서로가 필요로 하는 것들을 주고받을 수 있는 인적 교류는 오랜 동안 폐쇄적이었던 북쪽의 빗장을 열 수 있는 효율적인 정책이다. 무엇보다 이를 통해 진정한 인간적인 만남이 이루어질 수 있기 때문이다.

　　우리는 이미 오래 전, 남북 예술인 합동 공연 등을 통해 북쪽과의 교류에 흥분했던 경험을 갖고 있다. 이제 다시는 그런 포만감에 젖어 즉흥적인 감정 표현만을 되풀이하는 우를 범해서는 안 된다. 남북 문화예술 교류는 무엇보다 현장에서 작업하는 예술가들이 절실히 필요로 하는 것들을, 정부가 뒤에서 도와주는 그런 모양새가 되어야 한다.

'세계' 무대로 눈 돌려라

새 천년이 밝았다. 새로운 세기, 한국의 무용예술은 어디로 흘러가야 하나?

결론부터 말하면 21세기 한국의 무용예술은 세계 무대에서 논의되고 검증되어져야 한다. 우리는 그 동안 우리 무용에 대한 관심을 국내에서만 부추겨 왔다. 외국의 무용단체를 초청해 그들의 아이디어와 기량에 흥분했다. 불러들이는 데는 돈을 썼지만 내보내는 데는 상대적으로 인색했다.

그렇다고 불러들여 하는 국제화가 필요 없다는 것은 아니다. 변화하는 문화예술계의 흐름에 대처하는 대응전략의 문제, 생산성의 문제를 논하는 것이다. 한국의 무용가들이 만든 작품 중에는 많지는 않지만, 그 독창성과 예술성으로 세계무대에서 당당히 경쟁할 만한 레퍼토리가 분명히 있다. 이제는 이들 작품을 세계무대로 내보내 한국의 무용에 대한 관심을 확산시킬 필요가 있다. 우리도 재능 있는 안무가들을 국제무대로 진출시켜 그들의 이름을 알리고 그들이 다른 외국의 무용단과 함께 작업할 수 있도록 만들어야 한다.

지난해 11월에 시도된 '떠오르는 한국의 안무가들'(Emerging Korean

Choreographers) 공연은 이 같은 작업에 대한 자신감을, 그리고 그 필요성을 절감시켜 주었다. 한국의 젊은 안무가 14명의 대표작들이 미국의 코디네이터에게 전해졌고 그는 이 작품들을 미국의 유명 극장으로 보내 공연의사를 타진했다.

우리나라 공연예술 작품이 외국의 유명 극장에 진출하고, 현지의 평론가들이나 기자들로부터 평가를 받도록 하기 위해서는 외국의 문화재단이나 사단법인 형태의 공신력 있는 관련 기관과 연계하는 것이 중요하다. 아직 우리나라에는 국제적인 공연사업을 수행할만한 전문 인력이 턱없이 부족하고, 있다고 해도 그들이 아직은 국제무대에서 공신력을 얻지 못하고 있기 때문이다. 이 같은 국내 사정을 감안하면, 유명 극장이 안심하고 계약을 체결할 수 있도록 공신력 있는 해외 기관과 협력체계를 만들어 그들이 추천한 전문 기획자와 공동으로 일을 추진하는 것이 가장 효율적일 수 있다는 말이다.

EKC 프로젝트도 코리아 소사이어티(Korea Society)라는 재단법인을 통해 일을 추진했고 그 결과 3명의 안무가들 작품이 뉴올리언즈, 데이톤, 필라델피아, 워싱톤의 유명 극장과 직접 계약, 공연을 가질 수 있었고 '필라델피아 인콰이어' '워싱톤 포스트' 지에 리뷰가 게재될 수 있었다.

일본, 중국, 대만, 말레이시아 등 그 동안 이들 극장에서 추진했던 아시아 무용가들의 컨템포러리 댄스 공연이 기대한 수준에 못 미쳤기 때문인지 이번 프로젝트에 대해서도 미국 쪽에서는 회의적인 반응을 보였다. 결국 이같은 분위기는 공연 개런티 협상과정에서도 불리하게 작용했다.

그러나 한국의 컨템포러리댄스 공연을 본 그들은 기대 이상의 수준에 무척 놀라워 했다. 움직임 구성, 소재의 보편성 문제, '한국'이란 나라만이 가질 수 있는 독창성 등을 고루 충족시킨 레퍼토리를 골라낸 외국 기획자의 안목도 중요했지만, 평론가들을 포함한 현지의 무용 전문가들의 한결같은 지적은 작품을 풀어가고 움직임을 조합해 내는 안무가들의 감각이 만만치 않다는 것이었다.

이번 프로젝트에 참가한 세 명 안무가(박호빈·안애순·손인영)들뿐만 아니라 80년대 한국 무용의 르네상스를 주도했던 안무가들도 예술성 높은 작품들을 여럿 보유하고 있다. 이들 작품들을 선별해 보완할 수 있는 기회를 마련해주고, 이를 세계무대로 진출시키는 전략적인 계획을 추진한다든지, 규모를 좀 더 확대, 전통무용까지 포함시켜 '한국의 무용, 무용가들'이란 제목으로 몇 년에 걸쳐 각 나라를 순회하며 한국의 무용에 대해 집중 소개하는 보다 큰 규모의 프로젝트를 추진하는 것도 한 방안이 될 수 있다.

한국의 무용, 세계 무대에서 논의되고 검증되어야

한국의 무용을 알리는 작업은 국내 무용단체들이 외국을 방문해 공연을 갖도록 하는 것만이 전부가 아니다. 훌륭한 안무가들로 하여금 외국에서 작업 기회를 갖도록 만들어 주는 것 역시 대한민국의 무용을 인식시키는 방안이 될 수 있다. 그렇다고 우리 무용의 외국 무대 진출이 안무가들에 의해서만 이루어지는 것은 아니다. 워크숍 등을 통해 자신의 무용 테크닉 등을 알리는 것, 학회에 참가 자신의 연구 이론을 발표하는 것 역시 한국의 무용을 알리는 작업이다.

세계적으로 가장 많이 보급된 무용 중 하나가 인도 무용이다. 유명한 댄스 페스티벌에 가면 인도 무용에 관한 워크숍은 빠지지 않으며, 웬만한 대학의 무용과나 유명 도시의 무용학교에는 어김없이 인도 무용 클래스가 개설되어 있다. 인도 무용을 세계에 알리는 작업은 국가적인 차원에서 지원된다. 그들은 우선, 춤의 종류에 따른 교본을 만들고 다음으로 이를 국내외에 가르칠 수 있는 전문 강사를 육성했다.

최승희가 만든 '조선민족무용기본' 이 아시아권을 중심으로 빠르게 보급될 수 있었던 요인은 그가 1958년에 이미 『조선민족무용기본』이란 책을 펴내 자신의 춤 메소드를 정리했고, 이를 비디오로도 제작해 누구든지 손쉽게 배울 수 있도록 텍스트화 해 보급했다. 시험을 통해 자격증을 취득할 수 있는 제도를 시행, 자신의 춤 메소드를 가르칠 수 있는 강사들을 체계적으로 배출했다. 메소드 개발, 교재 개발, 보급자 개발의 삼박자가 잘 맞아떨어진 것이다.

무용가들은 공연을 하는 것만이, 작품을 안무하는 것만이 자신의 예술성을 인정받는 길이라는 생각에서 벗어날 필요가 있다. 자신이 오랜 동안 개발한 무용수들의 훈련 메소드나 테크닉 등을 이론적으로 정리하고 이를 세계 여러 나라의 무용수들과 움직임을 연구하는 전문가들에게 보급시킬 필요성이 있다. 우리나라 전통무용의 경우는 두말할 필요가 없다.

한국의 무용에 관한 전문가들을 외국에 많이 포진시키는 것도 중요한 정책이다. 하와이 대학의 주디 반자일 교수가 좋은 예이다. 한국무용에 관해 해박한 지식을 갖고 있는 그는 외국의 여러 학회에 참석, 영어로 한국무용에 관한 다양한 논문들을 발표하고 있다. 해외에서의 한국무용 전문가를 육성하는 정책의 중요성은 아무리 강조해도 지나치지 않다.

이 같은 정책 시행을 국가에서 해주기만을 기다려서는 안 된다. 한국무용교육학회 같은 곳에서 한국국제교류재단 등과 같은 유관 기관의 도움을 받아 시행할 수도 있을 것이다.

새로운 천년에는 예술성 높은 작품을 만드는 안무가들이 힘을 갖는 시대가 될 것이다. 춤 잘 추는 무용수들, 춤을 잘 가르치는 선생이 힘을 갖는 시대가 될 것이다. 직위나 직책 등 외형적인 화려함보다는 '실력' 있는 사람이 인정받는 시대가 될 것이다.

새로운 세기에는 각 분야의 무용가들과 무용관계자들이 보다 적극적으로 일을 꾸미고 이를 추진시킬 필요성이 있다. 그 동안 해오던 관행에 안주하지 말고 새로운 아이템을 개발하고 이를 추진하기 위해 필요한 재원을 끌어들이고 관계 기관과 제휴하는데 있어 보다 공격적일 필요가 있다는 말이다. 새로운 세기에는 한국이 아닌 세계무대에서 당당히 경쟁하는 우리 무용가들의 모습을 자주 보고 싶다.

5백만원이 적은 돈입니까

　　본격적인 무용시즌이 개막됐다. 새로운 세기의 기운 때문인지 뚜껑을 연 2000년 무용 시즌은 다양한 형태의 공연들이 연속적으로 이어지고 있다. 지난 달 무용계는 온통 '돈' 얘기로 술렁거렸다. 늘어난 공연 횟수만큼 공연장에서 만나는 무용가와 무용 관계자들의 수도 많아졌다. 그리고 뜻밖에도 이 들의 주요 관심사는 내한공연을 갖는 피나 바우쉬가 아니었다. 이들의 최대 화제는 바로 돈이었다.

　　서울시를 비롯한 각 시도의 문예진흥기금, 문예진흥원의 지원금 지원 대상자가 지난 1월 확정된 데 이어 새로운 예술의 해 사업 공모에 당선된 무용가와 무용단체가 발표됐고, 지난해에 이어 두 번째로 시행된 무대공연작품 지원사업의 국고 지원금 수혜 단체들이 최종, 결정됐기 때문이다.

　　예년에는 문예진흥원에서 관장하는 문예진흥기금이 무용가들이 받을 수 있는 거의 유일한 창작 지원금 이었으나 앞의 예에서도 보듯 민간 문화재단의 지원금을 빼더라도 공공 기관에서 예술가들에게 지원하는 지원금의 종류는 늘어났다.

　　이중에서 가장 관심을 모은 것은 문화관광부가 시행하는 '무대공연작품지원사업'. 지난해에 이어 시행된 이 사업은 올해는 각 시도의 문화예술 관련 부서에서 지원서 교부에서부터 심사위원 선정까지 행정적인 업무를 담당했으나 실상은 문화관광부의 지침을 받아 시행한 국고 지원사업이었다.

지난해 무용 분야에 배분된 예산이 5억여 원에 이르는 큰 규모였던 데다 대한민국 무용 지원금 사상 최초로 한 무용가에게 8천만원이란 돈이 지급되어 화제를 모았던 이 사업은 최고의 지원금을 받은 무용가와 무용단체가 최악의 작품을 내놓아 또 한번 구설수에 오르기도 했었다.

최저 2천만원에서부터 최고 8천만원에 이르는 국고 지원사업에 대한 관심은 지난해 신청 단체수가 20개 미만이었던데 비해 올해는 60개로 늘어난 데서도 알 수 있다. 올해의 경우 지난해와 마찬가지로 최저 2천만원에서부터 최고 7천만원에 이르는 지원금이 무용단체에게 돌아갔다.

무용계에서 갑자기 돈 얘기가 화제의 대상이 된 데는 지난해에 이어 시행된 이 사업이 기폭제가 됐다. 적게는 3백만원에서부터 많게는 1천5백만원 정도의 지원금을 받는 것이 다반사였던 무용계에 갑자기 5천만원, 6천만원, 8천만원이란 숫자는 확실히 그 수치가 주는 충격효과가 분명히 있었다. 그러나 불과 1년 사이에 무용가들은 이들 수치가 주는 위압감에서 어느 새 해방되어 버린 듯하다.

"내가 어떻게 그 사람보다 적게 받을 수 있어"

젊은 무용인들 사이에서 "겨우 5백만원 밖에 안 주는거야" 라는 말이 공공연히 떠돌고 중견 무용가들 사이에서 "적어도 5천만원 정도는 받아야 제대로 대우받는 것 아니냐” 는 말이 나도는 것은 그런 사례를 입증해 주는 것들이다.

특히 올해 이 국고 지원사업은 전국 곳곳의 무용계에 적지 않은 후유증을 남기고 있다. 각 시도별로 시행을 하다 보니 특히 지방 도시를 중심으로 심사결과와 관련, 엄청난 파문을 일으키고 있다.

경상남도의 경우 활동경력이 없는, 지원금을 받기 위해 급조된 단체가 수혜자로 지정되어 논란이 일고 있고 대구직할시에서도 비슷한 사례와 함께 타 지역에서 온 일부 심사위원들의 무성의한 심사과정이 노골적으로 비판의 대상이 되고 있다. 그런가하면 대전시와 충청남도의 경우 모 협회의 책임자가 사업 시행에 관련된 정보를 공개하지 않고 정작 자신이 신청, 지원금을 받는 등 밀실 행정으로 인한 후유증으로 곤욕을 치르고 있다.

2백만원 정도의 지원금을 받는 것이 고작이었던 지방의 무용가들에게 2천만원에서 4천만원대를 오르내리는 수치는 그야말로 경이로움의 대상이 되고도 남을 만큼 파격적인 변화가 아닐 수 없다.

이 국고 지원사업의 경우 그 시행방법이나 그 동안의 관례를 깨는 지원 액수 등을 놓고 볼 때 선거를 앞둔 선심성 정책이란 의혹이 지난해 시작 때부터 있어 왔다. 더구나 내년에는 이 사업 시행이 불투명하다는 말이 주무 부서를 통해 공공연히 흘러나올 정도이고 보면 이 사업이 지속될 가능성이 없다는 것은 설득력 있게 들린다.

많은 돈이 무용계로 흘러들어 오는 것은 물론 좋은 일이다. 창작에 대한 여건이 그 만큼 나아지고 있다는 것을 입증해 주는 일이기도 하다. 그러나 이런 일회성의 사업이 주는 여파가 “이제부터는 나도 돈 안 받으면 공연

안한다" "그 돈으로는 공연 못한다" "이제는 내 돈 들이고 공연할 필요 없다" 는 식의 반응으로 나타난다면 이는 오히려 무용계에 폐해를 끼치는 것이다.

실제로 지원금을 받은 무용가와 무용단체들 사이에서도 "내가 왜 그 사람보다 적게 받느냐" "제자뻘 되는 아이가 얼마를 받는데 나에게 그 보다 적게 줄 수 있느냐" 하며 노골적으로 불만을 토로하는 무용가들도 적지 않다. 심사과정에서 탈락한 무용가들이 선정된 무용가들에게 보내는 시선도 물론 곱지 않다.

심사과정에서 일부 도시의 경우 윗사람의 지시라며 은근히 압력을 가한 행정가도 있었고, 비전문가의 자격으로 참가한 정치권의 심사위원은 심사 내내 아무런 말도 하지 않고 있다가 활동경력이 극히 적은 무용가에게 표를 던져 소기의 목적을 달성한 사례도 있었다. 이 같은 행태는 정말 심혈을 기울여 작품 제작 계획서를 준비한 무용가들을 분통터지게 하는 일이며, 국민의 세금을 집행하는 공공성의 측면에서도 다시는 되풀이 되서는 안될 일이다.

공공기관의 지원금은 전체 제작비의 일부를 지원하는 것을 원칙으로 하고 있다. 일본의 문화예술 진흥기금 지원 역시 예술가들에게 전체 제작비의 3분의 1만을 지원하고 있다.

자신의 돈은 전혀 들이지 않고 지원금만 받아 공연을 하려는 예술가들이 늘어나는 것은 결코 바람직한 현상이 아니다. 지난해 국고 지원을 받은 무용가들 중에서도 추가 제작비를 들이지 않았거나 지원 금액의 10% 정도에 해당하는 금액만을 추가 제작비로 사용한 무용가들도 있었다.

무용계에 갑자기 지원금이 늘어나면서, 밑져야 본전이라는 식으로 제대로 준비도 안 된 상태에서 너도나도 서류를 들이미는 풍토는 이제 사라져야 한다. 지원금을 수혜받는 것이 당연하다는 식의 인식도 치열한 창작정신이 우선인 예술가들에게는 그리 유용한 무기가 아니다.

무용분야의 지원금이 늘어난 만큼 신청 서류를 면밀히 검토해 이 시점에서 우리 무용계에 정말로 필요한 유형의 작업인가, 예술성 높은 작업으로 이어질 가능성이 얼마나 높은가 하는, 작품 제작 계획서에 대한 심사위원들의 면밀한 검토 과정아 반드시 뒤따라야 한다. 신청 건수가 많은 것이 소홀한 심사를 하게 되는 원인이 되어서는 안 될 것이다.

좋은 작품을 제작하는 길만이 궁극적으로 돈을 버는 가장 확실한 카드임을 무용가들은 잊지말아야 한다. 마기 마랭의 〈메이 비〉, 피나 바우쉬의 〈카네이션〉, 조지 발란신의 〈세레나데〉 등이 끊임없는 공연을 통해 얼마나 많은 돈을 벌어들이고 있는지가 그것을 입증해 주고 있지 않은가?

'무대'를 두려워하라

춤 공연이 무척 많아졌다. 공연을 올리는 무용가들마다 관객 채우기에 비상이 걸렸다는 소식도 들린다. 춤 평론가들에게 직접 전화를 해 친절히 공연 정보를 알려주는 무용가들의 수도 덩달아 늘었다.

무용과 대학 교수들끼리 상호 동등한 비율의 표 팔아주기 협약(?)을 맺는 경우도 늘고 있다고 한다. 얼마 전에 개인 공연을 마친 한 대학의 무용과 교수는 이런 협약에 동참했으나 정작 자신의 봉급에서 2백만원이나 표값으로 지불, 밑지는 장사(?)를 했다며 아우성이다. 춤 공연이 너무 많다 보니 춤 평론가들 역시 공연 보러 다니기에 바빠 정작 공연평을 쓸 시간이 없어 전문지의 원고독촉에 시달리고 있다.

문예진흥원의 지원이나 국고 지원 등이 모두 2월을 전후해 결정되고, 춤 공연이 가장 많이 열리는 문예회관 등이 세계연극제 등으로 인해 10월 들어서야 대관이 가능해지면서 춤 공연은 11월과 12월에 집중적으로 몰리는 현상을 보이고 있다. 이는 대부분 지원금에 의존하는 우리나라 춤 공연의 취약성을 그대로 반영하는 결과이기도 하다.

일단 춤 공연이 많아진 것은 나쁠 것이 하나도 없다. 정작 문제가 되는 것은 공연이 많아지면 많아질수록 너무나 보잘 것 없는 공연도 따라서 많아진다는 것이다. 적지 않은 무용가들이 외부로부터 돈을 지원 받아 공연하는 것을 당연하게 생각하고 큰 극장에서 대형 공연을 하는 것을 유행병처럼 생각하는 것도 큰 문제이다.

대형 작품의 공연이 많아지면 많아질수록 작품의 완성도가 떨어질 확률은 그 만큼 높다. 1시간이 넘는 길이의 작품을 공연할 경우 일정한 수의 훈련된 무용수들이 있어야 하고 무대장치나 의상, 조명, 음악 등 극장예술의 기능을 살리기 위해 중요한 여러 장르들과의 협력 작업에 드는 돈과 시간도 만만치 않다. 또 이들을 조화롭게 이끌어 내기 위해서는 실제 공연장에서의 리허설 작업에도 꽤 많은 시간을 투자해야 한다.

지난 1년 반 동안 문예회관의 기획위원을 맡으면서 나는 또 한명의 다른 위원과 뜻을 같이 해 문예회관 춤 공연의 질을 높이기 위해 콩쿠르 등 행사성 공연이나 학술발표회를 곁들인 공연은 원칙적으로 대관을 불허하고, 대관 단체가 무대연습을 통해 여러 가지 것들을 조화시킬 수 있도록 공연 리허설을 위한 대관을 의무적으로 배정하도록 했었다. 이로 인해 대관을 받는 단체의 수는 얼마간 줄었지만 막상 대관을 받은 단체들은 그 만큼 여유를 갖고 작업할 수 있었다.

그러나 그 중에는 무대 연습은 필요없다며 극장 측과 극장 스태프와 실랑이 끝에 막무가내로 공연에 들어간 단체도 있었다. 그 무용가는 "무대 연습을 많이 한다고 해서 좋은 공연이 이루어지는 것은 아니다. 우리 무용수들은 순발력이 있어 괜찮다" 는 말을 남겼다. 1시간이 훨씬 넘는 작품을 선보인 그 무용가의 공연은 당연히 실패했다. 조명 등에서 많은 문제점이

드러난 것은 물론이다. 무대를 두려워 할 줄 모르고, 관객을 무서워 할 줄 모르는 젊은 무용가의 오만이 빚어낸 결과이다. 이 같은 일부 무용가들의 자신감 때문인지 내년도 문예회관 대관은 날짜를 줄여서라도 무조건 많은 단체에게 주자는 쪽으로 선회했다.

평생 한 두 편의 명작을 만들어낼 수 있는 무용가들의 수는 그리 많지 않다. 내가 몇 편의 작품을 안무했다는 것 보다 더 중요한 것은 수준급의 작품을 내가 얼마나 만들어냈느냐 하는 것이다. 무용가들 역시 평생, 한 작품을 제대로 만들겠다는 의지로 작업에 임해야 한다. 이제는 결과물의 양보다는 결과물의 질이 더 중요시되는 시대이다. 무엇보다 공연 작품의 수준 저하 현상은 무용 대중화와 무용 인구의 잠재력 확산에도 악영향을 미친다. 예술고등학교에 춤 전공 지원자들이 해마다 줄고 있는 현상은 남의 일이 아니다.

해결 방안은 간단하다. 무용가들 스스로 공연 준비에 더 많은 시간과 더 많은 노력을 투자해야 한다. 춤 저널리즘 역시 이에 대한 감시 기능을 강화하고 기획 기사 등을 통해 문제점을 도출시켜야 한다. 춤 평론가들 역시 옥석을 가리는 객관적인 평가로 저널리즘의 본분을 망각한 채 작품의 점수를 조작하는 일부 춤 저널리즘의 횡포에 대해 경계해야 한다.

교육 기능을 수행하기 위한 춤 공연과 예술성을 겨냥한 춤 작업을 구분, 차별화 된 지원 정책을 수립하는 것도 수준 이하의 춤 공연 양산을 막는 방안이 될 수 있다. 훌륭한 작품을 만들어내는 무용가를 진정한 예술가로 대우해 주는 풍토 역시 교육자와 예술가 모두이기를 바라는 일부 무용가들의 허세를 잠재울 수 있다.

무용가들이여, 지적 재산권을 요구하라

몇 년 전 우리나라에서도 저작권 문제가 이슈가 됐던 적이 있었다. 1995년에 새로운 저작권법이 제정되면서 유예기간으로 5년을 명시했었다. 그 유예기간이 지난해 말 만료되어 올해부터 새로운 저작권법을 적용받게 되면서 이제 무용계도 저작권으로부터 자유롭지 못하게 됐다.

5년 전 작가이자 평론가인 박용구 선생은 발레 〈심청〉에 대한 대본작가로서의 지적 재산권을 주장했다. 유니버설발레단이 공연한 창작발레 〈심청〉의 대본을 집필한 선생은 1988년 초연된 〈심청〉이 1회성의 공연에 그치지 않고 미국과 일본 등 해외에서의 활발한 공연은 물론이고 국내 공연횟수도 점차 늘어나자 공연횟수에 따른 추가 로열티를 요구하고 나선 것이다.

대본 의뢰 당시 특별한 계약서를 주고받지 않은 데다 상호 어떤 기준을 적용해야 할 것인지 곤혹스러웠던 쌍방은 나에게 중재를 맡겼고 나는 저작권조정위원회의 자문과 국 공립예술단체의 적용 사례 등을 알아보기도 했었다.

국내외 예술가들의 지적 재산권 요구 사례

국립무용단이 외부 무용가들에게 안무를 의뢰했을 경우 3년 동안은 극장에서 저작권을 갖게 되나 3년이 지난 다음 재공연을 할 경우는 안무가에게 일정한 작품의 사용료를 지불하도록 되어 있었다. 이는 국립극단이나 오페라단 등 다른 소속 단체의 경우도 동일했다.

유니버설발레단은 박용구 선생에게 공연 횟수가 아닌 영구 사용에 대한 대본료를 일괄 지급하는 것으로 합의하고 이에 대한 내용을 규정한 정식 계약서를 주고받았다.

대본 작가에 의한 지적 재산권 요구 사례는 불과 몇 달 전에도 발생했다. 지난해 가을 국립무용단은 단장 해직 문제로 새 작품 공연에 차질을 빚자 송범 전 단장이 안무한 〈도미부인〉을 공연하기로 하고 연습에 돌입했으나 결국 그 공연은 성사되지 못했다. 〈도미부인〉의 대본 작가인 차범석 당시 문예진흥원 원장이 원작의 사용을 허락하지 않았기 때문이다.

대한민국무용제 대상 수상 작품인 툇마루무용단의 〈불림소리〉 음악은 김수철이 작곡했다. 당시 안무자인 최청자의 요청으로 무용음악으로 작곡된 이 음악은 공연 후 김수철의 독집 음반으로 출반됐고 타이틀 역시 '불림소리'로 붙여졌다. 작곡 의뢰 당시 작곡비는 안무가가 모두 지급했지만 음반 판매에 따른 수입은 안무가에게 단 한 푼도 지급되지 않았다.

지난해 '세계 무대를 빛낸 한국의 발레스타' 공연 때 강수진은 당초 〈로미오와 줄리엣〉을 제안 받았으나 1995년 내한공연에서 이미 공연했던 작품이라 '브노아 드 라 당스' 수상 작품인 〈까멜리아 레이디〉 중에서 2인무를 공연하기로 결심 이 작품의 안무자인 함부르크발레단 예술감독 존 노이마이어의 비서를 통해 허락을 구했으나 대답은 "NO"였다. 존 노이마이어가 두 사람의 춤을 지도해줄 수 있는 시간이 없기 때문이란 것이 그 이유였다.

그렇다고 시즌 중에 기차로 5시간이 넘게 걸리는 함부르크까지 이동해 춤을 지도 받을 수 있는 상황도 아니었다.

결국 슈투트가르트 발레단의 예술감독인 레드 앤더슨이 노이마이어에게 직접 전화를 걸어 부탁했고 노이마이어는 이 작품에 출연한 경험이 있는 앤더슨이 책임지고 두 사람의 2인무를 지도해주는 조건으로 한국에서의 공연을 허락했다. 공연 실황이 영상 매체를 통해 30초 이상 절대로 방영되어서는 안 된다는 단서도 붙였다.

외국의 경우 안무가들의 작품에 대한 지적 소유권 보호는 철저하게 이루어진다. 조지 발란신의 작품을 공연하기 위해서는 조지 발란신 재단으로부터 일정한 사용료를 내야하고 재단에서 파견한 트레이너로부터 반드시 지도를 받은 후 공연하도록 되어 있다. 존 크랑코의 경우도 예외가 아니다. 그의 대표작인 〈오네긴〉을 공연할 수 있는 발레단은 전 세계에서 슈투트가르트발레단과 독일 바이에른주립발레단 뿐이다. 그런 만큼 〈오네긴〉의 공연료는 비쌀 수밖에 없고 아무 곳에나 공연 판권을 팔지 않는 존 크랑코 재단의 영업(?) 전략은 그 만큼 안무가 존 크랑코의 주가를 한층 높이고 있는 셈이다.

유명 안무가들의 경우 지적 재산권의 가치를 높이려는 시도는 철저하게 계획적이다. 지리 킬리안이나 피나 바우쉬의 작품이 담긴 완판 비디오는 세계 어느 곳에서도 발견하기 어렵다. 그들의 작업 과정을 찍은 다큐멘터리 형태의 필름은 있지만 완판 작품이 담긴 상업적인 목적의 비디오 출시는 시도된 적이 없기 때문이다. 은퇴를 결심할 때쯤 이 들의 작품 비디오가 출시된다면 그 만큼 상품적인 가치는 높아질 수밖에 없을 것이다.

공연작품 TV 방영 시 사용료 요구하고 계약서도 주고받아야

우리나라 무용가들의 경우는 어떤가? 며칠 전 모 케이블 TV를 통해 국립무용단의 〈오셀로〉를 보았다. 그런데 다음 날에도 똑같은 필름이 재방영되고 있었다. 그 뿐만이 아니다. KBS 위성방송을 통해서도 2,3년 전에 제작된 무용 공연들이 연이어 방영되고 있다. 이런 사실을 과연 안무가들이 알고 있는지 의아심이 들었다.

우리나라 무용가들은 공연 리허설 때 TV 방송국에서 촬영을 온다고 하면 그것만으로 도 대단한 영광으로 생각한다. 보도를 위한 간단한 촬영이 아니라 공연 전부를 찍어 방영하겠다고 하면 더욱 기뻐한다.

많은 돈을 들여 제작한 작품을 무료로 찍어 방영하는데 대한 정당한 권리주장은 상상도 못한다. TV를 통해 방영되는 것 자체가 나를 알리는 것이 아니냐고 반문할지도 모른다. 그러나 그것은 뉴스 시간 등에나 해당되는 사항이다.

방송매체들은 많은 돈을 들여 제작한 예술가들의 창작 상품을 돈 한푼도 안 들이고 찍어광고 등을 붙여 수입을 올리고 1시간이고 2시간이고 방영한다. 그것도 앞서 지적한 예처럼 시기를 따지지 않고 마구잡이로 몇 년 동안씩이나 써 먹고 또 써먹고 한다.

무용가들은 자신이 만든 작품이 언제 어디서 대중들에게 노출될지 모른 채 살아간다. EBS 교육방송 등에는 공연 실황 촬영 시 해당 무용단이나 극단 등에 지급할 예산이 책정되어 있다(지난해 기준 편당 2백만원). 그런데도 이들 방송국에서는 애써 이런 사실을 예술가들에게 알리려하지 않는다. 무료로 찍는데 너무나 익숙해 있기 때문이다.

외국의 유명 무용단이나 오케스트라가 내한했을 때 그 실황이 방영되지 않는 이유는 엄청난 방영료를 요구하기 때문이다. 이 들은 TV를 통해 방영될 경우 생기는 방송국의 광고료 수입 등에 대한 일정한 지분을 요구하는 것이며, 또 한편으로 불특정 다수에 의한 무단 복제의 위험부담에 따른 권리 주장을 하고 있는 것이다. 그런 이면에는 물론 자신들의 창작물에 대한 정당한 권리 주장이란 의식이 깔려있다.

공연예술 전문지 월간 〈객석〉의 편집장으로 몸담고 있을 때 나는 공연부의 책임도 함께 맡고 있었다. 스타 시스템 구축과 발레 대중화를 표방한 '코리아 발레 페스티벌', 세계적인 현대음악가 윤이상의 음악세계를 조명한 '윤이상가곡제', 재미 작곡가 얼 킴의 음악과 한국의 안무가들이 만난 '얼 킴 현대음악제' 등이 내가 기획했던 공연들이다.

'제1회 코리아 발레 스타 페스티벌' 때 나는 한 케이블 TV에서 공연실황을 방영하는 대신 출연 스타들에게 공연실황 비디오 제공과 비디오 판매 수익금의 20%를 출연자들에게 배당해 줄 것을 요구해 관철시켰고 2회 때는 한 공중파 방송국에게 1회에 한해 공연실황을 방영토록 하는 대신 공연 전에 20회의 무료 스파트 광고방송(2천만원 상당)을 요구해 관철시켰다.

공연 후 직업발레단 단장들과의 미팅에서 정당한 전문 제작시스템에 의해 제작되는 직업예술단의 작품은 당연히 저작권 보호를 받아야 한다며 방송국 등에 로열티 등을 요구하도록 제안, 기존의 직업발레단들은 공연실황 방영권을 주는 대신 무료 스파트 광고를 내주도록 요구하는 등 창작에 따른 재산권을 행사하고 있다.

이제 우리 무용가들도 당당히 자신의 예술적인 권리를 주장해야 한다.

예술적인 창조력의 산물을 당당히 상품화하고 이에 대한 정당한 권리를 요구할 때인 것이다. 이제부터라도 공연 작품의 녹화 시 일정한 작품료를 받고 응해야 하며, 방영 횟수에 관한 규정도 정식 계약서를 통해 명문화시켜야 한다. 추가 방영에 다른 사용료 지급 문제, 비디오 판매에 따른 로열티 문제 등도 계약서 안에 명시되어야 한다. 얼마나 팔리겠느냐고 지레 포기할 사안이 아니다.

국제 저작권법에 의하면 안무가는 살아 있는 동안, 그리고 사후 70년 동안 저작권을 행사할 수 있도록 규정되어 있다. 제3자가 상업적인 목적으로 드라마 작품이나 사진, 영화, 비디오 삽입불 혹은 인터넷에 무용을 삽입할 경우에도 아들은 지적 재산권 규정을 따라야 하며 안무가들에게 허락을 득해야 하고 사용 시 로열티를 지불하도록 되어 있다. 한국의 무용가들도 이제 당당히 자신의 지적 재산권을 행사할 수 있게 된 것이다.

승무와 살풀이가 한국 춤을 망친다

"우리나라의 대표적인 전통 춤인 〈승무〉와 〈살풀이춤〉이 한국 춤을 망치고 있다." 중요무형문화재로 지정된 〈승무〉와 〈살풀이춤〉〈태평무〉를 배우려는 무용가들은 물밀 듯 밀려들고 극장에서도 자주 공연되고 있으나, 문화재로 지정되지 못한 다른 전통춤들의 경우는 그렇지 못한 현실을 빗대어 내가 어느 글에 적었던 글이다.

문화재로 지정된 춤들은 물론 그만한 가치가 있다. 그러나 문화재로 지정되지 못한 춤들 중에서도 빼어난 전통춤들은 의외로 많다. 훌륭한 우리 춤의 자산들이 단지 문화재로 지정 받지 못했다는 이유만으로 제대로 전승되지 못하고 자주 공연되지 못하고 있는 현실은 그 만큼 한국 춤을 왜소하게 만든다. 한정된 전통 춤 학습은 또 옛것을 토대로 한 새로운 창조 작업에도 나쁜 영향을 미친다.

한국 무용계에서 전통 춤의 위세는 만만치 않다. 기능보유자들 밑에는 대학교수들뿐만 아니라 쟁쟁한 중견무용가들, 교수를 꿈꾸는 젊은 무용가들이 다수 포진되어 있다. 교수 임용 때나 레슨비 책정 시 무형문화재 이수자 자격증은 대단한 힘을 발휘한다.

그러나 문제는 정작 이들 중 혹독한 수련을 통해 보유자들의 춤을 제대로 전승 받는 무용가들의 수가 그리 많지 않다는 것이다. 경력 쌓기를 위한 이름 걸어놓기, 돈과 수고가 많이 드는 창작 공연을 대체하기 위한 전통 춤 공연의 폭주는 이미 심심찮게 목격되고 있다.

　　인기 종목에 구매자들이 한꺼번에 몰리는 현상은 이수자들의 남발을 초래했고 급기야 자격미달과 질적 저하를 동반했다. 더욱 안타까운 것은 최근 들어 보유자들의 공연이 우리 전통 춤의 참 맛을 오롯이 전해주기 보다는 외형적으로 세를 과시하려는 분위기가 팽배해지고 있다는 것이다.

　　편식은 결코 건강에 이롭지 못하다. 선생이 특정한 춤만을 가르치게 되면 학생들은 다른 좋은 우리 춤들을 배울 기회를 잃게 된다. 절름발이 춤 학습은 또 세계무대에서 한국 춤의 경쟁력을 그 만큼 약화시킨다. 우리나라의 4년제 대학 무용과에 해당하는 중국의 북경무용학원 학생들은 54개의 소수 민족 춤을 배우고 졸업한다. 기껏해야 서너 개의 전통춤을 배우고 졸업하는 우리나라와는 너무나 대조적이다. 승부는 자명하다. 다양한 춤 학습은 뛰어난 기량의 무용수, 창조적인 안무가를 길러내기 위한 필수 코스이기 때문이다.

　　해외공연의 단골 레퍼토리가 〈승무〉나 〈살풀이춤〉〈부채춤〉에서 벗어나지 못하고 있는 것도 하루빨리 고쳐져야 한다. 세계에서 드물게 군인들의 훈련 동작을 군무로 만든 〈훈령무〉나 선비들의 유유자적을 담은 〈동래학춤〉 등은 세계 어느 곳에 내놓아도 독창성과 예술성을 인정받을 수 있는 것들이다. 춤의 편식 현상은 이렇듯 무용계 곳곳에서 발목을 잡고 있다.

　　우리나라 무용가들은 나이 50만 넘어서면 너도나도 '명인' 이니 '명무'

니 하는 단어를 거리낌 없이 갖다 붙인다. 스스로를 지나치게 부풀리고 과대포장 하는데 익숙해 있다. '명무' 란 관객들이 진정으로 그 가치를 인정해줄 때 저절로 탄생되는 것이다. 겉으로 화려하게 치장한 춤보다 〈승무〉의 본령이 그렇듯 겉과 속이 꽉 찬 진짜 춤 쟁이들이 존경받는 세상이 되어야 한다.

서울무용제, 진정한 축제로 다시 태어나라

서울무용제는 올해로 22회 째를 맞는다. 우리나라에서 가장 오래된 경연 형태의 축제란 것과 문예진흥원으로부터 단일 행사로는 그동안 가장 많은 예산(1억8천만원 책정. 올해의 경우는 전국무용제가 수상 단체의 상금과 지역 예선 참가단체에 대한 지원금 확충으로 인해 2억8천만원이 책정되어 1위를 기록했다)을 지원 받았다는 점이 여타 행사와의 차이점이다.

태동 후 몇 년 동안 서울무용제(당시 명칭은 대한민국무용제)는 우리나라 무용 작품의 질적 향상에 기여했고, 무용인들의 축제로서의 기능도 어느 정도는 수행했었다. 중견 무용가들의 치열한 창작정신이 무대 위에서 한껏 빛을 발했던 적도 있었다.

그러나 작금의 서울무용제는 그 내용 면에서나 시행 방법 면에서 여타 행사와의 차별화된 특성을 제대로 살리지 못한 채 답보상태에 머물고 있다. 서울무용제의 운영과 관련된 제반 문제점들은 그 동안 수차례 지적되어 왔다. 나도 '객석' 의 서울무용제 결산 기사와 '춤' 지의 컬럼, 좌담 등을 통해 문제점 도출과 함께 그 대안을 제시해 왔다.

서울무용제가 오랜 동안 제자리걸음을 하고 있는 가장 큰 요인은 빠른 속도로 변화하고 있는 무용계의 제반 상황에 제대로 대응을 못하고 있기 때문이다.

1980년대의 무용계 상황과 1990년대, 그리고 새로운 세기를 맞은 작금의 무용계 상황은 많이 달라졌다. 서울무용제가 태동하던 80년대 전후의 시점에는 서울무용제를 제외한 페스티벌 형태의 기획공연이 거의 없었고, 공연 작품을 대상으로 다양한 수상 제도를 시행하는 행사 역시 전무했다.

그러나 지금은 사단법인 체제의 춤단체들이 급증했고, 무용가들의 개인 공연 일수보다 기획 공연의 일수가 더 많을 정도로 기획공연이 늘어났다. 그런가하면 '현대춤 안무 경연대회' 등 공연 작품을 대상으로 심사 후 국제무대로 진출시키는 형태의 행사도 생겨났고, 전국무용제의 경우 대통령상 수상 단체의 상금이 2천만원으로 서울 무용제 대상 수상 단체의 상금 액수를 2배나 앞지르고 있다.

서울무용제는 중간에 서울국제무용제로 그 명칭을 바꾸는 변화를 시도하기도 했으나 참가하는 외국 단체들의 숫자 면에서나 프랑스 몽탈보무용단을 제외한 초청 단체들의 예술적인 수준면에서 국제 무용제란 성격에는 걸맞지 않아 지난해부터 '국제' 라는 말을 뺀 채 시행되고 있다.

경연 형태의 축제 특성 살리고, 다채로운 프로그램 수용해야

서울 무용제가 안고 있는 문제점은 다음과 같이 요약할 수 있다.

첫째, 가장 오랜 연륜을 갖고 있는 페스티벌이란 강점을 살리지 못하고 있는 점

둘째, 경연형태의 페스벌이란 특성을 살리지 못하고 있는 점

셋째, 심사과정과 그 결과를 둘러싼 잡음이 끊이지 않는 점

넷째, 천편일률적인 행사 내용

행사를 주최하고 주관하고 있는 사단법인 한국무용협회는 서울무용제로 인해 그 위상이 외형적으로는 높아진 것처럼 보이지만 실상은 서울무용제로 인해 그 위상에 큰 타격을 입고 있다.

한국무용협회는 서울무용제 개최와 관련, 가장 큰 어려움으로 예산부족을 꼽는다. 다른 항목의 예산은 늘어나는데 비해 서울무용제의 예산은 요지부동이라는 것이다. 하기야 지난해 급작스럽게 시작된 국고지원 사업의 경우 중견무용가 한 사람에게 8천만원이란 제작 지원금이 지급되는 마당에 20일이 넘게 열리는 서울무용제의 행사 총 비용이 1억8천만원이라면 언뜻 형평성에 어긋나는 것처럼 보인다.

문제점으로 지적한 것 중 첫 번째, 네 번째 사항과 예산 부족 문제는 다음과 같은 방법으로 해결점을 찾을 수 있을 것이다. 행사의 주최권과 예산집행권은 한국무용협회가 갖되 운영은 전문 기획회사에게 맡기는 방안이다.

사실 한국무용협회의 이사장 포함 3명의 인력으로는 20여 일이 넘는 행사를 효율적으로 진행시키는 것은 무리다. 전문 기획사를 대상으로 서울무용제 행사 기획안을 공모하고 그중 가장 좋은 프로그램을 제안한 기획사에게 행사운영을 맡긴다면 부족한 예산문제도 해결되고 다양한 프로그램 개발을 통해 일반 대중들의 참여를 확대할 수도 있을 것이다.

전문 기획사들은 기업체의 스폰서 확보나 방송국 등 영상매체를 행사와 연결시키는 섭외 능력 면에서 예술인들의 친목단체 보다는 훨씬 앞서

있기 때문이다. KBS 등 공중파 방송국에서 '도전, 지구탐험대' '비디오 산책' 과 같은 프로를 외주 제작사에 의뢰해 제작방영하는 것과 같은 방식으로 생각하면 된다.

경연형태의 페스티벌이란 특성은 계속 살릴 필요가 있다. '경연' 이란 그만큼 매력적인 요소가 많다. 다른 기획공연들이 많이 생겨난 시점에서 경연형태는 서울무용제가 가질 수 있는 차별화된 특성이다. 문제는 지금처럼 많이 나누어져 있는 시상항목을 줄이고 그해의 예술적인 성취도에 따라 탄력적으로 수상자를 내는 방식을 택해 상의 권위를 높여야 한다. 예를 들어 안무가상을 줄 만한 해당자가 없으면 다른 특출한 작업을 보여준 분야에서 수상자를 선정한다든지 아니면 과감하게 수상자를 내지 않을 수도 있어야 한다.

심사위원 문제는 무척 중요하다. 위원들의 숫자를 늘린다고 해서 공정한 심사가 이루어지지지 않는다는 것은 그 동안의 시행과정에서 이미 입증이 됐다. 그 보다는 기존처럼 무용협회 단일 창구로 되어 있는 심사위원 추천 방식에 변화를 주는 것이 가장 효율적일 수 있다. 한국무용협회에서 3인, 예산을 지원하고 그 예산이 제대로 집행되는지를 감독하는 문예진흥원에서 3인, 그리고 무용평론가들의 모임체인 한국춤평론가회에서 3인 등 심사위원을 추천하는 창구를 다양화한다면 적어도 심사위원 구성에서부터 야기되는 잡음은 차단시킬 수 있을 것이다. 여기에 심사과정을 공개하고 효율적인 심사를 위한 심사방식의 개선이 이루어진다면 심사 후의 잡음도 해소될 수 있을 것이다.

한국무용협회가 현재 시행하고 있는 사업은 그리 적은 숫자가 아니다.

3명의 인력으로는 발전적인 방향으로의 개선은 커녕 행사 치르기에 급급한 실정이다. 그렇다고 예총과 민예총에 대한 문예진흥원의 재정지원이 중단되어야 한다는 목소리가 높아가고 있는 마당에 무용협회의 조직을 확대하는 것은 더욱 어렵다. 가장 효율적인 방안은 외부 전문가들의 힘을 빌어 생산성을 높이는 일이다.

아마도 서울무용제의 문제점은 이 행사를 주최, 주관하고 있는 한국무용협회가 더욱 잘 알 것이다. 문제점도 알고 해결방안도 아는데 어쩌면 단지 그것을 시행하지 못하는 것인지도 모른다. 한국무용협회가 거대한 조직체이다 보니 핵심 인물들의 이해관계 때문에 시행을 못하고 있다는 것이다. 그러나 진위여부를 떠나 이제 더 이상 시기를 늦추어서는 안된다.

전국무용제가 예산면에서 상당한 속도로 추월했고 운영과정에서도 진흥원의 입김이 훨씬 강해진 데서도 알 수 있듯 언제 서울무용제의 개최권이 다른 곳으로 넘어갈지도 모르기 때문이다.

예산이 늘어나지 않은 데는 그만한 이유가 있을 것이다. 서울무용제를 둘러싼 끊임없는 잡음과 경쟁률이 평균 1.5대 1에도 못 미치는 낮은 참가율. 그리고 전반적으로 작품의 수준이 떨어지고 있는 현상이 반복되고 있는 것도 주요한 요인으로 작용했을 것이다.

한국연극협회가 시행하는 서울연극제가 똑 같은 예산지원으로 서울무용제의 두 배 가까운 45일 동안 20개가 넘는 다양한 행사들을 치루는 것을 눈여겨볼 필요가 있다. 그들은 이미 전문 기획사의 다양한 아이디어와 추진력을 행사에 적극 이용, 서울연극제를 하나의 훌륭한 연극 문화 상품으로 만들어 가고 있다.

세계무대 진출을 위한 한국 창작춤의 진로

세계 무용계는 빠르게 변화하고 있다. 반면에 한국 무용계의 변화 속도는 무척 더디다. 1962년 이화여대의 무용과 개설은 한국 무용계의 판도 변화에 큰 분기점이 됐다. 이후로 36년이 지난 지금 한국의 무용계는 놀랄 만큼 성장했다. 특히 양적인 팽창은 세계 어느 나라와 견주어도 뒤지지 않는다.

그러나 한국의 무용계는 무용사회를 구성하는 여러 요소가 아직은 골고루 제 기능을 갖추지 못하고 있다. 특히 무용가들을 중심으로 한 주변문화가 취약하다. 무용예술의 진흥을 위한 정책이나 지원제도도 미비하고, 무용계의 힘을 결집시키는 구심점도 약하다. 범위를 좁혀 한국 창작춤에 대해 생각해 보면 이것 역시 취약하기는 마찬가지다. 발전방향에 대한 논의도 부족하고, 이론적인 기반도 취약하며, 전체적으로 변화의 폭이나 속도 역시 좁고 느리다.

한국의 무용계는 세계 무용계의 변화 속도나 그 폭 만큼, 그리고 한국 무용계의 용량만큼 달라져야 하며, 한국 창작춤 역시 한국 무용사회의 성장세만큼이나 논의의 관점도 달라져야 한다. 즉 한국 창작춤이란 용어가 태동되던 때와 작금의 한국 무용계는 엄청나게 달라졌기 때문에 이제 한국의 창작춤은 새로운 방향을 모색할 때가 되었다는 말이다. 그러기 위해서는 한국 무용계 안에서 사용되는 '창작춤' 이란 용어부터 재검토 되어야 한다.

이 글에서는 한국 무용계의 현 상황에서 한국 창작춤이 어떤 형태로 바뀌어야 하고, 세계무대에 진출하기 위해서는 어떤 문제점들이 해결되어야 하는지를 점검해 보고자 한다.

한국 창작춤의 몇가지 문제 - 5개의 다른 시각

1. 독창적인 움직임 개발과 '창작춤' 이란 용어

세계 여러 나라에는 무수히 많은 안무가들과 무용수들이 활약하고 있다. 그리고 크고 작은 무용단체들이 날마다 새로운 신작들을 선보이고 있다.

그 많은 작품들이 평가되는 과정에서 가장 중요하게 부각되는 것이 바로 '독창성' 이다. 아이디어의 독창성, 소재의 신선함도 있지만 무용예술이 신체를 매개로 하는 것인 만큼 무엇보다 관심을 끄는 것은 바로 움직임의 독창성이다. 움직임의 독창성은 세계무대 진출의 중요한 시발점이 된다. 2월에 서울에서 열린 바뇰레 안무가대회의 심사위원 역시 새로운 움직임의 개발에 가장 많은 비중을 두고 있었다.

유니버설발레단이 올해 미국 순회공연을 추진하는 과정에서 현지 프로모터들은 레퍼토리의 독창성을 가장 먼저 요구했다. 뉴욕, 워싱톤 등 미국 주요 도시에서의 공연에 창작발레 〈심청〉이 포함된 것도 바로 이런 이유 때문이었다. 흔히 볼 수 있는 레퍼토리가 아닌, 유니버설발레단만이 보여줄 수 있는 분명한 자기색깔을 요구하고 있는 것이다. 이것이 관객 확보는 물론, 바로 새로운 단체와 새로운 춤을 선보이겠다는 기획자의 의도인 것이다.

서울발레시어터의 미국 공연 추진과정에서도 똑같은 조건이 요구됐고, 호주 국립발레단이 처음 링컨센터에서 공연을 가질 때도 클래식 발레 레퍼토리 이외에 그들만이 갖고 있는 고유한 작품이 함께 공연됐다.

새로운 움직임을 만들어 내는 것은 그만큼 중요하다. 그러나 이 작업은 지금의 한국 창작춤 안무가들이 갖고 있는 고정관념, 창작의 여건이 변화되지 않는 한 결코 쉽게 성취될 수 있는 일이 아니다.

2. 아시아권 안무가들의 작업 - 창작춤과 컨템포러리댄스

90년대로 접어드는 시점에서, 세계 무용계의 흐름을 진단할 때 나는 동서양 안무가들의 교류확대와 동양적인 요소가 강하게 묻어나는 작품들이 득세할 것이란 예측을 했었다. 이미 세계 여러나라의 안무가들은 동양적인 요소를 많이 가져다 작품 속에 융합시키고 있다. 주목해야할 사항은 오히려 이사아권 안무가들에게 보여지는 변화의 양상이다.

96년에 내한했던 중국 베이징댄스아카데미의 〈황하〉라는 작품에는 중국적인 움직임(타이치 등에서 차용한 동작들)과 현대무용 동작들이 함께 이루어지고 있었다. 필자가 97년 여름 록펠러재단의 장학금을 받고있는 아시아권 안무가들의 공연을 보았을 때 인도네시아의 안무가 마티누스 미라토는 자바의 전통춤에서 사용되는 동작을 현대무용 테크닉과 결합시킨 춤을 추고 있었다. 97년 서울국제무용제에서 보여준 일본의 케이 다케이의 춤 역시 마찬가지다.

그러나 이들의 춤을 중국 창작춤, 인도네시아 창작춤, 일본 창작춤이라고 부르지 않는다. 세계 어느 나라에서나 이들의 춤은 컨템포러리 댄스로 불린다. 한국에서만 사용하는 한국 창작춤이란 용어는 오히려 세계 무대 진출에 있어 걸림돌이 되고 있다.

3. 삼분법이 가져온 창작춤의 정체성

우리나라 무용계는 한국무용, 현대무용, 발레란 삼분법에 의해 지배당하고 있다.

학교의 무용교육 역시 이러한 삼분법에 의해 이루어지고 있다. 이러한 삼분법 구분은 교육 제도 안에서는 수용될 수 있으나 문제는 이것이 아카데미를 벗어나 프로페셔널한 작업을 하는 현 무용사회에서도 그대로 적용되고 있다는데 있다. 한국의 국립무용단이 한국춤 전공의 무용수들만 뽑는 현상이 30년도 훨씬 넘도록 계속되고 있지 않은가.

사실 한국의 무용계가 짧은 시간 안에 이렇게 거대하게 팽창할 수 있었던 요인은 바로 이런 삼분법적 구분에 영향을 입은 바 크다. 현대무용의 급속한 발전이나 비대해진 대학 무용과, 대학 교수들의 수가 많아진 것도 바로 이런 영향 때문이었다.

한국의 무용계가 70년대 들어 그 기반을 형성해 가는 과정에서 이런 삼분법적인 구분은 분명히 도움이 됐다. 그러나 지금의 무용계는 지난 30년과 지난 20년과 또 지난 10년 전과는 그 여건이 확연하게 다르다.

지금의 무용계 상황에서 이런 삼분법적 구분은 오히려 무용계 발전을 저해하는 요인이 되고 있다. 삼분법에 의해 한국의 안무가들은 자신도 모르게 카테고리 안에 갇혀버렸다. 한국 창작춤 안무가들은 한국춤 전공자들로만 안무를 해야 하는 것이 정석처럼 되었고, 전통춤에서 파생된 동작과 그것을 응용하는 데만 시선이 묶여 있다.

춤 장르간의 교류 부진은 안무가들의 상상력을 저해시키고 극장예술로서의 무용의 다양성을 약화시켰으며, 국제무대에서 경쟁력을 떨어뜨렸다. 나아가 세계무대에서 보편성을 획득할 수 있는 작품의 창작에도 방해 요소로 작용하고 있다.

우리가 '한국 창작춤'이란 어휘를 사용한 작품을 갖고 외국에 나갔을 때 외국의 관객들이나 전문가들은 한국의 전통춤을 좀더 해체시킨 시각으로 받아들인다. 우리가 말하는 한국 창작춤의 개념을 그들은 컨템포러리 댄스의 개념으로 받아들이고 있기 때문이다.

4. 한 안무가의 한국적 컨템포러리 춤찾기

한국의 한 안무가의 작업 경험은 우리에게 많은 것을 시사해준다. 그는 현대무용을 전공한 미국 무용수에게 한국춤에서 사용하는 호흡법을 이용한 춤동작을 시범을 보여주고 따라하도록 했으나 불가능했다. 한국에 돌아와서는 현대무용을 전공한 무용수에게 그 동작을 요구했으나 제대로 소화해내지 못했다. 그러나 한국춤을 전공했다가 지금은 현대춤을 추고 있는 무용수는 자연스럽게 그 동작을 소화해 냈다. 그것은 기존의 무용수들에게 보여질 수 없었던 새로운 움직임 이었다. 비로소 안무자가 원했던 새로운 움직임의 패턴이 만들어질 수 있었던 것이다.

지극히 당연한 결과인지 모르지만 바로 여기서 지금의 한국 창작춤 작업이 갖고 있는 문제점이 드러난다. 무용수들이 한국춤이니 현대춤 등 장르에 구애받지 않고 다양함 춤 훈련을 받았을 때 새로운 동작의 창안은 그만큼 쉽고 또 성공 가능성이 그만큼 높아진다.

한국춤을 전공한 안무가가 현대무용을 전공한 무용수들과 함께 작업하고 그들이 동양의 춤이나 서양의 다양한 춤들을 공부했다면 그 안무자로부터 나올 수 있는 동작들은 그만큼 다양해 질 수 있다. 그리고 한국인이고 한국춤을 전공했다는 것 때문에 그 움직임의 특질이나 색채는 한국적인 독창성을 띨 수 있다. 곧 국제무대에서 통할 수 있는 작품의 틀을 갖추게 되는 것이다.

한국의 창작춤은 컨템포러리댄스로서 인식될 때 국제무대에서 비로소 경쟁력을 가질 수 있고, 한국춤을 전공한 무용수들만을 데리고 안무하는 기존의 한국 창작춤 작업으로는 한계가 있다는 말이다.

실기 전문 교육을 표방한 한국예술종합학교 무용원이 출범할 때 우리가 기대한 것은 바로 장르에 구애받지 않고 모든 테크닉을 공부할 수 있는 무용수의 양성이었다. 이들 학교의 학생들로 구성된 무용단의 작업방식은 한국춤, 현대춤, 발레전공에 의해 구분된 것이 아니라 바로 어떤 안무가의 작품에서도 띨 수 있는, 서로 공유할 수 있는 춤 테크닉을 가진 댄서들의 출연으로 나타났어야 했다.

최근 들어 한국춤과 현대춤을 전공한 안무가들의 작업에서 동작의 교류, 다시 말해 서로 다른 동작들의 혼합 작업을 통해 춤 동작의 범위를 확대시키는 시도가 빈번하게 이루어지고 있고, 그 결과가 괄목할 만하게 드러나고 있는 현상은 '한국 창작춤' 이란 용어가 단순한 어휘 이상의 의미를 갖지 못함을 단적으로 보여주는 것이다. 이들의 작업은 바로 컨템포러리댄스인 것이다. 그리고 이것은 한국적인 컨템포러리댄스로 불려질 수도 있다.

5. 평론가들의 창작춤 옹호 기류가 가져온 문제

1970년대에 우리나라의 평론가들은 새로운 춤에 대한 무용가들의 의욕을 복돋우기 위해 창작춤 작업에 대해 많은 비중을 두었다. 당시로서는 분명히 새로운 작업이었기 때문에 그들의 비평의 잣대가 잘못되었다고 단정지을 수는 없다. 문제는 그 다음 단계이다.

평론가들의 이같은 기류는 한국춤을 전공한 무용가들의 작업방향을 한 라인으로 고정시키게 했다. 이른바 우리나라 창작춤 작업의 흐름을 주도했던 김매자나 배정혜의 색깔만을 지나치게 옹호한 것이다. 평론가들은 창작춤의 다양성에 관해 좀더 적극적인 관심을 가졌어야 했다.

창작춤과 관련된 평론가들의 작업은 〈승무〉와 〈살풀이춤〉이 한국을 대표하는 춤인 것처럼 되었고, 이 두 개의 춤이 문화재로 지정되고 나서 다른 좋은 민속춤들이 상대적으로 사장되어 버릴 지경에 이른 한국 전통춤의 현재 모습과 유사한 결과를 만들어냈다.

한국 민속춤의 춤사위를 토대로 재구성한 작품들은 상대적으로 소홀하게 취급당했다. 그것은 신무용의 아류쯤으로 분류되었고, 그런 류의 작업에 대한 미학적인 연구도 미약했다. 물론 안무가들에게도 책임이 있다. 몇몇 무용가들에 의해 지속적으로 선보인 작품은 어딘지 모르게 세련미가 떨어졌다. 복식에서나 극장예술로서의 춤적인 아름다움을 표출하는 과정에서는 더욱 그랬다. 평론가들은 이런류의 작품에 대해서도 평가작업을 했어야 했고 문제점과 함께 새로운 방향을 제시했어야 했다.

우리는 한국 전통춤의 맛을 살리면서 그것을 새롭게 구성한, 그래서 한국적인 멋과 맛, 그리고 독창성을 살려내는 창작 작업을 무용가 최현의 몇몇 작품에서 발견할 수 있다. 〈남색 끝동〉〈고풍〉 등의 작품에서 보여지는 한국적인 정서와 다양한 손과 발동작은 바로 국제무대에서 경쟁할 수 있는 한국의 독창적인 움직임이다. 한국의 무용평론가들은 바로 이같은 전통춤의 재구성 작업에 대한 중요성을 미처 환기시키지 못했다.

한국 창작춤의 개선방안

한국 창작춤의 세계화와 세계무대 진출을 성공시키기 위해서는 여러 가지 방안이 있을 수 있다. 그러나 여기서는 창작춤 안에서의 개선방안 만을 거론한다.

첫째, 한국 무용계에서, '창작춤' 이란 어휘에 담긴 의미는 대폭 바뀌어야 한다. 한국 창작춤은 컨템포러리댄스의 개념으로 확대되어야 한다. 아울러 해외공연 때에도 한국 창작춤이란 용어의 사용은 자제해야 한다.

둘째, 장르의 구분은 전통춤, 발레, 컨템포러리댄스의 세가지로 전환할 필요가 있다.

셋째, 무용수들을 위한 새로운 훈련 메소드가 만들어져야 한다. 한국 춤을 전공한 무용수들은 근육의 사용에서나 호흡법 등에서 다른 장르의 춤과 분명한 차이가 있다. 따라서 그런 특질을 충분히 살려 무용수들의 몸을 골고루 풀어줄 수 있는 훈련법 등이 다채롭게 개발되어야 한다. (무용가 배정혜는 자신이 개발한 훈련 메소드에 굴신 동작만 해도 10개의 단계를 설정하고 있으며, 춤 전공자들을 위한 훈련 메소드를 만든 손인영은 1) 호흡의 단계적 조절 2)날숨의 이용 3)감정의 기복 4)관절의 형태에 따른 움직임 5)음양의 이치에 따른 근육의 사용 등 다섯 가지 고려 요소를 제시했다.)

넷째, 무용수들은 발레, 전통춤, 현대무용을 골고루 배울 수 있어야 한다. 특히 교육과정에서 이것은 중요하다. 모든 무용수들은 발레로 먼저 몸을 다듬고, 이어 전공에 따른 독특한 훈련 메소드를 익힐 수 있어야 한다. 외국에서의 예는 물론이고, 북한의 무용수들 역시 본격적인 훈련을 하기 전에 반드시 발레 기본으로 몸을 다듬고 있다. 교육과정에서부터 다양한 춤들을 배울 수 있는 제도적인 장치가 반드시 필요하다.

다섯째, 안무가나 무용수들은 고정된 관념에서 탈피해야 한다. 무용수들은 어떤 안무가의 테크닉도 소화해낼 수 있는 몸을 만들어야 하고, 세계 여러 나라의 많은 춤들을 익혀야 한다. 안무가들 역시 창작의 속도를 늦추더라도 다양한 동작 개발로 독창성을 살릴 수 있어야 한다.

여섯째, 당신 제자, 내 제자 구분짓는 무용계의 폐쇄성이 사라져야 한다. 이것은 무용수들이 다양한 스타일의 춤을 배우는 길을 차단하는 행위이다. 그리고 결국 한국 춤의 세계무대 진출을 막는 가장 큰 걸림돌이다.

최승희는 더 이상 신화가 아니다

"만약 최승희가 월북하지 않았더라면 한국의 무용계는 엄청나게 달라졌을 것이다." 최승희가 거론될 때마다 무용가들의 입에 자주 오르내리는 말이다.

또 한차례 최승희 열풍이 몰아치고 있다. 우리에게 최승희는 단순히 월북 무용가로 인식되어 있다. 그러나 최승희는 비록 짧은 기간이었지만 세계를 무대로 활동했고, 한국과 일본, 그리고 중국의 무용에까지 커다란 영향을 끼쳤다.

그가 한창 이름을 날리던 1930년대 이후 60여년의 세월이 흘렀다. 최승희에 대해 막연한 환상을 가진 사람들도 있다. 그런가하면 일본군의 위문공연에 동원됐던 친일 행각, 또 월북한 사실을 들어 그의 예술성마저도 이데올로기와 연관시켜 버리기도 한다.

그러나 최승희는 1930년대와 40년대 초반까지 한국과 일본, 유럽, 미국, 중남미 등 세계를 무대로 자신의 독창적인 무용세계를 펼쳤던 당대의 예술가였고, 월북 후에도 끊임없는 창작활동과 함께 무용기본 동작을 새롭게 정립한 무용 교육자였다.

내가 최승희에 대해 본격적으로 관심을 갖기 시작한 것은 1988년 광주 지역 무용계를 취재하면서부터였다. 당시 중학교 교사로 재직 중이던 최승희의 제자 이경자를 만난 것이 기폭제가 되었다.

만주 신경에서 처음 최승희와 만난 후 월북할 때까지 최승희 곁에서 춤을 배운 이경자(이경자의 부친 이춘근은 만주 신경에 있는 조선인 계림회 부회장으로 당시 최승희의 후원회장을 맡고 있었다)는 최승희의 제자로 한국전쟁 당시 광주 지역을 점령한 인민군에 의해 지식분자로 몰려 처형되기 직전 북한군을 위문하기 위한 공연단의 일원으로 남하한 최승희의 딸 안성희(안성희는 숙명여고 2년 선배인 이경자를 언니, 언니하며 잘 따랐고 최승희는 안성희에게 남한으로 가면 이경자를 꼭 데려오라고 당부했다)에 의해 극적으로 구출된 드라마틱한 삶을 살았던 주인공이다.

나는 이경자와의 만남을 통해 최승희가 월북했던 정확한 날짜를 비롯해 무용가로 대성할 자질이 있는 학원생들과 그렇지 않는 학원생들을 철저히 분리해 무용을 지도하는 등 그의 프로페셔널한 면을 확인할 수 있었다. 또 그녀로부터 최승희에 관련된 여러 가지 사실들이 상당 부분 잘못 알려져 있다는 것도 확인할 수 있었다.

이때부터 최승희에 대한 자료들을 하나, 둘 모으기 시작했다. 최승희의 죽음을 추적하기 위해 안성희와 함께 같은 학교에서 공부했던 연출가를 만나기 위해 모스크바를 방문했던 것은 1989년 7월 이었다.

최승희가 월북한 지 43년이 지난 1989년, 30여 페이지에 달하는 그의 예술세계를 재조명하는 특집기사가 월간 〈객석〉 9월호에 실렸다. 월북 예술가란 이유 때문에 금기시됐던 최승희의 춤 신화가 표면에 부상한 것이다.

당시만 해도 최승희의 이름을 거론하는 것이 금기시됐던 시절이었다.

정보 기관에서 기사 게재와 관련해 문의가 왔고, '아사이 신문' 등 한국 주재 일본 특파원들의 문의전화도 걸려 왔다. 최승희에 대한 새로운 사실들을 알려주는 독자, 그의 사진을 갖고 있다는 독자들의 전화도 잇따랐다.

1992년에는 남북한의 춤 동작을 비교연구, 새로운 춤 훈련 메소드를 개발하고 있는 무용가 손인영에 의해 최승희의 춤 기본동작 등이 국립극장 소극장 무대에서 시연됐고, 1993년 '춤의 해' 행사로 열린 한민족 무용예술 심포지엄 중 최승희의 춤을 논하는 자리에서 다시 이 기본동작 등이 재연되기도 했다.

1995년 정병호에 의해 최승희의 평전이 간행됐고, 1997년에는 서울예술단에 의해 최승희의 춤을 재현하는 메머드 공연이 치러졌다. 최승희의 춤이 직업예술단에 의해 공식적으로 공연되는 순간이었다.

1998년 6월에 우리는 다시 최승희의 춤의 흔적을 만나게 된다. 조총련계 무용수로 '최승희의 재래' 라는 평가를 받고 있는 북한 국적의 무용수 백향주의 공연을 통해서이다. 아직 한국의 어떤 무용가도 1930년대에 최승희가 누렸던 세계무대에서의 화려한 영예를 차지하지 못하고 있다. 그 이유를 어디서 찾을 수 있을까?

이와 관련해 나는 최승희가 서양의 현대무용과 한국의 전통춤을 모두 배웠다는 사실, 그리고 한국의 전통춤 보다 서양의 현대무용을 먼저 배웠다는 사실을 꼽고 싶다.

최승희의 예술성은 동서양의 접목에서 나왔다

1926년 최승희는 일본의 무용가 이시이 바쿠의 내한공연을 보게 된다.

일본 근대무용의 선구자로 불리는 이시이 바쿠는 3년 동안 유럽에서 클래식 발레와 현대무용을 두루 공부했고 1926년에 서울에서 첫 내한공연을 가진 것이다. 단조롭고 완만한 템포의의 한국춤에 비해 변화무쌍하고 빠른 이시이 바쿠의 공연은 당시로서는 파격적이었다. 이 공연을 함께 본 오빠 최승일은 최승희에게 그의 문하에 들어가 이 새로운 춤을 배우기를 권유했고, 최승희는 우여곡절 끝에 그를 따라 일본으로 건너가게 된다.

이후 3년 동안 최승희는 일본에서 이시이 바쿠로부터 춤을 배운다. 최승희는 그 사이에 일년에 한차례씩 한국에서 갖는 공연에 동행, 자신의 춤 기량을 마음껏 과시했다. 1929년 귀국한 그는 서울에 무용연구소를 차리고 와세다 대학을 졸업한 안막과 결혼한다. 1933년 최승희는 스승의 힘을 빌리지 않고 독자적으로 도쿄에서 자신의 이름을 내건 무용발표회를 가졌고, 언론에서는 '혜성처럼 나타난 조선의 무희'란 타이틀로 최승희를 크게 보도했다. 평론가들도 그의 춤을 격찬했다. 이후 최승희는 〈반도의 무희〉 등 몇 편의 영화를 찍을 정도로 폭발적인 인기를 누렸다.

그의 이런 인기는 세계 순회공연으로 이어졌다. 1937년부터 3년여에 걸쳐 미국과 유럽, 중남미 지역을 순회했고, 현지 언론 등은 '동양의 진주' '조선무용을 잠에서 깨워 세계에 떨친 주인공'이라고 극찬했다.

'뉴욕 타임스'의 세계적인 무용평론가 존 마틴은 그의 공연을 보고 "엄청난, 여성의 매력 그 자체"라고 평했다. 그는 "최승희에게는 일본의 색, 중국의 몸짓과 한국의 선이 함께 흐르고 있다"라고 지적했다.

1939년의 파리 공연을 보고 '르 피가로'는 "그녀의 조각적인 선과 경탄할 만한 유연한 손의 표현력---(중략), 그것은 황홀함을 불러 일으킨다"라고 적었다.

필름상이나 사진 등에서 보여지는 최승희 춤의 매력은 한마디로 '완벽한 형태미와 강렬한 표현력'으로 압축된다. 일본에서 귀국후 그는 한국 전통춤의 대가인 한성준을 만나게 된다. 그러나 최승희는 한성준으로부터 오랜 동안 전통춤을 체계적으로 배우지는 않았다. 그러나 그로부터 한국 전통춤의 정서를 이어받을 수 있었다. 그는 결국 현대무용과 한국 전통춤의 정서를 접목시키는 작업을 그때부터 시도하기 시작한다. 대담한 표현력과 한국적인 색채, 그것은 최승희 춤의 독창성으로 나타났다.

최승희는 또 탁월한 음악성을 갖고 있었다. 그의 작품에 사용된 음악은 춤과 절묘하게 조화를 이룬다. 이는 그가 국악에 관심이 많았고, 피아노를 배우는 등 이시이 바쿠 공연을 보기전 까지만 해도 가수가 꿈이었던 음악도였던 것과 무관하지 않다. 그는 처음 무용학원을 찾아온 원생들에게 뎅그라니 북 하나만을 쥐어주었다. 먼저 리듬을 익히게 하기 위한 배려였다. 절대로 춤부터 가르치는 법이 없었다. 리듬을 익히면 시선을 고정시키는 훈련을 하기위해 3년 정도는 남방춤만 추게 했다. 3년이 지나야 결국 본과로 진학할 수 있었다. 그만큼 음악성을 비롯한 무용수들의 기본기를 익히는데 상당한 시간을 투자한 것이다.

'최승희의 재래'라는 평가를 받은 백향주의 춤과 내한공연의 의미

최승희 춤은 현재 한국과 중국, 그리고 일본에서 그의 제자들을 중심으로 재현되고 있다. 나는 이들 지역에서 재현되고 있는 최승희의 춤들을 보았다. 가장 원형에 가깝게 재현되고 있는 것을 목격한 것은 1996년과

1997년 두 차례 도쿄에서의 백향주 공연이었다.

백향주는 최승희의 두 가지 작품을 재현하면서 최승희가 춤추었던 당시의 음악과 의상 등을 거의 원형에 가깝게 복원시켜 놓았다. 이것이 가능할 수 있었던 것은 그가 최승희의 양아들로 알려진 김해춘(평양 만수대예술단 안무가)으로부터 직접 최승희 춤을 작품별로 안무 받았고 이 과정에서 의상이나 음악 등도 함께 재현할 수 있었기 때문이다.

백향주의 공연에 사용된 무용음악은 북한의 관현악단들이 연주한 것들이다. 1997년에 재현한 〈관음 보살무〉의 음악은 평양 국립 민족예술극장 관현악단이 녹음한 것으로 50명의 연주가들이 참여했으며 작곡은 북한의 인민예술가 신영철이 최승희가 이 춤을 추던 당시의 선율과 장단을 재현해 냈다.

이번 공연에서 백향주는 〈옥적곡〉〈초립동〉〈무당춤〉〈검무〉〈고구려의 무희〉 등 5개의 최승희 독무를 재현한다. 백향주의 이번 공연은 북한 국적을 가진 무용수의 첫 내한공연이란 점 외에도 최승희 춤을 원형에 가깝게 볼 수 있다는 점에서도 관심이 모아지고 있다.

이제 최승희에 대한 논의는 단순히 그의 사상적인 면이나 생애에 대한 연구에만 맞추어져서는 안될 것이다. 그녀의 예술작업은 한국의 춤이 한단계 발전하는 데 보다 적극적으로 활용되어야 한다. 이제부터 최승희에 대한 연구는 그의 '인생'이 아니라 그의 '예술'에 맞추어져야 한다. 또한 최승희와 관련, 여러 가지 이해관계에 얽힌 예술가들이나 그 주변인들이 있다면, 이제는 '진실'을 밝혀야 할 때이다. 역사는 왜곡되어져서는 안 되기 때문이다.

IMF와 무용예술, 그리고 문화정책

　IMF 체제에서의 공연예술계는 생산성을 높이는 방향으로의 구조 조정을 요구하고 있다. 무용계 역시 예외가 아니다. 새로운 변화는 무용계에 팽배한 거품을 거두어들이는 것에서부터 출발한다. 무용계의 거품현상은 공연의 질에서부터 교육, 그리고 연례 사업 시행에 이르기까지 전 부문에 걸쳐 나타나고 있다. 무용계의 구조 조정에 관한 필요성은 비단 IMF 체제 안에서 뿐만 아니라 한국의 무용계가 당면한 과제이기도 하다. 무용계에서 필요로 하는 효율적인 변화의 틀을 잡기 위해서는 우선 1990년대 중반 이후 나타나고 있는 몇 가지 변화의 양상을 주목할 필요가 있다.

　첫째는, 한국의 무용 사회 전반을 구성하는 테두리가 종래 서울 중심에서 벗어나 전국적인 지역권을 모두 포함시켜야 하는 쪽으로 확대되었다는 것이다. 이전에도 각 지역의 춤 활동이 없었던 것은 아니지만 이제 전국 곳곳의 지역 무용계는 지방자치제 실시 이후 독립된 무용 문화를 형성할 만큼 여러 면에서 그 기반이 갖추어져 가고 있으며 이들의 활동은 한국 춤 사회 전반에 영향을 끼칠 만큼 성장하고 있다. 따라서 한국의 무용계 전반을 논하거나 정책 수립 시 지역 무용계에 대한 비중은 그만큼 커질 수밖에 없다.

둘째는, 젊은 무용인들을 중심으로 보다 전문화된 형태의 무용단 운영과 작업이 이루어져 가고 있다는 점이다. 학교 중심의 동인제 무용단의 활동이 상대적으로 약화되고 있는 반면에 객원 무용수들을 활용하는 보다 전문화된 체제의 창작활동을 표방하는 무용인들의 작업이 늘고 있다.

셋째는, 무용계의 국제교류가 보다 다양한 양상으로 전개되고 있다는 점이다. 국제 무용 콩쿠르에 적극 참여하고, 국제적인 무용교류 프로그램을 한국의 무용인들이 주축이 되어 기획하거나, 외국의 유명 극장과 페스티벌 측에서 한국의 춤과 무용가들에 대해 관심을 보이고 있는 것 등이 그러한 예이다. 이제 한국의 무용계는 세계무대를 겨냥한 보다 전략적인 방안들을 구상할 때가 된 것이다.

넷째는, 교육시장 개방과 실기 중심의 교육을 표방한 국립 예술학교의 개교로 인해 대학교육의 변화 조짐이 보여 지고 있는 것이다. 이는 전문화된 교육, 세분화된 교육이 요구되는 것과 함께 실용적인 교육의 필요성이 강화되는 것을 의미한다. 그만큼 이제 한국의 춤사회는 훨씬 비대지고 보다 전문화되고 있다.

조속히 바꾸어야할 몇 가지 현안

1. 무용대학 증설 억제

현재 무용과가 개설된 대학은 총 45개(4년제 대학 37개, 전문대학 8개), 1년에 배출되는 무용 전공 졸업생의 수는 1천 8백여 에 이른다. 이중에서 졸업 후에도 실제로 무용과 관련된 활동을 펼치는 사람은 3분의 1 정도에 머문다. 1천여 명이 넘는 무용과 재학생들이 허수나 다름없다.

여기에다 복수 지원을 할 수 있음에도 몇 년 전 부터 지방 대학을 중심으로 무더기 미달 사태가 발생하고 있다. 공급이 수요를 앞지르고 있는 것이다. 눈앞의 경제적인 실익을 노린 대학들의 이해타산과 지역적인 안배나 예술의 특성을 망각한 채 충분한 검토 없이 행해진 교육부의 안일한 행정으로 인해 대학 무용과는 지역적인 심한 불균형과 비생산적인 거품현상을 보이고 있는 것이다. 최근 5년 사이에 무용과 개설이 인가된 대학의 수만도 10여개에 이른다.

우리나라는 현재 미국 다음으로 세계에서 가장 많은 대학에 무용과가 개설되어 있다. 실기 중심의 훈련이 행해지는 컨서바토리 형태로 운영되고 있고, 각 춤단체에서의 활동이 중심을 이루는 외국과 비교해 우리나라는 대학 무용과에 중심이 쏠린 특이한 구조를 갖고 있다. 무용예술이 실기 중심의 예술장르임을 생각할 때 이 같은 잘못된 구조는 하루빨리 개선되어야 한다. 우리나라의 무용대학 정책은 다음과 같이 변화되어야 한다.

첫째, 더 이상의 대학 무용과 증설을 억제하고(단, 제주도에는 무용과 개설을 시도할 필요가 있다)

둘째, 한 지역에 과다하게 집중되어 있는 대학 무용과의 경우는 흡수 통합하고,

셋째, 비슷한 커리큘럼으로 운영되고 있는 현행 대학 무용과를 특성화, 차별화시켜 다양성을 살린 교육을 시도하고

넷째, 무용교사들에 대한 재교육을 강화, 교육의 질을 높이며,

다섯째, 전국에 산재한 무용학원의 전문화를 통해 실기 중심의 교육과 무용의 생활화를 통한 아마튜어리즘 확산을 꾀해야 한다.

2. 문예진흥원 지원제도의 대폭 개선

문예진흥원의 지원제도는 25년 동안 거의 변하지 않았다. 세계적인 예술계의 흐름은 차치하고라도 우리나라 공연예술계 역시 크게 변화했음에도 문예진흥원은 지난 25년 동안 매년 관행대로 돈을 분배하고 있다. 그 변화의 속도는 너무나 느리고, 또 시대에 뒤처져 있다.

문예진흥원 지원정책의 가장 큰 문제점은 적당히 여러 사람에게 조금씩 골고루 나누어 주는데 있다. 능력있는 예술가이든 능력없는 예술가이든 대개 그만그만한 돈을 조금씩 나누어 받는데 만족하고 있다. 행사지원 역시 마찬가지다. 부가가치가 훨씬 높은 행사나 그렇지 못한 일회성의, 연례적인 행사에도 비슷비슷하게 나누어 준다. 우는 아이들에게 과자 하나씩 나누어주며 달래는 꼴이다. 무용 분야에 대한 지원 역시 예외가 아니다.

1997년 문예진흥원의 지원 예산 규모는 총 377억5천6백만원. 공연예술 분야에 대한 지원액은 28억7천6백만원으로 이중 무용 분야 지원 액수는 5억3천만원이다. 1997년 공연예술 분야의 경우 511건에 86억5천만원이 지원 신청을 했으나 배당된 예산은 28억7천6백만원이다. 약 3분의 2 가량이 모자라는 셈이다. 그러나 여기서 문제가 되는 것은 지원건수가 아니라 과연 효율적인 지원이 이루어지고 있느냐 하는 것이다. 문화 선진국들이 예술가들을 위한 지원제도를 통해 유능한 예술가들을 길러내고 세계무대를 장악하

는 예술 작품을 만들어내고 있는 것처럼 그렇게 제도가 운영되고 있느냐 하는 것이다. 문예진흥원 지원제도는 다음과 같이 변해야 한다.

첫째, 장래성 있는 유망한 젊은 예술가들에 대한 지원을 대폭 확대해야 한다. 그 이유는 명확하다. 미래에 대한 보다 확실한 투자가 되기 때문이다. 미국이나 프랑스 등 문화예술의 지원정책이 잘 되어 있는 나라들 역시 지원대상의 제1 순위는 장래성 있는 젊은 예술인들이다.

둘째, 소액 다건주의에서 과감하게 탈피해야 한다. 비슷한 항목의 지원은 과감히 통합하고 지원건수를 줄이는 대신 지원액을 대폭 늘려야 한다. 일본 문화청은 1995년말 '아츠 플랜 21'을 발표, 1996년 5월부터 시행에 들어갔다. '아츠 플랜 21'은 '문화입국 21 플랜'의 하나로 다른 나라에 비해 불충분한 문화예산을 늘리고 지금까지의 지원사업을 발전적으로 재구축해 새로운 지원 시스템으로 정비한 것이다. 이 중에서 예술단체에 대한 지원과 관련, 일본은 지원심의위원회를 통해 결정된 단체에게는 원칙적으로 3년 동안 계속 재정지원을 하는 것을 채택했다. 선진 여러 나라의 문화정책을 연구해 내린 결론이었다.

셋째, 단기지원에서 중·장기 지원으로 정책을 바꾸어야 한다. 지금처럼 1년 단위의 지원이 아니라 3년이면 3년, 5년이면 5년 지속적인 지원을 통해 예술가들이 실질적으로 창작활동에 도움을 받을 수 있도록 해주어야 한다. 이같은 전환을 위해서는 우선 지원 대상자 선정에 있어 신중해야 하고 또 지원대상자들의 작업성과를 수시로 평가할 수 있는 제도적인 장치를 보완해야 한다. 여기에는 예술계 전반의 흐름이나 예술가들 개개인의 예술성 등을 소상히 알고 있는 전문가들이 반드시 심의위원에 선정되어야 한다. 지원 업무 전반을 관장하는 문예진흥원 직원들의 해당 분야 예술 활동전반을 파악하는 전문성을 길러나가야 하는 것도 여기에 포함된다.

심의제도 개선, 부가가치가 높은 사업에 대한 우선 지원, 유사한 사업 통합 조정 등 문예진흥원 지원사업은 합리적인 방향으로 대대적인 수술이 가해져야 한다.

3. 문화예술 상품 수출의 전진기지 확보

IMF 체제에서는 수출만이 살길이라는 말을 많이 한다. 공연예술계 역시 예외가 아니다. 우리나라 문화예술의 세계화는 곧 고부가가치를 창출하는 전략이 될 수 있다. 세계무대를 행한 우리나라의 문화정책은 그동안 지극히 소극적이었다. 재외 한국문화원의 활동도 미미했다. 이제는 보다 적극적이고, 전략적인 정책이 필요할 때이다. 그리고 그것은 보다 구체적이고 실질적이어야 한다.

첫째, 해외 주요 도시에 전용 공연장을 만들어야 한다. 뉴욕과 파리 등 세계 예술의 흐름을 주도하는 중심 도시에 전용 공연장과 연습실을 만들어 이를 통한 우리 문화수출의 거점으로 활용한다. 일본이나 대만 등 아시아 여러 나라에서는 이같은 사업시행을 통해 이미 상당한 효과를 거두고 있다. 이 극장을 통해 전 세계 곳곳에서 활약하는 우리나라 예술가들의 작품을 지속적으로 공연함으로써, 세계무대로 진출할 수 있는 창구로 활용하고, 현지에서 활동 중인 예술가들에게는 연습장소로 제공할 수 있으며, 또 현지에 거주하는 외국인들이 우리나라의 전통음악과 춤 등을 직접 배울 수 있는 장소로도 활용할 수 있다. 결국 우리나라 문화예술 상품의 해외 수출을 위한 장기적인 교두보 확보의 효과를 거둘 수 있는 셈이다.

둘째, 외국 예술가들과의 협업을 적극 장려해야 한다. 한국적인 것이 세계적이라는 말을 자주 한다. 그러나 '세계적' 인 예술작품을 만들기 위해서는 우리나라의 문화예술 여건은 다른 문화 선진국에 비해 열악하기 짝이 없다. 공연예술의 경우는 더욱 그렇다. 공연제작비 등 자본, 음향 무대미술 등 기술 스태프, 그리고 연출이나 안무 등 인적인 면 등등---. 여러 부문에서 다른 나라와의 교류 작업은 확실한 성공의 가능성을 더욱 높이는 길이 될 수 있다. 다른 나라의 돈과 인력, 그리고 더 나아가 노하우 등을 우리 것과 함께 접목시키는 작업은 IMF 체제를 현명하게 이겨내는 지혜일 수 있다. 공연예술 상품의 해외시장 진출을 위해서도 이러한 국가간 협업의 필요성은 더욱 절실하다.

4. 남북 춤 교류 지원, 입시제도와 직업무용단의 운영 개선

남북 무용인들과의 교류 작업에 대한 지원은 구체적인 교류 프로그램이 마련된다면 이를 정부에서 적극 지원해야 한다. 무용과 입시제도의 경우 각 대학의 고유한 춤 스타일을 내세운 일부 교수들의 입김이 작용한 전근대적인 발상의 전형제도를 개선하고, 작품비 의상비 등 경제적인 부담을 가중시키는 제도 역시 개선해야 한다. 직업무용단원들의 수는 장르의 성격에 따라 축소 조정되어야 하며, 철저한 오디션 제도와 개방정책을 통해 프로페셔널리즘을 더욱 강화시켜야 한다.

우리나라 공연예술계는 IMF 체제를 좋은 상품이 잘 팔린다는 자본주의 시장경제 논리가 공연예술계에서도 적용되도록 하는 기회로 삼아야 한다. 그만큼 이제는 양 보다는 질로 승부한다는 예술가들의 철저한 작가정신과 프로페셔널리즘의 회복이 절실히 요구되고 있다.

대학의 교수, 직업 예술단체의 단장, 단체의 회장, 무슨무슨 기관의 심의위원이나 자문위원, 운영위원 등 이런 외형적인 직책을 가진 사람들에 의해서가 아니라, 좋은 작품을 만들어내는 예술가들이 힘을 갖는 시대가 되어야 한다. 이름뿐인 예술가들이 아닌, 진정한 예술가들이 우리나라 예술계의 흐름을 주도해 나가는 시대, 이것이 IMF 한파를 계기로 우리 예술계가 만들어 나가야 할 새로운 문화인 것이다.

새로운 정부는 과시형의 요란스런 문화정책 보다는 실질적인 정책들을 하나하나 구체적으로 실행하는 모습을 보여야 할 것이다. 적어도 몇몇 사람에 의해 한 나라의 문화정책이 좌지우지 되지 않는 적재적소의 인력배치, 그리고 지속적인 검증과 확인작업 등이 뒤따라야 함은 물론이다. 그리고 또 하나 우리나라 공연예술계의 거품현상이 이토록 만만치 않은 것에는 예술가들의 책임도 결코 작지 않다는 사실을 잊어서는 안된다.